U0618398

刚正不阿留得正气凌霄汉；

幽而发愤著成信史兆尘寰。

——陕西省韩城市司马迁祠联

汉武帝时代在我国春秋战国以来的两千多年的历史上，不仅在经济、政治领域里是一个大变革的时代，而且在思想学术领域里也是一个大变革的时代。司马迁是在浩繁的先秦典籍和汉初那种回潮的战国风气的熏染下形成的。

《史记》是司马迁对先秦优秀士人思想人格的弘扬，是对先秦士人群体风貌的礼赞，同时也是对司马迁自己这种独特人格的总体塑造与熔铸。司马迁的思想人格是先秦和汉初优秀士人的继承者与终结者。

《史记》的十种特殊笔法：

一、离奇叙事，巧写寓言；
二、细节夸张，笔补造化；
三、铺陈怪异，揭示玄虚；
四、因果祸福，暗抒愤怨；
五、异闻奇效，偶出妙笔；
六、故露破绽，以遗后世；
七、似赞实讽，破除迷信；
八、似贬实褒，加深理论；
九、大段引文，立以存照；
十、写小心理，说大问题。

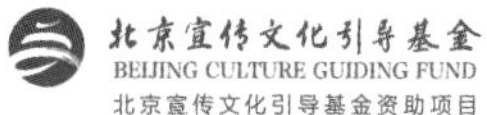

中华优秀传统文化经典著作大众读本

中華優秀傳統文化經典著作大衆讀本

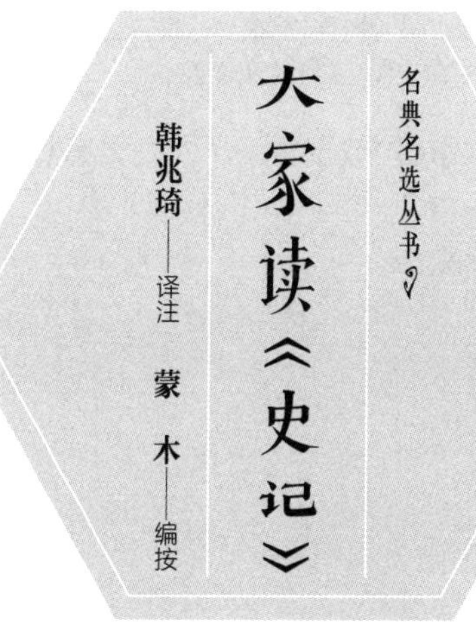

北京出版集团
文津出版社

图书在版编目（CIP）数据

大家读《史记》/ 韩兆琦译注 ；蒙木编按. — 北京：文津出版社，2023. 10

（名典名选丛书）

ISBN 978-7-80554-870-8

Ⅰ. ①大… Ⅱ. ①韩… ②蒙… Ⅲ. ①《史记》—译文 ②《史记》—注释 Ⅳ. ① K204.2

中国国家版本馆CIP数据核字（2023）第111791号

总 策 划：安　东　高立志
责任编辑：侯天保
特约编辑：李金睿
责任印制：燕雨萌
责任营销：猫　娘
封面设计：田　晗

名典名选丛书
大家读《史记》
DAJIA DU《SHIJI》
韩兆琦　译注　蒙　木　编按

出　　版　北京出版集团
　　　　　文 津 出 版 社
地　　址　北京北三环中路 6 号
邮　　编　100120
网　　址　www.bph.com.cn
总 发 行　北京伦洋图书出版有限公司
印　　刷　北京华联印刷有限公司
开　　本　880 毫米 ×1230 毫米　1/32
插　　图　81
印　　张　18.25
字　　数　342 千字
版　　次　2023 年 10 月第 1 版
印　　次　2023 年 10 月第 1 次印刷
书　　号　ISBN 978-7-80554-870-8
定　　价　69.00 元

司马迁彩像（清人绘）

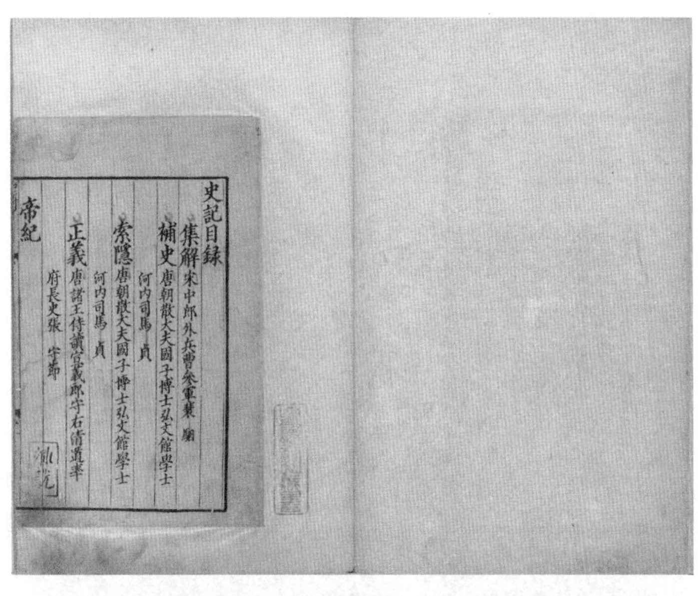

史記目録

集解　宋中郎外兵曹參軍裴　駰

補史　唐朝散大夫國子博士弘文館學士
河内司馬　貞

索隱　唐朝散大夫國子博士弘文館學士
河内司馬　貞

正義　唐諸王侍讀宣義郎守右清道率
府長史張　守節

帝紀

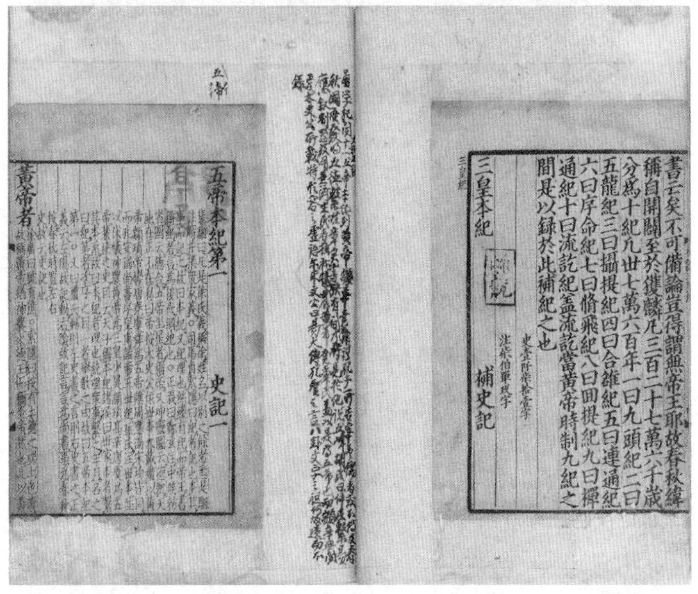

五帝本紀第一　史記一

黃帝者

書云矣不可備論豈得謂無帝王耶故春秋緯稱自開闢至於獲麟凡三百二十七萬六千歲分爲十紀凡世七萬六百年一曰九頭紀二曰五龍紀三曰攝提紀四曰合雒紀五曰連通紀六曰序命紀七曰循飛紀八曰因提紀九曰禪通紀十曰流訖紀蓋流訖當黃帝時制九紀之間是以録於此補紀之也

三皇本紀

補史記

〔汉〕司马迁撰，〔南朝宋〕裴骃集解，〔唐〕司马贞索隐、张守节正义“三家注《史记》”南宋（庆元年间）建安黄善夫家塾刊本

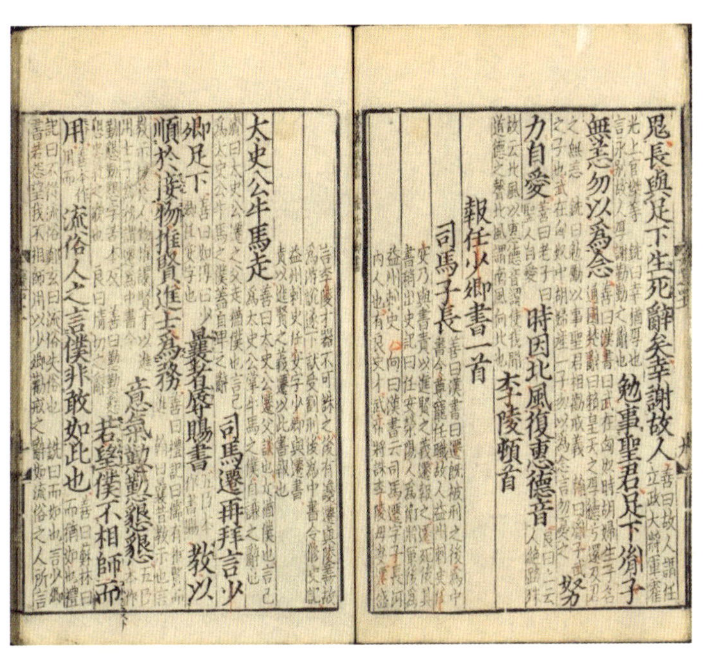

司马迁《报任少卿书》(书影)，载南宋建阳刊本《六臣注文选》

中华民族人文始祖黄帝彩像（明人绘）

共和行政汉画石像

〔明〕张宏《史记君臣故事图》。画作对幅记录画中故事的题跋，分别出自清代吴树棻等名贤之手。册后还有两则长跋，其中著名历史学家顾颉刚的题跋生动评论道：“子长（司马迁）地下有知，其亦拊掌笑曰：‘此正吾书所欲得之插图耶。’”

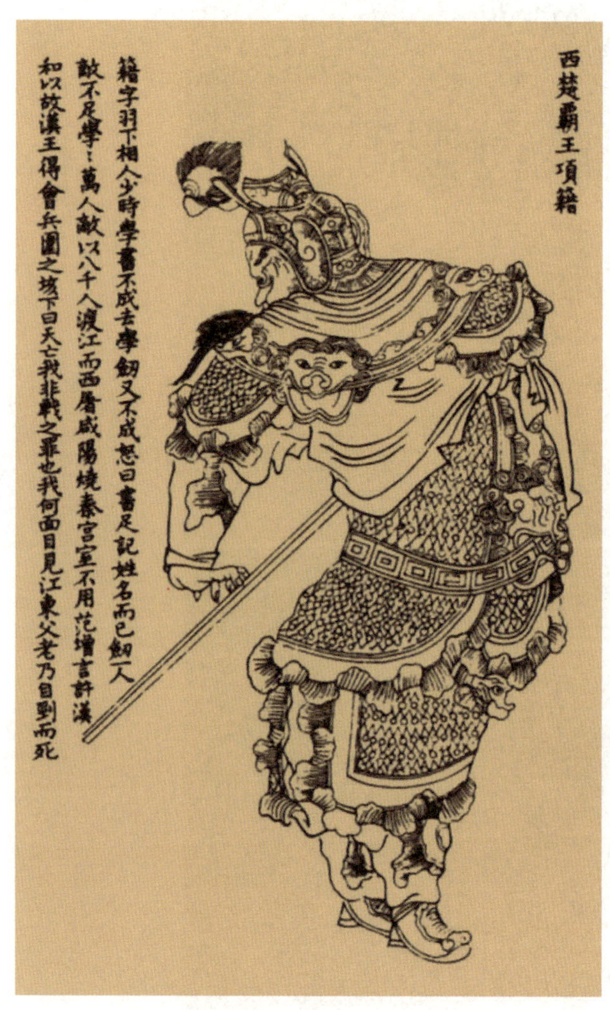
西楚霸王項籍
籍字羽下相人少時學書不成去學劍又不成怒曰書足記姓名而已劍一人
敵不足學〻萬人敵以八千人渡江而西屠咸陽燒秦宮室不用范增言許漢
和以故漢王得會兵圍之垓下曰天亡我非戰之罪也我何面目見江東父老乃自剄而死

项羽侧身像

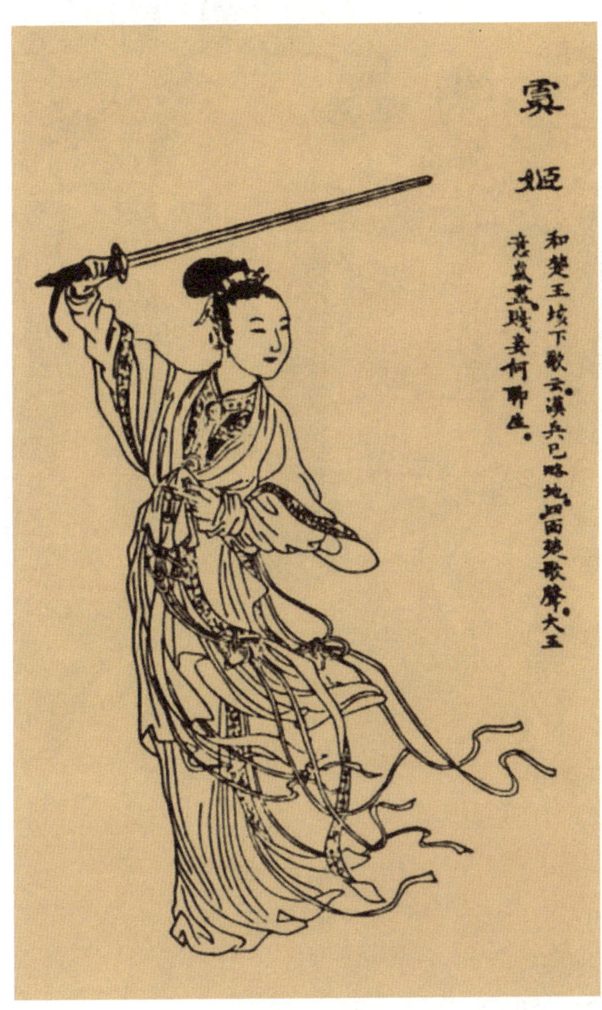

虞姬
和楚王垓下歌云。漢兵已略地。四面楚歌聲。大王
意氣盡。賤妾何聊生。

虞姬舞剑像

〔明〕刘俊绘《汉殿论功图》

〔明〕无名氏绘《汉高祖幸鲁祭孔图》，见明版彩绘《孔子圣迹图》

张良彩像（清人绘）

周亚夫彩像（清人绘）

管仲半身像

孙膑彩像（明人绘）

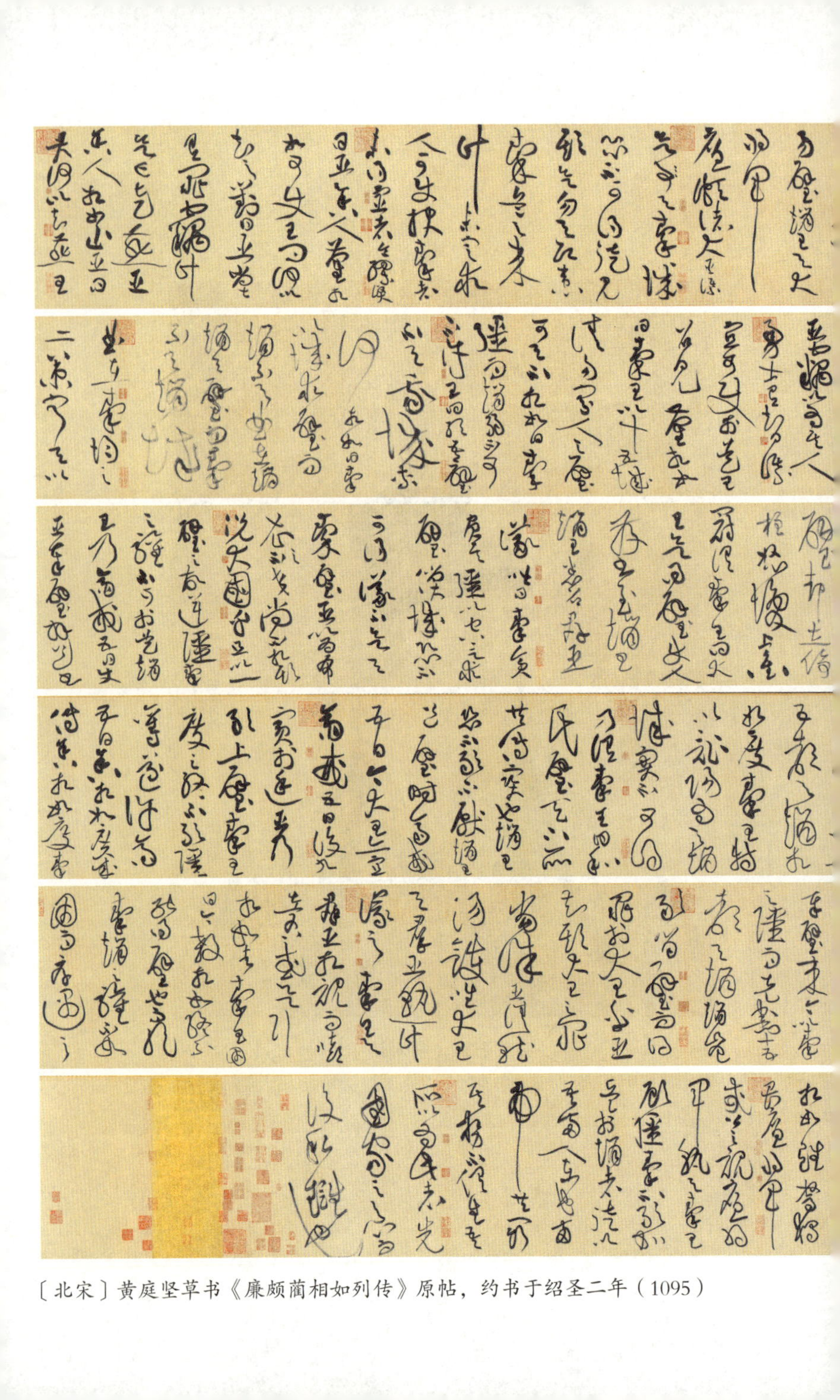

〔北宋〕黄庭坚草书《廉颇蔺相如列传》原帖，约书于绍圣二年（1095）

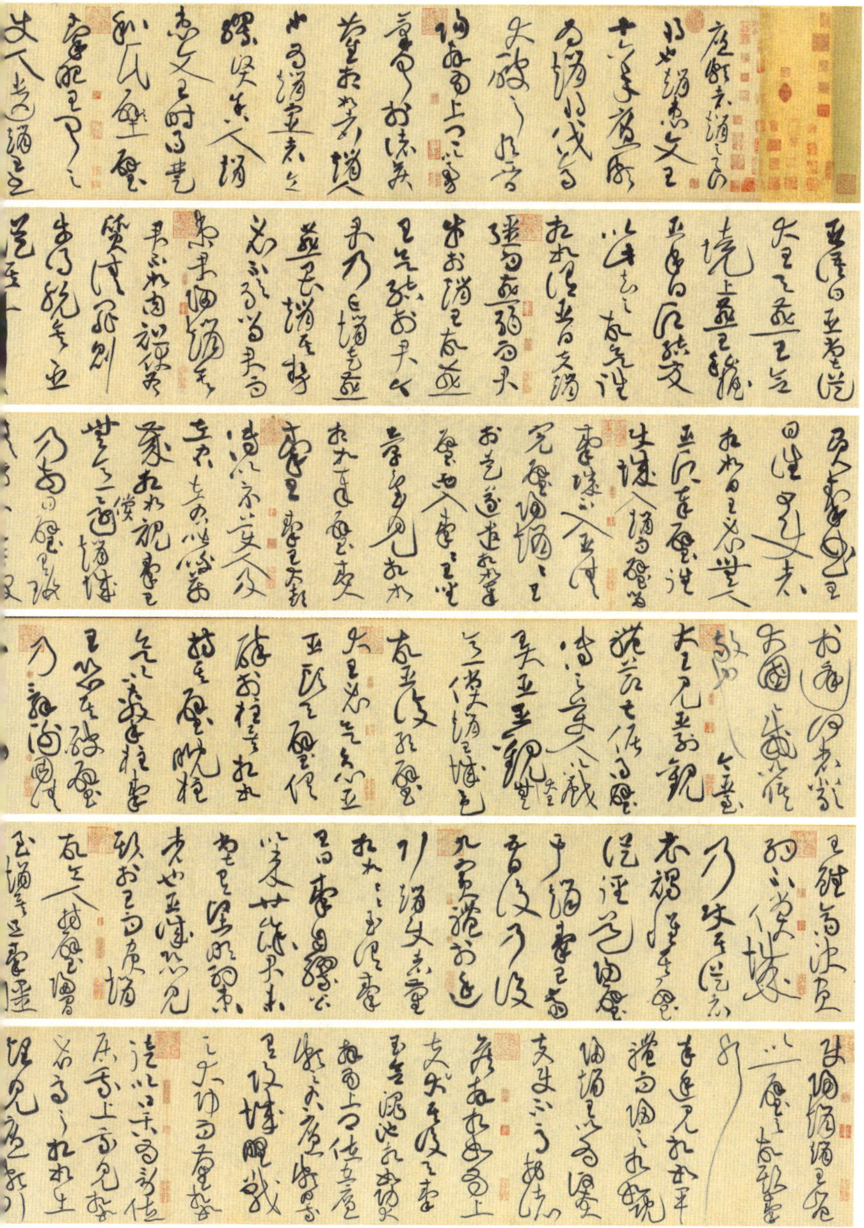

廉颇者赵之良将也赵惠文王十六年廉颇为赵将伐齐大破之取阳晋拜为上卿以勇气闻于诸侯蔺相如者赵人也为赵宦者令缪贤舍人赵惠文王时得楚和氏璧秦昭王闻之使人遗赵王书

臣语曰臣尝从大王与燕王会境上燕王私握臣手曰愿结友以此知之故欲往相如谓臣曰夫赵强而燕弱而君幸于赵王故燕王欲结于君今君乃亡赵走燕燕畏赵其势必不敢留君而束君归赵矣君不如肉袒伏斧质请罪则幸得脱矣

臣从其计大王亦幸赦臣臣窃以为其人勇士有智谋宜可使于是王召见问蔺相如曰秦王以十五城请易寡人之璧可予不相如曰秦强而赵弱不可不许王曰取吾璧不予我城奈何相如曰秦以城求璧而赵不许曲在赵赵予璧而秦不予赵城曲在秦

均之二策宁许以负秦曲王曰谁可使者相如曰王必无人臣愿奉璧往使城入赵而璧留秦城不入臣请完璧归赵赵王于是遂遣相如奉璧西入秦秦王坐章台见相如相如奉璧奏秦王秦王大喜传以示美人及左右左右皆呼万岁

相如视秦王无意偿赵城乃前曰璧有瑕请指示王王授璧相如因持璧却立倚柱怒发上冲冠谓秦王曰大王欲得璧使人发书至赵王赵王悉召群臣议皆曰秦贪负其强以空言求璧偿城恐不可得议不欲予秦璧臣以为布衣之交尚不相欺况大国乎

田单彩像（清人绘）

〔明〕谢时臣绘《王孙一饭图》

〔清〕任颐绘《李广射石图》

范蠡彩像（明人绘）

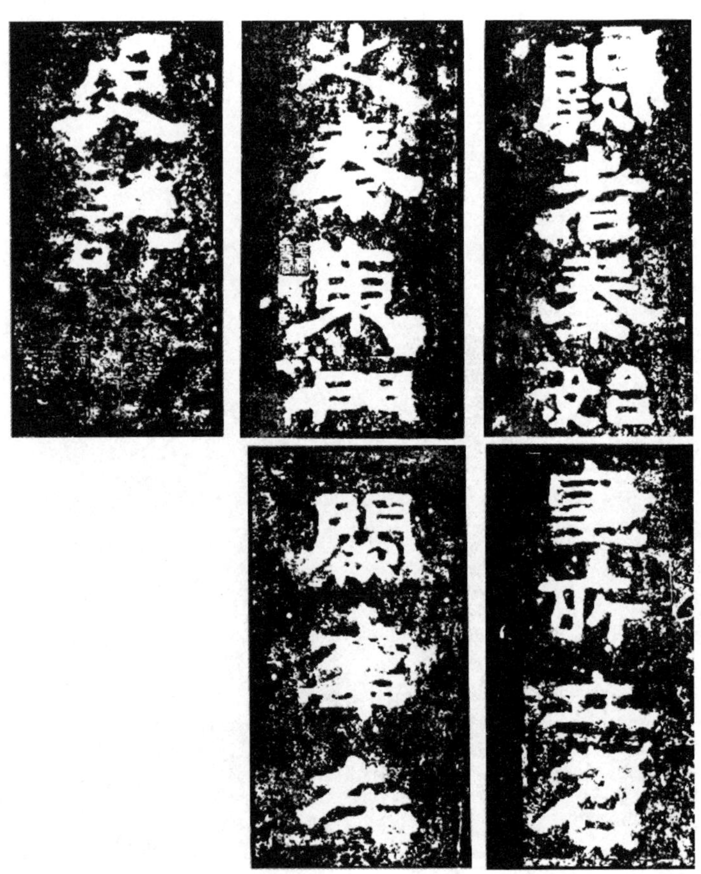

〔清〕顾沅《汉东海庙碑残字》藏本中“秦东门立石”背面十七字拓片：“阙者，秦始皇所立，名之秦东门阙，事在史记。”据考证，这是最早称司马迁《太史公书》为《史记》的文献，从三国时代开始，《史记》由原来古代史书的通称逐渐成为《太史公书》的专名。

怎样读《史记》

《史记》是我国古代开天辟地以来的第一部“纪传体通史”，是我国“二十四史”的第一部。它高度的真实性、思想性、艺术性都是后代类似史书所无与伦比的，是我国古代雄踞于文、史两科的经典之经典。

一、《史记》的叙事上起轩辕黄帝。黄帝既是传说中的中华民族的人文始祖，又是史前传说中的天才的伟大政治家，是创立我华夏民族政权的开国帝王。正是从黄帝开始，华夏民族与境内境外的其他兄弟民族，友好共处，紧密团结，相互融合，像是滚雪球一般越滚越大。前后已历四千六七百年，虽其间有过某些短暂局部的离合动荡，聚聚分分，但其总体局势是团结的、统一的。到今天，在这个以汉族为主体的华夏大家庭中，其他兄弟民族尚有55个之多，人口共有14多亿，大家都尊崇轩辕黄帝是这个友好大家庭的始祖，大家都是黄帝、炎帝的子孙。这样和谐亲密的光景，全世界独一无二。

二、《史记》的叙事上下两千多年，司马迁突出地体现了“厚今薄古”的写作原则。《史记》写了从五帝、夏、商、西周，再历东周的春秋、战国，直到秦朝统一（前221），共历时1800年，在《史记》全书的130篇中，共有本纪、世家、列传、表53篇。

从秦始皇统一六国，到陈胜起义，到刘邦灭项羽建立汉王朝，历吕后、文帝、景帝，至武帝之末（征和四年，前89），共历时132年，在《史记》中共有本纪、世家、列传、表、书74篇。而其中单是涉及武帝一朝50多年的，就有近40篇。武帝时代是西汉王朝最强盛的时期，司马迁对武帝时期的政治、经济、文化、军事等，有所批评，但就其整体而言，是深受其鼓舞，并为之深感自豪的。

三、《史记》其书的最大成就是以其“真实性”著名，司马迁之后的汉代政治家刘向、历史家班固都称《史记》为“不虚美，不隐恶”的“实录”；20世纪的大文学家鲁迅更称《史记》为“史家之绝唱，无韵之《离骚》”。

《史记》的真实性最突出地表现在它对汉武帝的政治、经济、文化、军事政策都有所批评；但令人惊异的是司马迁在批评这个时代的政策与其执政官员的时候，又都能看到他们各自的优点与成就：如对丞相公孙弘，司马迁既批评了他性格的唯唯诺诺，又写出了他在朝堂议事的大庭广众中，居然敢于当众反对汉武帝所坚持的一方面北伐匈奴、一方面向南经营开发西南夷的“两面开弓”的做法；又如当他批评御史大夫张汤执法酷苛，而又专门看着汉武帝脸色行事的时候，司马迁又能如实地写出了张汤的为官清廉，死后竟然穷得“有棺无椁”；司马迁曾批评汉武帝的讨伐匈奴是“劳民伤财”“得不偿失”；贬抑过卫青、霍去病这些杰出将领；但当他在《卫将军骠骑列传》中描写卫青的“漠北大战”，与描写霍去病收复祁连山与登封狼居胥山的时候，读者可以透过纸面的文字，体会到作者那种难以掩抑的浓烈激情。司马迁意犹未尽，他在撰写《淮南衡山列传》的时候，又把他用于歌颂李广的语言毫无保留地加在了卫青头上。他让伍被称颂卫青说：“大将军遇士大夫有礼，于士卒有恩，众皆乐为之用。骑上下山若蜚，材干绝人。”又让谒者曹梁说卫青：“大将军号令明，当敌勇敢，常为士卒先。休舍，穿井未通，须士卒尽得水，乃敢饮。军罢，卒尽已度河，乃度。皇太后所赐金帛，尽以赐军吏。虽古名将弗过也。”

四、《史记》作为一部“历史”著作，其最鲜明的特点是在于它的“纪传体”，换一种说法也就是“以人物为中心”。从历史创作的发展而言，应该说早在先秦的春秋、战国时代就已经有很辉煌的成就了，其最杰出的代表是《左传》，其他还有《尚书》《国语》《国策》等。但《左传》是“编年体”，而《尚书》《国语》《国策》等多是分门别类的历史资料汇编。故清代赵翼说:“古者左史记言,右史记事,言为《尚书》,事为《春秋》。其后沿为编年、记事二种,记事者以一篇记一事,而不能统贯一代之全;编年者又不能即一人而各见其本末。司马迁参酌古今,发凡起例,创为全史。本纪以序帝王,世家以记侯国,十表以系时事,八书以详制度,列传以志人物。然后一代君臣政事贤否得失,总汇于一编之中。自此例一定,历代作史者遂不能出其范围,信史家之极则也。”(《廿二史札记》)

由于《史记》的整体是分成几个部分,这就保证了叙述一个国家、一个政权诸种事务的详备;由于其本纪、世家、列传都是采取“以人物为中心”,于是这就无形中或有意或无意地发展了塑造人物形象、突出人物性格、选择动人故事等手段,这就与文学家们所讲的《文心雕龙》等相互通连起来了。《史记》作为我国第一部传记文学的确立,是具有世界意义的。过去欧洲人以欧洲为中心,他们称古希腊的普鲁塔克为“世界传记之王”。普鲁塔克大约生于46年,死于120年,著有《列传》50篇,是欧洲传记文学的开端。把普鲁塔克放到中国古代史的长河里来比较一下,可以发现,普鲁塔克比班固(32—92)还要晚生14年,若和司马迁相比,则要晚生191年了。司马迁的《史记》要比普鲁塔克的《列传》早产生几乎两个世纪。

今天的大学中文系讲中国小说史的源头，总爱讲魏晋的“志怪小说”“轶事小说”，以及唐代、宋代的“文言小说”诸如《李娃传》《柳毅传》等，其实这些都是《史记》《汉书》等杰出历史传记的流，而不是源。清代吴曰法在《小说家言》中说：“小说家之神品，大都得力于读《史记》者为多。”丘炜萲在《客云庐小说话》中说：“千古小说祖庭，应归司马。”

五、司马迁笔下的人物与他同时代的以及后代其他人笔下的人物不同，他们绝大多数都具有一种英雄主义色彩，而尤其突出的是他们还绝大多数都具有一种悲剧色彩，因此我们可以说《史记》是一道悲剧英雄人物的画廊，是一部悲剧故事集。《史记》全书写人物的作品共112篇，在这当中有57篇是以悲剧人物的姓字标题的，此外还有近20篇虽然不是用悲剧人物的姓字标题，但其中都写到了悲剧人物。同时我们还要看到，在这近80篇中还有许多篇是几个悲剧人物的合传，如《孙子吴起列传》《屈原贾生列传》《刺客列传》等。可以说，整个《史记》是被司马迁的审美观所涵盖的，《史记》的悲剧气氛无往而不在，这种现象，是《史记》所独有的。

《史记》写悲剧人物、悲剧故事，既不像古希腊悲剧那样特别强调命运的作用，也不像法国悲剧、英国悲剧那样片面地突出个人性格的原因。《史记》是扎扎实实地描写现实问题，揭露社会矛盾，充分展现造成人物悲剧的广阔复杂的社会原因，从而使矛盾的发生发展以及种种问题的解决都建立在朴素的唯物思想的基础上。这就使作品的揭露批判力和它对读者的感染力，以及对后世的警诫力，都大大地增强。

《史记》悲剧的基调是高亢激越的，它不但不使人感到消极悲沉，反而鼓舞读者的壮气。《史记》的悲剧人物都是有理想、有目标、百折不挠、奋斗不息的，他们对历史的发展都做出过重要贡献，或者至少曾经对当时的社会有某种震动，对后世产生过某种影响。我们从《史记》中读到的不是无所作为的哀叹，而是为壮丽事业勇敢奋斗的豪歌；不是一蹶不振的颓丧，而是无所畏惧的进取；不是失败的感伤，而是一种胜利成功的快慰、是一种道德上获得满足的欢欣。它不仅仅激发人们对悲剧英雄人物的同情，更重要的是能召唤人们向这些英雄人物学习，像他们那样为着远大的理想、崇高的目标而生活、奋斗。

六、《史记》既是杰出的历史书，又是杰出的文学书，后代人应该如何读《史记》呢？我以为，一方面，《史记》是很庄严的历史，但其中有些写法，又分明是寓言。曾国藩说："太史公传《庄子》，曰：'大抵率寓言也。'余读《史记》，亦'大抵率寓言也'。"这个提点是很重要的，我们不要认为《史记》是杰出的历史书，于是就认为它书中所写的东西就一定句句都是历史，特别像《循吏列传》所写的"公仪休""石奢""李离"，《滑稽列传》所写的"优孟""优旃"，以及《日者列传》所写的"司马季主"，等等。这些人物的出现，都是为了说道理，道理一旦说清楚，人物的姓名也就完全用不着再去追寻、考究。就如韩愈笔下的"圬者王承福"、柳宗元笔下的"种树郭驼橐"，这些有的像是实在的名字，有的就信口说个什么"驼橐""躄者""鸡鸣""狗盗"来应景一下就完了，但书中所讲的道理却光明正大、富丽堂皇，读者诸君万万不可轻视。

另一方面，《史记》是写人文学，写人物一是要写行动，写故事；二是要写说话，写语言。而语言又分内心独白，与人对答，对人劝说诱导，相互争吵辩论等。《史记》中最长的劝说诱导是蒯通劝韩信脱离刘邦中立，长达一千多字，占《淮阴侯列传》的四分之一；秦始皇死后留下遗嘱立扶苏，而赵高与胡亥密谋篡改诏书立胡亥，赵高为拉李斯上贼船对李斯边威胁、边利诱，又打又拉、又利导又哄骗的大段言辞，司马迁是依据什么把它写得如此活灵活现呢？钱锺书论《左传》之人物对话，称其多非“记言”，认为实乃作者之“代言”。此真善读《左传》者之大见解。《左传》如此，《史记》更是如此。钱锺书以为这都是司马迁的“善设身处地，代作喉舌而已”。“此类语皆如见象骨而想生象。古史记言，大半出于想当然。”这就全在于作家设身处地，揣摩作品人物的心理，而为之设计作品人物语言的能力了。《伯夷列传》描写了伯夷、叔齐在首阳山饿死之前的悲愤作歌；《孙子吴起列传》描写了当庞涓陷入孙膑的埋伏，万箭飞蝗般地向自己飞来时，无奈而又不服气地说：“遂成竖子之名！”这样的悲歌与怨恨，当然也只能是司马迁为之所代言。

《史记》像一座山，永远矗立在中国与世界的文化之林；《史记》像一颗不落的星辰，永远照耀在中国与世界历史的长河上！

目 录

本 纪

本纪

01.

皇帝像

五帝本纪·黄帝

轩辕黄帝汉画石像

黄帝者，少典❶之子，姓公孙，名曰轩辕❷。生而神灵❸，弱❹而能言，幼而徇齐❺，长而敦敏❻，成而聪明❼。

【注释】

❶今神话学家袁珂曰："'黄帝'当如《吕刑》作'皇帝'，意指上帝。后来渐变为'黄帝'，乃指诸天帝中某一天帝或下方的某一帝王，其义便由泛指而变为特称了。"少典：《索隐》曰："诸侯国号，非人名也。" ❷《索隐》曰："皇甫谧云：'黄帝生于寿丘，长于姬水，因以为姓。居轩辕之丘，因以为名，又以为号。'是本姓公孙，长于姬水，因改姓姬。"《汉书·律历志》："黄帝始垂衣裳，有轩冕之服，故天下号轩辕氏。" ❸生而神灵：刚一降生就显示出令人惊奇的聪明睿智。 ❹弱：幼小，指几个月的时候。 ❺幼：《正义佚文》曰："谓七岁以下时也。"徇齐：《集解》曰："徇，疾；齐，速也，言圣德幼而疾速也。"谓思维敏捷，反应快。❻长：年龄渐大，盖谓少年时代。敦敏：旧注皆释之为"诚实""敏捷"二义，张家英以为"敦""敏"皆可释"勉"，"敦敏"即"勤勉"。 ❼成：《正义》曰："谓年二十冠，成人也。"聪明：指分辨能力、识别能力强。聪，善听；明，善视。

【译文】

黄帝是少典氏的后代，姓公孙，名轩辕。轩辕刚生下来就显出与众不同的灵异，几个月就会说话，三五岁就表现出思维敏捷，反应很快，少年时代非常勤勉，成年以后识辨力很强。

轩辕之时，神农氏❶世衰。诸侯相侵伐，暴虐百姓，而神农氏弗能征❷。于是轩辕乃习用干戈❸，以征不享❹，诸侯咸来宾从❺。而蚩尤❻最为暴，莫能伐。炎帝❼欲侵陵诸侯，诸侯咸归轩辕。轩辕乃修德振兵❽，治五气、蓺五种、抚万民、度四方❾，教熊罴貔貅貙虎❿，以与炎帝战于阪泉⓫之野。三战，然后得其志。⓬蚩尤作乱，不用帝命。于是黄帝乃征师诸侯，与蚩尤战于涿鹿之野，遂禽杀蚩尤⓭。而诸侯咸尊轩辕为天子，代神农氏，是为黄帝。天下有不顺者，黄帝从而征之，平者去之⓮，披⓯山通道，未尝宁居。

【注释】

❶神农氏：有说为古帝王名，因其教人耕稼，故曰“神农”。有说是部族名。也有人说“神农氏”即“炎帝”。司马贞作《三皇本纪》，又将“神农氏炎帝”列为“三皇”之一，但此说与史公本文不合。史公以“神农氏”为黄帝以前人，以“炎帝”为黄帝稍后人。 ❷弗能征：有本作“弗能正”，大体意思相同。 ❸干戈：干，盾牌，防御武器；戈，一种类似于戟的可钩可砍的长柄进攻武器。 ❹不享：应朝拜而不来朝拜。享，进见，来朝。古语还有所谓“以讨不庭”。不庭：不到王庭，义同“不享”。 ❺宾从：臣服而跟从。 ❻蚩尤：古代的部落领袖名，相传是各种兵器的发明者，《管子》有所谓“蚩尤受庐山之金以作五兵”，以好战著称，故古代又祭以为战神。 ❼炎帝：一说为少典之子，黄帝之弟。司

马贞将此语理解为是同一部族，以为都是少典的后代，且炎帝在前。一说炎帝是与黄帝并立的另一个部族领袖名，黄帝姓姬，炎帝姓姜，两族历代相互通婚，相互依存，迭为盟主，是形成日后华夏民族的核心力量。两个部落都是由今陕西省境内向东方迁徙，黄帝迁徙于今山西、河北省；炎帝迁徙于今河南省一带。两个部落都较早地发展了农业技术，大概是由于炎帝部落的农业技术发展得尤为先进，其战斗实力也尤为强盛，因而这个部落的领袖一度被尊为华夏的共主。过了若干年后，炎帝部落的优势相对丧失，而黄帝部落的优势显示出来，这就是前文所说的“轩辕之时，神农氏世衰”。 ❽振兵：整军，调集军队，进行动员。 ❾五气：《集解》以为指金、木、水、火、土“五行”之气。也有观点以为这里是指仁、义、礼、智、信五种基本道德观念，并说这是司马迁在用后世观念讲述古人。蓺（yì）五种：种植五谷。蓺，种植。五谷，稻、黍、麦、菽、稷。度四方：《集解》引王肃曰：“度四方而安抚之。” ❿熊罴（pí）貔（pí）貅（xiū）貙（chū）虎：六种猛兽名，皆驯之用于战场。也有说是以六种猛兽的名字命名自己的军队，以取其威武之意。按，后说似可不必，西汉末年王莽尚用群兽于战场，事见《后汉书》，则先民更不待言。 ⓫阪泉：在今河北省张家口市涿鹿县东南。 ⓬三战，然后得其志：以上黄帝打败炎帝事，见《大戴记·五帝德》。 ⓭涿鹿：故城在今河北省张家口市怀来县的南侧，今涿鹿县的东南方，在今官厅水库的南侧。禽杀蚩尤：凌稚隆引刘氏《外纪》云：“蚩尤为大雾，军士昏迷，轩辕作指南车以示四方，遂禽蚩尤。”徐旭生《中国古代的传说时代》详细地考证了黄帝与炎帝同属于华夏集团，而蚩尤则与太皞、皋陶、九黎等同属于东夷集团。关于蚩尤与炎帝的关系，顾颉刚、袁珂都依照《国语》把蚩尤、共工归之于炎帝的部下，把炎帝说成是南方部落的始祖。 ⑭平者去之：对那些表示归服者，即率兵离去。平，归顺。 ⑮披：开辟，开拓。

【译文】

当轩辕还是诸侯时，神农氏的统治逐渐衰弱。诸侯之间互相侵伐，祸害百姓，而神农氏无力讨伐。于是轩辕就动用武力去讨伐那些不守纪律、不来朝拜神农氏的人，因而诸侯都对他表示臣服与追随。而蚩尤最凶暴，没有人能够制服他。炎帝也好欺凌他人，因此诸侯们都拥护轩辕。在这种情况下，轩辕修炼仁德，扩展军备，建立阴阳五行之说，广种五谷，安抚民众，考察四方的边疆国界，甚至训练熊罴貔貅貙虎以备参加作战。后来终于在阪泉之野经过三次交战，把炎帝打败。但蚩尤仍经常叛乱，不听轩辕指挥。于是轩辕又征集诸侯的军队，与蚩尤大战于涿鹿的郊野，擒获了蚩尤并把他杀掉。这时天下诸侯都尊轩辕为天子，代替了神农氏，这就是黄帝。从此天下有不归顺的，黄帝就去征讨他，顺从了，就立即率军离去，到处开山拓路，从来没有清闲过。

东至于海，登丸山①，及岱宗。西至于空桐，登鸡头②。南至于江，登熊、湘③。北逐荤粥④，合符釜山⑤，而邑于涿鹿之阿⑥。迁徙往来无常处，以师兵为营卫⑦。官名皆以云命⑧，为云师⑨。置左右大监，监于万国⑩。万国和，而鬼神山川封禅与为多焉⑪。获宝鼎，迎日推筴⑫。举风后、力牧、常先、大鸿[13]以治民。顺天地之纪，幽明之占，死生之说，存亡之难[14]。时[15]播百谷草木，淳化鸟兽虫蛾[16]，旁罗日月星辰，水波土石金玉[17]，劳勤心力耳目[18]，节用水火材物[19]。有土德之瑞，故号黄帝。[20]

【注释】

❶丸山：在今山东省潍坊市临朐县东北，昌乐县西南，地处渤海之滨而不临海。 ❷空桐：也作“空同”“崆峒”，山名，在今甘肃省平凉市西北。鸡头：山名，在今宁夏回族自治区固原市泾源县北。空桐、鸡头都属于今六盘山脉。 ❸熊、湘：熊耳山、湘山。湘山即今湖南省洞庭湖中的君山，熊耳山有说在今河南省三门峡市卢氏县东。 ❹荤粥（xūn yù）：古代北部地区的民族名，也作“猃狁”，即后代之“匈奴”。 ❺合符：验证信物。釜山：即今之河北省张家口市怀来县东。 ❻邑：修建城邑，这里即指建都。涿鹿之阿：涿鹿山下的平地。 ❼以师兵为营卫：《正义》曰：“环绕军兵为营以自卫，若辕门即其遗象。” ❽《集解》引应劭曰：“黄帝受命有云瑞，故以云纪事也。春官为青云，夏官为缙云，秋官为白云，冬官为黑云，中官为黄云。” ❾为云师：谓组建军队。按，《左传·昭公十七年》郯子有曰：“昔者黄帝氏以云纪，故为云师而云名；炎帝氏以火纪，故为火师而火名。”此史公所本，然用字略异。 ❿《正义》曰：“上‘监’去声，下‘监’平声，若周、召分陕也。”大监：官名。监于万国：监督黄帝治下的各诸侯国。 ⓫鬼神山川封禅：指各种祭祀之事；封禅：特指帝王到泰山山顶祭天和到泰山下的某小山祭地。与为多焉：数他最多。 ⓬迎

日推筴：即制定原始的历法；筴（cè）：同“策”。《索隐》曰：“神策者，神蓍（shī）也。黄帝得蓍以推算历数，于是逆知节气日辰之将来。”蓍，草名，古人用以为占卜或运算用的筹码。 ⑬风后：《集解》引郑玄曰：“黄帝三公也。”力牧：班固曰：“黄帝相。”常先：其人不详。大鸿：名鬼臾区，号大鸿，黄帝的大臣。 ⑭顺天地之纪，幽明之占，死生之说，存亡之难：语略不顺，“占”字似应依《大戴记》《孔子家语》之《五帝德》作“故”。李笠曰：“‘占’疑是‘故’字之烂文。顺，陈也。谓陈说天地之纪、幽明之故、死生之说、存亡之难也。”按，《孔子家语》于此作“顺天地之纪，知幽明之故，达生死存亡之说”，较此通畅。顺：遵循。纪：法则。幽明：指阴阳，“幽明之故”即阴阳二气倚伏变化的道理。达：通晓。生死存亡之说：即人类自身的各种变化规律。难：论辩，诘难，这里即指有关其事的各种说法。 ⑮时：按时。也有人以为通作“莳”，栽种。 ⑯淳化鸟兽虫蛾：谓驯服、养殖鸟兽虫蛾以供人所用；淳化，旧谓人的道德所广及，这里实指驯服、养殖。 ⑰旁罗日月星辰，水波土石金玉：十二字疑多讹误。前六字大约指观测天文。凌稚隆曰：“‘旁罗’乃测天度之器，如今之日晷、地罗也。”《孔子家语》于此作“考日月星辰”；后六字大约指开发地力。“水波”二字《大戴记》作“极畋”，虽亦不可解，但已透出此二字是动词。张家英以为“水波”意同“水播”，“水播者，水中播荡之谓也。‘水播土石金玉’者，即《正义》所谓‘土无别害’之义也”。郭嵩焘以为“旁罗”即“旁推顺布之意”，谓“相万物之宜以通天下之利”。 ⑱劳勤心力耳目：意即教人用心尽力地做事，不要偷懒。 ⑲《正义》曰：“节，时节也。水，陂障决泄也。火，山林禁放也。言黄帝教民江湖陂泽山林原隰皆收采禁捕以时，用之有节，令得其利也。”按，“顺天地之纪”以下十句，见《大戴记·五帝德》。袁珂曰：“黄帝的一切发明创造的勋绩中，和人类关系最密切，使他得到名声最大的，莫过于创制衣裳这件事了。至于黄帝臣子的发明创造而归功于黄帝的那就更多了。”诸如文字的创造发明，占月占日的数术，以及造律吕、做舟车，等等。 ⑳阴阳五行与五德终始之说，起于战国之邹衍；而将其施诸朝廷政令则在秦并天下之初，春秋以前无此语。因此有关黄帝“土德”的说法，定为战国时人所编造无疑。然五德终始之说，自秦以来相衍成风，不可骤改，汉初卓然如贾谊者，尚热衷此语，则他人可知。故史公虽屡斥邹衍等为“怪迂阿谀苟合之徒”，而于此等已成为“朝廷政令”之事，亦不得不屡屡及之。

【译文】

黄帝向东到达海边，曾登上丸山和泰山。向西到达空桐，登上鸡头山。向南到达长江，登上熊耳山、湘山。向北驱逐了荤粥，在釜山与诸侯们聚会结盟，黄帝曾建都于涿鹿山下的平地。黄帝常率领部众到处迁移，没有固定的地方，走到哪里就在哪里安营扎寨，四周让军队做好警卫。黄帝手下的百官都用“云”字命名，军队里的长官也以“云”字相称。朝廷里设左右大监，监督天下诸国。当时各国诸侯相处和睦，而黄帝对山川、鬼神、天地所进行的祭祀活动也最为繁多。黄帝曾获得宝鼎，他观测太阳的运行，用蓍草推算，制定了历法。他提拔了风后、力牧、常先、大鸿四位大臣，让他们治理百姓。黄帝遵循着天地运行的规律，遵循着阴阳相倚相伏的法则，顺应着万事万物生与死、存与亡相互转化的过程。他适时地播种谷物，栽种草木，养殖鸟兽昆虫，供人们使用。他观测天文星象，利用水源乃至土石金玉。他教导人们做事要尽心竭力，不能偷懒，对于山林沼泽动植物的捕捉采伐，要依照节令，用之有度。黄帝在位时，有巨大的地蚓出现，人们认为这是“土德”之瑞，所以称轩辕为黄帝。

黄帝二十五子，其得姓者十四人❶。

【注释】

❶其得姓者十四人：意谓有十四个人受过分封，有过领土，得以别立为姓。据《国语·晋语》胥臣云：“黄帝之子二十五宗，其得姓者十四人，为十二姓：姬、酉、祁、己、滕、葴、任、荀、僖、姞、儇、衣是也。唯青阳与夷鼓同己姓。”又云，“青阳（应作“玄嚣”）与苍林为姬姓”。

【译文】

黄帝有子二十五人，其中获得姓氏的只有十四个。

黄帝居轩辕之丘❶，而娶于西陵❷之女，是为嫘祖❸。嫘祖为黄帝正妃，生二子❹，其后皆有天下：其一曰玄嚣，是为青阳❺，青阳降居江水❻；其二曰昌意，降居若水❼。昌意娶蜀山氏女，曰昌仆，生高阳。❽高阳有圣德焉。黄帝崩，葬桥山❾。其孙昌意之子高阳立，是为帝颛顼也。

【注释】

❶轩辕之丘：仓修良以为在今河南省新郑市西北。有人引《水经·渭水注》以为在今甘肃省天水市东南的轩辕谷。 ❷西陵：泷川本作“西陵氏”，乃据古抄本、枫山本、三条本及御览引《史记》补，应从之。西陵氏为古部族名，其活动地区应在黄帝部族之西，相距不远。 ❸嫘(léi)祖：陈直曰：“《窸斋集古录》卷十六,二十五页有躍甫人作‘躍妃妃媵匜’；又《捃古录金文》一之三,三十三页，有‘躍妊作安壶’，孙诒让《古籀余论》云‘“躍”字疑为“嫘祖”二字合文’，知传说之黄帝元妃嫘祖，事或有征。” ❹嫘祖为黄帝正妃，生二子:《索隐》曰:“皇甫谧云:‘元妃西陵氏女，曰嫘祖，生昌意；次妃方雷氏女，曰女节，生青阳；次妃彤鱼氏女，生夷鼓，一名苍林；次妃嫫母，班在三人之下。’按,《国语》‘夷鼓’‘苍林’是二人。又按,《汉书·古今人表》彤鱼氏生夷鼓，嫫母生苍林，不得如谧所说。太史公乃据《大戴礼》，以嫘祖生昌意及玄嚣，玄嚣即青阳也。皇甫谧以青阳为少昊，乃方雷氏所生，是其所见异也。” ❺其一曰玄嚣，是为青阳：梁玉绳曰:“‘玄嚣’‘青阳’实是二人，史公合而一之。” ❻降居江水：被分封到江水立国。《索隐》曰:“降，下也，言帝子为诸侯。”江水,《正义》引《括地志》以为即古江国，在今河南省信阳市息县。泷川曰:“《帝系篇》‘江水’作‘泜水’。”按，此“江水”即指今四川省境内之岷江。 ❼若水：即今四川省西部之雅砻江。❽《正义》引《华阳国志》及《十三州志》云:“黄帝为子昌意娶蜀山氏，后子孙因封焉。帝颛顼高阳氏，黄帝之孙，昌意之子，母曰昌仆，亦谓之女枢。”蜀山氏：古代部落名，若

如《索隐》所说昌意立国于若水，则此“蜀山”似应指今四川省西部之大雪山。以上十四句，见《大戴记·帝系姓》。

⑨桥山：山名，在今陕西省延安市黄陵县西北，因沮水穿其下而过，其状如桥，故名。其上有黄帝陵，陵高3.6米，周围48米，墓前有碑亭，其中的石碑上刻有“桥陵龙驭”四字，是一座纪念性的建筑物，今已为中国与世界各地炎黄子孙的共同朝圣之地。又桥山东麓有轩辕庙，是一座很壮观的庭院，大门正中悬“人文初祖”匾额。庙内有古柏数万株，其中一棵高近二十米，下围十米，是我国现存最大的古柏，相传为黄帝手植。另一棵称“挂甲柏”，相传汉武帝曾挂甲于此。

【译文】

黄帝曾居住在轩辕之丘，娶西陵氏之女为妻，这就是嫘祖。嫘祖是黄帝的正妃，生有两个儿子，他们的后代都曾拥有天下：一个叫玄嚣，也称作青阳，青阳被封在长江流域；另一个叫昌意，被封在若水。昌意娶蜀山氏的女儿为妻，名叫昌仆，生的儿子叫高阳。高阳有圣人之德。黄帝死后葬在桥山，他的孙子，也就是昌意的儿子高阳继位，这就是帝颛顼。

【解读】

《史记》首篇是《五帝本纪》，记载黄帝、颛顼、帝喾、尧、舜等五位被后人尊为帝王的远古部落联盟首领的事迹。本文是《五帝本纪》开头关于黄帝的部分，共五百来字。

黄帝在为诸侯时，是神农氏这位中原天子的骨鲠辅弼之臣，黄帝为之讨伐残暴，维持了中原地区这个以神农氏为领导核心的多民族大家庭的和平友好共处。接着作品描述了黄帝在为中原帝王时的武力强大，领土辽阔宽广，以及他在军事、政治、文化、经济、生产、生活诸方面的管理与当时的社会习俗等。黄帝不光是当时的政治军事领袖，而且是中华民族古代科学、文明和各种章程、制度以及各种生产、生活技术的发明者与创始者。

在司马迁所生活的汉武帝时代，黄帝在当时人们的心目中是一个非常复杂、非常神奇的人物。一方面他是一位传说中的远古帝王，一位圣洁而神奇的政治家；另一方面他又是被方士、骗子们所吹嘘、渲染成的既好战，又炼丹吃药，最后竟乘龙上天的活神仙，而这后者才是汉武帝所痴迷、所大力追求的目标。生活在如此条件下的司马迁，他一方面在《封禅书》中不得不描写了那个痴人说梦的黄帝，但另一方面又在这《史记》开篇的《五帝本纪》中写出了一位人类始祖、一位创世建国的伟大政治家。这表现了司马迁生活的智慧，也表现了司马迁写史的智慧，是具有开创性的。

黄帝，孔子、孟子并没有对他说过更多的话，在先秦儒家的古书中只有《五帝德》《帝系姓》中说到了他。作者依据这两个材料，并吸取了其他学派，甚至还有些秦汉之际的方士的说法，将之写成了华夏民族的始祖。

司马迁不仅把黄帝写成是我国古代有传说以来的最早的帝王、领袖，而且是我国境内各民族的共同的祖先。自黄帝以后的历朝历代的帝王诸如颛顼、帝喾、唐尧、虞舜，以及夏朝、商朝、周朝等，司马迁都把他们谱列成黄帝的子孙；不仅如此，司马迁还把当时处于华夏周边的各个少数民族，诸如西部的秦国，南部的楚国，东南部的吴国、越国，北部的匈奴等，都说成是黄帝的子孙，或者至少他们那些民族内部掌权的人物是黄帝子孙的后代。

根据近年来在长江流域发现的古先民遗址，那里的人们早在前七千年至前五千年就已经懂得种植水稻，这比黄帝的传说还要早得多。另外在福建、广东、云南等地发现的古先民遗址，也都不比黄帝的传说时代更晚。这说明《史记》作者将黄帝说成是我国各族人民共同祖先的说法未必科学，但由于《史记》是我国历朝“正史”的第一部，“黄帝”作为华夏民族的始祖在《史记》中得以确立，其意义是巨大的。李景星曰：“孔子删《书》，断自二典，详政治也；太史公史，始于五帝，重种族也，盖五帝始于黄帝，为我国种族之所自出。”因此司马迁在《五帝本纪》中所表现的中国境内各民族是一家，都是黄帝子孙的这种观点被各民族所接受、所公认，因而几千年来遂成为一种捍卫我们这个多民族的友好大家庭的团结统一的精神力量。

【编按】

通史《史记》以黄帝开篇，大大简化了中国历史的写作，其中的确糅合了大量传说，不过传说与历史的杂糅本属于世界各国历史写作中的常态。韩兆琦先生在解读中强调黄帝像一面旗帜，鼓舞世界各地龙的传人永不疲倦地奋斗与生活，这无疑道破了民族传说与历史的核心功能：凝聚一个民族的精神向心力。

推荐读者阅读本篇，主要是为了让读者思考：为什么说我们是炎黄子孙？（炎黄子孙不单是汉族，而是我们中华各民族共同的徽号。）讲中国历史究竟从哪里开始？（这个问题，其实可以理解为“我们从哪里来”的问题。）历史与传说的关系问题，等等。

02.

共和行政

第一代召公像（名奭），召穆公为其后代，名虎

第一代周公像（名旦），周定公为其后代，名不详

周宣王像

王行暴虐侈傲，国人谤王。召公[1]谏曰：“民不堪命矣。”王怒，得卫巫，使监[2]谤者，以告则杀之。其谤鲜矣，诸侯不朝。三十四年[3]，王益严，国人莫敢言，道路以目[4]。厉王喜，告召公曰：“吾能弭谤[5]矣，乃不敢言。”召公曰：“是鄣[6]之也。防民之口，甚于防水。[7]水壅而溃[8]，伤人必多，民亦如之。是故为水者决之使导，为民者宣之使言[9]。故天子听政[10]，使公卿至于列士献诗[11]，瞽献曲[12]，史献书[13]，师箴[14]，瞍赋[15]，蒙诵[16]，百工[17]谏，庶人传语[18]，近臣尽规[19]，亲戚补察[20]，瞽史教诲，耆艾修之[21]，而后王斟酌焉，是以事行而不悖。民之有口也，犹土之有山川也，财用于是乎出；犹其有原隰衍沃[22]也，衣食于是乎生。口之宣言也，善败于是乎兴。行善而备败，所以产财用衣食者也。夫民虑之于心而宣之于口，成而行之[23]。若壅其口，其与能几何[24]？”王不听。于是国莫敢出言，三年[25]，乃相与畔[26]，袭厉王。厉王出奔于彘[27]。

【注释】

[1]召公：即召穆公，名虎，厉王、宣王时的大臣，召公奭的后代。召公奭于周朝初年被封于燕，其子孙世代居燕为诸侯；但召公奭于周初时又在周辅佐成王，故其后世又有世代居周为王卿士，以称“召公”者。此例与周公姬旦之后世相同。 [2]卫巫：《集解》引韦昭曰：“卫国之巫也。”监：《正

义》曰:“监，察也。以巫人神灵，有谤毁必察也。” ③三十四年：前844年。 ④道路以目：人们在路上相遇，不敢交谈，只能以眼神示意。 ⑤弭谤：制止怨言；弭，止，消除。⑥鄣：同“障”，阻塞。 ⑦防民之口，甚于防水：堵百姓的嘴，比堵住河水的危险还要大；防，堤坝，这里用作动词，即遮挡。 ⑧雍：通“壅”，堵塞。溃：决口。 ⑨宣之使言：开导人们，让人们把心里的话说出来；宣，开导。 ⑩听政：治理政事；听，听取，治理。 ⑪公卿：相当于后世的三公九卿，指朝廷上的高级官吏。列士：古代官吏阶层中的最低级者。献诗：到民间采诗或自己作诗献给天子以反映对朝政的意见。 ⑫瞽献曲：瞽，盲人，此指乐官，古代乐官多以盲人充任；献曲，通过演唱乐曲以表达自己对政事的意见。 ⑬史献书：史，太史，帝王身边的文秘人员；献书，进档案文书给厉王看。 ⑭《正义》曰:“师，乐太师也，上箴戒之文。”师：管理音乐的官员。箴（zhēn）：一种寓有劝诫意义的韵文。 ⑮韦昭注:“无眸子曰瞍（sǒu），赋公卿列士所献诗也。”赋：有一定音节腔调的诵读。 ⑯《集解》引韦昭曰:“有眸子而无见曰蒙。《周礼》蒙主弦歌，讽诵箴谏之语也。”诵：诵读。 ⑰郭沫若曰:“殷周的百工就是百官,《考工记》三十六工也都是官，是一些国家官吏管辖着各项生产工艺品的奴隶以从事生产。” ⑱庶人：平民。传语:《正义》曰:“庶人卑贱，见时得失，不得上言，乃在街巷相传语。” ⑲近臣：帝王身边的侍从官员。尽规：尽力规谏。 ⑳亲戚：指与国王同宗的大臣。补察：补救王的过失，监督王的行政。 ㉑耆（qí）艾：元老，即师、傅之类的老臣。六十岁的人叫耆，五十岁的人叫艾。修之：归纳、总结前述诸人的意见。 ㉒原：宽阔平坦的土地。隰（xí）：低下而潮湿的土地。衍：低下而平坦的土地。沃：有河流灌溉的土地。 ㉓成而行之：考虑成熟后采纳推行。 ㉔韦昭注："与，辞也。能几何，言不久也。"意即不可能再维持多久。或谓，与，助，能有几个人相助，盖谓将彻底成为"独夫"，亦将难以为继。 ㉕三年：前841年。 ㉖畔：通"叛"。 ㉗彘：古邑名，在今山西省霍州市东北。

【译文】

厉王的行为暴虐无道，奢侈傲慢，国内的百姓指责他的过失。召公进谏说："百姓忍受不了您的政令啦。"厉王恼怒，找到卫国的一名神巫，让他去监视那些议论自己的人，卫巫只要来报告，厉王就把那些人杀掉。议论朝政的人少了，各地诸侯也不来朝拜了。厉王在位的第三十四年，统治更加严厉，国内的百姓没有人敢发表意见，在路上相见也只能用目光示意。厉王很高兴，告诉召公说："我能制止怨言了，人们不敢说话了。"召公说："这就是堵住了百姓的口。堵塞百姓们的口，比筑堤堵塞河流还要厉害。河流堵塞以后如果溃决，伤的人一定会很多，堵百姓的口也是这样。因此治理河流的人打开缺口以便使它畅通，治理百姓的人让百姓发泄以便让他们说话。所以天子处理政事，要上自三公九卿下至士人进献讽谏的诗篇，乐官通过演唱乐曲以表达自己对政事的意见，太史通过上书表达自己对政事的意见，乐官进献一种寓有劝诫意义的韵文，瞍者朗诵讽谏的诗篇，蒙者诵读寓有劝谏意义的文辞，百官劝谏，平民将自己对国事的意见间接地传达给君王，帝王身边的侍从官员尽力规谏，与国王同宗的大臣补救王的过失，监督王的行政，乐师用歌曲、史官用礼法对君王进行教诲，君王的师傅和元老重臣归纳、总结前述诸人的意见，然后由天子斟酌取舍，这样政事施行起来才不致违背常理。老百姓有口，就好像大地有高山河流一样，人类的财物就从这里出产。这就好像大地有平洼高低各种不同的地形一样，人类的衣食资源就从这里产生。能让人们尽情说话，国家政事的好坏才能充分显示。实行好的，防备坏的，这就是用来生产财物衣食的办法。百姓在心里考虑，用嘴巴说出，考虑成熟以后采纳推行。如果堵住百姓的嘴不让他们说话，这样做能长久吗?”厉王听不进去。这样国内百姓没有人敢说话，三年后，国人就一起起来造反，袭击厉王。厉王出奔到彘地。

厉王太子静匿召公之家，国人闻之，乃围之。召公曰：“昔吾骤谏❶王，王不从，以及此难也。今杀王太子，王其以我为仇而怼怒❷乎？夫事君❸者，险而不仇怼❹，怨而不怒，况事王乎！”乃以其子代王太子，太子竟得脱。❺

【注释】

❶骤谏：屡次进谏；骤，屡次，多次。 ❷仇而怼(duì)怒：当作仇敌而发泄怨恨。仇：仇敌，对头；怼：怨恨。 ❸事君：侍奉君长，“君”指诸侯与其他有土封君。 ❹险而不仇怼：按,《国语》于此作“险而不怼”，意谓即使自己身处危险之中，也不对自己的君长心怀怨恨。险,《集解》引韦昭曰：“在危险之中。”俞樾曰：“‘险’与

'慊'通，恨也，与下句'怨而不怒'一律。" ❺召公以其子代王太子死事，见《国语·周语上》。

【译文】

厉王的太子静躲藏在召公的家里，国人听说后，就包围了召公的家。召公说："当初我曾多次劝谏大王，大王不从，因此才遇到这种灾难。现在如果使王太子被国人所杀，大王岂不是会认为我是因为怨恨他而将太子当作仇敌发泄怨恨吗？凡是侍奉君长的人，即使自己身处危险之中，也不对自己的君长心怀怨恨，即使心有埋怨，也不能真对自己的君长动怒，何况是侍奉天子呢！"就用自己的儿子代替厉王太子，太子终于得以逃脱危难。

召公、周公二相行政，号曰"共和"❶。共和十四年❷，厉王死于彘。太子静长于召公家，二相乃共立之为王，是为宣王❸。宣王即位，二相辅之，修政，法文、武、成、康之遗风，诸侯复宗周。

【注释】

❶召公：召穆公，名虎。周公：周定公，名字不详，周公姬旦的后代，在朝辅佐天子，世代称"周公"。共和：史公的意思是指周公与召公共同协商执政。据《夏商周断代工程阶段性成果报告》，共和始于前841年，终于前828年，共14年。 ❷共和十四年：前828年。 ❸宣王：名静，又作"靖"。据《夏商周断代工程阶段性成果报告》，宣王前

827—前782年在位，共在位46年。

【译文】

召公、周公两位辅相代替天子处理国政，称为“共和”。共和十四年，厉王死在彘地。太子静在召公家长大，召公、周公就一起拥立他为王，这就是宣王。宣王即位，召公、周公辅佐他，修明政事，效法文、武、成、康等贤王的传统，诸侯重新以周王室为宗主。

【解读】

这部分即古文选本常见的《召公谏弭谤》，原文见《国语·周语上》。林西仲《古文析义》说：“细看当分四段，第一段言止谤有害；第二段言听政全赖民言，斟酌而行；第三段言民之有言实人君之利；第四段言民之言非孟浪而出，皆几经裁度，不但不可壅，实不能壅者。回抱防川之意，融成一片，警健绝伦。”由于周厉王拒召公之谏致使国人暴动，周厉王被逐，流死于外。

阳光先生在《〈召公谏弭谤〉读后感》中说：“《召公谏厉王弭谤》一向为世人所重。在其中，笔者特别留意了召穆公谏词中的两个关键词：‘民’与‘川’。……静心思之，‘民’与‘水’这两者的确有着难解之缘，而先贤有意无意将二者并提，确实是发人深省的。召公以为阻塞民众之口犹如堵住水道，如果与水、民这些看起来柔弱的事物处理不好关系是很危险的。荀子说：‘君者，舟也；庶人者，水也。水则载舟，水则覆舟。’水势平稳，可以载舟而行；而水湍浪急，则难免倾覆巨舟。民心归顺，可以垂拱而治；而民心浮动，则可能危及国本。荀子把民心向背与河水行船并提，显得异常贴切而有说服力。在这里，‘民’与‘水’的关系终于明朗起来。此格言流传不息，得到了广泛认同，曾在历史上产生过深远的影响。”

刘丽文说：关于“共和行政”有两种说法。第一种说法，即上边那段引文司马迁说的“召公、周公二相行政，号曰‘共和’”，附和司马迁之说者有杜预《左传注》、韦昭《国语注》《史记·晋世家》、张守节《正义》、孔颖达《春秋左传正义》、司马光《稽古录》、崔述《丰镐考信录》等。

第二种说法，说“共伯和”是指一个人，“共”为国名，“伯”为爵称，“和”乃人名。所谓“共和行政”是“共伯和”摄政。此说法的传世文献和出土文献有《竹书纪年》《吕氏春秋》，以及近些年出现的《清华简·系年》等。

《竹书纪年》说：“（周厉王）十二年，王亡奔彘。”又说：“（周厉王）十三年，王在彘，共伯和摄行天子事。”又说：“（周厉王）二十六年，大旱，（周厉）王陟于彘。周定公、召穆公立太子靖为王。共伯和归其国……”

《清华简·系年》第一章：“……至于厉王，厉王大虐于周，卿士、诸正、万民弗忍于厥心，乃归后王于彘，共伯和立十又四年。厉王生宣王，宣王即位，共伯和归于宗。”

我们认为，所谓“共和”是共伯和与召公、周公共同执政；“共伯和”指的是卫国共邑的领主共伯姬和、后来即位为卫武公。

“共”是卫国的一个城邑，周厉王末年，卫釐公之子姬和是“共”的领主，时人称之为“共伯”；为区别其他曾在共邑为主者，称他为“共伯姬和”，简称“共伯和”。周厉王三十七年，厉王暴虐而激起宗周民变，厉王奔彘，天下震动。此时，是共伯和的父亲卫釐侯在位的第十三个年头，二十三四岁的共伯和正在卫国的共邑为领主。

共伯和主政的背景有三个特点：其一，厉王末年之“暴动”实则为两次。第一次是因厉王的“专利”和“监谤”引起，主要是公卿贵族以及部分国人反“专利”、反“监谤”，厉王以残酷手段压制，故公卿惧诛遂与国人联合发起暴动，将周厉王逐出了镐京。第二次则是在厉王被逐后，召公、周公等朝廷大臣为了维护周王朝的统治体系不变，遂即拥立厉王的太子姬静继任为王（即周宣王）；而以国人为主的反对派则主张彻底消灭厉王嫡系，故而又掀起暴乱。这次暴乱以召公用自己儿子冒充太子，将其交给国人杀死，这才暂时获得了暴乱的平息。其二，当时实际形成了两个“政权”的并立。一个是以国人为中心的强硬派，他们在胁迫召公等交出了假太子，并将假太子处死后，在镐京发号施令，风行一时；另一个则是被召公保护下来的一度继位为王的太子姬静实际并未退位，而是依然在“召公宫”中隐秘地保持着其天子的尊位，这些在某些传世文献和铜器铭文上都留有印记。后来他被召公、周公偷偷地护送到东都洛邑，于是便又大张旗鼓地公开恢复王位了。其三，周厉王末年的这场暴乱是历史上记载最早的，规模最大，而又影响非常深刻的一场大暴动。

在第二次骚乱与“假太子”姬静被交出处死后，召公曾纠集周室的宗族在洛邑聚会。共伯和应该是代表卫国，或是以王室大臣身份，或是两种身份兼而有之，参加了这次聚会，并在这次联席会上被授权统兵前往镐京平乱。“共伯和”

的英武有为，威名冠世。

由于曾经一度继位为王的太子在二次动乱中得以脱险，召公、周公等仍视之为天子，因此在共伯和赴宗周后，当时遂出现了两个政治中心：宗周和洛邑。共伯和居镐京，召公和太子姬静即前宣王居洛邑。当时的史官也有两套纪年体系：记录成周发生之事，成周史官以“前宣王”为纪年依据；记录镐京发生之事，镐京史官以“共和”为纪年依据。但似乎又不完全如此，有时还仍然以厉王为纪年依据，今天我们看到的《竹书纪年》就是如此。虽然《竹书纪年》是战国时期刻写，但这种纪年方式肯定是延诸旧史，暴露了当时几个政权并立的局面。

但是这几个政权的诉求和目的，都是恢复周朝天下安定、维护文武一脉相承的王权传承体系。失去复辟能力的厉王毫无疑问是希望太子姬静继承王位；召公、周公是太子姬静的铁杆保护者；共伯和是贵族联席会派出平息“暴乱”和为未来太子姬静即位扫清道路者，他们具有共同的诉求，厉王死后政权的和平交接证明了这一点。

因此，司马迁说召、周二公行政，《竹书纪年》说共伯和行政，其实都没错，关键是将谁作为行政主体的问题。

【编按】

公元前841年“共和行政”，是中国历史有确切纪年的开始，这是关注中国史一定要记住的年份。古希腊用奥林匹亚纪年，所以希腊的确切历史纪年开始于公元前776年的第一届奥运会。中希之间差65年。

就故事而言，其实这是一个能否说真话，是否允许人民说真话的问题。韩兆琦先生在解读中厘清了共和行政究竟是周公、召公联合执政，还是共伯和执政的表里问题。解读特别强调《召公谏弭谤》所提出“民”与“水”的关系问题。“防民之口甚于防水”，实在是发人深省的。“水能载舟，亦能覆舟。”习近平总书记2021年2月20日在党史学习教育动员大会上讲“江山就是人民，人民就是江山”，与此大意相通。

陕西扶风出土了一个㝬簋。㝬，是厉王的名。该簋是周厉王为祭祀先祖而铸，铭文传达了一个敬业爱民的君王形象。周厉王这个人，究竟是敬业爱民，还是刚愎自用又残暴？推荐读者阅读本篇，主要是让读者意识到历史书写是一种权力，不同人写历史，面貌大异是自然的。

03.

项羽本纪

项羽像　　虞姬像

项羽扛鼎

项籍者，下相[1]人也，字羽。初起时，年二十四。其季父[2]项梁，梁父即楚将项燕，为秦将王翦所戮者也[3]。项氏世世为楚将，封于项[4]，故姓项氏[5]。

【注释】

❶下相：秦县名，县治在今江苏省宿迁市西南。 ❷季父：小叔父。《索隐》引崔浩曰："伯仲叔季，兄弟之次，故叔云'叔父'，季云'季父'。" ❸据《秦始皇本纪》，秦王政二十四年（前223），"王翦、蒙武攻荆，破荆军，昌平君死，项燕遂自杀"；《楚世家》作"破我军于蕲，而杀将军项燕"。《索隐》曰："此云为王翦所杀……盖燕为王翦所围，逼而自杀，故不同耳。"王翦：始皇时代的名将，事迹见《白起王翦列传》。 ❹项：秦县名，县治在今河南省周口市沈丘县南。 ❺"姓"与"氏"本来不同。同出于一个祖先，谓之同"姓"；而同一祖先之人，由于种种原因（如为某官、封于某地等）又可以分成若干支系，这些不同的支系，就是所谓"氏"。但这种区别到秦汉时已经不太讲究，故《史记》中往往混同。

【译文】

项籍是下相人，字羽。开始起事的时候，年方二十四岁。他的小叔叔名叫项梁，项梁的父亲就是被秦将王翦所杀的楚国的名将项燕。项家世世代代在楚国为将，因为有功被封在项这个地方，所以他们就以项为姓了。

项籍少时，学书不成，去[1]学剑，又不成。

项梁怒之。籍曰："书，足以记名姓而已；剑，一人敌，不足学；学万人敌❷。"于是项梁乃教籍兵法，籍大喜，略知其意，又不肯竟学❸。项梁尝有栎阳逮❹，乃请蕲狱掾曹咎书，抵栎阳狱掾司马欣，以故事得已❺。项梁杀人，与籍避仇于吴❻中，吴中贤士大夫皆出项梁下❼。每吴中有大繇役及丧❽，项梁常为主办，阴以兵法部勒❾宾客及子弟，以是知其能。秦始皇帝游会稽，渡浙江❿，梁与籍俱观。籍曰："彼可取而代也。"⓫梁掩其口，曰："毋妄言，族矣！"梁以此奇籍。籍长八尺余⓬，力能扛鼎，才气⓭过人，虽吴中子弟皆已惮⓮籍矣。

【注释】

❶学书：学习认字、写字。去：离开。 ❷万人敌：这里即指兵法。 ❸竟学：完成全部学业；竟，终了。何焯曰："《汉书·艺文志·兵法形势》中有《项王》一篇，而'黥布置阵如项籍军，高祖望而恶之'，盖治兵置阵是其所长，故能力战摧锋；而不足于权谋，故其后往来奔命，为人乘其罢而踣之，所谓'略知其意而不肯竟学'者也。"郭嵩焘曰："此历叙项羽为人磊磊有英雄气，然苦少深沉之量，是以终身无成。"按，此处一方面写项羽之豪迈，另一方面又为其日后败于韩信做伏笔。 ❹栎阳逮：因罪被栎阳县逮捕；栎阳，秦县名，县治旧址在今西安市阎良区。 ❺意谓乃请曹咎给司马欣写了一封信，代为说情，因而事情得以了结。蕲：

秦县名，县治在今安徽省宿州市南。狱掾：主管监狱的吏员；掾，是旧时对吏目的通称。抵：犹今之所谓“致”。事得已：事情得以了结；已，了结，结束。按，曹咎、司马欣皆对项氏有恩，伏后文二人受项羽宠任，致汜水之败案。 ❻吴：秦县名，县治即今江苏省苏州市。 ❼皆出项梁下：师古曰：“言皆不及也。”出，处，居。 ❽大繇役及丧：给国家出民工与当地大户人家办丧事，皆兴师动众者。 ❾阴：暗中，私下。部勒：部署，组织。 ❿事在始皇三十七年（前210），见《秦始皇本纪》。会稽：山名，在今浙江省绍兴市东南。浙江：钱塘江。 ⓫彼可取而代也：他的权位，可以由我取代；彼，指秦始皇。泷川曰：“陈胜曰：‘壮士不死即已，死即举大名耳！王侯将相宁有种乎？’汉高曰：‘嗟乎，大丈夫当如是也！’项羽曰：‘彼可取而代也！’三样词气，三样笔法，史公极力描写。”王鸣盛曰：“项之言，悍而戾；刘之言，津津不胜其歆羡矣。” ⓬长八尺余：约当今之1.84米以上。秦时一尺约当今之23.1厘米。 ⓭扛鼎：举鼎。才气：古时多以此称人之勇武多力，与后世之偏于称人之思维慧敏者略异。 ⓮虽：即使。惮（dàn）：畏惧。当时会稽郡的郡治亦在吴县，这里是东南人物的荟萃之区，吴中的豪侠之士皆已畏惧项籍，则这个外乡人的气势才情可以想见。

【译文】

项籍小的时候，开始学习写字，学写了一阵不见长进，于是改行另去学剑了，学了一阵仍没有什么成就。项梁为此对他很生气。项籍说：“学了写字也不过是用来记个姓名而已，练好了剑术也不过是能对付一个人，我觉得这些都不值得学。我要学能对付万人的本事。”项梁见他有这份志向，就教他兵法，项籍很高兴，但他仍不过是粗知大意而已，仍是不肯下功夫有始有终地好好学。项梁曾因为犯罪被栎阳县逮捕，他请蕲县的典狱官曹咎给栎阳县的典狱官司马欣写了一封说情的信，因而案子得以了结。后来，项梁又杀了人，在原来的地方住不下去了，只好和项籍一起躲到了吴县。吴县的贤士大夫们对他们叔侄都很佩服敬重。每逢吴县有大的徭役或丧事，总是请项梁来操办，在办这些事的过程中，项梁常常用兵法来组织他手下这些宾客和子弟，因此他很了解这些人，知道他们各自的能力。有一次，秦始皇出游会稽，在渡钱塘江的时候，项梁和项籍都赶去看了。项籍一见秦始皇的那份排场，不由得说道：“这个人的权位可以由我来代替！”项梁一听，赶紧捂住他的嘴，说：“可别胡说，当心要灭族的！”但是从此他心里也觉得他这个侄子不寻常。项籍身高八尺多，力气超人，双手可以举起大鼎，连吴中土生土长的那些豪门子弟也都很怕他。

秦二世元年七月，陈涉等起大泽中。❶其九月，会稽守通❷谓梁曰：“江西❸皆反，此亦天亡秦之时也。吾闻先即制人，后则为人所制。吾欲发兵，使公及桓楚将❹。”是时桓楚亡在泽中。梁曰：“桓楚亡，人莫知其处，独籍知之耳。”梁乃出，诫籍持剑居外待。梁复入，与守坐，曰：“请召籍，使受命召桓楚。”守曰：“诺。”梁召籍入。须臾，梁眴❺籍曰：“可行矣！”于是籍遂拔剑斩守头[6]。项梁持守头，佩其印绶[7]。门下大惊，扰乱，籍所击杀数十百人[8]。一府中皆慑伏[9]，莫敢起。梁乃召故所知豪吏，谕以所为起大事，遂举吴中兵。使人收下县[10]，得精兵八千人[11]。梁部署吴中豪杰为校尉、候、司马[12]。有一人不得用，自言于梁。梁曰："前时某丧使公主某事，不能办，以此不任用公。"众乃皆伏[13]。于是梁为会稽守，籍为裨将[14]，徇下县[15]。

【注释】

❶秦二世元年七月，陈涉等起大泽中：此即大泽乡起义。秦二世元年，前209年。大泽，乡名，当时属蕲县，在今安徽省宿州市东南刘村集。 ❷会稽守通：会稽郡的郡守殷通。 ❸江西：长江自九江到南京的一段，是由西南流向东北，因此古人习惯称今皖北一带为"江西"，而称皖南、苏南一带为"江东"。 ❹王先谦引周寿昌曰："此即后羽杀宋义，使报命怀王者，后亦别无所见。时梁特令羽假其名以入。" ❺眴（shùn）：使眼色。师古曰："动目也，动目而使之也。" ❻史珥曰："会稽守所谓明于见事而暗于见人者也。" ❼印绶：这里即指印；绶，是系在印纽上的丝带。 ❽数十百人：《索隐》曰："此不定数也，自百以下，或至八十、九十，故云'数十百'。" ❾慑伏：吓得趴在地上不敢动；慑，恐惧失气的样子。 ❿下县：指会稽郡的下属各县。 ⓫凌稚隆曰："为后'以八千人渡江'，

及与亭长言‘江东子弟八千人’张本。” ⑫部署：分派、任命。校尉、候：皆军官名。古代军制，将军军营下分部，部设校尉；部下分曲，曲设军候。司马：军中主管司法的官吏。 ⑬众乃皆伏：于是大家全都服气了；伏，通“服”。⑭裨（pí）将：犹言“副将”“偏将”。师古曰：“裨，副也，相副助也。” ⑮徇下县：巡行下令，使之从己。《集解》引李奇曰：“徇，略也。”

【译文】

秦二世元年七月，当陈涉等人在大泽乡宣告起义后，这年的九月，会稽郡守殷通对项梁说：“现在长江以西全部造反，看来是老天爷真要灭掉秦朝了。俗话说先发者制人，后发者就要被人所制。因此我也想起兵，想请您和桓楚给我当将军。”当时桓楚因为犯罪逃亡到大泽中去了。项梁说：“桓楚逃亡在外，没人知道他的下落，只有项籍知道。”说完就出来找到了项籍，让他手提宝剑在外面等着。项梁自己又进去陪着郡守坐了一会儿，然后说：“请您传项籍进来，让他去找桓楚吧。”郡守说：“好的。”于是项梁就把项籍叫了进来。又过了一会儿，项梁给项籍使了个眼色，说：“可以动手了！”于是项籍拔出剑来就砍下了郡守的人头。项梁则拎着郡守的人头，把郡守的印绶佩在自己身上。这时郡守的手下都吓坏了，纷纷乱作一团。项籍趁势把他们一连杀了近百个，其余的都吓得趴在地上，谁也不敢再动了。项梁把他平日所了解的那些豪强大吏找来，告诉了他们自己要干的事情，于是就在吴县发兵起义了。接着他就派人去接管了会稽郡下属的各县，征集到了精兵八千人。

项梁安排吴县的这些豪杰去分别担任军中的校尉、军候、司马等职。有一个人没被派到差使，他不服气地找到了项梁。项梁说："过去办某件丧事的时候，我曾让你去办一件事，结果你没能办好，说明你无能，所以现在不能委派你。"大家听了都很心服。于是项梁自己当了会稽郡郡守，让项籍做他的副将，并以会稽郡守的名义派人到下属各县去宣布命令，安抚民众。

……

居鄛❶人范增，年七十，素居家，好❷奇计。往说项梁曰："陈胜败固当。夫秦灭六国，楚最无罪。自怀王入秦不反❸，楚人怜之至今。故楚南公❹曰：'楚虽三户，亡秦必楚'❺也。今陈胜首事，不立楚后而自立，其势不长。今君起江东，楚蜂午❻之将皆争附君者，以君世世楚将，为能复立楚之后也。"于是项梁然其言，乃求楚怀王孙心❼，民间为人牧羊❽，立以为楚怀王❾，从民所望也❿。陈婴为楚上柱国，封五县，与怀王都盱台⓫。项梁自号为武信君。

【注释】

❶居鄛：秦县名，县治在今安徽省桐城市南。　❷素居家：即在家当隐士。好：善，擅长。　❸秦昭王诈设武关之会，邀楚怀王结盟。怀王至，昭王以兵拘之，向怀王要求割地，怀王不允，遂被幽禁，客死于秦。事见《楚世家》。怀

王：名熊槐，战国后期的楚国国君，前328—前299年在位。❹南公：《集解》引文颖曰："南方老人也。"盖姓字不详。《汉书·艺文志》有"南公十三篇"，属阴阳家。❺楚虽三户，亡秦必楚：言楚人与秦势不两立之决心。《集解》引臣瓒曰："楚人怨秦，虽三户犹足以亡秦也。"泷川曰："三户者，言其少耳，乃虚设之辞。"❻蜂午：犹言"蜂拥而起"，《汉书》作"蜂起"。午，《索隐》曰："凡物交横为午，言蜂之起，交横屯聚也。郑玄曰：'一纵一横为午。'"❼楚怀王孙心：客死于秦国的楚怀王的孙子，名心。❽郭嵩焘曰："纳在句中，是文家消纳法。"按，此即所谓"夹注句"，后文写"鸿门宴"之座次有所谓"项王东向坐，亚父南向坐，亚父者范增也，沛公北向坐，张良西向侍"云云，"亚父者范增也"六字亦"夹注句"。❾吴见思曰："孙冒祖号，生袭死谥，写一时草草可笑。"❿王鸣盛曰："六国之亡久矣，起兵诛暴秦不患无名，何必立楚后？制人者变为制于人，范增谬计，既误项氏，亦误怀王。"⓫盱台：同"盱眙"，秦县名，县治在今江苏省淮安市盱眙县东北。

【译文】

……

这时居鄛人范增已经七十岁了，平素隐居不出，善为奇谋妙算，他前去给项梁出主意说："陈胜的失败是理所当然的。想当初秦朝灭掉六国的时候，楚国是最无罪的。自从楚怀王被骗到秦国死在那里后，楚国人到今天还非常同情他。楚国的南公曾说过'即使楚国只剩下了三户人家，将来灭秦的也必然是楚国人'。可是今天陈胜起事时，不立楚国的后代，而自己为王，当然他就长不了。您从江东起兵以来，所以有那么多楚国将领前来归附，就因为你们项家世世代代为楚将，大家相信您能够再次扶立一个楚国的后代。”项梁听范增的话有理，就派人去找来了楚怀王的一个孙子，他名字叫心，当时正流落在民间给人放羊。项梁便立他为王，而且仍称他为楚怀王，为的是顺应当时百姓们的心愿。同时封陈婴为上柱国，并给他五个县做封地，让他陪同楚怀王一起住在国都盱眙。项梁自己号称武信君。

……

项梁起东阿，西，比至定陶，再破秦军；项羽等又斩李由，益轻秦❶，有骄色。宋义❷乃谏项梁曰：“战胜而将骄卒惰者败，今卒少惰❸矣，秦兵日益❹，臣为君畏之。”项梁弗听，乃使宋义使于齐。道遇齐使者高陵君显❺，曰：“公将见武信君乎！”曰：“然。”曰：“臣论❻武信君军必败。公徐行即免死，疾行则及祸。”秦果悉起兵益章邯，击楚军，大破之定陶，项梁死❼。沛公、项羽去外黄攻陈留❽，陈留坚守不能下。沛公、项羽相与谋曰：“今项梁军破，士卒恐。”乃与吕臣俱引兵而东❾。吕臣军彭城东，项羽军彭城西，沛公军砀。

【注释】

❶益轻秦：谓项梁于连续获胜后遂越来越轻视秦朝军

队。 ❷凌稚隆引《汉纪》云：“宋义，故楚令尹。” ❸少：同“稍”。惰：松懈，涣散。 ❹秦兵日益：秦朝的军队越来越多。 ❺高陵君显：高陵君，名显，姓氏不详，“高陵君”是其封号；高陵，秦县名，县治在今西安市高陵区。 ❻论：认为，判断。 ❼据《秦楚之际月表》，项梁兵败被杀在秦二世二年九月。姚苎田曰：“宋义语只是寻常见识，幸而中，亦不幸而中，卒以此杀其身也。” ❽去外黄攻陈留：撤出围攻外黄的军队，转攻陈留；陈留，秦县名，县治在今河南省开封市东南。 ❾通行本原文于此作“乃与吕臣军俱引兵而东”。句中“军”字涉下文而衍，今削。吕臣，原为陈涉侍从，陈涉兵败被杀后，吕臣收合残部，又曾一度攻克陈郡，后归项梁，事见《陈涉世家》。

【译文】

……

自从项梁率兵从东阿乘胜西进到达定陶后，一连几次大破秦军。再加上项羽那边又杀了李由，因此他就越来越瞧不起秦军，越来越骄傲起来。宋义见此情形就劝导项梁说：“刚打了一个胜仗，假如为将的就因此骄傲，当兵的就因此松懈，那以后就非败不可。现在我们的士兵已经开始松懈了，而秦朝的援兵则越来越多，我觉得这个局面是可怕的。”项梁不听，他找了一个借口打发宋义出使去齐国了。宋义在半道上正好遇到了齐国派往楚国来的使者高陵君显，宋义问他：“您这是要去见武信君吗？”高陵君说：“是的。”宋义说：“我估计武信君的军队很快要失败。您要是慢点儿走，可能就不至遇难；您要是走得太快，说不定会遭受杀身之祸。”结果，恰如宋义所料，秦朝真的调集了所有的兵力增援章邯，突然对项梁发起了攻击，大破楚军于定陶，项梁战死。刘邦、项羽也只好离开外黄，转攻陈留。陈留也难以攻下，刘邦、项羽两人合计说：“现在项梁的大部队被敌人打败，我们的军心已经动摇了。”于是他们便和吕臣等一起引兵向东撤退。最后吕臣的军队驻扎在彭城东，项羽的部队驻扎在彭城西，刘邦的部队驻扎在砀县。

……

楚兵已破于定陶，怀王恐，从盱台之彭城❶，并项羽、吕臣军自将之❷。以吕臣为司徒，以其父吕青为令尹❸，以沛公为砀郡长，封为武安侯，将砀郡兵❹。

【注释】

❶盱眙在彭城东南数百里，项梁等败于彭城西北后，怀王乃率领群臣由盱眙前进至彭城，盖怀王亦有为之君。 ❷并项羽、吕臣军自将之：由此益见怀王非徒拥虚名之傀儡，而是确有相当的实力；亦可由此想象异日项羽杀害怀王的后果非同一般。项羽与怀王的怨隙自此夺军始。 ❸司徒：掌管教化的官名，地位崇高，为古代的“三公”之一。令尹：战国时楚官名，位同丞相。 ❹项羽的兵权被剥夺，而刘邦则被委以“将砀郡兵”，怀王亲近刘邦的意向分明。砀郡长，即砀郡郡守。秦时的砀郡治睢阳，在今河南省商丘市城南。

【译文】

……

再说楚国自从项梁的军队在定陶被章邯击破后，楚怀王感到很惶恐，于是他自己从盱眙前进到了彭城，他把项羽、吕臣的军队收过来，归自己统领。改任吕臣为司徒，任吕臣的父亲吕青为令尹，让刘邦为砀郡的郡长，封他为武安侯，让他统领砀郡的军队。

初[1]，宋义所遇齐使者高陵君显在楚军，见楚王[2]曰："宋义论武信君之军必败，居数日，军果败。兵未战而先见败征，此可谓知兵矣。"王召宋义与计事而大说之，因置以为上将军[3]；项羽为鲁公，为次将；范增为末将[4]，救赵。诸别将[5]皆属宋义，号为卿子冠军[6]。行至安阳[7]，留四十六日不进。项羽曰："吾闻秦军围赵王巨鹿，疾引兵渡河，楚击其外，赵应其内，破秦军必矣。"宋义曰："不然。夫搏牛之虻不可以破虮虱。[8]今秦攻赵，战胜则兵罢[9]，我承其敝；不胜，则我引兵鼓行而西[10]，必举秦矣。故不如先斗秦赵[11]。夫被坚执锐[12]，义不如公；坐而运策，公不如义。"因下令军中曰："猛如虎，很如羊，贪如狼，强不可使[13]者，皆斩之。"乃遣其子宋襄相齐[14]，身送之至无盐[15]，饮酒高会[16]。天寒大雨，士卒冻饥。项羽曰："将戮力[17]而攻秦，久留不行；今岁饥民贫，士卒食芋菽[18]，军无见粮[19]，乃饮酒高会；不引兵渡河因赵食，与赵并力攻秦，乃曰'承其敝'。夫以秦之强，攻新造之赵[20]，其势必举赵。赵举而秦强，何敝之承！且国兵新破，王坐不安席，扫境内而专属于将军，国家安危，在此一举。今不恤士卒而徇其私，非社稷之臣[21]。"项羽晨朝[22]上将军宋义，即其帐中斩宋义头，出令军中曰："宋义与齐谋反[23]楚，楚王阴令羽诛之。"当是时，诸将皆慑服，莫敢枝梧[24]。皆曰："首立楚者，将军家也。今将军诛乱。[25]"乃相与共立羽为假上将军[26]。使人追宋义子，及之齐[27]，杀之。使桓楚报命于怀王。怀王因使[28]项羽为上将军，当阳君[29]、蒲将军皆属项羽。

【注释】

❶初：犹言"前者"，历史学家追述前事，常以"初"字领起，用法始见于《左传》。❷楚王：此"楚王"即楚怀王，前后文之称谓理应统一。❸上将军：非固定官名，盖令其位居诸将之上，以统领诸将而言。❹鲁公：鲁县县令，当时的鲁县即今山东省曲阜市。"次将""末将"亦非固定职位，只临时表示其在军中的地位。❺诸别将：除怀王已有专门任命（如刘邦）之外的其他楚军诸将。❻卿子：是当时对男人的敬称。冠军：犹言"最高统帅"。❼安阳：古邑名，有说在今山东省菏泽市曹县东北者，杨宽以为当在东阿（今山东省聊城市阳谷县东北之阿城镇）西北之小湖阿泽西

北，说见《战国史料编年辑证》，更觉可信。 ❽“搏，击也，言以手击牛之背，可以杀其上虻，而不能破虱，喻今将兵方欲灭秦，不可尽力与章邯即战，或未能擒，徒废力也。”《索隐》引邹氏曰：“言虻之搏牛，本不拟破其上之虮虱，以言志在大不在小也。”二说皆可通。 ❾罢：通“疲”。 ❿鼓行而西：犹言“长驱西下”；鼓行，胡三省曰：“击鼓而行，堂堂之阵也。”言其公行无忌之状。 ⓫先斗秦赵：先让秦、赵两方彼此相斗。 ⓬被坚执锐：披坚甲，执利兵，指冲锋陷阵。被，同“披”；锐，锐利的兵器。 ⓭很：犹今之所谓“执拗”，不听招呼。又，张家英认为《史记》中未用“狠”字，盖史公用“很”如“狠”也。强不可使：执意专行，不服指挥。 ⓮凌稚隆引屠隆曰：“楚不杀田假，齐不发兵助楚，两国固有隙者，义何遣子相之？此羽斩义声其罪曰‘与齐谋反’者也。” ⓯身：亲自。无盐：秦县名，县治在今山东省泰安市东平县东南。 ⓰高会：盛大的宴会。 ⓱将：王叔岷曰：“‘将’犹‘当’。”戮力：合力、并力。 ⓲芋：芋头，此处代指蔬菜、野菜。菽：豆类。半菽，《集解》引徐广曰：“半，五升也。”又引王劭曰：“半，量器名，容半升也。”按，秦时之半升约合今之128克，二两多一点。 ⓳见粮：现时可用的粮食；见，同“现”。 ⓴新造之赵：新建立的赵国，时赵歇等建国仅九个月，故称“新造”。 ㉑社稷之臣：与国家同生死、共忧戚的大臣；社稷，指社稷坛，古代帝王祭祀土神和谷神的地方，后世遂常以“社稷”代指国家。 ㉒朝：参见。 ㉓凡发动政变、兵变夺权，未有不诬对方为“谋反”者。 ㉔枝梧：同“支吾”，抗拒。 ㉕今将军诛乱：此句语气未完，下面应有“固宜为上将军”云云，因与下面的叙述句重复，故而省略对话，单由叙述语补足。此种例子《史记》多有。 ㉖假上将军：代理上将军。假，权摄，代理。师古曰："未得怀王之命，故且为'假'也。" ㉗及之齐：追到齐国，追上了。 ㉘因使：因其请求而使为之。据《秦楚之际月表》，事在秦二世三年（前207）十一月（当时以十月为岁首）。按，此怀王无可奈何之举，其与项羽的矛盾又进一步发展。 ㉙当阳君：即黥布。

【译文】

再说当初宋义出使齐国时半路上遇见的齐国的使者高陵君显，这时正在楚国的兵营中。他对楚怀王说："宋义早就预言过武信君必败，结果没过几天，武信君果然失败了。还没有打仗，就能先看出他失败的征兆，这真可以说是懂得用兵之道了。"楚怀王一听，立即派人把宋义找了来，和他谈论了一回，心里很高兴，便任命他为上将军；封项羽为鲁公，让他为次将；让范增为末将，派他们一起率兵救赵。还有其他的一些将领，楚怀王也通通把他们划到了宋义的部下，使得宋义尊宠无比，号称卿子冠军。当这支军队前进到安阳的时候，忽然停下来不走了，而且一停就是四十六天。项羽对宋义说："现在赵王正被秦军围困于巨鹿，我们应该赶紧率兵渡河，这样我们从外向里打，赵军从里向外接应，就绝对可以打败秦军。"宋义说："不对，牛虻是用来蜇牛的，而不是为了对付那些虱子。现在秦兵正在攻打赵国，如果打赢了，那他们自己也必然落得个疲惫不堪，到那时我们再乘机收拾他们；如果败了，我们就可以凭着这完好无损的实力大摇大摆地长驱西进，可以一下子端掉秦朝的老窝了。所以目前我们不如先让秦、赵两方互相火并。论冲锋陷阵，我比不上您；要说到筹谋划策，您就不如我了。”说罢宋义就命令全军：“凡是凶猛、执拗、贪婪、顽固而不听使唤的，一律斩首。”而后又派他的儿子宋襄到齐国去做宰相，他还亲自把他一直送到无盐县，并在那里大摆筵席。而当时天气很冷，又下着大雨，士兵们都又冷又饿。项羽对左右的人们说：“现在最重要的事情是集中一切力量与秦兵作战，可是我们却长期在这里停留不前。现在年荒人穷，士兵们吃的都是山芋野菽，军中连一点存粮都没有。可是作为将军的宋义还在那里大摆筵席，不赶紧领兵渡河到赵国就地取粮，和赵国合力攻秦，却说什么‘要等秦军的疲惫不堪’！让如此强大的秦军去攻打一个新建不久的赵国，那是肯定要把赵国端掉的。赵国一被端掉，秦军就会变得更强大，还有什么疲惫不堪的机会等着我们去乘啊！再说我们楚国的军队刚刚失败不久，我们的怀王急得坐立不安，他把我们全国的军队集中起来都交给了上将军一个人，我们整个国家的安危就决定在这次行动上。可是我们的上将军现在竟然完全不体恤士兵，只顾徇他的私情，他不是一个忠于国家的人！”于是他就趁着清早参见宋义的机会，在大帐中把宋义杀了，然后提着人头出来对全军说：“宋义勾结齐国，企图谋反，怀王秘密命令我，让我把他杀掉。”这时所有的将领都被吓得服服帖帖，没有一个人敢抗拒。大家都说：“当初第一个拥立怀王的，就是您项家，现在您又为楚国杀掉了乱臣！”于是大家一致推举项羽代行上将军的职权。项羽为了斩草除根，就派人追踪到齐国，把宋义的儿子宋襄也杀掉了。待一切安排停当后，项羽才派了桓楚去向怀王报告这件事情的过程。怀王无法，只好顺水推舟地任命项羽做了上将军，让当阳君、蒲将军等各个将领都归项羽统辖。

项羽已杀卿子冠军，威震楚国，名闻诸侯。乃遣当阳君、蒲将军将卒二万渡河[1]，救巨鹿。战少利[2]，陈馀复请兵。项羽乃悉引兵渡河，皆沉船，破釜甑，烧庐舍[3]，持三日粮，以示士卒必死，无一还心。于是至则围王离，与秦军遇，九战，绝其甬道，大破之[4]……。当是时，楚兵冠诸侯。诸侯军救巨鹿者十余壁[5]，莫敢纵兵。及楚击秦，诸将[6]皆从壁上观。楚战士无不一以当十，楚兵呼声动天，诸侯军无不人人惴恐[7]。于是已破秦军，项羽召见诸侯将，诸侯将入辕门[8]，无不膝行而前，莫敢仰视[9]。项羽由是始为诸侯上将军，诸侯皆属焉[10]。

【注释】

❶渡河：渡黄河。《正义》以此为渡漳河，与下文“项羽军漳南”云云不合。 ❷少利：谓稍许有些胜利，非如今之意为“不利”。王叔岷曰：“《御览》引‘少’作‘小’，义同。” ❸皆沉船，破釜甑（fǔ zèng），烧庐舍：《太公六韬·必出》云：“先燔吾辎重，烧吾粮食。”《太平御览》引《太公六韬》云：“武王伐殷，乘舟济河，兵车出，坏船于河中；所过津梁，皆悉烧之。”《孙子·九地》：“帅与之期，如

登高而去其梯，焚舟破釜，若驱群羊而往。”项羽所为，盖亦古兵法所示。釜，锅；甑，蒸饭的瓦罐之类。 ❹中井曰：“是谓章邯军也，非王离。”围巨鹿者，王离；护甬道以支持巨鹿之围者，乃章邯。按，据《秦楚之际月表》项羽破章邯绝甬道，在秦二世三年十二月，虏王离在三年一月（当时以十月为岁首）。 ❺通行本原文于此作“诸侯军救巨鹿下者十余壁”。泷川引中井曰：“‘下’字疑衍，《汉书》无。”按，有“下”字无理，今据削。壁：营垒。 ❻诸将：王叔岷曰：“《通鉴》作‘诸侯将’，此脱‘侯’字。” ❼惴（zhuì）恐：震恐，惊恐；惴，恐惧。 ❽通行本原文于此作“项羽召见诸侯将，入辕门”，语气不顺。泷川曰：“毛本重‘诸侯将’三字。”按，武英殿本亦作“项羽召见诸侯将，诸侯将入辕门”，今据增“诸侯将”三字。盖非此不能统一这段文字的风格，亦非此不足以见当时之气势，说可参见下注。辕门：《集解》引张晏曰：“军行以车为阵，辕相向为门，故曰辕门。”后世即用为营门之义。 ❾凌约言曰：“羽杀会稽守，则‘一府慑伏，莫敢起’；羽杀宋义，‘诸将皆慑伏，莫敢枝梧’；羽救巨鹿，‘诸侯莫敢纵兵’；已破秦军，‘诸侯膝行而前，莫敢仰视’：势愈张而人愈惧，下四‘莫敢’字，而羽当时勇猛可想见也。” ❿梁玉绳曰：“‘诸侯’下疑缺‘将’字，《汉书》作‘兵皆属焉’。”王叔岷曰：“梁说是也，《秦楚之际月表》作‘诸侯将皆属项羽’，正有‘将’字。”

【译文】

项羽杀了卿子冠军宋义以后，威震楚国，名闻天下。于是项羽就派当阳君、蒲将军率领两万人立刻渡河救赵。二将过河后，初步取得了一些胜利。陈馀不满足，继续向项羽请求援助。于是项羽下令全军渡河。过河后，项羽下令把全部船只沉入河底，把锅碗都砸了，把帐篷一律烧掉，只带着三天的粮食，以此来向士兵们表示一种只有前进绝不能后退的决心。楚军一到巨鹿，就立即包围了王离的部队，随即与秦军开战，经过多次战斗，终于冲断了秦军的甬道，接着大破秦军……。在两军交战的时候，楚兵英勇无比。当时各地来援救巨鹿的军队有十几座大营，但是没有一处敢出来与秦军作战。等到项羽的军队与秦军开战了，这些各路援军的将领都一个个站在营垒上远远观望。楚军的战士们无不以一当十，杀声震天。其他各路援军见到这种情景，一个个都吓得胆战心惊。等到楚军击败了秦军之后，项羽召见各路的将领，这些将领进辕门的时候，一个个都是跪在地上，用膝盖挪着进去的，谁也不敢抬起头来往上看一眼。从此项羽便成了诸侯们共同的上将军。各路诸侯都归项羽统辖。

章邯军棘原[1]，项羽军漳南[2]，相持未战。秦军数却，二世使人让章邯。章邯恐，使长史欣请事[3]。至咸阳[4]，留司马门[5]三日，赵高不见，有不信之心。长史欣恐，还走其军，不敢出故道[6]。赵高果使人追之，不及。欣至军，报曰："赵高用事于中，下无可为者。今战能胜，高必疾妒吾功；战不能胜，不免于死。愿将军孰计之[7]。"陈馀亦遗章邯书曰："白起[8]为秦将，南征鄢郢[9]，北坑马服[10]，攻城略地，不可胜计，而竟赐死[11]。蒙恬为秦将，北逐戎人，开榆中地数千里，竟斩阳周[12]。何者？功多，秦不能尽封，因以法诛之。今将军为秦将三岁矣，所亡失以十万数，而诸侯并起滋益多。彼赵高素谀[13]日久，今事急[14]，亦恐二世诛之，故欲以法诛将军以塞责，使人更代将军以脱其祸。夫将军居外久，多内隙[15]，有功亦诛，无功亦诛。且天之亡秦，无愚智皆知之。今将军内不能直谏，外为亡国将，孤特独立[16]而欲常存，岂不哀哉！将军何不还兵与诸侯为从[17]，约共攻秦，分王其地，南面称孤？此孰与身伏鈇质妻子为僇[18]乎？”章邯狐疑，阴使候始成使项羽[19]，欲约。约未成，项羽使蒲将军日夜引兵度三户，军漳南[20]，与秦战，再破之。项羽悉引兵击秦军汙水[21]上，大破之[22]。

【注释】

❶棘原：地名，当在今河北省邢台市平乡县南。❷漳南：漳水南岸。漳水源于今山西省晋中市昔阳县西南，东南流经河北省邯郸市磁县南，东北流经今广宗、枣强、景县入古黄河。❸长史欣：即司马欣，前为栎阳狱掾者。长史，大将军或丞相手下的属官，为诸史之长，故称“长史”，地位相当高。请事：请求对有关事情的指示。❹咸阳：秦朝都城，在今陕西省咸阳市东北。❺留司马门：在司马门等候接见。司马门，在宫廷的前门之外，以其有兵

士护守，故云；司马，武官名。 ❻出故道：经由来时走的道；出，经由。 ❼孰计之：好好地考虑这件事；孰，同“熟”。 ❽白起：昭王时代的秦国名将，事迹详见《白起王翦列传》。 ❾据《秦本纪》，秦昭王二十八年（前279），白起拔楚鄢（今湖北省宜城市东南）；二十九年（前278），拔楚郢（今湖北省荆州市江陵县西北），于是楚国被迫东北迁于陈。 ❿马服：原指赵奢，赵惠文王时的将领，被封为马服君，这里是指赵奢的儿子赵括。秦昭王四十七年（前260），白起大破赵括军于长平，坑赵卒四十余万，事见《白起列传》《廉颇蔺相如列传》。 ⓫白起破赵有功，遭秦相范雎嫉恨，白起称病辞职，后又因不听秦昭王的指使，遂被赐剑自裁。 ⓬蒙恬：为秦朝名将，蒙骜之孙，蒙武之子，于灭齐中立有大功，后又北逐匈奴，开拓了今内蒙古河套一带地区。始皇死后，被秦二世杀害于阳周，事见《蒙恬列传》。戎人：即指匈奴。榆中：古地区名，即今陕西省北部以及内蒙古自治区河套一带地区。阳周：秦县名，县治在今陕西省子长市北。 ⓭素谀：一贯地向皇帝谄媚奉承。 ⓮事急：指秦王朝已乱到了这种样子。 ⓯多内隙：在朝廷里仇人众多；隙，矛盾、隔阂。 ⓰孤特独立：孤立无援。“孤”“特”都是“单独”的意思。按，《史记》尽有多个同义词连叠使用者，王叔岷曰：“《秦始皇本纪》‘臣请诸有文学《诗》《书》百家语者，蠲除去之’，‘蠲’‘除’‘去’三字叠义，与此同例。” ⓱还兵：掉转矛头。与诸侯为从：与东方的起义军联合；从，同“纵”，合纵、联合。早在战国时代就称东方各国的联合为“纵”，称秦与东方的联合曰“衡”，今陈馀仍用其说。 ⓲身伏铁质：指被杀。铁，古时斩人用的大斧，《汉书》

于此径作“斧”；质，砧板，亦杀人用的刑具。妻子为僇：妻、子连带被杀，指灭族；僇，通“戮”，杀。 ⑲阴使候始成使项羽：候始成，军候名始成，史失其姓；军候，校尉属下的军官。 ⑳中井曰：“前称羽‘军漳南’，此遣军‘渡三户’，则往在漳北也。此‘漳南’当作‘漳北’。”按《汉书》亦作“漳南”，同误。三户：即三户津，漳水上的渡口名，在今河北省邯郸市磁县西南。 ㉑汙水：源出河北省武安市西太行山，东南流，在临漳西注入漳水。 ㉒武国卿、慕中岳曰：“巨鹿之战是秦楚双方带有战略决战性的重大战役，秦军失败的决定因素应是秦朝政治上的腐败没落，丧尽天下人心的必然结果。项羽破釜沉舟固然表现了楚军决一死战的坚强意志，但双方毕竟实力悬殊，章邯拥有三十万大军，而项羽只有不足十万之众。退一步说，就是章邯巨鹿战败，尚有二十万之众，总结教训，再次交战，并非注定就处于战败之地。而陈馀一封劝降书就起了那么大的瓦解章邯的作用，不是政治上的因素起了决定作用，无论如何是解释不通的。”按，据《秦楚之际月表》，章邯兵败投降项羽在秦二世三年七月。

【译文】

这时，章邯的大营驻扎在棘原，项羽的大营驻扎在漳南。两军对峙，尚未正式开战，但是秦军已经连连地向后退却了，这种形势使秦二世大为恼火，于是他专门派了一名使者来斥责章邯。章邯很害怕，便派长史司马欣去到朝中说明原委，请求指示。司马欣到达咸阳后，在司马门一连等了三天，赵高不接见，表现出了对他们不信任的意思。司马欣非常害怕，马上离开咸阳逃回了自己的军队。他怕赵高追他，所以没有从旧路上走。结果赵高真的派人去追了，只是没追上。司马欣赶回军中，向章邯报告说：“只要有赵高在朝里专权，下面的人就别想干得成事。如今的仗我们要是打胜了，赵高就会嫉妒我们的功劳；要是打败了，我们就都将被赵高所杀。所以我们的事情，您还得好好考虑考虑。”这时赵国的陈馀也写了一封信对章邯说：“当初白起为秦国当将军，向南攻克了楚国的鄢郢，向北活埋了赵括的军队四十万人，攻城拓地，数量多得没法计算，结果竟落了个赐死；蒙恬在秦国当将军，向北驱逐了匈奴，为秦国开拓了榆中一带地盘几千里，而最后竟落得个在阳周被杀。这都是为什么呢？就是因为他们的功劳太大，秦朝没有办法再封赏他们，所以就找个借口把他们杀了。现在您为秦朝当将军也已经三年了，您在各次战争中折损的人马已经有几十万了，而各地诸侯纷纷起义，造反的人越来越多。赵高在朝里一贯用花言巧语讨好皇上，现在国家的形势危急到这种地步，他也怕皇上杀他。他为了推脱罪责，免除祸难，就会想办法把您杀掉，而另派一个人来代替您。您带兵在外时间已经很长了，您和朝里的人们也有许多矛盾。这样下去，您必然是有功也得被杀，没功也得被杀。况且老天爷要灭亡秦朝，这是无论多么傻的人也看得出来的。现在您对内不能做一个直言敢谏的大臣，在外又做了个连打败仗的将领，您孤立一人，无依无靠，还想长期保全，这办得到吗？您为什么还不转过身来与东方的诸侯们互相联合，一起去攻打秦朝呢？您和大家一道灭掉秦朝，瓜分土地，自己也来个南面称王，这和您那种白白送死、全家被杀相比，究竟哪条路子好呢？”章邯见信后犹豫不决，但他暗中也派了军候始成去见项羽，想要和他谈判定盟，结果没有谈成。于是项羽就派蒲将军日夜兼程，带兵渡过了三户津，来到了漳水南岸。蒲将军与秦军交战，秦军又失败了。于是项羽全军出动，在汙水上对秦军发起总攻，结果把秦军打得一败涂地。

章邯使人见项羽，欲约。项羽召军吏谋曰："粮少，欲听其约。"军吏皆曰："善。"项羽乃与期洹水南殷虚❶上。已盟，章邯见项羽而流涕，为言赵高。项羽乃立章邯为雍王，置楚军中❷。使长史欣为上将军，将秦军为前行。❸

【注释】

❶期：约定，此指约定会面。洹（huán）水：即今河南省安阳市北的安阳河。殷虚：殷朝故都的废墟，在今安阳市殷都区西郊乡小屯村。 ❷茅坤曰："置邯楚军中，此羽之狐疑不足以定天下处。"按，此虽封邯为雍王，而实已夺其兵。雍：秦县名，县治在今陕西省宝鸡市凤翔区南。 ❸于此见项羽之用人全凭感情。

【译文】

章邯无奈，只好又派人去见项羽，请求订立盟约。项羽召集他的部下们一道商量，说："眼下我们的粮草太少，我想接受他们的请求。"部下们都一齐说："好。"于是项羽约了一个时间在洹水南岸的殷墟上与章邯见了面。双方签好盟约后，章邯流着眼泪向项羽诉说了赵高专权害人的情景。于是项羽就封章邯为雍王，把他留在自己的军中，而封章邯的长史司马欣为上将军，让他统领着章邯的军队在前头给自己开路。

……

行略定秦地[1]，函谷关有兵守关，不得入[2]。又闻沛公已破咸阳，项羽大怒，使当阳君等击关。项羽遂入[3]，至于戏西[4]。沛公军霸上[5]，未得与项羽相见。沛公左司马[6]曹无伤使人言于项羽曰："沛公欲王关中，使子婴[7]为相，珍宝尽有之[8]。"项羽大怒，曰："旦日飨[9]士卒，为击破沛公军[10]！"当是时，项羽兵四十万，在新丰鸿门[11]，沛公兵十万，在霸上。范增说项羽曰："沛公居山东[12]时，贪于财货，好美姬。今入关，财物无所取，妇女无所幸，此其志不在小。吾令人望其气[13]，皆为龙虎，成五采，此天子气也[14]，急击勿失。"

【注释】

❶行略定秦地：下一步即将攻取秦国原来的本土；行，将要。 ❷泷川本依枫山本、三条本作"至函谷关，有兵守关，不得入"，多一"至"字，为优，北京大学《两汉文学史参考资料》从之。按，函谷关遗址在今河南省灵宝市北之王垛村东，关城依山势而建，东、西、南三面的墙基尚好，墙宽十二米，残高一至三米。城内有"老子著经处"碑与"鸡鸣""望气"二台遗址。 ❸《艺文类聚》引《楚汉春秋》曰：

“大将亚父至关，不得入，怒曰：‘沛公欲反耶？’即令家发薪一束，欲烧关门，关门乃开。”与此略异。 ❹戏西：戏水之西。戏水源出骊山，流过今陕西省西安市临潼区东，注入渭水。 ❺霸上：即霸水之西的白鹿原，在今西安市东南，当时秦都咸阳城的东南，为古代咸阳、长安附近的军事要地，因其地处于霸水西侧的高原上而得名。 ❻左司马：主管军中法纪的官，当时设为左右二人。 ❼子婴：有说是二世之兄，有说是二世之侄，也有说是始皇之弟，二世之叔者，参见《秦始皇本纪》《高祖本纪》注。按，刘邦“欲王关中，使子婴为相”，此事他处不见，或许刘邦等当时果有此意。诚若此，则稳定关中更易为力。 ❽梁玉绳曰：“《高纪》谓沛公‘封秦重宝财物府库’，是高祖之不取秦宝物，皆张良、樊哙一谏之力，而曹无伤‘珍宝尽有之’语，徒以媚羽求封耳。但《萧相国世家》云：‘沛公至咸阳，诸将皆争走金帛财物之府分之’，然则曹无伤之言未尽虚妄。谢项羽之璧、与亚父之玉斗，高祖何从得之？可知非毫无所取也。” ❾旦日：此处犹言“明日”。飨（xiǎng）：犒劳。 ❿“为”下所省之宾语应是“尔等”“诸君”之类，与后文“愿为诸君快战”“吾为公斩彼一将”云云句式相似。 ⓫新丰：汉县名，秦时原名郦邑，刘邦称帝后为慰解其父的乡头之思，始改称“新丰”，在今西安市临潼区东北。鸿门：古地名，在今西安市临潼区东五公里之鸿门堡村，其地东接戏水，南靠高原，北临渭河，是当时通往新丰的大道。由于雨水冲刷形似鸿沟，其北端出口形状似门，故称“鸿门”。 ⓬山东：崤山以东，泛指旧时的东方六国之地。 ⓭望其气：占望刘邦所居之处的云气。按，古时有所谓观测云气可以预知人世的祸福，此种迷信行当兴自战国，秦、汉时期甚为盛行。⑭王叔岷曰："《御览》十五引《楚汉春秋》云：亚父谋曰：吾望沛公，其气冲天，五色相缭，或似龙，或似蛇，或似虎，或似云，或似人，此非人臣之气也。即史公所本。"

【译文】

……

接着项羽就要去攻取秦国的本土。军队前进到函谷关，发现函谷关有兵把守，进不去。这时项羽又听说刘邦已经进入咸阳，项羽大怒，他命令当阳君对函谷关发起攻击。函谷关很快被攻下了，于是项羽长驱直入，到达了戏水西岸。这时刘邦正带领人马驻扎在霸上，还没有和项羽见面。而刘邦的左司马曹无伤却派人给项羽通风报信说："刘邦打算在关中称王，让秦朝的降王子婴给他当宰相，把秦朝的一切财宝都据为己有。"项羽一听，勃然大怒，说："明早让士兵们饱餐一顿，我们收拾刘邦的军队！"这时候，项羽有四十万人，驻扎在新丰县的鸿门。刘邦有十万人，驻扎在霸上。项羽的谋士范增对项羽说："刘邦在山东老家的时候，又贪财又好色。现在进了关，居然财物也不贪了，妇女也不要了，由此可见他的野心不小。我让人观望他上空的云气，一片片都成为龙虎的五彩形象，这是该做皇帝的征兆。必须赶紧消灭他，万万不可错过了机会。"

楚左尹项伯❶者，项羽季父也❷，素善留侯张良。张良是时从沛公。项伯乃夜驰之沛公军，私见张良，具告以事，欲呼张良与俱去。

曰："毋从俱死也。"[3]张良曰："臣为韩王送[4]沛公，沛公今事有急，亡去不义，不可不语。"良乃入，具告沛公。沛公大惊，曰："为之奈何？"张良曰："谁为大王为此计者？"[5]曰："鲰生说我曰：'距关毋内诸侯，秦地可尽王也。'故听之。"[6]良曰："料大王士卒足以当项王乎？"沛公默然，曰"固不如也，且为之奈何？"[7]张良曰："请往谓项伯，言沛公不敢背项王也。"沛公曰："君安与项伯有故？"张良曰："秦时与臣游，项伯杀人，臣活之。今事有急，故幸来告良。"沛公曰："孰与君少长？"[8]良曰："长于臣。"沛公曰："君为我呼入，吾得兄事之。"张良出，要项伯。项伯即入见沛公。沛公奉卮酒为寿[9]，约为婚姻[10]，曰："吾入关，秋豪[11]不敢有所近，籍吏民[12]，封府库，而待将军。所以遣将守关者，备他盗之出入与非常[13]也。日夜望将军至，岂敢反乎！愿伯具言臣之不敢倍德也。"项伯许诺。谓沛公曰："旦日不可不蚤自来谢[14]项王。"沛公曰："诺。"于是项伯复夜去，至军中，具以沛公言报项王。因言曰："沛公不先破关中，公岂敢入乎？今人有大功而击之，不义也。不如因善遇之。"项王许诺。[15]

【注释】

❶左尹：职同左相，楚称丞相为令尹。项伯：《索隐》曰："名缠，字伯。" ❷按，文章开头已曰"其季父项梁"，则此"项伯"最近亦只可能是项羽的堂叔。陈直曰："在同父兄弟中为'伯'，在共祖兄弟中为'季'，故名'季'字'伯'，至今江南各地风气犹然。" ❸毋从俱死也：不要跟着刘邦一起被杀。 ❹张良是韩国的旧贵族，反秦义军起后，项梁立韩成为韩王，张良为韩国司徒。刘邦率军西下时，韩成留守阳翟（今河南省禹州市），张良随刘邦入关。送：这里是"跟从"的意思。 ❺凌稚隆引王维桢曰："张良反问沛公，是其素所长。"茅坤曰："沛公之闭关，岂其始不及与良本谋矣？" ❻吴见思曰："一边惊惶，一边埋怨，写得十分危急。"鲰生：骂人语，犹言"一个无知的小人"。鲰，杂小鱼，此以喻浅妄无知。距：通"拒"。内：同"纳"。❼钟惺曰："此仓皇中倔强也。"按，于此见刘邦内心明知不足以敌项羽，而口中又不愿明显示弱的愠怒烦躁之情。❽孰与君少长：紧急中忽出此语，见刘邦收买、利用项伯的一套计划已经全然想出。 ❾奉卮（zhī）酒为寿：举杯敬酒，祝其健康长寿。卮，酒杯；寿，祝福长寿。 ❿约为婚姻：约做儿女亲家。按，日后未见惠帝娶项伯女为妃，鲁元亦未为项氏之妇，此"约为婚姻"者不知究系何云。⓫秋豪：秋天动物身上新长出的茸毛，用以比喻事物的极端微末细小；豪，通"毫"。 ⓬籍吏民：登记所有人口；籍，登记。 ⓭非常：意外的变故。 ⓮旦日：明天一早。谢：谢罪，赔礼。 ⓯梁玉绳曰："项伯之招子房，非奉羽之命也，何以言'报'？且私良会沛，伯负漏师之重罪，尚敢告

羽乎？使羽诘曰‘公安与沛公语’，则伯将奚对？史果可尽信哉？”

【译文】

楚国的左尹项伯是项羽的叔叔，他早就和张良相好。而张良这时正跟着刘邦。项伯听说项羽明早就要消灭刘邦，于是就在当夜偷偷地飞马疾驰到刘邦的军营，去找张良。他急急忙忙地把情况对张良说了一遍，就要拉着张良一道逃走。他说：“你不要跟着刘邦一起死了。”张良说：“我是为着韩王才跟着刘邦到这里来的，现在刘邦有了难，我一声不吭独自逃跑，也太不仗义了。我不能不告诉他。”说罢进去，把项羽的计划一一地对刘邦讲了一遍。刘邦一听大惊，说：“这可怎么办呢？”张良说：“把住函谷关，不让项羽进来，这是谁的主意？”刘邦说：“有个无知的小子对我说：‘把住函谷关，不让别的诸侯进来，您就可以全部地占有秦国的地盘而称王。’所以我就听了他的话。”张良说：“大王自己估计，我们的军队可以敌得过项羽吗？”刘邦半天不作声，过了好久才说：“当然敌不过了，那么咱们该怎么办呢？”张良说：“那就请你允许我出去告诉项伯，说您从来没敢背叛项王。”刘邦问张良：“你怎么跟项伯认识？”张良说：“以前在秦朝的时候，我和项伯是朋友，项伯杀了人，我曾掩护过他，救过他的命。所以现在有了紧急情况，他来给我送信。”刘邦突然问道：“您和他谁的年纪大？”张良说：“他比我大。”刘邦说：“好，您马上请他进来，我要用对待兄长的礼节对待他。”于是张良出来把项伯请了进去。刘邦一见项伯，立刻端起酒杯向他敬酒，祝他健康长寿，并和他约定做了儿女亲家。刘邦说：“自从我进关以来，就恭候着项将军的到来，没敢动关中的一草一木，我登记好了吏民的户口，封起了一切大小仓库。我之所以派兵把守函谷关，是为了防备土匪强盗以及其他的事故。我日夜盼望着项将军驾到，怎么敢有别的心呢！请您回去在项将军面前把我这份心思替我说说。”项伯答应了，并对刘邦说：“明天一早您要早点儿亲自去向项将军赔罪。”刘邦说：“是。”于是项伯又连夜赶回了项羽的大营。回营后，他把刘邦的话一五一十地报告了项羽，并接着说：“如果不是人家刘邦先攻入关中，您今天能够这么容易地进来吗？现在人家有这么大的功劳，我们却要去打人家，这不是太不仗义了吗？我看我们不如就此好好地对待他。”项王听着有理，就答应了。

沛公旦日从百余骑来见项王，至鸿门，谢曰：“臣与将军戮力而攻秦，将军战河北，臣战河南，然不自意能先入关破秦❶，得复见将军于此。今者有小人之言，令将军与臣有隙。”❷项王曰：“此沛公左司马曹无伤言之，不然，籍何以至此。”❸项王即日因留沛公与饮。项王、项伯东向坐❹，亚父❺南向坐。亚父者，范增也。沛公北向坐，张良西向侍。范增数目项王，举所佩玉玦以示之者三❻，项王默然不应。范增起，出召项庄❼，谓曰：“君王为人不忍❽，若❾入前为寿。寿毕，请以剑舞，因击沛公于坐，杀之。不者，若属皆且为所虏。”庄则入为寿，寿毕，曰：“君王与沛公饮，军中无以为乐，请以剑舞。”项王曰：“诺。”项庄拔剑起舞，项伯亦拔剑起舞，常以身翼蔽[10]沛公，庄不得击。于是张良至军门，见樊哙[11]。樊哙曰：“今日之事何如[12]？”良曰：“甚急。今者项庄拔剑舞，其意常在沛公也。”哙曰：“此迫矣，臣请入，与之同命[13]。”哙即带剑拥盾[14]入军门。交戟之卫士欲止不内[15]，樊哙侧其盾以撞，卫士仆地，哙遂入。披帷西向立[16]，瞋目[17]视项王，头发上指，目眦[18]尽裂。项王按剑而跽[19]曰：“客何为者？”张良曰：“沛公之参乘[20]樊哙者也。”项王曰：“壮士！赐之卮酒。”则与斗卮[21]酒。哙拜谢，起，立而饮之。项王曰：“赐之彘肩。”则与一生彘肩[22]。樊哙覆其盾于地，加彘肩上，拔剑切而啖[23]之。项王曰：“壮士，能复饮乎？”樊哙曰：“臣死且不避，卮酒安足辞！夫秦王有虎狼之心，杀人如不能举，刑人如恐不胜[24]，天下皆叛之。怀王与诸将约曰：‘先破秦入咸阳者王之。’今沛公先破秦入咸阳，豪毛不敢有所近，封闭宫室，还军霸上，以待大王来。故遣将守关者，备他盗出入与非常也。劳苦而功高如此，未有封侯之赏，而听细说[25]，欲诛有功之人。此亡秦之续耳，窃为大王不取也。[26]”项王未有以应[27]，曰：“坐。”樊哙从良坐。坐须臾，沛公起如厕，因招樊哙出。

【注释】

❶不自意能先入关破秦：不自意，自己没有料想到。按，从来未见刘邦如此谦卑。 ❷吴见思曰："一件惊天动地事，数语说得雪淡，若无意于此者，故项羽死心塌地。辞令之妙！"按，刘邦生性好大言，好侮人，今说话用此等腔口，盖一生中仅此一次。 ❸为分辩、洗白自己，而将归附、投靠者道出，见羽之粗豪少谋。 ❹泷川引中井曰："堂上之位，对堂下者，南向为贵；不对堂下者，唯东向为尊。"按，其次为南向、为北向、为西向。 ❺亚父：项羽对范增的敬称，言对其侍奉的礼数仅次于父。《集解》引如淳曰："亚，次也，尊敬之次父。" ❻举所佩玉玦以示之者三：胡三省曰："玦如环而有缺，增举以示羽，盖欲其决意杀沛公也。"玦，有缺口的玉环。 ❼项庄：《正义》曰："项羽从弟。""从弟"即堂兄弟。 ❽《淮阴侯列传》中韩信云："项王见人恭敬慈爱，言语呕呕，人有疾病，泣涕分饮食"；《高祖本纪》中王陵、高起云："项羽仁而敬人"，皆可与此处相发明，知项羽性格除粗豪暴戾外，尚有如此慈厚的一面。❾若：尔，你。下文"若属"，犹言"尔等"。 ❿翼蔽：遮挡、掩护，"翼"字用得极其形象。 ⓫樊哙：沛人，吕后的妹夫，刘邦的开国功臣，事迹见《樊郦滕灌列传》。 ⓬今日之事何如：吴见思曰："哙先问，妙，写得颙望急切。"⓭与之同命：与项羽等拼命；同命，并命、拼命。一说指与刘邦同生死，亦通。 ⓮带剑：与《平原君列传》交代毛遂"按剑"历阶而上的意思相同，盖樊哙乃刘邦卫士，自宜"带剑"；然又非如后文刘邦逃走时樊哙之"持剑"，故可闯过交戟卫士之拦阻。拥盾：持盾于身前；拥，前持。 ⓯交

戟之卫士：言卫士交戟阻其入。不内：不准其入；内，同“纳”。 ⑯披帷：打开门帘；披，用手背猛地一拨。西向立：与前文项王之“东向坐”正好相对。 ⑰瞋（chēn）目：瞪着眼睛，怒目视人。 ⑱目眦（zì）：眼角。 ⑲跽（jì）：跪起。古人席地而坐，其姿势是两膝着地，臀部压在小腿上。如果臀部离开小腿，身子挺直，这就叫作长跪，也就是跽。按剑而跽是一种准备行动的警戒姿势。 ⑳参乘：《左传》中称为“右”，是与君主同车，站在君主右侧为之充当警卫的人。 ㉑斗卮：大酒杯。裘锡圭则以为：斗卮为容量一斗的大酒杯，当时的一斗约当现在的二升。马王堆一号墓、三号墓出土的《遗策》上都出现过“斗卮”一词。 ㉒彘肩：猪腿。按，先言“斗卮酒”，后云“生彘肩”，正史公为突出勇士性格所增饰，不得随意删削。张家英以为“生”字或疑作“全”，可备一解。 ㉓啖（dàn）：吃。 ㉔如不能举：像是只怕杀不尽似的；举，克、尽。如恐不胜：就像只怕完不成任务似的；胜，胜任。 ㉕细说：小人的谗言。 ㉖史珥曰：“发端之妙全在鲁莽，所谓先人有夺人之志也，然非子长笔力岂能写出！” ㉗郭嵩焘曰：“鸿门之宴写得子房如龙，樊哙如虎，是史公极得意文字。巨鹿之战写得精彩，鸿门之会却写得处处奇绝、陡绝，读之使人目眩心摇。”

【译文】

第二天一早，刘邦只带了百十来个人，骑马来到了鸿门，他一见项羽就低声下气地分辩说：“这几年来我和将军您齐心协力地攻打秦朝，您攻取河北，我攻取河南，至于我能先入关灭了秦朝，今天又能早一步地在这里迎接您，这都是我没想到的。可是今天居然有小人挑拨您和我的关系，让您怀疑我。”项羽说：“这都是您的左司马曹无伤说的，不然，我怎么能怀疑您呢？”于是项羽就把刘邦留下来，为他举行酒会。项羽和项伯朝东坐，亚父朝南坐。亚父就是范增。刘邦朝北坐，张良朝西陪坐。酒会开始后，范增连连地给项羽使眼色，又几次地拨弄他身上所佩的玉玦向项羽示意，让他下决心动手，但项羽默默地不加理睬。范增无法，只好站起来出去找项庄。他对项庄说：“大王为人心肠太软，你现在进去给他们敬酒，敬完酒就请求给他们舞剑助兴。而后你就趁机把刘邦杀死在他的座位上，要不然，你们这些人日后都得成了他的俘虏。”项庄听罢立刻进帐向刘邦、项羽敬酒，敬完酒后说：“大王和沛公在这里饮酒，军营中也没什么东西可以供娱乐，那就请让我舞一曲剑来给你们助兴吧。”项羽说：“好的。”于是项庄就拔出宝剑开始舞了起来。项伯一看就明白了项庄的意思，于是他也起来拔剑起舞，而且有意地用自己的身体掩护着刘邦，使得项庄没有办法下手。张良一看，赶紧出帐到军门去找樊哙。樊哙一见张良，赶紧迎上前问：“里边的事情怎么样了？”张良说：“危险极了。现在项庄正在舞剑，他的意思完全是对着我们沛公的。”樊哙说：“这就很紧急了。我要进去，和项羽拼命。”说罢樊哙就左手按着剑柄，右手以盾牌护身往军门里闯。守门的卫士们架起双戟，拦住他不让他进去。樊哙侧过盾牌朝卫士们一撞，卫士们被撞倒在地，于是樊哙进了军门，来到帐前。他掀开了门帘，怒气冲冲地对着项羽一站，圆圆的眼圈瞪得都快要裂开了。项羽一看立刻手按剑柄，跪了起来，问道：“你是什么人？”张良赶紧从旁边介绍说："这是沛公的随车警卫樊哙。"项羽一听，立刻松了一口气，并顺口称赞说："好汉子！给他来杯酒！"旁边赶紧递给了他一大斗酒，樊哙俯身叩谢后，站起来一饮而尽。项羽又说："给他来只猪腿。"旁边的人故意给了他一只生猪腿。樊哙把盾牌扣在地上，接过猪腿放在上面，拔出剑来一边切着一边吃。项羽一见不由得又赞美说："好汉子！还能再喝吗？"樊哙说："我连死都不怕，难道还推辞一杯酒吗？想当初秦王像虎狼一样，杀人唯恐不尽，用刑唯恐不狠，结果弄得天下都造了他的反。一年前怀王当众和各路诸侯约定：'谁最先破秦入咸阳，谁就当关中王。'现在沛公先破秦进了咸阳，进城后，一草一木都没敢动，封好了宫室，驻军到霸上，等着大王的到来。我们之所以派人守住函谷关，那是为了防备盗贼出入和其他的变故。像沛公这样的劳苦功高之人，不仅没得到您应有的封赏，您反而听信小人的坏话，要杀害有功之臣。您所走的，完全是那个已被灭亡的暴秦的老路。我认为您是万万不该这样的。"项羽听罢无言以对，只是说："请坐。"于是樊哙就挨着张良一起坐了下来。过了一会儿，刘邦站起来去厕所，也一道把樊哙叫了出去。

沛公已出，项王使都尉陈平[1]召沛公。沛公曰："今者出，未辞也，为之奈何？"樊哙曰："大行不顾细谨，大礼不辞小让。[2]如今人方为刀俎[3]，我为鱼肉，何辞为？"于是遂去。乃令张良留谢。良问曰："大王来何操？"曰："我持白璧一双，欲献项王；玉斗[4]一双，欲与亚父。会其怒，不敢献。公为我献之。”张良曰：“谨诺。”当是时，项王军在鸿门下，沛公军在霸上，相去四十里。[5]沛公则置车骑[6]，脱身独骑，与樊哙、夏侯婴、靳彊、纪信[7]等四人持剑盾步走，从郦山[8]下，道芷阳间行[9]。沛公谓张良曰：“从此道至吾军，不过二十里耳。度我至军中，公乃入。”沛公已去，间[10]至军中，张良入谢，曰：“沛公不胜杯杓[11]，不能辞。谨使臣良奉白璧一双，再拜献大王足下；玉斗一双，再拜奉大将军[12]足下。”项王曰：“沛公安在？”良曰：“闻大王有意督过[13]之，脱身独去，已至军矣。”项王则受璧，置之坐上。亚父受玉斗，置之地，拔剑撞而破之，曰：“唉！竖子不足与谋。[14]夺项王天下者，必沛公也，吾属今[15]为之虏矣。”沛公至军[16]，立诛杀曹无伤[17]。

【注释】

❶都尉陈平：现时属项羽，后归刘邦，事迹详见《陈丞相世家》。 ❷大行不顾细谨，大礼不辞小让：其意皆谓办大事的人不必太顾忌小节。细谨：小的谨慎。不辞：不拒绝、不害怕。小让：小的指责。 ❸刀俎（zǔ）：刀子板子；俎，切东西用的砧板。 ❹玉斗：玉制酒器。❺郭嵩焘曰：“前云‘项羽兵四十万在新丰鸿门，沛公兵十万在霸上’，提记军数，以见强弱相逼之形；此提记里数，以见脱身急难匆遽之情，后世史家直不敢如此着笔。”

⑥置车骑：抛下来时所带的车骑不管，为了不惊动里面的项羽、范增；置，抛弃，留下。 ⑦夏侯婴：因其曾被刘邦任为滕县县令，故而也称“滕婴”“滕公”，刘邦的部将、车夫，事迹见《樊郦滕灌列传》。靳彊：刘邦的部将，事见《高祖功臣侯者年表》。纪信：刘邦的部将，事迹详见后文。 ⑧郦山：在今临潼区南，西距西安二十五公里，地处当时的鸿门之西南，霸上之东北，海拔八百米，东西长约五公里，南北宽约三公里。 ⑨道芷阳间行：经芷阳抄小路而走。芷阳，秦县名，在骊山西侧，今西安市东北；间行，胡三省曰：“间，空也，投空隙而行。”按，“当是时”以下五十八字，若移至下文“度我至军中，公乃入”下，则文气更顺。 ⑩间：刘盼遂曰：“犹言‘估计’,《廉颇蔺相如列传》‘间至赵矣’，与此同。” ⑪不胜杯杓：犹言“喝得过多，已经受不了啦”；杯、杓，都是酒器。⑫大将军：指范增。范增为项羽之“大将军”,《史记》中仅此一见。 ⑬督过：责备，怪罪；过，用作动词，责其过失。 ⑭泷川曰：“竖子，斥项庄辈，而暗讥羽也，若以为直斥项羽，则下文‘项王’二字不可解。” ⑮吾属：我们这些人。今：将。项羽之不杀刘邦，亦时势使然。 ⑯吴裕垂曰：“惟步行出鸿门，故羽不及觉。其疾行至军者，岂沛公来时，良于郦山道中预伏精兵良骏以为脱身之计欤？而沛公、良、哙三人甫出，羽固使陈平出召矣，而卒得脱归者，抑沛公此时已有私交于平欤？” ⑰史珥曰：“无伤见诛，而羽不悟项伯之奸，亦楚、汉成败之机也。”按，鸿门之会破绽极多,《史记》各篇所载亦有出入，可作故事看，难当信史读。

【译文】

刘邦出去后久久不回，于是项羽就让他的都尉陈平出去找。刘邦说：“刚才我们出来，并没有向项羽告辞，这样合适吗？”樊哙说：“要干大事就不要管那些细节的挑剔，要行大礼就不要怕那些琐碎的指责。如今人家是菜刀、砧板，我们是受人家宰割的鱼肉，还讲究什么告辞！”于是刘邦决定逃走。他把张良留下来，处理善后事宜。张良问道：“您来的时候带了什么礼物？”刘邦说：“我带了一对白璧，是给项羽的；一对玉斗，是给范增的。刚才正赶上他们发脾气，还没来得及给他们，您替我给他们吧。”张良说：“好的。”当时，项羽的大营是在鸿门，刘邦的大营在霸上，中间相隔四十里。于是刘邦就把来时的车马从人都扔下，独自骑着一匹马，让樊哙、夏侯婴、靳彊、纪信四人手持剑盾，步行跟着，从骊山下经芷阳抄小路逃走了。刘邦临走时对张良说：“我从这条小道回军营，不过二十里路。你估计着等我已经到了驻地的时候，再进帐去对项羽说。”刘邦走后，约莫着已经到了霸上军营，于是张良进帐对项羽说：“刚才沛公已经喝得不能再喝，以至于都不能亲自来向您告辞了。他来时带的礼物有白璧一对，让我转交给您；有玉斗一对，让我转交给大将军范增。”项羽问：“沛公现在在哪里？”张良说：“他听说您想要惩罚他，所以吓得回去了，估计现在已经回到了军营。”项羽没有作声，接过了玉璧，放在了座位上。范增接过玉斗，气愤地往地上一摔，拔出剑来把它砍得粉碎，说：“唉！干不成事的小子，简直没法与他合作！将来夺走项王天下的，一定是刘邦！我们这些人很快就要成为他的俘虏啦！”刘邦一回到军营，立刻把左司马曹无伤处决了。

居数日，项羽引兵西屠咸阳，杀秦降王子婴[1]，烧秦宫室，火三月不灭；[2]收其货宝妇女而东。[3]人或说项王曰[4]："关中阻山河四塞[5]，地肥饶，可都以霸[6]。"项王见秦宫皆以烧残破，又心怀思欲东归，曰："富贵不归故乡，如衣绣夜行，谁知之者！"[7]说者曰："人言楚人沐猴而冠[8]耳，果然。"项王闻之，烹说者。

【注释】

❶子婴墓在今临潼区新丰街道刘寨村，封土呈圆丘形，底径三十米，高约十米，墓前有清代毕沅所书"秦子婴墓"碑一通。 ❷史珥引黎祥仲《过项羽庙》云："空费咸阳三月火，铸就金刀神器刘。" ❸泷川曰："项羽楚人，既失其祖，又失其季父，怨秦入骨。其入咸阳，犹伍子胥入郢杀王屠民烧宫殿以快其心者，谓之无深谋远虑可也，谓之残虐非道者，未解重瞳子心事。又，此时沛公年已五十，思虑既熟；项羽年二十加六，血气方刚。彼接物周匝缜密，不敢妄动；此当事真挚勇决，任意径行，是二人成败之所以分也。" ❹人或说项王曰：《集解》曰："《楚汉春秋》、扬子《法言》云说者是'蔡生'，《汉书》云是'韩生'。" ❺阻山河四塞：以山河为险阻，四面都有关塞屏障。《集解》引徐广曰："东函谷，南武关，西散关，北萧关。" ❻可都以霸：谓建都于此可以称霸于天下。 ❼泷川曰："《高祖纪》云：'高祖过沛，置酒起舞，慷慨伤怀，泣数行下，谓沛父兄曰："游子悲故乡，吾虽都关中，万岁后吾魂魄犹乐

思沛。”此与项羽心事全同，世与彼而不与是，何哉？’”按，人之常情皆然，能不以常情影响决定大事者，此刘邦、项羽之所由分。 ❽沐猴而冠：言沐猴纵使戴上人的帽子，也始终办不成人事；沐猴，猕猴。

【译文】

又过了些天，项羽带兵进入咸阳，大肆烧杀掳掠。他杀了已经投降的秦三世子婴，烧毁了秦朝的所有宫殿，以至于使熊熊大火一直烧了三个月。而后他席卷了秦朝的一切财宝和妇女，准备向东撤去。当时有人曾劝他说：“关中地区四面有高山大河为屏障，这里的土地肥沃富饶，如果建都在这里真可以称霸于天下。”可是项羽看着秦朝的宫殿都已烧成了一片瓦砾，加上他的乡土观念又很强，总想把国都建到他的家乡附近，于是说：“富贵了如果不回故乡，那就好比穿着锦绣的衣裳在夜间走路，谁能看得见呀！”那个劝项羽的人下去后不自禁地感叹说：“人家都说楚国人目光短浅，就像是一只猕猴，即使它戴上了人的帽子，也始终成不了人，看来真是如此！”项羽听到了传言，立刻派人把他抓起来，用汤锅烹死了。

项王使人致命❶怀王。怀王曰：“如约❷。”乃尊怀王为义帝。❸项王欲自王，先王诸将相。谓曰：“天下初发难时，假立诸侯后❹以伐秦。然身被坚执锐首事，暴露于野三年，灭秦定天下者，皆将相诸君❺与籍之力也。义帝虽无功，故当分其地而王之❻。”诸将皆曰：“善。”乃分天下，立诸将为侯王。项王、范增疑沛公之有天下❼，业已讲解❽，又恶负约，恐诸侯叛之。乃阴谋❾曰：“巴、蜀❿道险，秦之迁人皆居蜀⓫。”乃曰：“巴、蜀亦关中地也。”⓬故立沛公为汉王，王巴、蜀、汉中⓭，都南郑。而三分关中，王秦降将以距塞汉王⓮。……项王自立为西楚霸王⓯，王九郡⓰，都彭城⓱。

【注释】

❶致命：禀命，请示。 ❷如约：按照原来的约定办，即“先入关者王之”。 ❸王叔岷曰：“《御览》八十六‘义帝’下引《尚书中候》云：‘空受之帝位。’”谢肇淛《文海披沙》曰：“今谓假父曰义父，假子曰义子、义女，故项羽尊怀王为义帝，犹假帝也。”按，二说自然可以，但似过于穿凿。窃意以为但就“义”字之原意理解即可，反正不过是虚名而已。 ❹假立：姑且设立，谓临时拥立一些徒有虚名的傀儡人物。诸侯后：六国诸侯的后代，如熊心、韩成、田假、赵歇等皆是。 ❺将相诸君：指各路起义军的将领，即前文之所谓“诸侯将”，当时各地的称王者多未亲自入关，如熊心、赵歇、韩广、韩成等皆如此。 ❻故当分其地而王之：谓理应分一块地盘使之称王；故，同“固”，本来，《汉书》直作“固”。 ❼疑沛公之有天下：担心刘邦趁机夺取天下；疑，疑心、担心。 ❽讲解：和解。 ❾阴谋：暗中商量。❿巴、蜀：皆秦郡名，巴郡辖今重庆一带地区，郡治江州

（今重庆市东北）；蜀郡辖今四川西部地区，郡治成都（今成都市）。⑪秦时流放人常流放到蜀地。迁：流放，发配。⑫自东方而言，巴、蜀亦处于函谷关之西，且又自战国时属秦，故项羽等可以强词曰“巴、蜀亦关中地”。⑬据《留侯世家》，项羽最初封给刘邦的地盘只有巴、蜀，后刘邦贿赂项伯，项伯劝说项羽，乃又将汉中给了刘邦。汉中：秦郡名，辖今陕西省秦岭以南地区，郡治南郑，即今汉中市。⑭距塞汉王：堵着巴、蜀、汉中北出的通路，不使刘邦出来。⑮《正义》引孟康曰：“旧名江陵为南楚，吴为东楚，彭城为西楚。”项羽建都于彭城，故称“西楚霸王”。所谓“霸王”，略同于春秋时期的霸主，即“诸侯盟主”的意思。⑯王九郡：“九郡”的具体说法不一，大致相当于战国时梁国和楚国的部分地区，即今河南省东部、山东省西南部和所邻近的安徽、江苏两省的大部分地区。全祖望以为是：东海、泗水、会稽、东郡、砀郡、薛郡、楚郡、南阳、黔中；周振鹤以为应是：东海、泗水、会稽、东郡、砀郡、薛郡、陈郡、南阳、鄣郡。其他说法不录。⑰今江苏省徐州市内户部山上有戏马台，相传项羽当年曾在此观看戏马。山上有系马柱，相传为项羽系马之处。台上建有双层飞檐六角亭，两侧尚有许多其他明、清建筑与历代人士的题咏。戏马台自古以来是徐州城内的重要风景点。

【译文】

项羽派人去向楚怀王请示分封各路诸侯为王的事情。楚怀王强硬地坚持说：“按原来的约定办！”项羽把楚怀王尊为义帝。项羽打算自己称王，先给各路将领封王加号。他说：

“当初大家发难起事的时候，都曾立了一些六国诸侯的后代作幌子。但真正冲锋陷阵，风餐露宿，野战三年，推翻了秦朝的，是你们诸位和我。义帝虽然没有什么具体功劳，我们也应当分给他一块土地让他称王。”大家都说：“对！”于是项羽就分割天下，封立各路将领为王侯。项羽和范增本来是担心刘邦的，怕将来整个天下落入他手中。但由于他们在鸿门已经讲和了，现在也不好反悔，怕由此引起其他诸侯的反叛，便和范增等人私下策划说：“巴、蜀地区山路险远，是过去秦朝流放罪人的地方。”就对大家说：“现在的巴、蜀，也是关中管辖的一部分。”于是就封立刘邦为汉王，统管巴、蜀、汉中三个地区，首都设在南郑。而把真正的关中平原分为三块，分给秦朝的三个降将，让他们在关中堵住刘邦的出路。……而项羽本人，则自封为西楚霸王，统辖九个郡的地区，首都设在彭城。

（以上写项羽入关后的鸿门宴以及分封诸侯王的全过程。这是项羽一生事业的转折点，以前是诸侯反秦，以后则是争夺帝位的楚汉战争了。）

汉之元年[1]四月，诸侯罢戏下[2]，各就国。项王出之国[3]，使人徙义帝[4]，曰：“古之帝者地方千里，必居上游[5]。”乃使使徙义帝长沙郴县[6]，趣义帝行[7]。其群臣稍稍背叛之。[8]乃阴令衡山、临江王击杀之江中。[9]韩王成无军功，项王不使之国，与俱至彭城，废以为侯，已又杀之[10]。

【注释】

❶汉之元年：刘邦称汉王的第一年，前206年。 ❷戏下：一说谓戏水之滨。戏水经项羽驻军之鸿门东侧，北流入渭水；一说谓“戏下”同“麾下”，麾是大将的指挥旗，意即从项羽的大旗下散去。按，前说为是。 ❸出之国：谓出函谷关去彭城。 ❹使人徙义帝：当时义帝尚在彭城，故必须在项羽到达之前将其迁走。 ❺上游：《集解》引文颖曰：“居水之上流也。” ❻长沙郴（chēn）县：即今湖南省郴州市，当时属长沙郡，处湘水上游。 ❼趣义帝行：催着义帝快走。 ❽其群臣稍稍背叛之：谓义帝周围的群臣渐渐离义帝而去。 ❾据此文击杀义帝者是衡山王吴芮与临江王共敖，然《黥布列传》则云：“项氏立怀王为义帝，徙都长沙，乃阴令九江王布等行击之。其八月，布使将击义帝，追杀之郴县。”则杀义帝者主要是黥布，而且是杀于郴县，非杀于“江中”。 ❿据《秦楚之际月表》，项羽杀韩成在汉元年七月。已：后来。

【译文】

汉王元年四月，各路诸侯都从项羽的麾下解散，回到自己的封地去了。项羽也准备离开关中到自己的封地去，他首先派人催着义帝搬家。他说：“古时候的帝王不仅拥有千里封地，还必定要居住在江河的上游。”于是他就下令把义帝迁到长沙郡的郴县去，而且催着义帝快走。义帝的群臣一见这种情景，渐渐地开始背叛项羽。项羽暗中给衡山王吴芮和临江王共敖下密令，让他们在长江上把义帝杀掉了。韩王成因为没有军功，项羽不准他去自己的封地，把他带到了彭

城，先是把他降爵为侯，随后又杀了他。

……

是时，汉还定三秦[1]。项羽闻汉王皆已并关中，且东[2]，齐、赵叛之[3]，大怒。乃以故吴令郑昌为韩王[4]，以距汉。令萧公角[5]等击彭越。彭越败萧公角等。汉使张良徇韩[6]，乃遗项王书曰："汉王失职[7]，欲得关中，如约即止，不敢东。"又以齐、赵反书遗项王[8]曰："齐欲与赵并灭楚。"楚以此故无西意，而北击齐。征兵九江王布。布称疾不往，使将将数千人行。项王由此怨布也。[9]汉之二年冬[10]，项羽遂北至城阳[11]，田荣亦将兵会战。田荣不胜，走至平原，平原民杀之。[12]遂北烧夷齐城郭室屋，皆坑田荣降卒，系虏其老弱妇女。[13]徇齐至北海[14]，多所残灭。齐人相聚而叛之。于是田荣弟田横[15]收齐亡卒得数万人，反城阳[16]。项王因留，连战未能下。

【注释】

❶汉还定三秦：事在汉元年八月，详见《高祖本纪》；三秦，关中地区的三个国家，即雍、塞、翟。 ❷且东：行将出兵东下。 ❸梁玉绳曰："齐叛，指田荣击杀田都、田市、田安，并王三齐也；赵叛，指陈馀破常山王迎还赵歇也。然赵叛事在二年，此时尚未，当依《汉书》作'齐、梁

叛之’为是，下文‘张良以齐梁反书遗项王’可证，指彭越反梁地也。”按，梁氏所说与下文不合，似仍以作“齐赵”为是。详见下注。 ❹故吴令郑昌为韩王：张良的故主韩成开始被封为韩王，但项羽不令其就国，不久遂杀之。今刘邦即将东来，故项羽改立郑昌为韩王，以阻刘邦。郑昌，原为吴县（今苏州市）县令，项氏叔侄避居吴县时，与之有旧，见《韩信卢绾列传》。 ❺萧公角：曾任萧县（今安徽省宿州市下辖县）县令，其名为角，姓氏不详。钱大昕《十驾斋养新录》曰：“春秋之际，楚县令皆称公。楚汉之际，官名多沿楚制，故汉王起沛称沛公，楚有萧公、薛公、郯公、留公、柘公，汉有滕公、戚公，皆县令之称。” ❻徇韩：带兵开拓韩国地面，因张良是韩国旧臣，在此地区有号召力。❼失职：没有得到应有的职位，即关中王。 ❽通行本原文于此作“以齐梁反书遗项王”。泷川曰：“‘齐梁’当‘齐赵’之误，下文‘齐欲与赵并灭楚’可证，后人据《汉书》妄改。”按，泷川说是，今据改。又，张良遗项王书，又以齐赵反书遗项羽，皆为刘邦制造烟幕，以转移项羽之视线。又，张良致书项羽的时间，此处谓在刘邦收复关中之际，而《留侯世家》则谓在刘邦收取关中之前，二者殊不统一。❾项羽征兵于黥布，黥布称疾不往，从此与项羽结怨事，见《黥布列传》。史文著此，为黥布日后叛项张本。 ❿汉之二年冬：前205年的冬天，当时以十月为岁首，即这一年的年初。 ⓫城阳：秦县名，也作“成阳”，在今山东省菏泽市鄄城县东南。 ⓬据《秦楚之际月表》，田荣兵败被杀在汉二年十二月。平原：秦县名，县治在今山东省德州市平原县西南。 ⓭句首应出“项羽”二字。此项羽于楚汉战争开始后的第一次残暴不仁，皆为刘邦“为渊驱鱼，为薮驱雀”者。⑭徇齐至北海：攻占齐国地盘一直到北海边；北海，即渤海，这里是指山东省潍坊市、昌乐县、寿光市、昌邑市等一带地区，这一带北临渤海，后来汉代设以为北海郡。⑮田横：田儋的堂兄弟。⑯反城阳：重又在城阳县崛起以反项羽，事情详见《田儋列传》。

【译文】

……

这时候，刘邦已从汉中杀了出来，平定了三秦。项羽听说刘邦已经全部占有了关中，而且马上又要出兵东进，而齐、赵两国又同时造了自己的反，不禁大怒。他立刻封原来的吴县县令郑昌为韩王，让他西去阻挡刘邦，让萧公角等去讨伐彭越，结果萧公角等被彭越击败了。这时刘邦派张良东出招抚韩国，张良写了一封信给项羽说：“因为汉王没有得到他应该得到的关中，所以才出兵杀了回来。他只求能实现当初怀王的约定就满足了，绝不敢再出兵东进和您争锋。”接着他又把齐国、赵国檄告天下的反书也附给了项羽，说：“真正想要联合起来消灭您的，是齐国和赵国。”这样一来就完全打消了项羽对西方刘邦的注意，而集中力量北上去进攻齐国了。项羽向九江王黥布征调兵力，黥布本人推托有病，不肯前去，而只派了一员将领带着几千士兵跟着项羽一道去。项羽从此也开始怨恨黥布。汉王二年的冬天，项羽率兵北进到了城阳，田荣也正好率兵到此。双方展开战斗，结果田荣大败。田荣逃到平原县，被平原人杀掉了。而项羽的军队则乘胜北进，一路上铲平城墙，烧毁房屋，对于一切降兵降将统统活埋，而把百姓家的一切妇女老弱，统统捉回营去做奴婢。就这样横贯齐国，一直到北海边，走到哪里，哪里便化为一片废墟。齐国人不得不在各地聚集起来造反图存。这时田荣的弟弟田横又挺身而出，他聚集了齐国流散在各地的士兵几万人，重新在城阳举起了齐国大旗。项羽被牵制在齐国，一连几次进攻城阳，但都没能攻下。

春，汉王部五诸侯兵[1]，凡五十六万人，东伐楚。项王闻之，即令诸将击齐，而自以精兵三万人南从鲁出胡陵[2]。四月，汉皆已入彭城，收其货宝美人，日置酒高会[3]。项王乃西从萧，晨击汉军[4]而东，至彭城，日中，大破汉军。[5]汉军皆走，相随入榖、泗水[6]，杀汉卒十余万人[7]。汉卒皆南走山[8]。楚又追击至灵璧东睢水[9]上。汉军却，为楚所挤，多杀，汉卒十余万人皆入睢水，睢水为之不流。[10]围汉王三匝[11]。于是[12]大风从西北而起，折木发屋，扬沙石，窈冥昼晦[13]，逢迎楚军，楚军大乱，坏散。[14]而汉王乃得与数十骑遁去。欲过沛，收家室而西；[15]楚亦使人追之沛，取汉王家。家皆亡[16]，不与汉王相见。汉王道逢得孝惠、鲁元[17]，乃载行。楚骑追汉王，汉王急，推堕孝惠、鲁元车下，滕公[18]常下收载之，如是者三。

曰："虽急不可以驱，奈何弃之？"于是遂得脱。求太公[19]、吕后，不相遇。审食其从太公、吕后间行[20]求汉王，反遇楚军。楚军遂与归，报项王，项王常置军中[21]。

【注释】

❶部五诸侯兵：犹言"率天下之兵"。部，部署，统领。有曰，"部应作劫"，劫，挟持。五诸侯兵，说法不一，泷川引董教增曰："当据故七国，以其地言，不以其王言也。汉定三秦，即秦故地；项羽王楚，乃故楚地；其余韩、赵、魏、齐、燕为五诸侯。劫五诸侯兵，犹后言引天下兵耳。故汉伐楚，可以言'五诸侯'；楚灭秦，亦可言'五诸侯'也。"按，董说最好，其他不录。 ❷南从鲁出胡陵：意谓直插彭城之西，以截断刘邦之退路。鲁，秦县名，县治即今山东省曲阜市；出，经由；胡陵，也作"湖陵"，秦县名，县治在今山东省济宁市鱼台县东南。 ❸高会：犹言"盛会"。张文虎《舒艺室随笔》曰："沛公一入秦宫，即欲留居；今入彭城，又复如此，亦无异于淫昏之主，此范增所谓'贪财好美姬'者也，宜其为羽所破，几至灭亡哉！史公于此二事不著之《高纪》，而见之《羽纪》及《留侯世家》，此为高讳而仍不没其实。" ❹西从萧，晨击汉军：谓项羽由胡陵南至萧县；截断刘邦之退路后，才对刘邦发动攻击；萧，秦县名，在今安徽省宿州市萧县西北，当时的彭城之西六十里。 ❺《集解》引或曰："旦击之，至日中，大破。" ❻彀、泗水：二水名。泗水源于今山东省济宁市泗水县东，流经曲阜、沛县，经

彭城东，南流入淮水。榖水是泗水的支流，西从砀山、萧县流来，在彭城东北入泗水。 ⑦杀汉卒十余万人：此言被楚军所杀与被河水所淹死的总数。 ⑧皆南走山：都逃入彭城以南的山地。 ⑨灵璧：古邑名，今属安徽省宿州市。睢（suī）水：古代鸿沟的支派之一，自今河南省开封市东由鸿沟分出，流经商丘市南、夏邑县北、灵璧县东，东南入泗水。 ⑩姚苎田曰："汉兵五十六万，羽以三万人大破之，此段极写项王善战，为传末'天亡我'数语伏案。" ⑪三匝：三层。匝，周遭。 ⑫于是：当时，当此时。 ⑬窈冥昼晦：昏暗得有如黑夜；窈冥，幽黑的样子。屈原《九歌》："日窈冥兮羌昼晦。"史公盖用其语。 ⑭对于当时流行的这种神化刘邦的捏造，史公姑妄言之，以为刘邦之获免实出侥幸。逢迎：冲着、迎着。 ⑮观此语，竟似四年多来太公与吕后等一直居于沛县家中。 ⑯家皆亡：家人俱逃亡而去，不知下落。 ⑰孝惠：刘邦的嫡子，名盈，吕后所生，即日后的孝惠帝。鲁元：刘邦之女。孝惠之姊，后嫁与张耳之子张敖，生子张偃，封为鲁王，于是遂为鲁太后，谥曰"元"。这里是史官用后来的称号追述当时的事件。 ⑱滕公：即夏侯婴。 ⑲求：寻找。主语为刘邦。太公：刘邦之父。 ⑳审食其（yì jī）：出身不详，此为初见。从此遂为吕后幸臣，日后封辟阳侯，官左丞相，见《吕后本纪》。陈直曰："'食其'即今之'吃完了呀'，盖当时之习俗语，故郦食其、赵食其皆取以为名，不必读'食'为'异'声。"间行：抄小路隐蔽而行。 ㉑太公、吕后从此遂一直在俘虏营中，直到二年后之鸿沟结盟始被放回。王叔岷曰："《高祖本纪》作'置之军中以为质'。《汉书·高祖纪》中亦有‘以为质’三字。”

【译文】

到了这年春天，刘邦统率所有反对项羽的各路军队，共五十六万人，东进伐楚。项羽听到消息后，他留下了别的将领继续在齐国作战，自己则率领着精兵三万人，经由曲阜、胡陵，而星夜返回楚国。四月，刘邦已经攻入了彭城，他占有了项羽所有的那些珍宝美女，每天大摆酒宴，吃喝玩乐。这时项羽已经到达彭城西面的萧县。第二天一早，项羽向东方发起攻击，直逼彭城，到中午时，项羽在彭城大破刘邦。刘邦的军队到处乱跑，许多人被赶入了穀水、泗水，仅在这里被杀的汉兵就有十多万人。其他的一些败军都向南逃进了山里，楚军又乘胜追杀到了灵壁东面的睢水边上。汉军再次溃退，但是前有大河，后有追兵，汉军已被挤得无路可走了。于是十多万人纷纷跳进了睢水，以至于睢水都被堵塞得流不动了。楚军里外三层紧紧包围了刘邦。正在这关键时刻，忽然从西北方向刮起了一阵大风，拔起了树木，掀走了屋顶，飞沙走石，天色黑得伸手不见五指。这阵大风迎面向楚军吹去，楚军一下子乱了阵脚，溃不成形。于是刘邦才乘这个机会带着几十个随从一溜烟地骑马逃走了。当刘邦经过沛县的时候，他想把他的家眷也带上一起向西逃，而这时项羽也正好派兵到沛县去捉拿刘邦的家属。刘邦的家属早已经不知跑到什么地方去了，没能与刘邦见着面。后来刘邦在路上遇见了他的儿子和女儿，也就是日后的孝惠帝和鲁元公主，刘邦让他们上了自己的车。不一会儿，楚国的骑兵追上来了，刘邦心急，竟把他儿子和女儿推了下去。滕公夏侯婴赶紧下去把他们抱了上来。就这样刘邦一连把他们推下去好几次，滕公不忍地说："就算是情况紧急，车子跑不快，但又怎么能忍心把孩子扔了呢?"后来大家终于都脱了险。刘邦一路上也在寻找太公和吕后，但始终没有找到。原来审食其跟着太公和吕后抄小道，也在寻找刘邦，却不料遇上了项羽的军队。项羽的军队于是带着他们回去，禀报项羽，项羽就把他们当作人质拘留在楚军的营中。

……

项王之救彭城，追汉王至荥阳❶，田横亦得收齐，立田荣子广为齐王❷。汉王之败彭城，诸侯皆复与楚而背汉❸。汉军荥阳，筑甬道属之河❹，以取敖仓❺粟。汉之三年❻，项王数侵夺汉甬道。汉王食乏，恐，请和，割荥阳以西为汉❼。

【注释】

❶荥阳，汉县名，县治即今河南省郑州市惠济区古荥镇。 ❷立田荣子广为齐王：据《秦楚之际月表》，事在汉二年四月，详见《田儋列传》。 ❸诸侯皆复与楚而背汉：与楚，犹言"归楚""附楚"；与，助，归附。按，刘邦东出时有多国背楚归汉，汉败后又有多国反汉归楚，如魏王豹、塞王欣等是。 ❹筑甬道属之河：(从荥阳)筑甬道一直北通到黄河边上；属，连接。 ❺敖仓：《中国文物地图集》河

南分册谓敖仓遗址在今荥阳市北邙乡、高村乡之苏庄、马沟村一带，并说“近年考古调查曾发现多处圆形仓窖，部分仓窖中有碳化谷物遗留”。但荥阳文管所专家认为：秦朝在荥阳城北敖山上修筑的大粮仓，东临汴水，北靠黄河。由于黄河水不断向南冲刷，此所谓“敖山”者今已不存。 ❻汉之三年：前204年。 ❼请和，割荥阳以西为汉：此指刘邦处败势时向项羽求和。

【译文】

……

正当项羽回师援救彭城，并进而追击刘邦到荥阳的时候，田横又乘机收复了齐国，并立田荣的儿子田广做了齐王。当刘邦在彭城惨败后，诸侯们又都脱离刘邦，重新归附项羽。这时，刘邦的军队驻扎在荥阳，他们修筑了一条甬道，一直通到黄河南岸，从中运取敖仓的粮食。汉王三年，项羽一连几次出兵攻击汉军的甬道。汉军粮草供应不上，刘邦很害怕，于是向项羽提出讲和，条件是荥阳以东的地盘归项羽，荥阳以西的地盘归刘邦。

项王欲听之。历阳侯范增❶曰：“汉易与❷耳，今释弗取，后必悔之❸。”项王乃与范增急围荥阳。汉王患之，乃用陈平计间项王❹。项王使者来，为太牢具❺举欲进之。见使者，详❻惊愕曰：“吾以为亚父使者，乃反项王使者。”更持去，以恶食食项王使者。❼使者归报项王，项王乃疑范增与汉有私，稍夺之权。范增大怒，曰："天下事大定[8]矣，君王自为之。愿赐骸骨归卒伍[9]。"项王许之。行未至彭城，疽[10]发背而死。

【注释】

❶历阳侯范增：封地为历阳县，即今安徽省马鞍山市和县。 ❷易与：容易对付；与，打交道。 ❸今释弗取，后必悔之：日后楚汉结鸿沟之约后，刘邦欲退兵，张良乃曰："今释弗击，此所谓'养虎自贻患'也。"意思完全相同。 ❹乃用陈平计：陈平原是项羽的将领，于汉之二年彭城之败前归投刘邦，事见《陈丞相世家》。间项王：对项羽施行反间计。 ❺太牢具：牛、羊、豕三牲皆备的饭食，为古代待客的最高礼数；具，原指盛放食品的器具，后来即用以指饭食。《吕氏春秋》注："太牢，谓牛、羊、豕也。牛羊之阑曰'牢'，故三牲具谓之'太牢'。"泷川曰："太牢，犹言'盛馔'，不必拘古法。" ❻详：通"佯"，假装。 ❼史珥曰："曲逆间范增，号称奇计，然其术甚浅。岂羽本无机智，以浅中之，乃所以为奇与？" ❽大定：大体已定，基本平定。 ❾愿赐骸骨归卒伍：意即"请准许我回家为民"。古代乡里的基层编制是五家为一伍，三百家为一卒。归卒伍，即回到基层的编制中去。又"卒伍"也是军队中的基层编制。 ❿疽（jū）：也叫痈，一种恶性的疖疮，多发于项部、背部和臀部，治疗不及时，会有生命危险。

【译文】

项羽正想同意，历阳侯范增说："现在的汉军是最容易对付的，如果现在放了他们不打，日后肯定会后悔。”项羽听取了范增的意见，下令加紧对荥阳的攻击。刘邦很伤脑筋，就采用了陈平设计的离间项羽与范增关系的办法。项羽派使者来到汉营，汉营的接待人员准备了牛、羊、猪三牲最高规格的筵席来招待他们。当招待人员把饭菜端上筵席后，一看是项羽的使者，就装出一种惊异的样子说：“我们还以为是亚父的使者呢，原来是项王的使者！”于是便把这些食物端回去，而重新端出一些粗劣的饭菜来招待他们。项羽的使者回去后把情况报告了项羽，项羽怀疑范增与刘邦私通，就逐渐地削减了范增的权力。范增很生气，说：“天下的大事基本确定了，以后的事您自己干吧。请允许我回家当个普通老百姓。”项羽批准了。范增上路东归，还没走到彭城，背上的毒疮发作而死。

汉将纪信说汉王曰：“事已急矣，请为王诳楚❶，王可以间出❷。”于是汉王夜出女子荥阳东门被甲二千人❸，楚兵四面击之。纪信乘黄屋车❹，傅左纛❺，曰：“城中食尽，汉王降。”楚军皆呼万岁❻。汉王亦与数十骑从城西门出，走成皋❼。项王见纪信，问：“汉王安在？”曰：“汉王已出矣。”项王烧杀纪信。❽

【注释】

❶请为王诳楚：请让我假扮您的模样去骗项羽。通行本原文于此作“请为王诳楚为王”。繁芜辞费，今削句末的“为王”二字。 ❷间出：乘隙而出。 ❸夜出女子荥阳

东门被甲二千人：谓令二千女子披甲，伪装士兵而出；被，同“披”。《陈丞相世家》于此作“陈平乃夜出女子二千人荥阳城东门”。 ❹黄屋车：以黄缯为篷盖的车，古代王者所乘。《正义》引李裴曰：“天子车以黄缯为盖里。” ❺傅左纛（dào）：车的左侧边马的头上插着牦牛尾的饰物。傅，著，插设；纛，以牦牛尾为之，状如枪头上的缨子。泷川曰：“汉王未为天子，何以‘黄屋左纛’？盖纪信用引耳目，楚人遂为其所诳。” ❻赵翼曰：“‘万岁’本古人庆贺之辞，后乃为至尊之专称。” ❼亦：作“乃”方顺。成皋：古邑名，后代不加详辨地统称之虎牢关，在今河南省荥阳市西北之大伾山上。其旧时之北城墙已沦入黄河，其西城墙已沦入汜水，其南城墙尚残存数段，共长一千五百余米，巍然矗立。❽凌稚隆曰：“信之忠诚一至是乎？信不烧则帝不脱，而汉之大事去矣，厥功岂不伟哉！”按，《左传·成公二年》晋败齐于鞍，逢丑父身代齐顷公被晋人所俘，竟蒙晋人之赦，相比之下，纪信为不幸矣。又，今郑州市惠济区古荥镇纪公庙村有纪信庙，始建于汉代，今所存者乃唐代以后所修葺。庙后有纪信墓，墓前有唐代初期卢藏用撰写的“汉忠烈纪公碑”，近代又有抗日英雄吉鸿昌所题写的庙名。

【译文】

刘邦的将领纪信对刘邦说：“现在荥阳的形势已经很危急，请让我假扮您出去蒙骗项羽，而您可以趁机逃出城去。”于是刘邦在一个夜晚打开荥阳东门，把胁迫来的两千名顶盔挂甲的妇女赶了出去，楚军立刻从四面围攻上来。纪信假扮刘邦坐着一辆黄篷车，在左侧马的头上插着一撮牦牛尾，喊道:“城里的粮食已经吃光,汉王出来投降了!”楚军立刻高呼万岁。而这时刘邦却带着几十个随从,开西城门出城,逃到了成皋。项羽捉到纪信后问他:“汉王在哪里?”纪信说:“汉王早已离开荥阳了。”项羽将纪信烧死。

……

汉王之出荥阳,南走宛、叶[1],得九江王布[2],行收兵,复入保成皋[3]。汉之四年[4],项王进兵围成皋。汉王逃[5],独与滕公出成皋北门,渡河走修武,从张耳、韩信军[6]。诸将稍稍得出成皋,从汉王。楚遂拔成皋,欲西。汉使兵距之巩[7],令其不得西。

【注释】

❶《高祖本纪》云:“汉王之出荥阳入关,收兵欲复东。袁生说汉王曰:‘愿王出武关,项羽必引兵南走。王深壁,令荥阳、成皋且得休。使韩信等辑河北赵地,连燕齐,君王乃复走荥阳未晚也。如此则楚所备者多,力分;汉得休。复与之战,破楚必矣。’汉王从其计,出军宛、叶间。”宛,秦县名,县治即今河南省南阳市;叶,秦县名,在今河南省平顶山市叶县南。 ❷得九江王布:刘邦彭城之败后,曾派说客随何往劝黥布反楚归汉,黥布几经动摇后,至此乃单身来归,过程详见《黥布列传》。 ❸复入保成皋:据当时形势分析,刘邦之“南走宛、叶”与其“复入保成皋”似应皆在汉三年九月。 ❹汉之四年:前203年。 ❺梁玉绳曰:“此以下所叙之事前后倒置,不但与《汉书》异,并与《高

纪》不同，恐系错简。'汉之四年'当在后'击陈留、外黄'句下，观《汉书》高纪、籍传自明。"按，此纪所述前后数事，大体与《秦楚之际月表》相合。 ❻刘邦化装潜行至修武袭夺张耳、韩信兵事，详见《淮阴侯列传》。据此纪，其事当在汉四年十月；据《高祖本纪》，其事则似在汉三年夏、秋。《资治通鉴》系之于汉三年六月。修武：秦县名，即今河南省新乡市获嘉县，时韩信等已平定赵地，移兵驻此。从：投奔。 ❼距之巩：将楚军阻挡于巩县以东；巩，秦县名，县治在今河南省巩义市西南三十里。

【译文】

……

刘邦逃出荥阳以后，就一直向南奔到宛城、叶县，刚好九江王黥布归降，于是他们边走边收罗军队，又进入了成皋。汉王四年，项羽进兵围攻成皋。刘邦和滕公夏侯婴两个人开北门逃跑，渡过黄河到修武来投奔张耳与韩信。守成皋的其他将领也陆陆续续地逃出围城，来找刘邦。于是楚军攻下成皋，打算挥兵西进。刘邦赶紧派兵在巩县一带设防，从而制止了楚军的继续西行。

……

当此时，彭越数反梁地，绝楚粮食，项王患之。为高俎，置太公其上❶，告汉王曰："今不急下❷，吾烹太公。"汉王曰："吾与项羽俱北面受命怀王❸，约为兄弟❹，吾翁即若翁❺，必欲烹而翁，则幸分我一杯羹❻。"项王怒，欲杀之。项伯曰："天下事未可知，且为天下者不顾家，虽杀之无益，只益祸耳。"❼项王从之。

【注释】

❶为高俎（zǔ），置太公其上：俎，案板。师古曰："俎者，所以荐肉，示欲烹之，故置俎上。" ❷今不急下：如果还不迅速投降；今，若，假如。 ❸北面受命怀王：即为怀王做臣子。 ❹约为兄弟：通行本原文于此作"曰约为兄弟"。"曰"字无理,《汉书》无。今据削。 ❺吾翁即若翁：我的父亲也就是你的父亲；若，你，你的。 ❻必欲烹而翁，则幸分我一杯羹：而翁，乃翁，你的父亲。洪亮吉曰："烹则烹矣，必高其俎而置之，无非欲愚弄汉王，冀得讲解耳。汉王深悉其计，矫情漫语，分羹一言，虽因料敌太清，然逞才太过，未免贻口实于来世。"凌稚隆引罗大经曰："吾翁即若翁"，此语理意甚长。按，以上项羽欲杀刘邦父，刘邦巧语与之对答事，原见于《楚汉春秋》，文字大体相同。 ❼项伯之言固亦在理，然其为刘邦收买之情实，事事可见。王维桢曰："项伯全沛公于鸿门，则以与张良善故；乃今复活太公，则以沛公'约为婚姻'故。"徐孚远曰："项王能杀子婴而不杀太公，非仁也，欲生之以为质而讲解耳。"

【译文】

……

这时候，项羽后方的彭越又杀出来，连续在大梁一带进行骚扰，掐断了楚军的粮草补给线，使得项羽大伤脑筋。于是他派人搭了一个高台，上设案板，把刘邦的父亲绑在案板上面，对着刘邦喊话说：“你要是还不赶紧投降，我就把你父亲煮了。”刘邦回答道：“当初我和你一道在怀王的驾下称臣，说好彼此以兄弟相待。这么说我的父亲也就是你的父亲。你要是煮你的父亲，就请分给我一碗肉汤喝！”项羽大怒，要杀刘太公。项伯劝他说：“现在天下的大局还看不出个结果，况且打天下的人都是不顾家的，你就是杀了太公也没用，白给自己招是非。”于是项羽只好作罢。

……

是时，汉兵盛食多，项王兵罢食绝❶。汉遣陆贾说项王，请太公❷，项王弗听。汉王复使侯公往说项王，项王乃与汉约，中分天下：割鸿沟以西者为汉，鸿沟❸而东者为楚。项王许之，即归汉王父母妻子❹。军皆呼万岁。汉王乃封侯公为平国君❺，匿弗肯复见❻。曰：“此天下辩士，所居倾国❼，故号为平国君❽。”项王已约，乃引兵解而东归。❾

【注释】

❶汉兵盛食多，项王兵罢食绝：凌稚隆曰：“太史公叙汉，曰‘取敖仓粟’，曰‘就敖仓食’，曰‘兵盛食多’；叙楚，曰‘烧楚积聚’，曰‘绝楚粮食’，曰‘兵罢食尽’，皆纪中关键，当玩。” ❷陆贾：刘邦的谋士、说客，事迹见《郦生陆贾列传》。请太公：请求项羽放回太公、吕后等

人。 ❸鸿沟：战国时魏国开凿的沟通黄河与淮水的运河，北起荥阳，东经中牟、开封，南流至淮阳东南入颍水（淮水的支流）。按，是时彭城已失，梁、楚之地皆不能为羽有，所谓“鸿沟为界”者，将以何为界也？当时必约还给西楚地；项羽所以解而东归，亦自度其力足以收取彭城与汉相持也。 ❹赵翼曰：“《史记》谓‘归汉王父母妻子’，而班书但言‘归太公、吕后’，而不言‘父母妻子’。盖以高祖之母久已前死（高祖起兵时母死于小黄），羽所得者但有太公与吕后，非真有母与子在项羽军中。不知高祖母虽已前死，而楚元王为高祖异母弟，则高祖犹有庶母也。孝惠帝尚有庶兄肥，后封齐为悼惠王。当高祖路遇孝惠时，与孝惠偕行者但有鲁元公主，则悼惠未偕行可知也。悼惠既未偕行，又别无投归高祖之事，则必与太公、吕后同为羽所得，故高祖有子在项军也。然则《史记》所谓‘父母妻子’乃无一字虚设，而《汉书》改云‘太公、吕后’转疏漏矣。” ❺《正义》曰：“说归太公、吕后，能和平邦国。” ❻匿弗肯复见：谓刘邦躲避不欲见侯公也。郭嵩焘曰：“侯公必多为长短之说以明得失之数，重之以盟誓要约，项羽为所诱惑，急归其父母妻子。高祖所以匿不肯见者，诚有所讳也。”一说，指侯公不愿见刘邦，不图其赏赐。 ❼所居倾国：言其口舌之利足以坏人国家，而且是走到哪里，坏到哪里；倾，颠覆。❽故号为平国君：中井曰：“取其反称也。”张文虎曰：“‘匿弗肯复见’与上下文不接，《汉书·高纪》无。疑‘匿弗’以下二十一字，后人依《楚汉春秋》窜入。”按，刘邦这种过河拆桥、事成后反而辱骂侯公的行为，与其在战场上被楚将丁公放过，事后反将丁公处死的情形相同，事见《季布栾布列传》。 ⑨郭嵩焘曰："按《灌婴传》，'齐地已定，韩信自立为齐王，使婴别将攻楚将公杲于鲁北，渡淮，尽降其城邑。至广陵，下下邳，击破楚骑于平阳，遂降彭城'。婴之入彭城尚在鸿沟定约以前，宜其遽解而东归也。"

【译文】

……

这时，汉军方面人多粮足，而楚军方面则是兵疲粮尽。刘邦派陆贾去见项羽，请他放回太公，项羽不答应。刘邦于是又派侯公去向项羽游说，项羽终于同意与刘邦订立条约，二人平分天下：鸿沟以西的地盘归刘邦，鸿沟以东的地盘属项羽。项羽同意了这个协定，随即把刘邦的父亲和妻子都放了回去。汉军一见刘邦的家属回了汉营，都欢呼万岁。刘邦封侯公为平国君，但自己却躲着不愿见他。他说："这个人是耍嘴皮子的天才，他在哪个国家，哪个国家就得灭亡。所以特地给他来了个正好相反的封号叫作平国君。"项羽签订条约后，就带着军队撤离前线，准备回自己东方的领地。

汉欲西归，张良、陈平说曰："汉有天下太半①，而诸侯皆附之。楚兵罢食尽，此天亡楚之时也，不如因其机而遂取之。今释弗击，此所谓'养虎自遗患'也。②"汉王听之。汉五年③，汉王乃追项王至阳夏④南，止军，与淮阴侯韩信、建成侯彭越期会⑤而击楚军。至固陵⑥，而信、越之兵不会⑦。楚击汉军，大破之。汉王复入壁，深堑而自守。谓张子房曰："诸侯不从约[8]，为之奈何！"对曰："楚兵且破，信、越未有分地[9]，其不至固宜。君王能与共分天下[10]，今可立致[11]也。即不能[12]，事未可知也。君王能自陈以东傅海[13]，尽与韩信[14]；睢阳以北至穀城[15]，以与彭越：使各自为战[16]，则楚易败也。"汉王曰："善。"于是乃发使者告韩信、彭越曰："并力击楚。楚破，自陈以东傅海与齐王，睢阳以北至穀城与彭相国[17]。"使者至，韩信、彭越皆报曰："请今进兵。"韩信乃从齐往，刘贾军从寿春并行[18]，屠城父[19]，至垓下[20]。大司马周殷[21]叛楚，以舒屠六[22]，举九江兵随刘贾、彭越皆会垓下，诣项王[23]。

【注释】

❶太半：大半。《集解》引韦昭曰："凡数三分有二为'太半'，一为'少半'。" ❷茅坤曰："此二语，遂定楚汉兴亡之路。" ❸汉五年：前202年。 ❹阳夏：秦县名，县治即今河南省周口市太康县。 ❺梁玉绳曰："越为魏相国，未闻封侯，盖所赐名号，曹参亦有'建成侯'之称，本传不载。"期会：约定日期，会合兵力。 ❻固陵：秦县名，在今太康县南。 ❼不会：该到达而不到达。 ❽不从约：不遵约定，不守约束。 ❾未有分地：《集解》引韦昭曰："信等虽名为王，未有所画经界。" ❿能与共分天下：舍得把天下的地盘给他们每人分一块。 ⓫今可立致：将会使之立刻前来。 ⓬即

不能：倘若你不这样做；即，若。⑬自陈以东傅海：自陈郡一直东到海边，大体包括今河南省东部，山东省西南部和安徽、江苏两省的北部地区。傅海，直到海边；傅，贴近。⑭尽与韩信：《正义》曰：“自陈著海，并齐旧地，尽与齐王韩信也。”⑮睢阳以北至穀城：大体包括今河南东北部和山东西部一带地区；穀城，秦县名，在今山东省济南市平阴县西南。⑯使各自为战：使其各为自己获取分地而战。凌稚隆引屠隆曰：“子房此语，亦是祸此二人之基。”⑰彭相国：当初魏豹为魏王跟从刘邦伐楚时，刘邦曾封彭越为魏相国，见《彭越列传》。⑱从寿春并行：从寿春同时起行；寿春，秦县名，县治即今安徽省淮南市寿县，当时为九江郡郡治。⑲屠城父：谓前进途中顺势屠灭了城父；城父，秦县名，县治在今安徽省亳州市东南。按，刘贾从寿春向垓下进军，不经过城父，屠城父者乃黥布。⑳垓（gāi）下：又名“垓下集”，在今安徽省蚌埠市固镇县东五十里、灵璧县东南之沱河北岸。㉑大司马周殷：项羽的将领，官为大司马。时刘邦派人召诱之，殷遂叛楚归汉。㉒以舒屠六：带领舒县（在今安徽省合肥市庐江县西南）之众北行，沿途屠灭了六县（在今安徽省六安市东北）。㉓泷川引中井曰：“‘诣项王’三字疑衍。”按，此数句关系不明，事实为刘贾入楚地攻克寿春后，周殷又从舒县叛楚归汉，协助刘贾控制了九江郡的局势；而后又西行迎来了原为九江王，后来单身归汉的黥布；黥布军经过城父时，屠之。最后，周殷、黥布等皆随刘贾一同与刘邦、韩信等会师垓下。梁玉绳曰：“此段颇有缺误，当云：‘韩信乃从齐往，彭越乃从魏往，刘贾军从寿春迎黥布并行屠城父，大司马周殷叛楚，以舒屠六，举九江兵随刘贾、黥布皆会垓下。’”

【译文】

刘邦也准备撤军西行，张良、陈平对刘邦说："我们已经占据了整个天下的一大半，许多诸侯都已经倾向了我们。项羽已经兵疲粮尽，这是老天爷要灭亡楚国的时候，我们不如干脆乘这时机灭了他。如果现在错过不打，那可真成了俗话说的'留着老虎让它日后咬我们'。"刘邦采纳了他们的意见。汉王五年，刘邦率军追击项羽，追到阳夏南面才停了下来。他约定好了时间让淮阴侯韩信、建成侯彭越和他一起进击项羽。不料当刘邦率军前进到固陵的时候，韩信和彭越的军队都没到，于是项羽趁机反攻汉军，汉军大败。刘邦只好退入营垒，深挖沟堑，坚守不出。刘邦问张良："诸侯们不按约定办，这怎么好呢？"张良说："项羽眼看着就要被消灭了，可是韩信、彭越还没有得到增加封地的允诺，因此他们不来是很自然的。您要是能够舍得与他们共分天下，那马上可以把他们召来；要是您舍不得，那对付项羽的事情就很难说了。您要是能把从陈县往东直到海边的地盘全给韩信，把从睢阳往北一直到穀城的地盘全给彭越：让他们都去为了取得自己的地盘而作战，那时项羽就很容易打败了。"刘邦说："好。"于是派使者分头去告诉韩信、彭越说："请你们合力攻楚。打下楚地以后，自陈县往东一直到海边的地盘都给齐王，睢阳以北一直到穀城的地盘都给彭相国。"结果传令的使者一到，韩信和彭越都立刻说："我们马上就进兵。"于是韩信的军队从齐国开来，刘贾的军队从寿春同时发兵，沿途夷平城父县后，来到垓下。楚国大司马周殷也背叛了项羽，他领着舒县的军队屠灭了六县，又会合了九江王黥布的军队，和刘贾、彭越一起先后会师于垓下，直逼项羽的大营。

项王军壁垓下，兵少食尽，汉军及诸侯兵围之数重。❶夜闻汉军四面皆楚歌❷，项王乃大惊，曰："汉皆已得楚乎？是何楚人之多也！"项王则夜起，饮帐中。有美人名虞❸，常幸从；骏马名骓❹，常骑之。于是项王乃悲歌忼慨，自为诗曰："力拔山兮气盖世，时不利兮骓不逝。骓不逝兮可奈何，虞兮虞兮奈若何！"❺歌数阕❻，美人和之❼。项王泣数行下，左右皆泣，莫能仰视。

【注释】

❶汉军诸路到达垓下后，与项羽尚有一次决定性的大战。据《高祖本纪》云："五年（前202），高祖与诸侯兵共击楚军，与项羽决胜垓下。淮阴将三十万自当之，孔将军居左，费将军居右，皇帝在后，绛侯、柴将军在皇帝后。项羽之卒可十万。淮阴先合，不利，却；孔将军、费将军纵，楚兵不利，淮阴复乘之，大败垓下。"而后始得云"兵少食尽，汉军及诸侯兵围之数重"。 ❷皆楚歌：唱的都是楚地的民间歌谣。 ❸有美人名虞：《集解》引徐广曰："一云'姓虞氏'。"泷川曰："《汉书》作'姓虞氏'。"王先谦引周寿昌曰："妇人从夫姓，即以己姓为名，晋李恒妻卫铄，称名曰'李卫'；赵孟頫妻管道升，称名'赵管'，皆是。" ❹骓（zhuī）：毛色黑白相间的马。 ❺"力拔山兮气盖世"以下四句：朱熹曰："慷慨激烈，有千载不平之余愤。"吴见思曰："'可奈何''奈若何'，若无意义，乃一腔怒愤，万种低回，

地厚天高，托身无所，写英雄失路之悲，至此极矣。”钱锺书引周亮工曰：“垓下是何等时？虞姬死而子弟散，匹马逃亡，身迷大泽，亦何暇更作歌诗？即有作，亦谁闻之，而谁记之欤？吾谓此数语者，无论事之有无，应是太史公‘笔补造化’，代为传神。” ❻歌数阕：一连唱了几遍；阕，段、遍。 ❼《正义》引《楚汉春秋》所载虞姬和歌云：“汉军已略地，四方楚歌声。大王意气尽，贱妾何聊生。”殆出于后人依托。《正义》引《括地志》云：“虞姬墓在濠州定远县东六十里。”按，今安徽省宿州市灵璧县东十五华里之宿泗公路旁有虞姬墓，墓前有一石碑，横额刻“巾帼千秋”，两旁对联为：“虞兮奈何，自古红颜多薄命；姬耶安在，独留青冢向黄昏。”

【译文】

项羽的军队驻扎在垓下，兵力很少，粮食也没有了，刘邦的军队和各路诸侯的军队合在一起，把他们层层围住。深夜里四面的汉军都在唱着楚地的歌谣，项羽听到后吃惊地说：“莫非汉军已把楚国全部占领了吗？要不然他们的军中怎么有这么多楚人呢？”于是披衣起来，在帐中饮酒浇愁。当时他身边有一个美人名字叫虞，深受项羽宠爱，几年来一直跟在他身边。还有一匹骏马名字叫骓，这是项羽冲锋陷阵一直骑乘的。项羽面对着这凄凉的局面，不由得感慨万分，他作歌道：“力能拔山啊，豪气盖世，时运不利啊，骓马不再奔驰。不再奔驰啊，又有何方？虞姬虞姬啊，我把你怎样安放！”他一连唱了好几遍，虞美人也和着唱了一首。这时项羽泪如雨下，左右将士们也一个个涕泣唏嘘，谁都不忍心抬头仰视。

于是项王乃上马骑[1]，麾下[2]壮士骑从者八百余人，直夜[3]溃围南出，驰走。平明，汉军乃觉之，令骑将灌婴以五千骑追之。项王渡淮，骑能属者百余人耳[4]。项王至阴陵[5]，迷失道，问一田父，田父绐曰"左"[6]。左，乃陷大泽中，以故汉追及之[7]。项王乃复引兵而东，至东城[8]，乃有二十八骑。汉骑追者数千人。项王自度不得脱，谓其骑曰："吾起兵至今八岁矣，身七十余战[9]，所当者破，所击者服，未尝败北，遂霸有天下。然今卒困于此，此天之亡我，非战之罪也。今日固决死，愿为诸君快战[10]，必三胜之[11]，为诸君溃围，斩将，刈旗[12]。令诸君知天亡我，非战之罪也。[13]"乃分其骑以为四队，四向[14]。汉军围之数重。项王谓其骑曰："吾为公取彼一将。"令四面骑驰下，期山东为三处[15]。于是项王大呼驰下，汉军皆披靡[16]，遂斩汉一将。是时赤泉侯[17]为骑将，追项王。项王瞋目而叱之，赤泉侯人马俱惊，辟易[18]数里。与其骑会为三处。汉军不知项王所在，乃分军为三，复围之。项王乃驰，复斩汉一都尉，杀数十百人。复聚其骑，亡其两骑耳。乃谓其骑曰："何如？"骑皆伏[19]，曰："如大王言。"

【注释】

❶于是项王乃上马骑："骑"字辞费，疑涉下文而衍，《汉书》无"骑"字。 ❷麾下：犹言"部下"，师古曰："麾，大将之旗也。" ❸直夜：中夜，半夜。 ❹骑能属者百余人耳：属，跟随。师古曰："属，联及也。" ❺阴陵：秦县名，县治在今安徽省滁州市定远县西北。 ❻田父绐（dài）曰"左"：农夫骗他说"向左拐"；绐，欺骗。 ❼以故汉追及之：史公极力突出项羽被追及的偶然性，以寄托其无限同情。❽东城：秦县名，县治在今定远县东南。 ❾身七十余战：史公称道将军之勇好用"七十"字，李广临死前对其部下语亦曰"广结发与匈奴大小七十余战"，如李白诗称山之高与年代之久好用"四万八千"字同。 ❿快战：痛痛快快、漂漂亮亮地打一仗。又，快战，一作"决战"。 ⓫必三胜之：一定要连续地打败他几次；三，用指多次。有人说"三胜之"即指下述之"溃围、斩将、刈旗"者，非。 ⓬刈（yì）旗：砍倒敌军的大旗。 ⓭钱锺书曰："马迁行文，深得累叠之妙，如本篇末写项羽'自度不能脱'，一则曰：'此天亡我，非战之罪也'；再则曰：'令诸君知天之亡我，非战之罪也'；三则曰：'天之亡我，我何渡为！'心已死而意犹未平，认输而不服气，故言之不足，再三言之也。" ⓮四向：朝着四个方向，盖围作一个圆阵，《汉书》作"为圆阵，外向"。师古曰："圆阵，四周为之也。外向，谓兵刃皆在外也。"⓯令四面骑驰下，期山东为三处：向着四个方向突围，约定好突围后在山东的三个地点集合；期，约定。《正义》曰："分为三处，汉军不知项羽处。" ⓰披靡：倒伏、避散的样子。⓱赤泉侯：杨喜，刘邦的部将，因获项羽尸体后被封为赤

泉侯。梁玉绳曰："杨喜封赤泉侯在汉七年，《汉书》改称'杨喜'是也。"赤泉，在今河南省南阳市淅川县西。 ⑱辟易：因畏惧而退避。辟，同"避"；易，易地，挪动了地方。凌约言曰："羽叱楼烦，楼烦'目不能视，手不能发'；羽叱杨喜，杨喜'人马俱惊，辟易数里'，羽之威猛可想象于千百世之下。" ⑲伏：通"服"。郭嵩焘曰："项王自叙七十余战，史公所记独巨鹿、垓下两战为详。巨鹿之战全用烘托法，不一及战事；而于垓下显出项羽兵法及其斩将搴旗之功。项羽英雄，史公自是心折，亦由其好奇，于势穷力尽处自显神通。巨鹿、鸿门、垓下三段，自是史公《项羽纪》中聚精会神，极得意文字。"

【译文】

于是项羽上马准备突围，这时帐下的骑兵还有八百多人跟着他。他们乘着夜半时分冲出了包围圈，一直向南疾驰。到天快亮的时候，汉军才发觉。刘邦命令骑将灌婴率领五千骑兵追赶项羽。等到项羽渡过淮河，跟着他的骑兵就只剩下一百来人了。项羽跑到阴陵县时，迷失了道路。他向一个农民打听，这个农民骗他说"往左拐"。项羽向左一拐，结果陷在了大泥塘里。就因为这一耽误，后面灌婴的追兵就赶了上来。项羽又领兵向东，到达东城，这时项羽身边只剩下了二十八人。而刘邦派来的追兵有好几千。项羽自己估计着这回是无法脱险了，就对随从们说："自从我起兵到现在已经八年了，我曾身经七十多场大战，所向披靡，没有失败过一次，于是成为天下的霸主。想不到今天竟然被困在这里，这是老天爷要灭亡我，不是我不会打仗。今天肯定要决一死战，我要为你们诸位再痛痛快快地打一仗，一定要连胜它几回，我要为你们突破重围，杀死追将，砍倒敌旗，让你们明白，这是老天爷要灭亡我，不是我不会打仗！”说罢就把二十八个人分成了四组，各自分别朝着一个方向。这时汉军已经把他们围了好几层。项羽对他的骑兵们说：“看我给你们杀他一个将领！”他命令四个小组分别朝四个方向冲出，并约定好大家在山的东面分三处集合。然后项羽大吼一声拍马冲了出去，汉军一看吓得纷纷倒退，于是项羽杀掉了一个汉军将领。当时，赤泉侯杨喜正给刘邦当骑将，他在后面追赶项羽。项羽回头瞪起眼睛，大喝一声，吓得杨喜连人带马向后退出好几里地。项羽果然和他的部下分三个地方集合了。汉军弄不清项羽在哪一处，于是只好把追兵分成三股，分别包围了项羽的三个集合点。这时项羽忽然又冲出来杀死了汉军的一个都尉，杀死了汉军士兵近百人。而后把自己的人集合起来一清点，发现只少了两个。项羽问他的部下说：“怎么样？”大家都敬佩地说：“果然像大王说的一样！”

于是项王乃欲东渡乌江❶。乌江亭长檥船待❷，谓项王曰：“江东虽小，地方千里，众数十万人，亦足王也。愿大王急渡。今独臣有船，汉军至，无以渡。”项王笑曰：“天之亡我，我何渡为！且籍与江东子弟八千人渡江而西，今无一人还；纵江东父兄怜而王我，我何面目见之？纵彼不言，籍独不愧于心乎！”❸乃谓亭长曰：“吾知公长者。吾骑此马五岁，所当无敌，尝一日行千里，不忍杀之，以赐公。”乃令骑皆下马步行，持短兵接战。独籍所杀汉军数百人，项王身亦被十余创。❹顾见汉骑司马❺吕马童，曰：“若非吾故人乎？”马童面之❻，指王翳❼曰：“此项王也。”项王乃曰：“吾闻汉购我头千金，邑万户❽，吾为若德❾。”乃自刎而死。❿王翳取其头，余骑相蹂践争项王，相杀者数十人。最其后⓫，郎中骑杨喜、骑司马吕马童、郎中吕胜、杨武各得其一体⓬。五人共会其体，皆是，故分其地为五⓭：封吕马童为中水侯⓮，封王翳为杜衍侯⓯，封杨喜为赤泉侯，封杨武为吴防侯⓰，封吕胜为涅阳侯⓱。

【注释】

❶东渡乌江：谓欲从乌江浦渡长江东去。乌江浦，渡口名，在今安徽省马鞍山市和县东北之长江西岸。 ❷泷川曰：“秦法，十里一亭，亭长者，主亭之吏，犹今里正也。”按，亦犹刘邦之为泗上亭长然。杈（yǐ）船：拢船靠岸；杈，通“舣”。《集解》引如淳曰：“南方人谓整船向岸曰‘舣’。” ❸凌稚隆曰：“项羽不听亭父言，所谓小不忍者。后人有诗曰：‘江东子弟多豪俊，卷土重来未可知’，可概见矣。” ❹梁玉绳曰：“此二语上称‘籍’，下称‘项王’，竟似两人矣，未免语病。”按，梁说是，此类问题《左传》中更多。 ❺骑司马：骑兵中主管法纪的官。王伯祥曰：“吕马童当系项王旧部反楚投汉者，故下以‘故人’称

之。” ❻马童面之：吕马童闻声对项羽定睛一看。面，正面相对。 ❼指王翳：指项王以告王翳；王翳，灌婴的部下。 ❽千金：千斤黄金。汉称黄金一斤曰“一金”，秦称一镒曰“一金”。邑万户：封之以具有万户人家的领地，即为万户侯。 ❾吾为若德：我为你做点好事，即给你提供这个获赏的机会。 ❿李清照《项羽》诗：“生当作人杰，死亦为鬼雄。至今思项羽，不肯过江东。”按，韩信破项羽于垓下与项羽自刎乌江，在汉五年（前202）十二月。《集解》引徐广曰：“项王以始皇十五年己巳生，死时年三十一。”又，今安徽和县乌江镇东南一公里的凤凰山上有项王祠与项王墓。项王祠建于唐代，其篆额“西楚霸王灵祠”六字，为唐代和州的地方长官李阳冰所题。原祠有正殿、青龙宫、行宫等，祠内奉有项羽、虞姬、范增等人的塑像。1986年重修庙宇，巍峨壮观。祠后有项羽的衣冠冢，明人题曰：“西楚霸王之墓。” ⓫最其后：过后汇总起来；最，会聚，合计。《汉书》作“最后”，无“其”字，则可读如今日之“最后”。 ⓬一体：一肢，通常以四肢加头称为“五体”。 ⓭分其地为五：原曰得项王者“邑万户”，今乃五人共得一具尸体，故将万户之邑分为五份，以赏五人。泷川引中井曰：“其地，谓万户邑也，原无定处，非指项王之地。” ⓮中水侯：封地中水，在今河北省沧州市献县西北。 ⓯杜衍侯：封地杜衍，在今河南省南阳市西南。 ⓰吴防侯：封地吴防，即今河南省驻马店市遂平县。 ⓱涅阳侯：封地涅阳，在今河南省南阳市镇平县南。

【译文】

这时，项羽带着他的二十几个人到了乌江浦，准备东渡。乌江亭的亭长驾着一只小船靠在岸边，对项羽说："江东虽小，可也还有纵横上千里的地盘，还有民众几十万，也足够您称王的。请您赶紧上船过江。这里只我一个人有船，汉军追到这里，他们也无法渡过江去。"项羽笑道："既然老天爷要灭亡我，我还渡江干什么！想当初我渡江西下时曾带着江东子弟八千人，如今竟没有一个活着回来；即使江东父老们可怜我，还拥戴我为王，我又有什么脸面去见他们呢？就算人家什么也不说，难道我自己就不问心有愧吗？"接着他又对亭长说："我知道您是好人。我骑这匹马已经五年了，所向无敌，它能一日奔驰千里，我不忍心杀它，就把它送给您吧。"说罢命令所有的人都下马步行，手持短兵与汉军交战。光是项羽一个人就杀死了汉兵好几百，而项羽自己身上也有十余处受了伤。最后项羽回头看见了汉军的骑司马吕马童，项羽向他招呼说："那不是我的老朋友吕马童吗？"吕马童定睛一看，立刻指着项羽对王翳说："这人就是项王！"项羽对他们说："我听说刘邦曾悬赏千金，万户的封地买我的人头，我今天就成全你们吧！"说罢自刎而死。王翳赶紧奔过去割下了项羽的人头，其余的骑兵蜂拥而上去抢项羽的尸体，单是为了争夺打架互相拥挤践踏，就死了好几十人。最后，郎中骑杨喜、骑司马吕马童、郎中吕胜、杨武分别抢到项羽的一条腿或一只手。他们四个和王翳五个人把手里的残肢凑在一起，可以确认都是项羽的。于是刘邦就把当初悬赏的万户封邑一分为五，封吕马童为中水侯，封王翳为杜衍侯，封杨喜为赤泉侯，封杨武为吴防侯，封吕胜为涅阳侯。

项王已死，楚地皆降汉，独鲁不下❶。汉乃引天下兵欲屠之。为其守礼义，为主死节❷，乃持项王头视鲁❸，鲁父兄乃降❹。始，楚怀王初封项籍为鲁公，及其死，鲁最后下，故以鲁公礼葬项王穀城❺。汉王为发哀，泣之而去。❻

【注释】

❶独鲁不下：只有鲁县还在为项羽坚持守城。 ❷为其守礼义，为主死节：当年楚怀王曾封项羽为“鲁公”，故鲁人对项羽忠心耿耿。 ❸视鲁：让鲁县人看；视，通“示”。 ❹史珥曰：“鲁不急下，动汉王‘守礼义，为主死节’之褒，羽得此颇不寂寞。”按，此亦史公因同情项羽，而于篇终极力为之周旋处。 ❺《正义》引《述征记》：“项羽墓在穀城西北三里半许，毁坏，有碣石‘项王之墓’。” ❻王鸣盛曰：“为义帝发丧，‘袒而大哭’，此犹自可；杀项羽，‘以鲁公礼葬，为发哀，泣之而去’，天下岂有我杀之即我哭之者？不知何处办此一副急泪！”

【译文】

项羽死后，楚国的地面都相继投降了刘邦，这时只有鲁城曲阜拒不投降。刘邦生气地想要发兵把它夷平，后来考虑到曲阜的军民之所以如此，是出于他们守礼义，忠于其主，于是就派人拿着项羽的人头去给曲阜的百姓们看，曲阜的父老们才向刘邦投降。起初，楚怀王曾封项羽为鲁公，等到项羽死后，鲁城曲阜又最后投降，所以刘邦就用鲁公的礼仪把项羽安葬在了榖城。刘邦也亲自前来为项羽哭了一场。

诸项氏枝属，汉王皆不诛。乃封项伯为射阳侯❶，桃侯、平皋侯、玄武侯❷，皆项氏，赐姓刘❸。

【注释】

❶封项伯为射阳侯：项伯助刘邦倾项，可谓尽其力矣，不知其于项羽之死内心安否？射阳侯，封地射阳，在今江苏省盐城市射阳县。 ❷桃侯：名襄，封地桃县，今河北省深州市。平皋侯：名佗，封地平皋，在今河南省焦作市温县东。按,《汉书·项籍传》有所谓“羽使从兄子项它为大将、龙且为裨将救齐”云者，盖即此人。玄武侯：名字不详。❸皆项氏，赐姓刘：谓项伯与以下桃侯等四人皆赐姓刘。

【译文】

项羽的家族同姓，刘邦都不杀。项伯因救刘邦有功，被封为射阳侯，此外桃侯、平皋侯、玄武侯，也都是项家的人，刘邦特意恩赏让他们都姓刘。

太史公曰：吾闻之周生曰“舜目盖重瞳子”❶，又闻项羽亦重瞳子，羽岂其苗裔❷邪？何兴之暴也❸！夫秦失其政，陈涉首难❹，豪杰蜂起，相与并争，不可胜数。然羽非有尺寸❺，乘势起陇亩之中⑥，三年遂将五诸侯灭秦⑦，分裂天下，而封王侯，政由羽出⑧，号称霸王，位虽不终，近古以来未尝有也⑨。及羽背关怀楚⑩，放逐义帝而自立，怨王侯叛己，难矣。自矜功伐⑪，奋其私智而不师古⑫，谓霸王之业，欲以力征经营天下，五年卒亡其国，身死东城⑬，尚不觉寤，而不自责，过矣⑭。乃引“天亡我，非用兵之罪也”⑮，岂不谬哉！

【注释】

①周生：周先生，汉时学者，名字不详，应是司马迁的长辈。重瞳子：眼球上有两个瞳孔。 ②苗裔：后代。 ③何兴之暴也：意谓“（要不然）项羽为什么能兴起得这么突然呢”；暴，突然。 ④首难：首先发动起事。 ⑤非有尺寸：没有尺寸的封地为根基。 ⑥起陇亩之中：即由一个平头百姓揭竿而起。 ⑦《集解》曰：“此时山东六国，而齐、赵、韩、魏、燕并起，从伐秦，故曰‘五诸侯’。”按，此指除楚以外的其他东方的各路义军，说已见前。 ⑧政由羽出：意即天下的一切大事，都由项羽说了算。 ⑨近古以来未尝有也：泷川曰：“数句可以见史公列项羽于本纪之意。” ⑩背关怀楚：背关，顾炎武曰：“谓舍关中形胜之地，而都彭城也。”怀楚，即其“富贵不归故乡，如衣绣夜行”之想。 ⑪自矜功伐：夸耀自己的战功；功伐，犹言“功勋”。《左传》庄公二十八年，杜预注：“伐，功也。” ⑫不师古：不学习古人成功的经验，不接受古人失败的教

训；师古，以古为师。 ⑬项羽败走至东城，以二十八骑大力冲杀汉军后，始南逃至乌江浦，自刎而死。乌江浦当时属东城县。 ⑭《汉书》作“而不自责过失”，二者皆可，而《汉书》明洁。 ⑮乃引“天亡我，非用兵之罪也”：项氏此语的确是在东城大战时对部下所讲，也正因此史公遂连类而说他“身死东城尚不觉悟”。

【译文】

太史公说：我先前曾听周先生说过“舜的每只眼睛都有两个瞳孔”，又听说项羽也有两个瞳孔，项羽莫非是舜的后代吗？不然怎么会兴起得这么突然呢？秦朝暴虐无道，陈涉首先起兵发难，各地豪杰都蜂拥而起，各自为政，你争我夺，不胜枚举。而项羽并没有尺寸的封地为根基，以一个平民百姓的身份拔地而起，结果不出三年，就率领着东方的诸侯们灭掉了秦朝，接着他切割土地，分封王侯，所有政令都由项羽一人发布，自己号称“西楚霸王”，他的事业虽然没能善始善终，但像他这样轰轰烈烈的，也是近古以来所没有的。可是后来他不建都关中，却非要回到楚国，又驱逐义帝而以自己为尊，这时候再埋怨王侯们背叛他，那就很难啦！他夸耀自己的战功，只知道一意孤行而不吸取古代的历史经验，只想着成为一代霸主，只想着用武力征伐经营天下，结果五年的时间，国灭身亡。到临死东城县的时候还不悔悟，还不知道责备自己，那就大错啦！还说什么“这是老天爷要灭亡我，不是我不会打仗”，这不是太荒谬了吗！

（以上是作者的论赞，比较全面、客观地评价了项羽的功过。）

【解读】

《项羽本纪》是《史记》中文学色彩最浓厚的篇章，是关于秦末义军灭秦和楚汉战争惊心动魄的艺术画卷，它具体、生动地记录了那个波澜壮阔的悲壮时代；项羽是司马迁笔下最生动、最豪迈的悲剧英雄，其不朽功勋在于巨鹿之战的大破秦军主力，并进一步迫使章邯率部降楚。这样一来不仅使秦军的主力被消灭，而且促成了秦王朝内部的瓦解，同时也给刘邦的入关灭秦创造了有利条件。项羽是一个战场上的英雄，但对政治斗争却一无所知。项羽与刘邦较量的失败是必然的，但项羽作为一个反秦的英雄自有其不可磨灭的历史功勋。

《项羽本纪》的思想意义在于：

其一，它不以成败论英雄，歌颂了项羽的丰功伟绩并给予他至高无上的历史地位，如项羽被列入“本纪”，以及司马迁作《秦楚之际月表》称这个时段为“秦楚”等，这都是班固等其他历史学家所无法比拟的。

其二，作者同情项羽，但对项羽一切失败因素的描写，诸如他的生性残暴，肆意杀戮，丧失人心；他的只讲军事不讲政治，不讲外交；只相信个人才干，用人唯亲，不懂得广招贤才，团结五湖四海；等等，也都写得非常具体、非常准确；相反，司马迁讨厌刘邦，但他对刘邦政治思想、战略战术，尤其是他的能顺应时代、应和民心，他的善于用人以及那种像条件反射一样的随机应变的本领，都令人叹为观止。在作品最后的论赞中作者又一分为二地称道了项羽的功勋，也准确地指出了他的严重错误，作者的交代全面，评价准确，表现了司马迁实事求是的科学精神。

其三,《项羽本纪》所展示的重大历史场面的复杂性与深刻性,《项羽本纪》所描绘的人际关系与种种细节的深沉的历史感，都是前所未见的。诸如项梁、项羽在起义前的一系列日常表现，诸如项梁、项羽与楚怀王关系的一系列描写，诸如鸿门宴前后双方决策人物的种种思想与活动，诸如项羽、刘邦在广武山两军对阵既斗文又斗武的激烈情景，以及项羽临死前认输而不服气的于穷途末路大显神通。这些既有故事传说，又有作者的合理想象，其所展现给读者的场面、人物都既有鲜活事实，又具有深沉的人生阅历，所以使人百读不厌。

在艺术上,《项羽本纪》是《史记》中最精彩的篇章之一，其叙事之生动，其语言之精彩，尤其是对项羽、刘邦这两个人物形象的描写，其成就更是空前的。他们既有英雄的伟大，又有普通人所常有的弱点，千载之下读之，仍觉其虎虎有生气，历历如在目前。钱锺书称赞司马迁笔下的项羽形象说:“‘言语呕呕’与‘喑噁叱咤’,‘恭敬慈爱’与‘骠悍滑贼’,‘爱人礼士’与‘妒贤嫉能’,‘妇人之仁’与‘屠坑残灭’,‘分食推饮’与‘刓印不予’，皆若相反相违，而既具在羽一人之身，有似双手分书，一喉异曲，则又莫不同条共贯，科以心学性理，犁然有当。《史记》写人物性格，无复综如此者，谈士每以‘虞兮’之歌，谓羽风云之气而兼儿女之情，尚粗浅乎言之也。”

项羽是司马迁心目中最雄伟的悲剧英雄,《项羽本纪》也是司马迁倾注心力最多的艺术篇章。它通过一些带有明显立场倾向的故事传说，通过一些凝聚着强烈感情的情节与细节，潜移默化地感染读者。如“鸿门宴”作为一个具有深刻意义的历史故事，司马迁是写得极好的，不论是人物语言、心理活动、斗争场面，都写得活灵活现，堪称经典。在从《史记》之后直到唐人小说出现以前的八百年间，还没有任何一篇写人作品能够超过它。

关于“垓下作歌”“东城之战”“乌江自刎”，这些对项羽末路的生动描写，更显然是司马迁的悲慨抒情。清代吴见思说：“‘可奈何’‘奈若何’，若无意义，乃一腔怒愤，万种低回，地厚天高，托身无所，写英雄失路之悲，至此极矣。”钱锺书《管锥编》引清代周亮工的话说：“垓下是何等时？虞姬死而子弟散，匹马逃亡，身迷大泽，亦何暇更作歌诗？即有作，亦谁闻之，而谁记之欤？吾谓此数语者，无论事之有无，应是太史公‘笔补造化’，代为传神。”这“笔补造化”四个字，实在是太深刻了。我觉得读古书读到这个份上才真的是读出了点味来。试想，《史记》中如果没有这段抒情性的动人描绘，项羽还能在读者头脑中留有如此慷慨悲壮的印象吗？

不仅如此，司马迁还要让他的悲剧英雄在穷途末路大显神通，他用他的二十八个人大战灌婴统领的五千人；他们冲进冲出，如入无人之境，光是项羽一个人就杀了汉军“数十百人”；项羽的一声大吼，吓得刘邦的一位将军连人带马滚出去了好几里地。最后他面对一个投降了刘邦的楚军叛徒说：“若非吾故人乎？……吾闻汉购我头千金，邑万户，吾为若德。”说罢拔剑自刎而死。刘邦的部将王翳赶紧奔过去割下了项羽的人头，其余的骑兵蜂拥而上去抢项羽的尸体，单是因为争夺打架互相拥挤践踏，就死了好几十号人。司马迁写刘邦部下的如此卑鄙恶劣，不就是为了反衬项羽的从容、高尚吗？

司马迁已经向读者交代过，项羽这二十八个人对刘邦五千人的战斗是在“自度不得脱”的前提下进行的，但读者往往不太注意这“自度不得脱”几个字，而把注意力全部放到了司马迁对项羽的抒情描写上。他说项羽逃到乌江浦时有一只小船划过来，船夫喊项羽上船，项羽笑道：“天之亡我，我何渡为！且籍与江东子弟八千人渡江而西，今无一人还；纵江东父兄怜而王我，我何面目见之？纵彼不言，籍独不愧于心乎！”这是司马迁为项羽最后涂饰的最壮丽的一笔。如果没有这段话，则项羽只不过是个最后从容战死而已；有了这段话就表现了项羽的一种人生态度：他要用他的死来殉自己的事业，来殉自己的部下，来殉一切曾经支持过自己、拥护过自己的千千万万的人民大众，也包括两千年来读这段历史的千万百万读者；有了这段话就使项羽的最后战死成为一种自觉的有意义的行为，这就是司马迁所说的“死有轻于鸿毛，有重于泰山”。至少给人的感觉上是这样的。

项羽的历史地位所以能如此高，项羽的形象所以能如此令人喜爱，关键在于司马迁的这篇《项羽本纪》。王齐说：司马迁笔下的人物与他同时代的以及后代其他历史家笔下的人物有着截然不同的特质，他们绝大多数都具有一种英雄色彩，尤其突出的是，这些英雄人物大多呈现着一种悲剧气质，因此我们可以说《史记》是一道丰富多彩的悲剧英雄人物的画廊，是一部悲剧故事集。

《史记》中的悲剧人物至少具有如下三个特点：第一，他们的生平经历具有突出的社会意义，反映了社会政治的某种本质；第二，他们的遭遇悲惨，或者被杀，或者自杀，或者一生坎坷不平，或者老来悲凉失意；第三，他们的悲惨遭遇能激起人们对正义、对美好事物的同情和对邪恶势力的愤慨。《史记》全书中描写人物的作品共112篇，其中有57篇是以悲剧人物的姓字为标题，此外还有近20篇虽然不是用悲剧人物的姓字标题，但其中仍然写到了悲剧人物。同时，在这近80篇中，还有许多篇是几个悲剧人物的合传，如《孙子吴起列传》《屈原贾生列传》《刺客列传》等。粗略计算,《史记》全书写到的悲剧人物大大小小约有120个。可以说，整个《史记》是被司马迁的审美观所涵盖,《史记》的悲剧气氛无往而不在，这种现象，是《史记》所独有的。

【编按】

项羽并没有成就帝王之业，为什么列于本纪？因为“分裂天下，而封王侯，政由羽出，号为霸王”，可见司马迁是把项羽作为一个时代来写的。这是秦汉之交的一个转捩点，项羽列于本纪体现了历史的延续性。

项羽年轻时学习“万人敌”的兵法，但“略知其意，又不肯竟学”，这个学习仅仅满足于一知半解的态度，预示了他未来的格局。韩兆琦先生的解读特别强调《项羽本纪》的思想意义及悲剧精神。就历史而言，也只有把项羽和他的老对手刘邦对照阅读，才会加深我们对于汉代立国的理解，并以此思考何以得天下，何以失天下。

霸王别姬图

虞兮奈何，自古红颜多薄命；
姬耶安在，独留青冢向黄昏。

04.

汉高祖刘邦像

高祖本纪

刘邦斩白蛇

初，项羽与宋义北救赵，及项羽杀宋义，代为上将军❶，诸将黥布❷皆属，破秦将王离军❸，降章邯❹，诸侯皆附。及赵高已杀二世❺，使人来，欲约分王关中❻。沛公以为诈，乃用张良计❼，使郦生、陆贾往说秦将❽，啖以利，因袭攻武关，破之❾。又与秦军战于蓝田❿南，益张疑兵旗帜⓫，诸所过毋得掠卤⓬，秦人憙，秦军解⓭，因大破之。又战其北，大破之。乘胜，遂破之。⓮

【注释】

❶项羽杀宋义，代为上将军：事在秦二世三年十一月（当时以十月为岁首）。详情见《项羽本纪》。 ❷黥布：始属项梁，后属项羽，有大功于巨鹿。楚汉战争开始后，投向刘邦，详见《黥布列传》。 ❸破秦将王离军：即巨鹿之战，事在秦二世三年十二月，详见《项羽本纪》。 ❹降章邯：项羽破王离军于巨鹿后，进兵攻章邯，章邯既被项羽所攻，又被朝廷的赵高所疑，万般无奈，遂于七月率部投降项羽。 ❺赵高已杀二世：事在秦二世三年八月，详情见《始皇本纪》《李斯列传》。 ❻欲约分王关中：谓赵高欲和刘邦分关中为二，并立称王。 ❼乃用张良计：据《留侯世家》，刘邦进入武关后，欲进兵击秦峣下军，张良劝刘邦“使人先行，为五万人具食，益为张旗帜诸山上，为疑兵”，而后派郦食其往说秦将投降。 ❽使郦生、陆贾往说秦将：梁玉绳曰：“‘陆贾’二字似衍文，《留侯世家》《陆贾传》，及《汉书》张、陆两传皆无之。疑此与《汉书·高纪》并妄搀‘陆贾’耳。” ❾因袭攻武关，破之：梁玉绳曰：“按《月表》、

《留侯世家》及《汉书》纪传，沛公以秦二世三年八月破武关，九月，秦遣将拒峣关，张良说沛公张旗帜，为疑兵，使郦生啖秦将以利。秦军懈，因引兵绕峣关，逾蒉山击破之蓝田南，叙次甚明。此纪不书武关，则‘武关’乃‘峣关’之误。”武关，旧址在今陕西省商洛市丹凤县城东四十公里，建筑在峡谷间一块较高的平地上，略呈方形，周遭约有三华里，东门外额题“武关”二字，东门内额题“古少习关”四字，西门额题“三秦要塞”四字，是河南省南部进入陕西省的交通要道；峣关，旧址在今陕西省西安市蓝田县东南，因此也叫蓝田关，是河南省南部通往关中地区的交通要道。 ⑩蓝田：秦县名，县治在今蓝田县西南。 ⑪益张疑兵旗帜：此即前破峣关时事也，不宜出之于此，见《留侯世家》。 ⑫掠卤：同“掠虏”，谓抢物抢人。 ⑬李笠曰：“沛公既啖秦将以利，又令所过无得掠虏，故秦人喜悦而军心懈堕也。”憙：此处通“喜”。解：通“懈”。 ⑭乘胜，遂破之：徐孚远曰：“秦人已约降而复连战破之，犹项羽之于章邯也。”

【译文】

当初，项羽是和宋义一道北上救赵的，待至项羽杀掉宋义，取代他做了上将军后，黥布等各位将领便都属项羽指挥；待至项羽又打败秦将王离，招降章邯之后，各地的诸侯便都归附在了项羽的周围。等到赵高杀掉了秦二世，派人与刘邦进行联络，想和刘邦在关中划分地盘共同为王。刘邦怀疑其中有诈，于是便采取了张良的计策，派郦生、陆贾前去说服秦将，以财宝引诱他们，而后趁他们松懈的时候袭击武关，把秦军打得大败。接着又在蓝田县南与秦军会战，这时刘邦派人多插旗帜，巧布疑阵，又下令全军所到之处不准掳掠，因而使得秦国人非常高兴，秦朝的军队也日益松懈，于是刘邦又一次大破秦军。随后在蓝田北大破秦军，刘邦乘胜追击，于是大败秦军。

汉元年十月[1]，沛公兵遂先诸侯至霸上。秦王子婴素车白马，系颈以组[2]，封皇帝玺符节[3]，降轵道[4]旁。诸将或言诛秦王。沛公曰："始怀王遣我，固以能宽容；且人已服降，又杀之，不祥。"乃以秦王属吏[5]。遂西入咸阳，欲止宫休舍[6]。樊哙、张良谏[7]，乃封秦重宝财物府库，还军霸上[8]。召诸县父老豪桀曰："父老苦秦苛法久矣，诽谤者族，偶语者弃市[9]。吾与诸侯约，先入关者王之，吾当王关中。与父老约，法三章耳[10]：杀人者死，伤人及盗抵罪[11]。余悉除去秦法。[12]诸吏人皆案堵如故[13]。凡吾所以来，为父老除害，非有所侵暴，无恐。且吾所以还军霸上，待诸侯至而定约束耳。[14]"乃使人与秦吏行县乡邑，告谕之[15]。秦人大喜，争持牛羊酒食献飨[16]军士。沛公又让不受，曰："仓粟多，非乏，不欲费人。"人又益喜，唯恐沛公不为秦王。[17]

【注释】

❶汉元年十月：汉元年，前206年，因刘邦于此年被项羽封为"汉王"，故称"汉元年"。又因为当时仍用秦历，故以"十月"为岁首。 ❷秦王子婴素车白马，系颈以组：这

是古代帝王向人投降时自己表示认罪服罪的样子。秦王子婴,《始皇本纪》说此人为始皇之孙,而《李斯列传》又说是始皇之弟。据《始皇本纪》,秦二世三年八月,赵高弑秦二世,改立子婴。子婴即位后,诛灭赵高。再过四十六日,刘邦军遂至霸上。组,丝绦。 ❸《索隐》引韦昭曰:“天子印称玺,又独以玉。符,发兵符也。节,使者所拥也。”引《说文》曰:“符,信也,汉制以竹,长六寸,分而相合。”引《释名》曰:“节,为号令赏罚之节也,又节毛上下相重,取象竹节。” ❹轵(zhǐ)道:即轵道亭,在今西安市东北。❺凌稚隆曰:“沛公不杀子婴,与约法三章、为义帝发丧三事,最系得天下根本,若项羽则一切反是矣。”属吏:交由主管人员看管。属,交付,委托。 ❻欲止宫休舍:想在秦王朝的宫廷中住下来。“休”“舍”二字同义,动词连用。❼樊哙、张良用了很大力气把刘邦动员出秦朝宫廷的详情,见《留侯世家》。 ❽还倪思曰:“兵入人国都,重宝财物满前,委而去之,还军霸上,极是难事,此则可谓节制之兵也。”刘辰翁曰:“还军霸上本非初意,然谋臣之谋是,基帝王之业,息奸雄之心者,独借此耳。”茅坤曰:“汉之收人心处。” ❾偶语:相聚而语;偶,相对,相聚。弃市:指将罪犯处死于街头。 ❿与父老约,法三章耳:与大家说好,法令只有三条,指下述以惩杀人、伤人及偷盗者。有谓“约法”乃与前后文之“苛法”相对为文,中间不当读断,意思亦可通。 ⓫伤人及盗抵罪:谓随其伤人及偷盗的情节轻重,而处以相应之罪;抵,当,判处。《集解》引张晏曰:“秦法一人犯罪,举家及邻伍坐之。今但当其身坐,合于《康诰》‘父子兄弟,罪不相及’也。”刘辰翁曰:“高祖始终得关中之力,关中人心所以不忘者，约法三章之力也。” ⑫梁玉绳曰：“《汉书·刑法志》曰：‘汉兴，约法三章，网漏吞舟之鱼，然其大辟尚有夷三族之令’；又考惠帝四年始除挟书律，吕后元年始除三族罪、妖言令；文帝元年始除收孥、相坐令；二年始除诽谤律；十三年除肉刑，然则秦法未尝悉除，‘三章’徒为虚语。《续古今考》所谓‘一时姑为大言以慰民’也。盖三章不足以禁奸，萧何为相，采摭秦法作律九章，疑此等皆在九章之内，史公只载入关初约耳。” ⑬诸吏人：各官吏与各处的黎民百姓。人，泷川曰：“古抄本‘人’作‘民’。下文‘秦人大喜’‘不欲费人’‘人又益喜’，三‘人’字亦作‘民’。”案堵如故：犹言“各就各位，一切照常”；案堵，也作“安堵”，师古曰：“言不迁动也。” ⑭凌稚隆引真德秀曰：“告谕之语才百余言，而暴秦之弊为之一洗，此所谓‘时雨降，民大悦’者也。”按，刘邦真可谓善于“顺水推船”“幡然改悟”者，不然，其开始“欲止宫休舍”，则又何说！ ⑮使人与秦吏行县乡邑，告谕之：派自己的人跟着已经案堵的各县各乡的官吏去四处巡行，发布安民告示。 ⑯献飨：即今所谓“犒劳”；飨，以酒食招待人。 ⑰凌稚隆引张之象曰：“先言‘秦人喜’，后言‘秦人大喜’，又言‘秦人益喜’，连用‘喜’字，斯可以观人心矣。”

【译文】

汉元年十月，刘邦的军队率先来到了咸阳东南的霸上。这时已经退去帝位的秦王子婴，乘着白马素车，用一根丝绳套在自己的脖子上，捧着已经封好的皇帝印信，来到轵道亭的路边向刘邦投降。刘邦的将领们有人提议杀死他，刘邦说：

"当初怀王之所以派我来，就是因为我待人宽厚；再说人家都已经投降了，我们还杀人家，这太不好了。"于是就把子婴交给专人看管起来，而自己则带人进入咸阳。刘邦进宫后就想住在里面不出来了。幸亏有樊哙、张良出来劝说，刘邦才封起秦宫里的仓库和各种珍宝，带着人马重又回到霸上。刘邦把关中各县的父老乡绅找来，对他们说："你们受秦朝酷法的罪时间不短了，秦法规定，敢说朝廷坏话的灭族，敢相聚议论国事的杀头。我们各路将领在东方出发前已经说好了，谁先打入关内谁当关中王，根据这个规定，我是应该当关中王的。现在我与诸位约定，今后国家的大法只有三条：杀人者偿命，伤人及偷人东西的各自按情节定罪。其余的条款一概废除。各级官吏都各归各位，照常办公。我们到这里来是为父老们除害的，绝不会损害大家，请大家不要怕。我之所以带领人马回到霸上，就是为了等候其他各路将领到来，共同商定日后的办法。"随后他又派人跟着各地的官吏到各县各乡各镇，去向人们说明他的这番意思。各地的人们听了都很高兴，大家纷纷带着牛羊酒饭来慰劳刘邦的军队。刘邦又推辞不要，说："仓库里有的是粮食，我们什么都不缺，不能再让大家破费了。"于是人们更高兴了，唯恐日后不让刘邦当关中王。

（以上写刘邦入关破秦后的"约法三章"，由于刘邦的政策、方略深得人心，遂为日后打败项羽奠定了基础。）

……

高祖置酒雒阳南宫。[1]高祖曰："列侯诸将无敢隐朕，皆言其情。吾所以有天下者何？项氏之所以失天下者何?”高起、王陵对曰:“陛下慢而侮人，项羽仁而爱人。然陛下使人攻城略地，所降下者因以予之，与天下同利也。项羽妒贤嫉能，有功者害之❷，贤者疑之;战胜而不予人功，得地而不予人利，此所以失天下也。❸”高祖曰:“公知其一，未知其二。夫运筹策❹帷帐之中，决胜于千里之外，吾不如子房;❺镇国家，抚百姓，给馈饷❻，不绝粮道，吾不如萧何;连百万之军，战必胜，攻必取，吾不如韩信。此三者，皆人杰也，吾能用之，此吾所以取天下也。项羽有一范增而不能用，此其所以为我擒也。❼”

【注释】

❶《正义》引《括地志》曰:“南宫在洛阳故城中。”又引《舆地志》曰:“秦时已有南北宫。”王先谦引沈钦韩曰:“盖秦时虽都关中，犹仿周东都之制。”雒阳:同“洛阳”，在今河南省洛阳市东北部，当时为三川郡的郡治所在地。 ❷有功者害之:谁有功就嫉恨谁;害，嫉恨。 ❸《淮阴侯列传》韩信对刘邦曰:“项王见人恭敬慈爱，言语呕呕，人有疾病，涕泣分饮食;至使人有功当封爵者，印刓敝，忍不能予，此所谓妇人之仁也。”与此一致。 ❹运筹策:犹言“设谋定计”;筹策，古代计算数目时所用的筹码，后用为“谋划”之义。 ❺有井范平引金隐星曰:“‘吾不如’三字，项羽便宁死不出口矣，况既为天子之日哉?”钟惺曰:“此自负驾御豪杰之语，非谦逊语。”

⑥给馈饷：供应前方粮食。 ⑦钟惺曰："二语殊占地步，非谦逊归功臣下之言，正自明其能驱策，智勇出三人上耳。"

【译文】

……

刘邦在洛阳南宫大宴群臣。刘邦在宴会上说："你们各位诸侯将领，都对我说真话。你们说我为什么能取得天下，项羽为什么丢了天下？"高起、王陵回答说："虽然您傲慢爱侮辱人，项羽为人宽厚。但您派人出去攻城占地时，谁获得了什么，您就顺势赏给他，这叫与人同利。而项羽则妒贤嫉能，谁有功他恨谁，谁有本事他怀疑谁；打了胜仗的他不奖励，得了地盘的他不赏赐，这就是他丢失天下的原因。"刘邦说："你们只知其一，不知其二。要讲运筹帷幄，决胜千里，我不如张良；要讲镇守后方，安抚百姓，给前方运粮草，保证供应不断，我不如萧何；要讲统兵百万，战必胜，攻必取，我不如韩信。这三个都是人中的豪杰，我能够重用他们，这才是我所以得天下的原因。而项羽只有一个范增他还不能用，所以他最后被我打败。"

……

未央宫成[1]，高祖大朝诸侯群臣，置酒未央前殿。高祖奉玉卮，起为太上皇寿[2]，曰："始大人常以臣无赖[3]，不能治产业，不如仲力[4]；今某之业所就孰与仲多？[5]"殿上群臣皆呼万岁，大笑为乐。

【注释】

❶梁玉绳曰："未央宫与长乐宫皆以七年二月成，是年特以诸侯王来朝十月，置酒未央宫。此与《将相表》同误在九月。" ❷奉：捧。玉卮：《集解》引应劭曰："乡饮酒礼器也。"师古曰："饮酒圆器也。"寿：用作动词，师古曰："进酒而献寿也。"即今之敬酒祝人健康长寿。 ❸无赖：不成材，没出息。师古引应劭曰："赖者，恃也。"王先谦引周寿昌曰："无所恃以资生，如今游手白徒也。" ❹不如仲力：犹言"不如二哥干得好"；力，有气力，有本事。 ❺吴见思曰："高祖微时一段未有照应，故借此数语以结之。写英雄得志，可浮大白（可干一大杯）。"

【译文】

未央宫终于盖成了，刘邦在未央前殿摆酒大宴诸侯群臣。刘邦站起来，举着酒杯给他的父亲敬了一杯酒，说："当初您总认为我没有出息，不能给家里治产业，不如我的二哥能干。您看看今天我治的这份产业和二哥比谁多？"殿上的群臣们听了都笑着高呼万岁。

……

高祖还归，过沛，留。置酒沛宫❶，悉召故人父老子弟纵酒。发沛中儿得百二十人，教之歌。酒酣❷，高祖击筑❸，自为歌诗曰："大风起兮云飞扬，威加海内兮归故乡，安得猛士兮守四方！"❹令儿皆和习之。高祖乃起舞，慷慨伤怀，泣数行下。谓沛父兄曰：“游子悲故乡[5]，吾虽都关中，万岁后吾魂魄犹乐思沛[6]。且朕自沛公以诛暴逆，遂有天下，其以沛为朕汤沐邑[7]，复其民，世世无有所与[8]。”沛父兄诸母故人日乐饮极欢，道旧故为笑乐。十余日，高祖欲去，沛父兄固请留高祖。高祖曰：“吾人众多，父兄不能给[9]。”乃去。沛中空县皆之邑西献[10]。高祖复留止，张饮[11]三日。沛父兄皆顿首曰：“沛幸得复，丰[12]未复，唯陛下哀怜之。”高祖曰：“丰吾所生长，极不忘耳[13]，吾特为其以雍齿故反我为魏[14]。”沛父兄固请，乃并复丰，比沛。

【注释】

❶沛宫：在沛县为刘邦建造的行宫。 ❷酒酣：意即正喝得起劲。 ❸筑：乐器名，形状似瑟而小，有弦，以竹击之。 ❹自汉代以来，在沛县城东南有歌风台，此台历尽沧桑，屡毁屡建。今天的歌风台是1996年重建，是沛故城建筑群的制高点。 ❺师古曰：“游子，行客也。悲，谓顾念也。” ❻万岁后：隐言身死之后。乐思沛：“乐”“思”二动词叠用，谓思念、爱恋故乡也。 ❼其：表示命令的语气。汤沐邑：古代诸侯往朝天子，天子从自己的领地中划出一小块赐予诸侯，以供其住宿及斋戒沐浴之费用，后世遂用以称帝王、后妃、公主等人的额外特赐封地。 ❽复其民，世世无有所与：指永远免除该地居民的一切赋税、

劳役；无有所与，指与赋税、劳役诸事不相关。 ❾不能给（jǐ）：不能供应。 ❿空县：一个不留地全县出动。皆之邑西献：师古曰："皆往邑西，竟有所献"；献，谓献牛酒。 ⓫张饮：搭设帐篷，相聚而饮；张，通"帐"。 ⓬秦时的"丰邑"是沛县境内的一个乡镇，故称刘邦为"沛丰邑人"也。至刘邦建国后，将"丰邑"上升为县，故此处遂与"沛"对称。 ⓭极不忘耳：师古曰："极，至也。至念之不忘也。" ⓮雍齿原是刘邦的部将，为刘邦守丰，结果雍齿降魏，并据丰以反刘邦，事见前文。特：只是，就是。

【译文】

……

刘邦移驾北归，路过沛县时，他停下来。他在自己的老宅子里摆酒，招待昔日的亲朋故旧。他从沛县城里找来一百二十个青少年，教给他们唱歌。等大家喝到兴高采烈时，刘邦一边击筑，一边自己作歌道："大风起兮云飞扬，威加海内兮归故乡，安得猛士兮守四方！"他让那一百二十个青少年都学着跟着唱。接着刘邦又起来跳了一回舞，他激昂慷慨又十分伤感，泪珠滚滚而下。他对沛县的父老们说："游子思故乡，我今天虽然建都于关中，但我死后魂灵还是想念沛县的。再说我是以沛县县令身份起家讨伐暴逆，夺得天下的，我要以沛县作为我的汤沐邑，免除这个县里人们的劳役税，并且让他们以后世世代代都不纳税。"沛县的父老大娘、亲朋故旧一起和刘邦欢欢喜喜地谈笑了十来天。刘邦告辞要走，大家执意请他再住几天。刘邦说："我部下的人多，你们供应不起。"于是起驾上路。沛县的父老们倾城出动，大家都拿着东西到城西向刘邦进献。刘邦见此情景便又停下来，一起畅饮了三天。沛县的父老们说："沛县是得到免税了，但丰邑还没有豁免，请您可怜他们，把他们的税也免了吧！"刘邦说："丰邑本是我出生的地方，我绝忘不了它，我所恨的是当年他们居然跟着雍齿投靠魏人而反我。"沛县的父老们再三请求，于是刘邦便把丰邑的劳役税也豁免了，让他们和沛县享受一样的待遇。

【解读】

《高祖本纪》是《史记》中记述史实最重要，文字也最生动的篇章之一，它与《项羽本纪》共同描述了秦末义军灭秦，与楚汉战争刘邦打败项羽的全过程，两篇相辅相成，必须参照阅读才能大体看到其全貌。两篇所不同的是，从时段上说，《高祖本纪》还进一步写了刘邦称帝后为解决地方割据与巩固边境安全所做出的种种努力；但即使在写同一时段的诸侯反秦与楚汉战争时，《高祖本纪》也是除了写战争，还兼带写了战争以外的有关全国性的一些事情。总之，《高祖本纪》在体例上更像是一篇"本纪"的格局。本文选自《高祖本纪》的精彩三章，挥师咸阳、还军霸上，与约法三章，前后事隔十一年。

司马迁在描写刘邦这个历史人物时，突出地表现为两个方面：

其一，司马迁以极其生动的笔触写出了刘邦这个雄才大略，有智谋、有远见，能用人、能驾驭人的天才政治家的形象，这是与之争锋的项羽所绝对无法比拟的。

司马迁笔下的刘邦的天才主要有三方面，一是刘邦的智略超人，规模宏远。刘邦进关后实行了一系列宽政爱民的措施，博得了秦地百姓的热烈拥护。有了这个基础，那个未入关先坑了二十万秦兵的项羽就不可能在鸿门宴上再杀刘邦，而项羽自己也就无法再在关中立足。后来刘邦与项羽相持于荥阳，刘邦的军队多次被打垮，而萧何能源源不断地“兴关中卒，辄补缺”，也正是刘邦的政策在关中生了根，使关中成了他可以依赖的根据地的缘故。二是能用人、能驾驭人。刘邦成功后曾总结他成功的经验说：“夫运筹策帷帐之中，决胜于千里之外，吾不如子房；镇国家，抚百姓，给馈饷，不绝粮道，吾不如萧何；连百万之军，战必胜，攻必取，吾不如韩信。此三者，皆人杰也，吾能用之，此吾所以取天下也。”韩信、陈平原来都是项羽的部下，投奔刘邦后，一个被举为大将，一个被用为护军中尉，刘邦的气魄的确是非凡的。刘邦驾驭人的手段是古今少有的，韩信的所谓“陛下不善将兵，而善将将”，就是指此而言。三是刘邦的脑瓜灵活，聪明绝顶，随机应变的能力达到了出神入化的境界。当鸿门宴前项伯给张良送信，刘邦于仓皇无措之际忽然听说张良与项伯有旧时，他紧接着问的第一句话是“孰与君少长?”，这种跳跃性的思维，说明他一整套收买项伯的计划已经成熟于胸。当刘邦统兵东出，湖关三老董生向他报告了项羽杀害义帝的消息时，刘邦立刻“袒而大哭”，下令全军披麻戴孝，并号令全国共同讨伐项羽；当战场上他胸口中了楚兵一箭时，他不是用手抚胸，而是随即弯下腰去抚足，而且口中还骂着“虏中吾趾”：这种反应来得多么快！当韩信灭齐，派人来向刘邦要求要做齐“假王”时，刘邦勃然大怒；

当张良、陈平向他稍一示意，刘邦立即醒悟，并顺水推舟地说："大丈夫定诸侯即为真王耳，何以假为?"一般人的思想转弯子总要有个过程，而刘邦则完全没有，简直就像是条件反射，不带任何痕迹。

其二，司马迁对刘邦不迷信，不像其他朝代的史官那样都把他们的开国皇帝写成神明；司马迁则是写出了刘邦的痞子气、流氓气，把刘邦写成了一个活生生的人。他好酒好色自幼成习，当他进入咸阳宫，见到"宫室帷帐狗马重宝妇女以千数"时，就想住在里面不走了；当他攻入彭城，又是"收其货宝美人，日置酒高会"。刘邦又极卑怯自私，遇到紧急时只顾自己。当他被项羽打散，路上遇到自己的一儿一女时，他怕被后面的追兵追上，几次把他的儿女从车上踢下去；当他从荥阳城向外逃跑时，他先让纪信穿着汉王的衣服带着两千名化装成士兵的妇女假装出东门向项羽投降，而后自己与陈平悄悄地逃出了西门。刘邦只求利己，毫无信义可言。项羽的部将丁公曾在战场上释放过刘邦，待至项羽兵败，丁公往投刘邦时，刘邦不仅不感谢丁公，反而将丁公斩首示众，说"丁公为项王臣不忠，使项王失天下者，乃丁公也"。刘邦好侮辱人、好骂人，"你爸爸""你老子"，简直是他的口头禅。刘邦胜利后，杀韩信、杀彭越，以至逼得黥布造反，韩王信、陈豨、卢绾因遭怀疑而北投匈奴，其残忍程度只有后来的朱元璋可与之相比。

这就是刘邦，一个天才政治家，同时也是一个流氓无赖!《史记》对这个人物可以说是写活了、写神了。《史记》人物的生动、典型而又极富个性特征，盖无出刘邦之右者。

司马迁能把刘邦写得这样好，除了他的历史天才、文学天才外，更重要的还有他的忠于历史、忠于事实的良心和他大无畏的勇气，这就是章学诚所说的“史德”。

【编按】

《史记菁华录》说：“汉室定鼎、诛伐大事，皆详于诸功臣世家列传中，及高祖本纪多载其细微时事及他神异符验，所以其文繁而不杂，灵而不滞。”其实就是说，这篇高祖传记多细节摹绘，活现了一代天子的豁达大度、知人善任、处变不惊的气质，以及腹黑手辣、寡廉鲜耻的流氓相。读者读历史，一定不要盲目陷入好人坏人的惯性思维，要看到重要历史人物推动历史进步的一面和迟滞了社会发展的一面。

刘邦是一个好演员。《项羽本纪》属于崇高的悲剧，而《高祖本纪》更像一幕波澜壮阔又兼滑稽的喜剧。悲喜杂糅，才见历史本相。

〔明〕仇英绘《帝王道统万年图》之汉高祖画像

05.

吕太后本纪

吕雉像

从右至左：汉高祖、吕后、惠帝像

吕太后者，高祖微时妃[1]也，生孝惠帝、女鲁元太后[2]。及高祖为汉王[3]，得定陶戚姬[4]，爱幸，生赵隐王如意[5]。孝惠为人仁弱，高祖以为不类我，常欲废太子，立戚姬子如意，如意类我。戚姬幸，常从上之关东[6]，日夜啼泣，欲立其子代太子。吕后年长，常留守[7]，希见上，益疏。如意立为赵王[8]后，几代太子者数矣，赖大臣争之[9]，及留侯策[10]，太子得毋废[11]。

【注释】

❶吕太后：师古曰："名雉，字娥姁（xǔ）。"微时：贫贱的时候，与后日的富贵显达相对而言。妃：配偶。 ❷孝惠帝：名盈，前194—前188年在位。鲁元太后：孝惠帝之姊，嫁与赵王张耳之子张敖为妻，因其子张偃后来被封为鲁王，故其母乃称"鲁太后"，"元"字是谥。 ❸高祖为汉王：事在前206年。 ❹定陶戚姬：旧籍定陶的戚姓女人；定陶，秦县名，县治在今山东省菏泽市定陶区西北。《集解》引如淳曰："姬，众妾之总称也。"《索隐》曰："姬，周之姓，天子之宗女贵于他姓，故遂以'姬'为妇人美称。" ❺赵隐王如意：名如意，刘邦时封为赵王，后被吕后所杀，谥曰"隐"。《谥法解》："不显尸国曰隐。" ❻关东：函谷关以东，指今河南、山西、河北、山东省等地区。函谷关在今河南省灵宝市东北。 ❼留守：谓留守关中。 ❽如意立为赵王：事在高祖九年（前198），赵王张敖因贯高事件被废之后。 ❾大臣争之：争，谏诤，劝阻。按，大臣谏诤最有力者为周昌，

为此竟感动得吕后为之下跪，事见《张丞相列传》；此外还有叔孙通，详见《刘敬叔孙通列传》。 ⑩留侯策：留侯张良为吕后画策，令太子迎来“商山四皓”事，详见《留侯世家》。 ⑪宋濂曰：“高祖知吕后与戚夫人有隙，然终不杀者，以惠帝不能制诸大臣，故委戚氏不顾，为天下计也。”吕祖谦曰：“存吕后为有功臣，存功臣为有吕后，此高祖深意也。”

【译文】

吕后是刘邦贫贱时的配偶，生育了孝惠帝刘盈和女儿鲁元太后。等到刘邦做了汉王的时候，又得到定陶的戚姬，戚姬很受刘邦喜爱和宠幸，生下了赵隐王刘如意。太子刘盈为人仁爱软弱，刘邦认为他不像自己，常想废掉刘盈，而改立戚姬的儿子如意，他觉得如意更像自己。戚姬受宠，经常跟着刘邦去关东，她白天黑夜哭个不停，磨着刘邦立她的儿子代替太子。吕后当时年纪大了，常留守关中，很少见着皇上，关系越来越疏远。如意被立为赵王以后，好几次差一点就代替了太子，全靠大臣们拦阻，特别是后来留侯张良又给刘盈出了主意，刘盈才没被废掉。

吕后为人刚毅，佐高祖定天下，所诛大臣多吕后力❶。吕后兄二人，皆为将。长兄周吕侯死事❷，封其子吕台为郦侯❸，子产为交侯❹；次兄吕释之为建成侯❺。

【注释】

❶云“诛大臣多吕后力”则诚然，事见淮阴、黥布、彭

越诸传。 ❷周吕侯：即吕泽。死事：指战死。洪亮吉曰："八年（前199），高祖击韩王信余寇于东垣，则泽当以此时死。" ❸《集解》引徐广曰："'郦'，作'鄜'。"按，《高祖功臣侯者年表》亦作"郦"。 ❹子产为洨侯：通行本原文作"子产为交侯"。梁玉绳曰："'交'当依《汉书·诸侯王表》作'洨'。又洨侯之封在高后元年四月，《史》《汉》表可据。"今据改。 ❺吕释之为建成侯：《集解》引徐广曰："惠帝二年卒，谥'康王'。"

【译文】

吕后为人刚毅，在帮助刘邦打天下以及后来诛杀大臣的过程中多有她的力量。吕后有两个哥哥，都是刘邦的将领。长兄周吕侯吕泽死于战争，他的儿子吕台被封为郦侯，另一个儿子吕产被封为洨侯；吕后的次兄吕释之被封为建成侯。

高祖十二年四月甲辰❶，崩长乐宫❷，太子袭号为帝❸。……

【注释】

❶十二年：前195年。四月甲辰：阴历四月二十五。 ❷长乐宫：也称东宫，在当时长安城的东部。 ❸太子袭号为帝：即太子刘盈继位为孝惠帝。

【译文】

刘邦在他即位后的十二年四月二十五日驾崩于长乐宫，太子刘盈继位做了皇帝。……

吕后最怨戚夫人及其子赵王，乃令永巷囚戚夫人，而召赵王。[1]使者三反，赵相建平侯周昌[2]谓使者曰：“高帝属臣赵王，赵王年少。窃闻太后怨戚夫人，欲召赵王并诛之，臣不敢遣王。王且亦病，不能奉诏。”[3]吕后大怒，乃使人召赵相。赵相征至长安[4]，乃使人复召赵王。王来，未到。孝惠帝慈仁，知太后怒，自迎赵王霸上，与入宫，自挟[5]与赵王起居饮食。太后欲杀之，不得间[6]。孝惠元年[7]十二月，帝晨出射[8]。赵王少，不能蚤起。太后闻其独居，使人持鸩[9]饮之。犁孝惠还[10]，赵王已死[11]。于是乃徙淮阳王友为赵王[12]。夏，诏赐郦侯父追谥为令武侯[13]。太后遂断戚夫人手足，去眼，煇耳[14]，饮瘖药[15]，使居厕中，命曰“人彘”[16]。居数日，乃召孝惠帝观“人彘”。孝惠见，问，乃知其戚夫人，乃大哭，因病，岁余不能起。使人请太后[17]曰：“此非人所为。臣为太后子，终不能治天下[18]。”孝惠以此日饮为淫乐[19]，不听政，故有病也。

【注释】

[1]《汉书·外戚传》云：“吕后令永巷囚戚夫人，髡钳，衣赭衣，令舂。戚夫人舂且歌曰：‘子为王，母为虏，终日舂薄暮，常与死为伍。相离三千里，当谁使告汝！’太后闻

之，大怒，曰：'乃欲倚汝子耶？'乃召赵王诛之。"永巷，宫廷中的牢狱。中井曰："永巷本后宫女使所居，群室排列如街巷而长连，故名永巷。亦有狱，以治后宫有罪者，以其在永巷也，故亦称'永巷'耳。"陈直曰："'永巷'为'永巷令'之省文，《汉书·百官公卿表》詹事属官有永巷令、长、丞。" ❷建平侯周昌：周昌是刘邦手下的直臣，随刘邦一道起义灭秦，先后任中尉、御史大夫等职，封汾阴侯。刘邦临终封其爱子如意为赵王，为怕自己死后吕后杀如意，故特派周昌为赵相以护卫之。详见《张丞相列传》。 ❸钟惺曰："周昌当高祖时不阿高祖意废太子立赵王，所以当吕后时能不阿吕后意保持赵王，此高祖托赵王于周昌意也，在'期期不奉诏'时已定矣。"按，也正是由于从前周昌对吕后有恩，故此时才敢于对吕后强项，而吕后竟也终未惩治之。属，委托、托付。 ❹征至长安：征，召，调。 ❺自挟（xié）：将其带在自己身边；挟，携带，令其跟随。 ❻不得间（jiàn）：找不到机会；间，空隙，机会。 ❼孝惠元年：前194年。 ❽出射：出宫射猎。梁玉绳曰："《御览》八十七卷'射'下有'雉'字。" ❾鸩（zhèn）：传说中的一种毒鸟，据说以其羽毛蘸过的酒，使人饮之，立死。这里即指毒酒。 ❿犁孝惠还：等到惠帝射猎回来；犁，及，等到。通行本原文于此作"犁明，孝惠还"。王念孙曰："帝晨出射，则天将明矣。及既射而还，则在日出之后，不得言'犁明孝惠还'也。'犁明，孝惠还'当作'犁孝惠还'，'明'字衍。言比及孝惠还，而赵王已死也。《汉书》作'迟帝还'，与'犁孝惠还'同义。"今据改。 ⓫梁玉绳曰："《史》《汉》皆以吕后鸩杀赵王，而《西京杂记》言吕后命力士缢杀之。

力士是东郭门外官奴，惠帝后知腰斩之。与《史》《汉》异。惠帝护赵王甚挚，宁有不究其死者？若果得实，则惠帝此举甚快，可谓能用刑矣。” ⑫徙淮阳王友为赵王：据《汉兴以来诸侯王年表》，赵王被杀在高祖十二年刘邦死后，而刘友移封赵王在惠帝元年。 ⑬吕泽生前封“周吕侯”，今乃谥之为“令武”。 ⑭去眼，煇耳：挖去眼睛，熏聋耳朵；煇，通“熏”。 ⑮饮（yìn）：灌。瘖（yīn）药：喝了使人变哑的药。 ⑯命曰“人彘”：戚夫人墓在今咸阳渭城区之柏家嘴村，是刘邦陵园的陪葬墓之一，封土呈覆斗形。 ⑰请太后：意即对太后讲。 ⑱终不能治天下：此语盖谓母氏之残虐如此，为其子者亦惶愧而无颜复居人上也；终，犹今之所谓“无论如何”。王叔岷曰：“盖有不堪为太后子之意。” ⑲日饮为淫乐：意即整天喝酒，寻求声色麻醉，《魏公子列传》有所谓“日夜为乐饮”云云，与此相同。

【译文】

吕后最恨戚夫人和她的儿子赵王，因此刘邦一死，她就把戚夫人关进宫中的监狱，并下令叫赵王如意从赵国回来。使者连去了三趟，赵相建平侯周昌对使者说：“先帝把赵王托付给了我，赵王年龄小。我听说太后怨戚夫人，想把赵王叫去一起杀掉，因此我不敢让赵王去。况且赵王也正病着，不能奉命前去。”吕后一听大怒，就派人先去调周昌进京，周昌被调到长安后，再派人去叫赵王如意。赵王动身了还没有到京城，孝惠帝心地仁慈，知道太后发怒，于是便亲自到霸上接迎赵王，陪着他一起进宫，和他一同住宿一同吃饭，使得太后想杀他而找不到机会。孝惠帝元年十二月，有一天清早孝惠帝出去打猎了，赵王年龄小，早晨起不来没有同去。太后听说他正一个人在家，于是就派人拿着毒酒去给他喝了。等孝惠帝回来时，赵王已经死了。于是吕后就调淮阳王刘友当了赵王。同年夏天，吕后下诏追谥郦侯吕台的父亲为令武侯。同时，吕后把戚夫人斩去了手脚，挖去了眼睛，熏坏了耳朵，并给她喝了哑药，把她扔在厕所里，称她是“人猪”。过了些天，吕后还特意叫孝惠帝去看，孝惠帝看后一问才知道是戚夫人，不禁大哭，随即就病倒了，从此一年多没有起床。他派人去对吕后说：“这简直不是人干的事。我身为您的儿子，无论如何我再也做不了这个皇帝了。”孝惠帝从此终日饮酒淫乐，不听政事，身体越来越不行。

……

七年，诸侯来会十月，朝贺。[1]秋，八月戊寅，孝惠帝崩。[2]发丧，太后哭，泣不下[3]。留侯子张辟彊为侍中[4]，年十五[5]，谓丞相[6]曰：“太后独有孝惠，今崩，哭不悲，君知其解乎？”丞相曰：“何解？”辟强曰：“帝毋壮子，太后畏君等。君今请拜吕台、吕产为将，将兵居南、北军[7]，及诸吕皆入宫，居中用事，如此则太后心安，君等幸得脱祸矣。”丞相乃如辟彊计[8]。太后说，其哭乃哀。吕氏权由此起[9]。乃大赦天下[10]。九月辛丑，葬。[11]太子即位为帝⑫，谒高庙⑬。元年，号令一出太后⑭。

【注释】

①七年，诸侯来会十月，朝贺：通行本原文之“七年”二字，在下文“秋，八月戊寅”句上，此误。当时以“十月”为岁首，据《汉兴以来诸侯王年表》，多国诸侯“来朝”是在惠帝七年十月，故下文“七年秋”之“七年”二字应移至“诸侯来会十月”句上。今据改正。 ②《集解》引皇甫谧曰：“帝以秦始皇三十七年生，崩时年二十三。”王鸣盛曰：“帝年五岁高祖为汉王，二年立为皇太子，六岁；十二年高祖崩，即位时年十六；又七年崩，年二十三岁。”八月戊寅：惠帝七年（前188）的阴历八月十二。 ③太后哭，泣不下：师古曰：“泣谓泪也。” ④留侯子张辟彊：张良的长子名“不疑”，少子名“辟彊”，皆从道家的“以弱自守”立意。侍中：官名，出入于皇帝周围，以备参谋顾问之用。《集解》引应劭曰：“入侍天子，故曰侍中。” ⑤年十五：扬雄《法言·重黎篇》有所谓“甘罗之悟吕不韦，张辟彊之觉平、勃，皆以十二龄”之语。与此不同。 ⑥丞相：此时的右丞相是王陵，左丞相是陈平。 ⑦君今请拜吕台、吕产为将，将兵居南、北军：通行本原文作“君今请拜吕台、吕产、吕禄为将，将兵居南、北军”。梁玉绳曰：“南、北军不容三人将之，《汉传》无吕禄，甚是，禄乃继台将北军者也。”今据削“吕禄”二字。今，倘若。吕台、吕产，皆吕后长兄吕泽之子；吕禄，吕后次兄吕释之之子。南、北军，俞正燮曰：“高祖时之南、北军以卫两宫，长乐在东，为北军；未央在西南，为南军。帝居未央，后居长乐。”南、北

军当是驻扎于京城南北部的两支国防军，有如清王朝的“丰台大营”。南、北军原本受“太尉”直接统领，吕后为了让吕氏专权，故而将周勃架空，改任了吕台、吕产。吕氏被灭后，文帝入朝即位，其最先处理的一项工作就是将南、北军的统辖权由周勃手中收回，“乃夜拜宋昌为卫将军，镇抚南、北军”。 ❽丞相乃如辟彊计：此丞相当指陈平。据后文，王陵能持白马之议以折太后，必不肯用辟彊计。 ❾吕氏权由此起：泷川曰：“六字理正辞严，曲逆（陈平）甘服其罪。”史珥曰：“曲逆号称‘多智’，不能主持国是，反资乳臭邪谋为兔窟。” ❿大赦天下：形势紧张之际，行大赦以收买人心，刘邦死时已用之。 ⓫九月辛丑，葬：泷川曰：“当依《汉书》‘葬’下补‘安陵’二字。”按，安陵在刘邦的长陵西南，今之咸阳市东北。九月辛丑，阴历九月初五。 ⓬太子即位为帝：梁玉绳曰：“《史》《汉》不言其名，盖孝惠后宫子也。”泷川曰：“张辟彊既曰‘帝无壮子’，其有子明矣。” ⓭谒高庙：到刘邦的庙里去行朝拜之礼。按，历代皇帝登基时，都要到本朝开国皇帝的庙里去进行朝拜，以禀告继位登基。 ⓮元年，号令一出太后：元年，前187年。此孝惠帝子之元年，亦即吕后之元年。

【译文】

……

孝惠帝七年，诸侯都进京来参加十月初一的朝贺。秋季，八月十二日，孝惠帝驾崩。发丧那天，太后大哭，却不见下泪。留侯张良的儿子张辟彊当时为侍中，十五岁，他去对丞相陈平说：“太后只有皇上一个儿子，现在死了，她却哭得不伤心，您知道这里的缘故吗？”陈平问：“什么缘故？”张辟彊说：“皇上没有留下成年的儿子，太后怕的是制不了你们这些大臣。您要是能带头请求让吕台、吕产为将，统领南北军，再让其他一些吕家人都进朝执政，这样太后就放心了，你们也就不会有危险了。”丞相就按张辟彊的主意去做了。太后果然放了心，也才哭得伤心起来。吕氏家族的权势遂由此而起。接着吕后宣布大赦天下。九月初五，孝惠帝下葬。太子即位做了皇帝，拜谒了高祖庙。吕后元年，国家所有的命令一律由吕后下达。

【解读】

《吕太后本纪》，名为本纪，实则只是记述了刘邦死后，吕后为了自己揽权、专权、固权而大肆培植吕氏势力，残酷打击刘氏宗室和刘邦的元老功臣，以致激起刘氏宗室和元老功臣们联合，一举诛灭吕氏集团的惊险斗争。虽然事情千头万绪，但线索清晰，条理井然，这是《史记》中描写最为生动，情节最具紧张，最像短篇文言小说的篇章之一。其艺术水准不在项羽、高祖、田单等纪传之下。

吕后与功臣的矛盾，始自诛杀韩信、彭越；吕后与宗室的矛盾，始自残杀戚夫人与赵王如意。本文选自该本纪的前半部分。

吕后知道自己倒行逆施不得人心，亦知道其社会基础薄弱，于是大封诸吕，使其把握一切重要的军政大权；同时以嫁女结亲的方式，企图监督控制刘氏宗室，其用心不可谓不苦。司马迁对吕后权力熏心、结党营私也是极其厌恶的。文中吕后为人“刚毅”，工于心计，作风蛮横，稍不如意便大发雷霆，而且生性毒辣、凶残忌刻，一定会采取严厉手段，其人品实在无可称道。

但司马迁作为“其文直，其事核，不虚美，不隐善”的伟大史学家对吕后也不是全盘否定，他认为吕后的主要功绩是在刘邦死后几十年里，为维护社会安定，为发展社会经济做出了应有的贡献，所以在最后论赞说：“孝惠皇帝、高后之时，黎民得离战国之苦，君臣俱欲休息乎无为，故惠帝垂拱，高后女主称制，政不出房户，天下晏然。刑罚罕用，罪人是希。民务稼穑，衣食滋殖。”这个评论很重要。徐时栋《烟屿楼读书志》说：“天下号令在某人，则某人为‘本纪’，此史公例也。故《高祖本纪》之前，有《项羽本纪》；高祖以后，不立《孝惠皇帝本纪》，而独立《吕后本纪》故以本纪为纪实，而非争名分之地也。此后无人能具此识力，亦无人敢循此史例矣。”这些都体现了司马迁的求实创新精神。

【编按】

刘邦兴汉，妻家诸吕出了大力，所以刘邦死后诸吕势力左右朝政自然而然，这埋下了汉代皇后专权以及外戚专政的祸端。

因为孝惠帝不听政，刘邦死后的朝廷，吕太后说了算。吕太后阴狠，但她治国成绩单还是不错的，所以司马迁不为孝惠帝立本纪，而列吕太后，无疑更见实质，这就是历史学家的胆识和智慧。所以《吕太后本纪》和《项羽本纪》一样，也不单单是描写传主其人，而且是为了叙述那个时代。

推荐本篇阅读，不仅因为这篇非常精彩，同时提醒读者：历史不单单是男人的游戏。我们需要留意中国历史上的女主：吕雉之后，还有东汉章德窦皇后、北魏文明冯太后、唐武则天、辽太后萧绰、清孝庄文皇后和慈禧太后，另“岭南圣母”冼夫人、蒙古“四帝之母”唆鲁禾帖尼（元宪宗蒙哥、元世祖忽必烈、伊利汗旭烈兀、阿里不哥的母亲），及近代的宋氏三姊妹等杰出女性均深远影响了中国历史的走向。

世家

06.

陈涉世家

大泽惊雷雕塑（今安徽省宿州市）

揭竿而起雕塑（今安徽省宿州市）

陈胜者，阳城[1]人也，字涉。吴广者，阳夏人也，字叔。陈涉少时，尝与人庸耕，辍耕之垄上，怅恨久之，曰："苟富贵，无相忘。"庸者[2]笑而应曰："若为庸耕，何富贵也？"陈涉太息曰："嗟乎，燕雀安知鸿鹄之志哉！"[3]

【注释】

❶阳城：秦县名，县治在今河南省南阳市方城县东。❷庸者：与陈涉一起受雇佣的人；庸，通"佣"。 ❸史公写人物常用这种自我慨叹来预示其未来之不凡。范晔《后汉书》写班超早年之不凡，有所谓"家贫，常为官佣书以供养。久劳苦，尝辍业投笔叹曰：'大丈夫无他志略，犹当效傅介子、张骞立功异域，以取封侯，安能久事笔研间乎？'左右皆笑之，超曰：'小子安知壮士志哉？'"手法完全效此。鸿鹄：天鹅。

【译文】

陈胜是阳城人，字涉。吴广是阳夏人，字叔。陈涉年轻时，曾经给人家当雇工，有一次干活累了，在田埂上休息时，恨恨不平地说："如果将来我们谁富贵了，可不能忘记今天的伙伴们！"别的雇工都笑话他："你一个给人家干活的，还有什么富贵可讲呢？"陈涉长叹一声："唉！小燕雀哪能知道鸿鹄一飞冲天的志向啊！"

二世元年[1]七月，发闾左適戍渔阳[2]，九百人屯大泽乡[3]。陈胜、吴广皆次当行，为屯长[4]。会天大雨，道不通，度已失期。失期，法皆斩。陈胜、吴广乃谋曰："今亡亦死，举大计亦死，等死，死国[5]可乎？"陈胜曰："天下苦秦久矣。吾闻二世少子也[6]，不当立，当立者乃公子扶苏[7]。扶苏以数谏故，上使外将兵。[8]今或闻无罪，二世杀之。[9]百姓多闻其贤，未知其死也。项燕[10]为楚将，数有功，爱士卒，楚人怜之。或以为死，或以为亡。今诚以吾众诈自称公子扶苏、项燕，为天下唱[11]，宜多应者。"吴广以为然。

【注释】

❶二世元年：前209年。 ❷发闾左適戍渔阳：征调住在里巷左侧的居民到渔阳服役。適戍，发配戍守；適，通"谪"。渔阳，秦县名，县治在今北京市密云区西南。 ❸屯：停驻。大泽乡：在今安徽省宿州市，当时上属蕲县。按，今宿州市埇桥区之西寺坡镇有"涉故台村"，相传即当年陈涉发动起义之处。因为古代这里是一片沼泽，故而称作"大泽乡"。 ❹屯长：下级军吏，大约相当于后世的连长。 ❺亡：潜逃。举大计：行大谋，指造反。死国：为建立自己的王朝豁出命去干。 ❻《索隐》引姚氏按："隐士遗章邯书云'李斯为二世废十七兄而立今王'，则二世是始皇第十八子也。" ❼公子扶苏：秦始皇的长子。 ❽扶苏因焚书坑儒事向始皇提过意见，始皇发怒，令其北出监蒙恬军于上郡。 ❾始皇死前遗诏传位于扶苏；始皇死后，赵高、李斯篡改诏书立

二世，并将扶苏赐死，过程详见《秦始皇本纪》《李斯列传》。⑩项燕：项羽之祖父，战国末期楚国的将领，被秦将王翦所杀。 ⑪唱：引头，发端。

【译文】

秦二世元年七月，遣送住在里巷左边的壮丁到渔阳去守边，同行者九百人，中途驻扎在大泽乡。陈胜、吴广都按次序应该去服役，还充当小队长。凑巧天降大雨，道路不通，他们计算一下日程，肯定不能按时赶到渔阳了。不能按时到达，按照秦法，都要被杀头。陈胜、吴广私下商量说："现在我们如果逃跑，被抓回来肯定是死；我们如果造反，即使失败了，无非也就是死。既然二者都是死，为自己打天下而死不好吗？"陈胜说："老百姓受秦朝暴政的苦，时间不短了。我听说秦二世是秦始皇的小儿子，不该由他当皇帝，应该当皇帝的是长子扶苏。扶苏由于多次劝说秦始皇，秦始皇讨厌他，派他带兵到外头去守边。我听说他已经无辜被秦二世杀害了。老百姓都只知道扶苏贤明，很多人还不知道他已经被杀了。项燕，是楚国的名将，曾多次立过战功，而且关心士卒，楚国人都很爱戴他。现在有人认为他死了，有人认为他没死，只是逃亡躲起来了。现在我们真要是冒充公子扶苏和项燕，带头造反，我看响应我们的人会很多。"吴广觉得有理。

乃行卜。卜者知其指意❶，曰："足下事皆成，有功。然足下卜之鬼乎❷！"陈胜、吴广喜，念鬼❸，曰："此教我先威众耳。"乃丹书帛曰"陈胜王"，置人所罾❹鱼腹中。卒买鱼烹食，得鱼腹中书，固以怪之矣。又间令吴广之次所旁丛祠[5]中，夜篝火，狐鸣呼曰“大楚兴，陈胜王”[6]。卒皆夜惊恐。旦日[7]，卒中往往语，皆指目陈胜[8]。

【注释】

❶指意：心思；指，同“旨”。 ❷然足下卜之鬼乎：“卜”上应增“何不”二字读，意谓“您为何不到鬼神那里去占卜一下呢?”，实际是暗示让他假借鬼神以号召群众。 ❸念鬼：心里寻思卜者所说的“卜之鬼”是什么意思。 ❹罾：渔网，这里用作动词，即“捕捞”之意。 ❺间：私下，暗中。次所：戍卒所驻之处。丛祠：一说谓草树荫蔽中的野庙。 ❻姚苎田曰：“鱼腹狐鸣之事看似儿戏，正以举事之初恐众心疑惧，聊借此以镇定之。虽以胜、广之草泽经纬，亦未尝真恃此也。而后世处丰豫之朝，为方士所惑，是其识力乃出胜、广之下矣。”篝火，即点灯笼。凌稚隆引姚范曰：“篝，疑同‘煹’，即举火丛祠，岂必笼耶?”按，姚说是。《汉书·陈胜传》作“构火”。师古曰：“构，谓结起也。”亦即举火、点火之意。 ❼旦日：天亮之后。 ❽师古曰：“指而私目视之。”按，“指目”二字最见戍卒对陈涉的怪异、敬畏之神情。

【译文】

但两人还有些犹豫，便去找人算卦。算卦的猜出了他们的心思，就说：“你们的事情都能办成，而且一定会有大功效。但是你们为什么不再去找鬼神算一卦呢?”陈胜、吴广听着心里高兴，又暗自琢磨这“找鬼神”是什么意思，后来他们恍然大悟:“这是教我们用装神弄鬼的办法来提高威信，以便组织群众啊!”于是他们在一条白绸带上写了“陈胜王”三个红字，偷偷塞进捕鱼人逮上来的一条鱼的肚子里。这条鱼又恰好被戍卒们买回来了，一剖腹，发现了鱼肚子里的这个红字条，人们觉得很奇怪。陈胜又让吴广夜里偷偷地到营房附近林中的破庙里，点起灯笼，像狐狸似地嗥叫:“大楚兴，陈胜王!”戍卒们都被吓得一夜没有睡好觉。第二天早晨，戍卒们三三两两交头接耳地开始议论，同时还指指点点地斜着眼睛看陈胜。

吴广素爱人，士卒多为用者。将尉[1]醉，广故数言欲亡，忿恚尉[2]，令辱之，以激怒其众。尉果笞广。尉剑挺[3]，广起，夺而杀尉。陈胜佐之，并杀两尉。召令徒属曰:“公等遇雨，皆已失期，失期当斩。藉弟令毋斩[4]，而戍死者固十六七。且壮士不死即已，死即举大名[5]耳，王侯将相宁有种乎!”徒属皆曰:“敬受命。”乃诈称公子扶苏、项燕，从民欲也。[6]袒右，称大楚。为坛而盟，祭以尉首。[7]陈胜自立为将军，吴广为都尉[8]。攻大泽乡，收而攻蕲[9]。蕲下，乃令符离人葛婴将兵徇[10]蕲以东。攻铚、酂、苦、柘、谯[11]皆下之。行收兵，比至陈[12]，车六七百乘，骑千余，卒数万人。攻陈，陈守令⑬皆不在，独守丞与战谯门⑭中。弗胜，守丞死，乃入据陈。数日，号令召三老、豪杰与⑮皆来会计事。三老、豪杰皆曰："将军身被坚执锐，伐无道，诛暴秦，复立楚国之社稷，功宜为王。"陈涉乃立为王，号为张楚⑯。

【注释】

①将尉：统领戍卒的县尉；将，统领、率领。②忿恚（huì）尉：激怒将尉；忿恚，恼怒，这里是使动用法，激之使怒。③尉剑挺：将尉在打人时，其佩剑由鞘中甩脱出来。《集解》引徐广曰："挺，脱也。"④藉第令毋斩：即使暂时不被杀。藉弟令，即便，即使。藉，假，假令；弟，但，尽管。"藉""弟"二字叠用。⑤不死即已：即，同"则"。举大名：王先谦曰："大名，即谓'侯''王'之属。"⑥按，此云陈涉诈称扶苏、项燕以从民欲，而后面竟无具体事实，写法似有漏洞。⑦起兵者要祭战神，刘邦起兵于沛，亦"祠黄帝，祭蚩尤于庭"。按，今宿州市埇桥区大泽乡镇有涉故台村，相传即当年陈涉发动起义时与众人筑坛盟誓之处，后人称其台为涉故台，今其地立有陈涉起义的塑像。⑧都尉：军官名，级别低于将军，略当于校尉。⑨蕲（qí）：秦县名，县治在今宿州市埇桥区蕲县镇。⑩符离：秦县名，县治在今宿州市埇桥区符离镇。徇：巡行宣令使之听己。⑪铚（zhì）：秦县名，县治在今淮北市濉溪县。酂（cuó）：秦县名，县治在今河南省永城市酂城镇。苦（hù）：秦县名，县治即今河南省周口市鹿邑县。柘（zhè）：秦县名，县治在今河南省商丘市柘城县。谯：秦

县名，县治即今安徽省亳州市。⑫比至陈：待到达陈县。比，及，至；陈，秦县名，县治即今河南省周口市淮阳区，当时也是陈郡的郡治所在地。⑬陈守令：陈郡的郡守和陈县县令。⑭守丞：犹言“郡丞”，是郡守的副官，秩六百石。谯门：即上有望楼的城门。⑮三老：乡官，职掌教化。豪杰：当地有名望、有势力的人物。“与”字疑衍文。⑯事在秦二世元年（前209）七月。张楚：国号。王先谦曰：“张楚，即大楚也。《广雅·释诂》：‘张，大也。’”

【译文】

吴广平常爱关心人，因此戍卒们都愿意听他使唤。这一天，押送戍卒的尉官喝醉了，吴广就当着他的面一再扬言要逃跑，故意地激怒尉官让他打自己，以便挑起戍卒们的义愤。尉官果然上了圈套，他抄起竹板子打吴广。一用力，腰间的佩剑从剑鞘中甩了出来，吴广一跃而起，抓过宝剑，杀死了打他的那个尉官。陈胜在一旁帮忙，把另一个尉官也杀掉了。紧接着他们把戍卒们召集起来，对大家说：“各位，我们在这里遇上大雨，无论如何也不能按时赶到渔阳了。而不能按时到达，按法是要杀头的。即使不杀头，为守边而死的人，十个里头也有六七个。大丈夫如果豁不出命去也就罢了，如果敢于豁出命去那就要干出点大名堂。那些王侯将相，难道都是天生的吗？”戍卒们异口同声地说：“愿意听从您的指挥。”于是他们为了顺从人民的心愿，自己就冒充公子扶苏、项燕。他们一齐褪下右臂上的袖子宣誓，自己号称“大楚”。他们又搭起台子，用那两个尉官的头祭天。陈胜自己做将军，吴广做都尉。先攻下了大泽乡，紧接着又带领大泽乡的人去攻蕲县。蕲县的守军投降了，于是陈胜派符离人葛婴带兵去蕲县以东开辟地盘。而他自己和吴广则率军西进攻铚、酂、苦、柘、谯等地，都攻下来了。他们一路上扩充军队，等到了陈郡城郊时，兵车已经有了六七百乘，骑兵有一千多，步兵已有好几万人了。于是他们开始进攻陈郡，当时陈郡的郡守和陈县的县令都不在，只有留守的郡丞在城门下抵抗了一阵子，随即战死了。于是陈胜顺利地占据了陈郡。过了几天，陈胜下令召集郡中各县的三老、豪杰都来开会。这些三老、豪杰都说："将军您身披铠甲，手执利刃，为民众讨伐暴秦，重新建立了楚国的政权，这么大的功劳，应当称王。"这些话正合陈胜的心意，于是他就自立为王，国号"张楚"。

当此时，诸郡县苦秦吏者，皆刑其长吏，杀之以应陈涉。❶乃以吴叔为假王❷，监诸将以西击荥阳。令陈人武臣、张耳、陈馀徇赵地❸，令汝阴人邓宗徇九江郡❹。当此时，楚兵数千人为聚者，不可胜数。

【注释】

❶郭嵩焘曰："此及下文'当此时，楚兵数千人为聚者，不可胜数''当此之时，诸将之徇地者不可胜数'，连用'当此时'三字，见一时仓卒乘乱而起，抢攘衡决情事历历如见。" ❷乃以吴叔为假王：假王，非实授，而暂行王者之事，犹后世之"代理""权署"。 ❸赵地：战国时赵国的地盘，相当今河北南部一带地区。 ❹汝阴：秦县名，县治

即今安徽省阜阳市。九江郡：秦郡名，郡治寿春（今安徽省淮南市寿县）。

【译文】

在这个时候，天下各郡县痛恨秦朝官吏的百姓们，都纷纷起来杀掉他们的长官，响应陈涉。于是陈涉就派吴广代行王事，以自己的名义节制将领们西攻荥阳。派陈郡人武臣、张耳、陈馀等人到赵国一带扩充地盘，派汝阴人邓宗南下开辟九江郡。这时候，楚地几千人成伙的起义军多得不可胜数。

葛婴至东城，立襄彊为楚王。❶婴后闻陈王已立，因杀襄彊，还报。至陈，陈王诛杀葛婴。陈王令魏人周市北徇魏地❷。吴广围荥阳。李由为三川守❸，守荥阳，吴叔弗能下。陈王征国之豪杰与计，以上蔡人房君蔡赐为上柱国❹。

【注释】

❶据《秦楚之际月表》，此事在秦二世元年八月。详本篇文意，葛婴立襄彊似应在陈涉称王之前，不应晚至八月。东城，秦县名，县治在今安徽省滁州市定远县东南。❷周市：六国时魏国贵族的后代，故起兵后一直忠于魏国旧主。魏地：师古曰："即梁地，非河东之魏也。"梁地即今河南省开封市一带地区。 ❸李由：秦丞相李斯之子。三川守：三川郡的郡守。三川郡辖今河南省西部黄河、伊河、洛河三水流域地区，三川郡即以此三水为名，郡治洛阳（今

洛阳市东北部)。 ❹上蔡：秦县名，县治在今河南省驻马店市上蔡县西南。房君：封号名。上柱国：战国时楚国官名，凡破军杀将有大功者可使充之，位极尊宠，后为虚衔。

【译文】

葛婴到达东城后，自作主张拥立襄彊做了楚王。后来他听说陈胜自己称王了，于是又杀了襄彊回去向陈王报告。葛婴到陈后，被陈王所杀。陈王又派魏人周市回魏地开辟地盘。而吴广已经督率大军包围荥阳。这时守荥阳的三川郡的郡守是李斯的儿子李由。两军相持，吴广久攻未能攻下。这时陈王召集陈国的豪杰人士们一道商量对策，并任用上蔡人房县的县令蔡赐做上柱国，辅助自己处理军政事务。

周文，陈之贤人也，尝为项燕军视日❶，事春申君❷，自言习兵，陈王与之将军印，西击秦。行收兵至关❸，车千乘，卒数十万，至戏❹，军焉。秦令少府章邯免郦山徒、奴产子❺，悉发以击楚大军，尽败之。周文败，走出关，止次曹阳二三月❻。章邯追败之，复走次渑池❼十余日。章邯击，大破之。周文自刭，军遂不战。❽

【注释】

❶视日：占测时日的吉凶，古时的一种迷信职业。 ❷春申君：名黄歇，战国末期的楚国大贵族，以善养士闻名，与孟尝君、平原君、信陵君并称，事迹见《春申君列传》。

❸行收兵至关：关，指函谷关，在今河南省灵宝市东北，三门峡市西南。 ❹戏：戏亭，在今陕西省西安市临潼区东，有戏水流经其下，因以为名。据《秦楚之际月表》，周文西征至戏在秦二世元年九月。 ❺少府：即少府令，九卿之一，掌山海池泽的收入，以供皇家生活之用。章邯：秦将，后降项羽，事见《项羽本纪》。免骊山徒、奴产子，通行本原文于此作“免骊山徒、人奴产子生”，“人”“生”二字衍文。有的本子勉强断作“骊山徒人”，“徒人”二字连文生疏；《汉书》无“生”字。今据削。免：免其罪，使之从军。骊山徒：在骊山为秦始皇修筑陵墓的苦役犯。骊山在今西安市临潼区东南。奴产子：犹如《红楼梦》中所说的“家生子”，即家奴所生的孩子，是奴仆中的最贱者。 ❻止次曹阳二三月：谓其败退到曹阳停驻了一段时间。次，驻扎；曹阳，亭名，在今河南省灵宝市东。梁玉绳引《史诠》曰：“‘月’当作‘日’。” ❼复走次渑池：继续向东败退到渑池；渑池，秦县名，县治在今河南省三门峡市渑池县城西。 ❽周文自刭，军遂不战：据《秦楚之际月表》，事在秦二世元年十一月。自刭，自割其颈，即自刎。按，当时以十月为岁首，周文从西征入关到败死渑池，前后总共不到三个月。

【译文】

周文是陈郡的贤者，曾经在楚国名将项燕军中做观察星象的官，并在春申君门下做过事。他向陈王说他会用兵。于是陈王就任命他为将军，派他向西进攻秦国的老巢。周文一路上招兵买马，等到达函谷关时，已有兵车千余乘，步卒几十万人，一直到达咸阳东郊的戏亭，扎下营来。这时秦王朝派少府令章邯赦免了在骊山秦始皇墓地劳动的苦役犯以及秦地家奴所生的儿子，把他们通通编入军队，迎击周文。周文大败，东走出关至曹阳，收兵整顿，不到两三个月，章邯的追兵又到了，结果周文又被打败。周文继续东退至渑池，不过十天，章邯又到了，这一次，周文的部队被打得一败涂地。周文自杀，剩下的人遂不战而溃。

……

将军田臧❶等相与谋曰："周章❷军已破矣，秦兵旦暮至，我围荥阳城弗能下，秦军至，必大败。不如少遗兵，足以守❸荥阳，悉精兵迎秦军。今假王骄，不知兵权❹，不可与计，非诛之，事恐败。"因相与矫王令❺以诛吴叔，献其首于陈王。陈王使使赐田臧楚令尹印，使为上将。❻田臧乃使诸将李归等守荥阳城，自以精兵西迎秦军于敖仓❼。与战，田臧死，军破。章邯进兵击李归等荥阳下，破之，李归等死。

【注释】

❶田臧：吴广的部将。　❷服虔曰："周章乃周文。"按，周章与周文应是一人，"文""章"二字相应，一为其名，一为其字。亦犹《项羽本纪》之或称"项羽"，或称"项籍"也。　❸守：看，这里指围困。下文"乃使诸将李归等守荥阳城"之"守"字与此同。　❹不知兵权：兵权，指用兵作战的临机应变之术；权，权变，应时变通。　❺矫王

令：假说奉陈王之令。师古曰："矫，诈也，托言受令也。" ⑥凌稚隆引王鏊曰："陈涉兵无纪律若此。"按，事至此，陈涉亦无法控制，与武臣称赵王，韩广称燕王，而陈涉、武臣之对其无可奈何相同；亦与项羽之杀上将军宋义，而怀王即以上将军印赐项羽正同也。令尹：战国时楚官名，职同丞相。 ⑦迎：迎击。敖仓：秦朝储藏粮食的大仓库，在当时荥阳城北黄河边的敖山上。按，"敖仓"在"荥阳"北，史文乃曰田臧等"西迎秦军"，方向不对。

【译文】

……

西路军中的田臧等人私下商量说："周文的军队已经被打败了，秦朝的军队很快就会到达这里。我们围攻荥阳很久而没能攻下，如果再等秦军到来，那我们肯定要失败。所以现在不如留下少部分兵力，能围住荥阳就行了，而把全部精锐部队集中起来，去迎击秦军。假王吴广，骄傲跋扈，根本不懂得用兵，不能同他商量，如果不杀他，我们的计划恐怕就要失败。"于是他们假传陈王的命令把吴广杀了，还把吴广的人头送到了陈王那里。陈王无法，只得派人给田臧送去了楚国令尹的印章，封他为上将。田臧就留下将军李归等人围攻荥阳城，自己领着精锐部队西击秦军于敖仓。结果田臧战死，军队被击溃。接着秦将章邯进击围困荥阳的李归，李归的军队又被打败了，李归等人战死。

……

腊月，陈王之汝阴，还至下城父❶，其御❷

庄贾杀以降秦。陈胜葬砀❸，谥曰隐王❹。

【注释】

❶陈王之汝阴，还至下城父：谓陈胜在陈县城西被章邯打败，南逃至汝阴，又北折而至下城父。按，下城父在汝阴东北，再往东北就是宿县，陈胜发动起义的地方；再往东，郯城还有秦嘉的大军，因此陈胜一旦摆脱秦军追赶，随即折回向东北走。下城父，古邑名，即今安徽省亳州市涡阳县东南之下城父聚。 ❷御：车夫。按，陈涉于秦二世元年七月起事，至二年（前208）十二月被庄贾所杀，前后共六个月。 ❸砀（dàng）：秦县名，县治在今河南永城北。按，陈胜墓在今河南省永城市北三十公里的芒山镇西，墓呈圆锥状，高约七米，墓前石碑有郭沫若题的“秦末农民起义领袖陈胜之墓”，四周松柏成林。 ❹谥曰隐王：谓汉代谥陈涉曰“隐王”，事见《高祖本纪》。谥法云：“不显尸国曰‘隐’。”尸，主。主国不显，即功业不彰、在位时间不长之意。

【译文】

……

腊月，陈王退走汝阴，再往北折，到了下城父。他的车夫庄贾叛变，杀死陈涉投降了秦朝。陈胜死后，埋在砀县，被后人谥为“隐王”。

……

陈胜王凡六月。已为王，王陈。其故人尝与庸耕者闻之，之陈，扣宫门曰：“吾欲见涉。”

宫门令欲缚之。自辩数，乃置，不肯为通。[1]陈王出，遮道[2]而呼涉。陈王闻之，乃召见，载与俱归。入宫，见殿屋帷帐，客曰："夥颐[3]！涉之为王沉沉者[4]！"楚人谓多为夥，故天下传之，夥涉为王，由陈涉始。[5]客出入愈益发舒[6]，言陈王故情。或说陈王曰："客愚无知，颛妄言，轻威[7]。"陈王斩之。诸陈王故人皆自引去[8]，由是无亲陈王者。陈王以朱房为中正[9]，胡武为司过[10]，主司群臣[11]。诸将徇地，至，令之不是者，系而罪之，以苛察为忠。其所不善者，弗下吏，辄自治之。陈王信用之。诸将以其故不亲附。此其所以败也。

【注释】

❶自辩数，乃置，不肯为通：辩数，分辩诉说，力言自己不是坏人；数，一条一条地说。乃置，放过不管。不肯为通，不给向里禀告。按，史公于此写尽世态人情，《红楼梦》写刘姥姥进荣国府盖亦如此。 ❷遮道：拦路；遮，拦截。 ❸夥颐：俞正燮曰："夥颐者，惊大之词，二字合音。"按，俞氏说是，"夥颐"是惊讶诧异某种器物、景象之多与美时的一种叹词，二字不应分别解释，今河北、天津、北京等地犹然。 ❹沉沉者：富丽深邃的样子。 ❺俞正燮曰："言其时称王者多，时人轻之，谓王为'夥涉'，盖庾词相喻也。"按，夥涉，被人呼过"夥颐"的陈涉，"夥"字遂成为外号，冠在了名字的前面。可以像俞氏那样用以指称

这种类似的草头王之多；但也可用“夥涉为王”（犹如今之所谓“土老帽摆阔”）极言其变化之快。姚苎田曰：“汉初将相王侯多起侧微，其草野倨侮应不减此，而独于涉传详之。一以应‘怅恨’之时而自为摹写；一以见陈涉甫得一隅之地即惟以宫殿帷帐夸耀庸奴，惜其无远大之图，故忽焉殒灭也。”❻发舒：放纵。 ❼颛：通“专”，专门，一味地。轻威：降低你的威信。 ❽《索隐》引《孔丛子》云：“陈胜为王，妻之父兄往焉，胜以众宾（一般宾客）待之。妻父怒云：‘怙强而傲长者，不能久焉！’不辞而去。”盖其一例。 ❾中正：官名，主管考核官吏，确定官吏的升降。 ❿司过：官名，犹如异时之监察御史，职掌纠弹。 ⓫主司群臣：司，王先谦曰：“读为‘伺’。”暗中监视、查访。

【译文】

……

陈胜称王前后总共六个月。当他刚刚为王建都陈郡的时候，他的一位旧日一道给人干农活的老伙伴，闻讯前来看他。这个人到了陈郡，叩着宫门说：“我要见陈涉！”守门的值勤官要把他绑起来。这个人费了许多口舌说明自己是陈涉的老朋友，值勤官才饶了他，但不给他向里通报。这时正好陈王出来了，于是这个人就过去拦着车子大声呼叫陈涉。陈王听见叫声，停车叫他过来，让他上车，一同回到宫里。这个人进了宫，一看宫里的殿堂陈设，就惊讶地大嚷道：“夥颐！陈涉你这个王当得可真阔啊！”楚国方言惊讶地称“多”叫“夥”，后来人们之所以把那些草头王称为“夥涉为王”，就是从陈涉这里来的。这个人在宫里宫外说话越来越随便，有时还讲一些陈王旧日的不体面的事。于是有人劝陈王说："您的那位客人，愚昧无知，专门胡说八道，降低您的威信。"陈王于是下令把他杀掉了。陈王的其他老熟人一见如此也都悄悄地离去了，从此没有人再来亲近陈王。陈王用朱房做中正官，用胡武为司过官，专管探听臣僚们的过失。将领们出去开辟地盘回来，谁要是不听从朱房、胡武的命令，朱房、胡武就把谁关起来治罪。他们以对别人的吹毛求疵来向陈王表示忠心。凡是他们不喜欢的人，他们根本不通过司法官吏，而是自己随意治他们的罪。陈王偏偏就信用这种人。由于这种缘故，各位将领也与陈王越来越疏远。这就是陈王之所以失败的原因。

陈胜虽已死，其所置遣侯王将相竟亡秦，由涉首事也。❶高祖时为陈涉置守冢三十家砀，至今血食❷。

【注释】

❶陈仁锡曰："陈涉盖首事亡秦者，太史公特作世家，叙其为楚王，兼及当时起兵者，末总结之曰'其所置遣王侯将相竟亡秦，由涉首事也'二句，括尽之矣。" ❷李景星曰："《史记》《汉书》之《高祖纪》皆言'置守冢十家'。"血食：指享受祭祀，因为祭祀时要杀牛、羊、豕作为供品，故云。

【译文】

陈王虽然已经死了，但是由他分封、派遣出去的侯王将相，最后终于灭掉了秦朝，而陈涉是第一个带头造反的。汉高祖即位后，专门派了三十户人家，为陈涉守墓，一直到今天，人们祭祀不断。

【解读】

《陈涉世家》写了陈涉于秦二世元年七月因谪戍渔阳遇雨失期而起义反秦，前后历时六个月，至秦二世二年十二月（当时以十月为岁首）兵败被杀的全过程，表现了陈涉的果敢精神和农民起义军的强大威力，作者高度评价和热情歌颂了陈涉在灭秦过程中的历史作用。生在汉代，一般肯定陈涉，是当时的官方观点；至如《太史公自序》云："桀纣失其道而汤武作，周失其道而《春秋》作，秦失其道而陈涉发迹。"竟把陈涉比作商汤、周武王、孔子这种古代的大圣人，其评价之高空前绝后。

对于陈涉的被列为"世家"，曾有人提出反对，认为应该降为"列传"；而司马迁特别看重陈涉的首先发难之功。他说："陈胜虽已死，其所置遣侯王将相竟亡秦，由涉首事也。"对此，宋代洪迈发挥说："秦以无道毒天下，六王皆万乘之国，相踵灭亡，岂无孝子慈孙、故家遗俗？皆奉头鼠伏。自张良狙击之外，更无一人敢西向窥其锋者。陈胜出于戍卒，一旦奋发不顾，海内豪杰之士乃始云合响应，并起而诛之。数月之间，一战失利，不幸陨命于御者之手，身虽已死，其所置遣侯王将相竟亡秦。项氏之起江东，亦矫称陈王之令而渡江。秦之社稷为墟，谁之力也？且其称王之初，万事草创，能从陈馀之言，迎孔子之孙鲋为博士，至尊为太师。所与谋议，皆非庸人崛起者可及，此其志岂小者哉？汉高帝为之置守冢于砀，血食二百年乃绝，子云指以为'乱'，何邪？若乃杀吴广，诛故人，寡恩忘旧，无帝王之度，此其所以败也。”

看重陈涉的首创之功是对的，但司马迁将陈涉视同商汤、周武王与孔子，我认为还与司马迁的特别眼光有关。其一是出于他的进步历史观，他同情下层人民，重视下层人民的力量，而不迷信“君权神授”；其二是出于汉初进步思想家的影响，如贾谊的《过秦论》即推崇陈涉，即将灭秦之功归之陈涉；其三是司马迁敬佩陈涉等在生死关头的勇敢抉择。当陈涉等遇雨失期，失期按律当斩时，陈涉说：“今亡亦死，举大计亦死，等死，死国可乎?”又说：“王侯将相宁有种乎?”这话陈涉说过没有？即使有这种意思，原话就是这个样子吗？反正第一次就是出现在这篇《陈涉世家》里，而且凝聚着司马迁的无限敬佩之情，这是司马迁人生观、价值观的绝好表现。他在《廉颇蔺相如列传》里说：“知死必勇，非死者难也，处死者难。方蔺相如持璧睨柱及斥秦王左右，势不过诛，然士或怯懦而不敢发。相如一奋其气，威信诸侯；退而让颇，名重太山，其处智勇，可谓兼之矣。”这些是应该比较参照的。

史公写人物常用这种自我慨叹来预示其未来之不凡，如项羽观始皇时曰“彼可取而代也”，刘邦观始皇曰“大丈夫当如此也”，陈平切肉时曰“使平得宰天下，亦如是肉矣”等，皆是。史珥曰：“胜与吴广初谋举事，胸中先有天下全势，设施处具有次第，此皆从平日怅恨中深思熟计而出。匹夫崛起，前无所因，实千古来草泽中一大开创，汉之二祖皆不能出其范围。”

这篇作品描写陈涉的发动起义，与通过故人的眼睛以表现陈涉后来的奢侈骄盈，都非常精彩，这些容易看到。但当中描述起义之后的这支早期农民队伍中的林林总总，就往往不为人们所注意了。明代汤谐对此有绝好的理解，他说："此文前后之妙易知，中间之妙难知；中间提笔之妙犹易知，零叙之妙难知。盖陈胜王凡六月，一时多少侯王将相，起者匆匆而起，立者匆匆而立；遣者匆匆而遣，下者匆匆而下；畔者匆匆而畔，据者匆匆而据；胜者匆匆而胜，败者匆匆而败；失者匆匆而失，复者匆匆而复；诛者匆匆而诛，散者匆匆而散。有六月内结局者，有六月内未结局者，有六月后续出者，种种头绪，纷如乱丝。详叙恐失仓卒之意，急叙又有挂漏之患，岂非难事？乃史公却是匆匆写去，却已一一详尽，不漏不支，不躐不乱，岂非神手？若于此等妙处不能潜心玩味，真见其然，犹为枉读《史记》也。"近代李景星说："升项羽于'本纪'，列陈涉于'世家'，俱属太史公破格文字。项羽垂成而终为汉困死，是古今极不平事，升之'本纪'，盖所以惜之而不以成败论也。陈涉未成，能为汉驱除，是当时极关系事，列之'世家'，盖所以重之而不与寻常等也。且涉虽一起即蹶，所遣之王侯将相卒能亡秦，既不能一一皆为之传，又不能一概抹杀，摈而不录。即云有各'纪''传'在，无妨带叙互见；然其事有可以隶属者，亦有不能强为隶属者，此中安置，颇觉棘手。惟斟酌于'纪''传'之间将涉列为'世家'，将其余与涉俱起不能遍为立传之人皆纳入涉'世家'中，则一时之草泽英雄皆有归宿矣。"

我们应该特别注意的是这段文字对陈涉与其旧伙伴这群乡下人的精细描写，其性情、口吻实在太典型、太突出了。旧伙伴们先是"扣宫门曰：'吾欲见涉'"；其次是见陈王出，"遮道而呼涉"；其三是"见殿屋帷帐，客曰：'夥颐！涉之为王沉沉者！’”；其四是“出入愈益发舒，言陈王故情”。写这些乡下老朋友的“没修养”“无礼节”“眼皮短浅，没见过世面”，以及“不把自己当外人”的“无知”“放纵”“不懂忌讳”等任何一点都写得情景逼真，活灵活现。而陈涉本人由生活到思想、到行为做派的巨大变化，以及其身边用人的派头架势也就都可以想象出来了。如此文笔，古今少见。

我以为我们最好不要把《陈涉世家》单纯看作司马迁只是为了写陈涉个人，而应该把这篇作品看成是司马迁在为这支中国早期农民起义队伍的总体立传，这是我国第一篇农民战争的历史文献，其起义的原因、反秦的声势，以及早期农民战争的种种弱点和它失败的历史教训，等等，无不包含其中，是很珍贵、很难得的。

【编按】

陈涉出身微贱，自立为王，六月而死，与其他诸侯王不同，但“天下之乱，自涉发难”，他是诸位豪杰反秦的第一个，项羽、刘邦诸雄均是后起响应的，韩兆琦先生在解读中认为这体现了司马迁重视下层人民力量的进步历史观。该篇将大泽乡起义的准备工作写得很细密，将各路豪杰如何响应写得有条不紊，通过一个人来折射一个时代，“这是我国第一篇农民战争的历史文献”。

该篇首尾都极其精彩，描写人物惟妙惟肖。推荐读者阅读，同时为了促进读者思考，中国下层到上层的通道问题。本文“王侯将相宁有种乎”“燕雀安知鸿鹄之志哉”等名言，都是非常励志的。

中国历史上第一次农民大起义旧址陈胜、吴广浮雕像（今安徽省宿州市）

07.

留侯世家

张良坐像

张良立像

留侯❶张良者，其先韩人也。大父开地，相韩昭侯、宣惠王、襄哀王❷。父平，相釐王、悼惠王❸。悼惠王二十三年❹，平卒。卒二十岁，秦灭韩❺。良年少，未宦事韩❻。韩破，良家僮❼三百人，弟死不葬❽，悉以家财求客❾刺秦王，为韩报仇，以大父、父五世相韩❿故。

【注释】

❶留侯：张良的封号；留，秦县名，县治在今江苏省徐州市沛县东南。 ❷大父开地：师古引应劭曰："大父，祖父；开地，名也。"韩昭侯：懿侯之子，前362—前333年在位。宣惠王：昭侯之子，前332—前312年在位，韩国从此改侯称王。襄哀王：宣惠王之子，前311—前296年在位。 ❸釐（xī）王：襄哀王之子，前295—前273年在位。悼惠王：按,《韩世家》及《世本》皆作"桓惠王"。《说苑·复恩》篇作"悼惠王"。釐王之子，前272—前239年在位。 ❹悼惠王二十三年：相当于秦孝文王元年，前250年。 ❺卒二十岁，秦灭韩：指张平死后的第二十年，即秦王政十七年，韩王安九年，前230年。是年秦派内史腾虏韩王安，灭韩以为颍川郡。 ❻未宦事韩：宦事，为官做事。梁玉绳引宋祁语："'宦'疑是'尝'字。" ❼家僮：家奴，婢仆。 ❽不葬：指不以礼相葬，为节省钱财。 ❾客：宾客、食客，泛指战国时期具有各种专长、技能的士人。这里指勇士、刺客。 ❿五世相韩：应曰"相韩五世"，即前所谓"大父开地，相韩昭侯、宣惠王、襄哀王。父平，相釐王、悼惠王"。

【译文】

留侯张良，他的祖先是韩国人。祖父张开地，曾在韩昭侯、宣惠王、襄哀王三朝当过宰相。父亲张平，又在韩釐王、悼惠王两朝任宰相。悼惠王二十三年，张平去世。张平死后的第二十年，韩国被秦国所灭。张良年岁小，没有赶上在韩国做官。韩国灭亡后，张良家里还很富，有奴仆三百多人。但当他弟弟死时，在葬礼上他却一切从俭，而省着全部财产，都用来寻求刺客，准备刺死秦始皇，为韩国报仇。因为他的祖父和父亲曾在韩国相继做过五朝的宰相。

良尝学礼淮阳❶。东见仓海君，得力士，为铁椎❷重百二十斤。秦皇帝东游，良与客狙击秦皇帝博浪沙中，误中副车❸。秦皇帝大怒，大索天下，求贼甚急，为张良故也。良乃更名姓，亡匿下邳❹。

【注释】

❶淮阳：秦县名，即今河南省周口市淮阳区，秦时为陈郡的郡治所在地。　❷仓海君：师古曰："当时贤者之号也。"而《集解》《索隐》皆谓仓海君为秦朝时秽貊国的君长。因为秽貊国后来归汉为苍海郡，故史公以后来之郡名称之。古秽貊国在今朝鲜之中部地带。铁椎：铁锤；椎，通"锤"。❸事在始皇帝二十九年，前218年。《始皇本纪》云："二十九年，始皇东游，至阳武博浪沙中，为盗所惊。求弗得，乃令天下大索十日。"狙击：半路伏击。狙，《索隐》曰："伏伺也。狙之伺物，必伏而候之，故今云'狙候'也。"博

浪沙：古地名，今河南省新乡市原阳县东南旧有博浪城，相传即张良狙击始皇帝处。副车：也叫属车，给天子车驾做扈从的车辆。 ❹亡匿：逃避，躲藏。下邳：秦县名，县治在今江苏省徐州市睢宁县西北。

【译文】

张良曾经到淮阳学过礼，又到辽东拜访过仓海君。在辽东物色到了一个大力士，此人手持一个重达一百二十斤的大铁锤。当秦始皇往东方巡游时，张良同这个大力士在博浪沙中对秦始皇进行了突然袭击。结果错打了副车，没伤着秦始皇。秦始皇大怒，下令全国搜查，一定要捉到这个刺客。这就是张良他们干的。于是张良只好改名换姓，逃到了下邳隐藏起来。

良尝闲从容步游下邳圯❶上，有一老父，衣褐，至良所，直❷堕其履圯下，顾谓良曰："孺子❸，下取履！"良鄂然，欲殴之。为其老，强忍，下取履。❹父曰："履我！"良业为取履，因长跪❺履之。父以足受，笑而去。良殊大惊，随目之。父去里所❻，复还，曰："孺子可教矣。后五日平明，与我会此。"良因怪之，跪曰："诺。"五日平明，良往。父已先在，怒曰："与老人期，后❼，何也？"去，曰："后五日早会。"五日鸡鸣，良往。父又先在，复怒曰："后，何也？"去，曰："后五日复早来。"五日，良夜未半[8]往。有顷，父亦来，喜曰："当如是。"出一编书[9]，曰："读此则为王者师矣。后十年兴，十三年孺子见我济北，谷城山[10]下黄石即我矣。"遂去，无他言，不复见。旦日视其书，乃《太公兵法》也。[11]良因异之，常习诵读之。

【注释】

❶从容：犹今之所谓"随便"，不经心的样子。圯（yí）：桥。 ❷褐：粗布短衣，古代贫者所服。直：特意，故意。王念孙曰："欲以观其能忍与否，特堕其履，而使取之也。"一说，直，通"值"，正，恰好。 ❸孺子：犹今之对年轻人呼"小子"，是一种不客气、不礼貌的称呼。 ❹凌稚隆曰："圯上老父谓良'下取履'，即侯嬴使公子执辔，王生使张释之结袜，古人以'强忍'成就豪杰，类如此。卒之良因解击秦军，强忍一；谏沛公还军霸上，强忍二；劝帝捐关以东，强忍三；蹑足封假王，强忍四；天下已定遂学道辟谷，强忍五。'强忍'二字，一篇关键。" ❺业：既已。长跪：原指挺身而跪，这里即指跪下身去。 ❻里所：一里来地；所，许，表示"约略""大概"的数量词。 ❼与老人期，后：期，约会；后，迟到。 ❽夜未半：还不到半夜。梁玉绳曰："《汉》传无'未'字，是。" ❾一编书：犹今所谓"一本书""一册书"。古代的书籍有些是写在竹简上，而后用皮条将其串联在一起，因而用"编"为其量词。 ❿兴：兴起，发迹，隐指诸侯群起反秦。济北：秦郡名，郡治博阳（今山东省泰安市东南）。谷城山：也称黄山，在今山东省聊城市

东阿县东南，当时属济北郡。 ⑪郭嵩焘曰：“张良智术纯袭老子‘欲翕固张，欲取固与’之旨，所从受学，殆亦‘盖公言黄老’者之流，而托名《太公兵法》耳。”

【译文】

这期间，张良闲着无事曾有一次随便在下邳的桥上散步，这时有一个穿着粗麻布短衣的老人走到张良跟前，故意把自己的鞋子甩到了桥下，转头对张良说：“小伙子，下去把鞋给我捡上来！”张良猛吃一惊，真想揍他一顿。但一看他这么大年纪了，就强压着怒火，下去把鞋捡了上来。老人把脚一伸说：“给我穿上！”张良心想既然已经给他捡上来了，那就给他穿吧，于是就跪下身去给老人穿好了鞋。老人伸着脚等张良给他穿好鞋后，才满意地笑着走了。张良目送着老人的背影，心里很吃惊。那位老人走出去一里来地，又转身回来了，他对张良说：“小伙子，你很有培养前途。五天后的黎明，你我在这儿会面。”张良越发觉得奇怪了，很恭敬地回答说：“好的。”到了第五天，天才蒙蒙亮，张良到桥头去了，结果一看老人早已先在那里等了好久了。老人生气地对张良说：“同老人约会，为什么这样迟到？”说完回身就走，并说：“再过五天早点来。”到了第五天鸡刚叫，张良就来到了桥头，结果老人又先在那里等着了。老人更生气地说：“又迟到了，怎么搞的？”说完回头便走，并说：“再过五天，记着要早点来。”到了第五天，还不到半夜，张良就到桥头去了。过了一会儿，老人来了，高兴地说：“本来就应当这样！”于是拿出一编竹简交给张良说：“好好地通读这部书，就可以成为帝王之师了。再过十年，将有王者兴起。再过十三年，你我将在济北见面，那时你如果在谷城山下见到一块黄石头，那就是我。”说完就走了，没有再说别的话，从此也没有再见过这个人。等到天亮，张良一看这部书，原来是《太公兵法》。于是张良惊奇地把它视为珍宝，经常地研究记诵。

居下邳，为任侠❶。项伯常杀人，从良匿❷。

【注释】

❶任侠：以解他人之难为己任，即好打抱不平的意思。 ❷项伯：项羽叔父。常：通“尝”，曾经。从良匿：按，张良解救项伯事，参见《项羽本纪》。凌稚隆曰：“为后解鸿门之难眼目。”

【译文】

张良在下邳居住期间，仍是经常做一些行侠仗义的事情。项羽的叔叔项伯当时杀了人，就是跑到张良这里来藏着。

后十年，陈涉等起兵❶，良亦聚少年百余人。景驹自立为楚假王❷，在留。良欲往从之，道遇沛公❸。沛公将数千人，略地下邳西，遂属焉。沛公拜良为厩将❹。良数以《太公兵法》说沛公，沛公善之，常用其策。良为他人言，皆不省❺。良曰：“沛公殆天授❻。”故遂从之，不去见景驹[7]。

【注释】

[1]后十年：秦二世元年，前209年。陈涉等起兵：陈涉等于秦二世元年七月起兵反秦，详见《陈涉世家》。[2]景驹自立为楚假王：事在秦二世二年（前208）一月，时陈涉已被秦将章邯所破杀，义军将领秦嘉乃拥立景驹为楚王，事见《陈涉世家》《项羽本纪》。景驹，战国时楚国王室的后代；假王，暂时代理以行王事。[3]道遇沛公：亦在秦二世二年一月；沛公，即刘邦。刘邦于秦二世元年九月起事，攻下沛县后，遂为沛公（沛县县长）。次年一月（当时以十月为岁首），刘邦赴留县欲向景驹借兵，乃与张良相遇。凌稚隆曰："为后封留眼目。"[4]厩（jiù）将：军中主管马匹的官；厩，马棚。[5]省（xǐng）：领会，明白。[6]殆：几乎，差不多。天授：天赐，上天给人世派下来的。[7]故遂从之，不去见景驹：《汉书》于此作"故遂从之不去"。

【译文】

十年过后，陈涉等人果然起兵了，于是张良也趁机纠集起一百多人，起来反秦。这时，景驹立为代理楚王，驻兵留县，张良想去投奔他，结果半道上遇见了刘邦。这时，刘邦正带着几千人开辟地盘，来到了下邳城西，于是张良就归了刘邦。刘邦让张良给他当管马的官。这期间，张良常给刘邦讲《太公兵法》。刘邦很高兴，经常采纳他的主张。这些话张良也对别人讲过，但那些人却总是不开窍。张良说："沛公的智慧，大概是老天爷赐给他的。”因而就跟上了刘邦，不再去找景驹了。

及沛公之薛，见项梁❶。项梁立楚怀王❷。良乃说项梁曰：“君已立楚后，而韩诸公子横阳君成贤，可立为王，益树党❸。”项梁使良求❹韩成，立以为韩王。以良为韩申徒❺，与韩王将千余人西略韩地，得数城，秦辄复取之，往来为游兵颍川❻。

【注释】

❶沛公之薛，见项梁：事在秦二世二年（前208）四月；薛，秦县名，县治在今山东省滕州市东南。 ❷项梁立楚怀王：事在秦二世二年五月。 ❸诸公子：帝王的嫡长子以外的其他儿子。横阳君成：即韩成，横阳君是其封号。益：更加。党：党羽，同伙。 ❹求：访察，寻找。 ❺申徒：《集解》引徐广曰：“即‘司徒’耳，语音讹转，字亦随改。”按，《汉书》于此直作“司徒”。司徒，古官名，其职守略同丞相。 ❻游兵：游击部队。颍川：秦郡名，郡治阳翟（今河南省禹州市），为韩国之旧地。

【译文】

等刘邦到了薛县，见了项梁，这时项梁已经拥立了楚怀王。于是张良就劝项梁说：“您已经拥立了楚国的后代为王，而韩国的后代横阳君韩成也很贤明，也可以立他为王，这样楚国也多一个盟友。”于是项梁就派张良去找来了公子韩成，立他为韩王，让张良给他做宰相。张良和韩成率领着一千多人西行开辟韩地。开始攻占了几个城邑，但很快又被秦军夺回去了。他们只好在颍川一带来回打游击。

沛公之从雒阳南出轘辕❶，良引兵从沛公，下韩十余城，击破杨熊❷军。沛公乃令韩王成留守阳翟，与良俱南，攻下宛❸，西入武关❹。沛公欲以兵二万人击秦峣下军❺，良说曰："秦兵尚强，未可轻。臣闻其将屠者子，贾竖❻易动以利。愿沛公且留壁❼，使人先行，为五万人具食，益为张旗帜诸山上，为疑兵，令郦食其持重宝啖❽秦将。"秦将果畔，欲连和俱西袭咸阳❾，沛公欲听之。良曰："此独其将欲叛耳，恐士卒不从。不从必危，不如因其解❿击之。"沛公乃引兵击秦军，大破之。逐北至蓝田，再战，秦兵竟⓫败。遂至咸阳，秦王子婴降沛公⓬。

【注释】

❶从雒阳南出轘辕（huán yuán）：事在秦二世三年（前207）五月。轘辕：山名，在今洛阳市偃师区东南，因山路盘曲往还而得名。　❷杨熊：秦朝将领。据《高祖本纪》与《秦楚之际月表》，刘邦击破杨熊军在秦二世三年三月。盖刘邦击破杨熊于开封西，再西进至颍川，与张良等会合，而后始"南出轘辕"，此处之叙述失次。　❸攻下宛：事在秦二世三年七月；宛，秦县名，县治即今河南省南阳市，当时亦

为南阳郡的郡治所在地。按，宛城非刘邦所攻下，乃宛城守将听其舍人之议归顺刘邦者，详见《高祖本纪》。 ❹西入武关：事在秦二世三年八月；武关，在今陕西省商洛市丹凤县东南，是陕西省南部与河南省南部之间的交通要道。 ❺峣下军：峣关的守军。峣关旧址在今商洛市商州区西北，当时蓝田县之东南，是长安一带通往河南省南部地区的交通要道。 ❻贾竖：对商人的轻蔑称呼；竖，犹今所谓“小子”“奴才”。 ❼留壁：停止前进，扎下大营；壁，营垒，这里用作动词。 ❽郦食其（yì jī）：刘邦的谋士，以口才闻名，事迹见《郦生陆贾列传》。啖（dàn）：吃、喂，这里是“引诱”的意思。 ❾畔：通“叛”。咸阳：秦朝的国都，在今陕西省咸阳市之东北，西安市之西北。 ❿解：通“懈”，松懈。 ⓫北：背。战时以背对敌，即败逃。竟：终，彻底。刘邦用张良计大破秦军于峣下及蓝田事，在秦二世三年九月。 ⓬遂至咸阳，秦王子婴降沛公：事在汉元年（前206）十月，过程详见《高祖本纪》。

【译文】

等到刘邦从洛阳出轘辕关南下时，张良又引兵与刘邦会合了，他跟着刘邦一连攻下了韩地的十多个城池，又打败了秦朝杨熊的军队。于是刘邦就派韩成留守阳翟，而让张良跟着他一道南进，攻下了宛城，接着向西挺进，攻入了武关。这时刘邦想用两万人强攻镇守峣关的秦朝军队。张良说：“目前秦军的战斗力还很强，不能轻敌！我听说镇守峣关的将领，是一个屠户的儿子。商人都唯利是图，我们可以用财宝引诱他。您可以坚守营地，而派出一部分人先到前边去为五万人准备粮食，同时在四周的山头上多竖旗帜，虚张声势，迷惑敌人。而后派郦食其带着奇珍异宝去关上贿赂秦国的守将。”秦将果然中计，答应了和刘邦一起袭击咸阳。刘邦正要同意，张良说：“这还只是那个受贿赂的将军想造反，他的部下还不一定听呢！如果他的部下不听，那就要坏事。不如趁着他们思想松懈，对他们发起突然进攻。”刘邦同意，于是引兵突袭峣关，秦军无备，峣关失守了。接着刘邦乘胜追击到蓝田，与秦军再战，秦军彻底瓦解。刘邦胜利地进入了咸阳，秦王子婴向刘邦投降了。

沛公入秦宫，宫室帷帐狗马重宝妇女以千数❶，意欲留居之。樊哙谏沛公出舍❷，沛公不听。良曰：“夫秦为无道，故沛公得至此。夫为天下除残贼，宜缟素为资❸。今始入秦，即安其乐，此所谓‘助桀为虐’。且‘忠言逆耳利于行，毒药苦口利于病’❹，愿沛公听樊哙言。”沛公乃还军霸上❺。

【注释】

❶宫室帷帐狗马重宝妇女以千数：此处行文有语病，似应作“宫室帷帐狗马重宝不可胜计，妇女以千数”，视下注引樊哙语可知。　❷《集解》引徐广谓一本云：“哙谏曰：‘沛公欲有天下邪？将欲为富家翁邪？’沛公曰：‘吾欲有天下。’哙曰：‘今臣从入秦宫，所观宫室帷帐珠玉重宝钟鼓之饰，奇物不可胜极；入其后宫，美人妇女以千数，此皆秦所以亡天下也。沛公急还霸上，无留中。’”　❸残贼：指残虐害

民的暴君。《孟子·梁惠王下》云："贼仁者谓之贼，贼义者谓之残。残贼之人，谓之一夫。""一夫"即所谓"独夫民贼"。缟素为资：犹言"俭朴为本"。缟素，服饰不用文绣，以言其俭；资，本，本钱。《集解》引晋灼曰："资，藉也。欲沛公反秦奢泰，服俭素以为藉也。"胡三省曰："缟素，有丧之服，谓吊民也。"按，胡氏说亦通。 ❹忠言逆耳利于行，毒药苦口利于病：二语见《孔子家语·六本》与《说苑·正谏》。毒药，性质猛烈的药物；毒，猛，烈。 ❺霸上：古地名，当地人称之为项王营。据《高祖本纪》，刘邦听从樊哙、张良之谏，"封秦重宝财物府库，还军霸上"后，又施行一系列安民措施，遂致"秦人大喜""人又益喜，唯恐沛公不为秦王"，此举有关刘、项双方之兴衰成败。

【译文】

刘邦进了宫，宫室里声色狗马、奇珍异宝，不计其数，单是美女就有几千人。刘邦就想住在里头不走了。樊哙一再劝他到外面住，刘邦不听。张良说："正因为秦朝荒淫无道，所以您今天才打到这里。既然我们是为天下除害，那就应该以俭朴为本。现在才刚刚打进了秦京，您就想要过他们昏君的那种享乐日子，这就叫'助桀为虐'。俗话说'忠言逆耳利于行，良药苦口利于病'，希望您接受樊哙的劝告。"于是刘邦退出皇宫，回军到霸上驻扎。

项羽至鸿门下❶，欲击沛公，项伯乃夜驰入沛公军，私见张良，欲与俱去。良曰："臣为韩王送沛公，今事有急，亡去❷不义。"乃具以语沛公。沛公大惊，曰："为将奈何❸？"良曰："沛公诚欲倍❹项羽邪？"沛公曰："鲰生教我距关无内❺诸侯，秦地可尽王，故听之。"良曰："沛公自度能却❻项羽乎？"沛公默然良久，曰"固不能也。今为奈何？"❼良乃固要项伯，项伯见沛公，沛公与饮为寿，结宾婚❽。令项伯具言沛公不敢倍项羽，所以距关者，备他盗也。及见项羽后解，语在《项羽》事中❾。

【注释】

❶项羽至鸿门下：事在汉元年（前206）十二月。 ❷送：此处犹言"跟从"。亡去：逃走。 ❸为将奈何：语略不顺，应作"将为奈何"或"为之奈何"。 ❹倍：通"背"，背叛。 ❺鲰（zōu）生：犹言"竖子""小子"，骂人语；鲰，小鱼，此借称"小人"。内：同"纳"。 ❻自度：自己估计。却：退，打退。 ❼按，类似的语句又见于《项羽本纪》《淮阴侯列传》，皆见刘邦明知不如，但又不肯轻于承认之状，摹写心理极细。《汉书》不仅删"良久"二字，且删去"固不能也"四字。 ❽固要：坚决邀请；要，此处意思同"邀"。为寿：举酒祝之健康长寿。结宾婚：结交为友，并订为儿女亲家；宾，宾朋，朋友。中井曰："'宾'盖结为友之义，与'婚'别项。" ❾解：和解。按，此即著名的"鸿门宴"，事在汉元年十二月。语在项羽事中，意即详见《项羽本纪》。《史记》记事在使用"互见法"时常点明此事在"事"或"语"中，此"事""语"即指该人的本纪、世家或列传。

【译文】

项羽的军队来到鸿门后，想要进击刘邦。项伯连夜跑到刘邦兵营去见张良，想叫张良离开。张良说："我是受韩王之托跟着沛公打到这里的，今天沛公有了危险，我一个人逃跑了，这太不仗义。"于是进去把项伯的话一一地告诉了刘邦。刘邦一听，吃惊地说："这可怎么办好呢？"张良说："您当初是真想背叛项羽吗？"刘邦说："有个无知的小子教我把住关口，不让诸侯们进来，那样，秦国的地盘就可以全部归我，我就可以称王了。所以我听了他的话。"张良说："您自己估量，您能够打退项羽吗？"刘邦沉默了好一会儿才说："当然不可能。现在咱们该怎么办呢？"于是张良便坚决请项伯进来与刘邦相见，刘邦给项伯敬酒，并与他结成了儿女亲家。刘邦请项伯给项羽带话说他根本没有叛变项羽的意思。至于派人守关，那是为了防备土匪的骚扰。后来刘邦又亲自见到了项羽，问题才得以解决。这些事详细记述在《项羽本纪》中。

汉元年[1]正月，沛公为汉王，王巴、蜀[2]。汉王赐良金百溢，珠二斗，良具[3]以献项伯。汉王亦因令良厚遗项伯，使请汉中[4]地。项王乃许之，遂得汉中地。汉王之国[5]，良送至褒中，遣良归韩[6]。良因说汉王曰："王何不烧绝所过栈道[7]，示天下无还心，以固[8]项王意。"乃使良还。行，烧绝栈道[9]。

【注释】

❶汉元年：刘邦被封为汉王的第一年，前206年。 ❷沛公为汉王，王巴、蜀：事在汉元年一月。巴、蜀，秦之二郡名，巴郡的郡治江州，在今重庆市嘉陵江北岸；蜀郡的郡治成都，即今四川省成都市。项羽与刘邦在鸿门宴上解隙后，于是分封各路诸侯为王。项羽因不欲封刘邦于关中，故将其封于巴、蜀，而刘邦则由此始称“汉王”。前文刘邦入关时亦称“汉元年十月”者，乃史家之追称。 ❸溢：同“镒”，重量单位，一镒为二十四两。有曰二十两。具：通“俱”，全部。 ❹厚遗：厚赠，重金收买。汉中：秦郡名，郡治南郑。按，项羽起初只以巴、蜀封刘邦，刘邦欲兼有汉中之地，故托项伯代为之请求。 ❺之国：到自己的都城南郑去，事在汉元年四月，当时各路诸侯以及项羽本人都离开咸阳，分赴各自的封地。 ❻褒中：古邑名，盖古之褒国都城，在今陕西省汉中市汉台区宗营镇，距当时的南郑已经很近。按,《高祖本纪》称刘邦由咸阳去南郑的路线是“从杜南入蚀中”，走的是“子午道”。其北口在今西安市东南，其南口在今汉中市以东、安康市西北的石泉县附近。而《留侯世家》则曰“良送至褒中”，又似乎是走的“褒斜道”。其北口在今陕西省宝鸡市眉县东南；其南口在今汉中市西北。二者相互歧异。又，据此文，是张良未至南郑即辞刘邦而回,《汉书·张良传》与此同；而《汉书·高帝纪》乃曰“张良辞汉归韩，汉王送至褒中”，则是张良已至南郑，而后始辞刘邦由南郑北返。两处说法亦异。又按，“遣良归韩”，与前文之“为韩王送沛公”语相应。 ❼栈道：亦称“阁道”，山间构木而成的空中通道。 ❽固：稳定、强化。

意即迷惑项羽，使之相信刘邦无意东出争天下。 ⑨按，据《高祖本纪》，刘邦等所烧的栈道，是子午道上的栈道，烧栈道的是刘邦；据本文，则所烧的栈道是褒斜道上的栈道，烧栈道的是张良。二者不同。又据《高祖本纪》的下文有“八月，汉王用韩信之计，从故道还，袭雍王章邯。章邯迎击汉陈仓”云云，则知刘邦所烧的是子午道上的栈道。也只有如此，才可能使韩信出兵时有所谓“明修栈道，暗度陈仓”。

【译文】

汉高祖元年正月，刘邦被封为汉王，统管巴、蜀地区。刘邦赏给张良黄金百镒、宝珠二斗，张良把这些全部转送给了项伯。刘邦又通过张良厚赠项伯，让项伯帮他向项羽请求汉中地区。项羽答应了，于是刘邦又获得了汉中一带。刘邦要到他的封地去了，张良送他们到褒中，刘邦才让张良回到韩国去。张良临别前对刘邦说：“大王不如把走过的这条栈道烧掉，这可以向人们表示您没有再打回去的想法，可以哄得项羽对您放心。”于是刘邦就让张良在回去的路上边走边烧，整个栈道被烧光了。

良至韩，韩王成以良从汉王故，项王不遣成之国，从与俱东。良说项王曰：“汉王烧绝栈道，无还心矣。”乃以齐王田荣反书告项王[1]。项王以此无西忧汉心，而发兵北击齐。[2]

【注释】

❶田荣：战国时齐国王室的后裔，陈涉起义后，田荣亦与其堂兄田儋起兵于齐地。后田儋死，田荣又立田儋之子田市（fú）为王。因与项氏有矛盾，故未随之西下破秦。项羽亦恨田荣，故分封时乃命随其入关的田都为齐王，而将田市改封于胶东。田荣不平，故倡言反项羽。事见《田儋列传》。反书，指反项的檄文、文告之类。有些本子将此处断句为“以齐、梁反，书遗项王”，殆非。《项羽本纪》谓“汉使张良徇韩”，良乃以“齐、梁反书遗项王”，可为参证。唯张良致书项羽的时间，此处谓在刘邦收取关中之前，而《项羽本纪》则谓在刘邦收复关中之际也。 ❷张良烧绝栈道及以齐王反书遗项王二事，促成项羽北征田荣，于是刘邦乃有乘隙回取三秦之举，二者关系至大。

【译文】

张良回到韩国时，因为韩成当初让张良跟了刘邦，所以项羽怀恨，不派韩成回韩国，而是带着一道回了彭城。张良到了彭城对项羽说：“刘邦自己烧毁了栈道，这说明他没有打回来的意思了。”接着又把齐王田荣起兵倒项的檄文送给了项羽，于是项羽便不再防备西边的刘邦，而专心致志地引兵北上去攻打齐国了。

项王竟不肯遣韩王，乃以为侯，又杀之彭城❶。良亡，间行归汉王，汉王亦已还定三秦❷矣。复以良为成信侯，从东击楚❸。至彭城，汉败而还❹。至下邑，汉王下马踞鞍❺而问曰：

“吾欲捐关以东等弃之⑥，谁可与共功者？”良进曰：“九江王黥布，楚枭将，与项王有郄⑦；彭越与齐王田荣反梁地⑧：此两人可急使。而汉王之将独韩信可属大事，当一面⑨。即欲捐之，捐之此三人，则楚可破也。”汉王乃遣随何⑩说九江王布，而使人连彭越。及魏王豹反⑪，使韩信将兵击之⑫，因举燕、代、齐、赵⑬。然卒破楚者，此三人力也。⑭

【注释】

①遣：谓遣其去韩国就任。乃以为侯：将韩王降爵为侯。彭城：今江苏省徐州市，当时为项羽的国都。茅坤曰：“子房自此以前种种为韩，以后死心于汉矣。” ②间行：抄小道，投空隙而行。还定三秦：事在汉元年（前206）八月；三秦，统指关中地区。鸿门宴后项羽大封各路诸侯，将关中地区一分为三，封秦朝的三员降将章邯为雍王，都废丘（今陕西省兴平市东南）；司马欣为塞王，都栎阳（今陕西省西安市临潼区东北）；董翳为翟王，都高奴（今陕西省延安市东），目的是堵住汉中地区的刘邦，不使其北出。而刘邦则拜韩信为大将，听从韩信的计谋，一举收复了三秦，过程参见《淮阴侯列传》《高祖本纪》。③成信侯：张良的封号，无具体领地。从东击楚：刘邦于汉元年八月收复关中；于汉二年（前205）十月（当时以十月为岁首）东出，先后收服了韩王郑昌、魏王魏豹、殷王司马印；至四月，遂乘项羽北征田荣之机，率五十六万

人一举攻下了项羽的国都彭城。 ❹至彭城，汉败而还：刘邦攻入彭城后，置酒高会，忘乎所以；项羽率三万人驰回，大破刘邦之五十六万大军，刘邦狼狈西逃，过程详见《项羽本纪》。 ❺下邑：秦县名，县治即今安徽省宿州市砀山县，时刘邦的将领吕泽（吕后之兄）率军居此。踞鞍：坐在马鞍上。按，古时行军休息，常解下马鞍用以作为坐卧之具。 ❻捐关以东等弃之：豁出函谷关以东的地区不要了，用以作为对有功者的封赏之资；关以东等，犹言“关东诸地”。 ❼黥布：原名英布，因受过黥刑，故时人称之为“黥布”，项羽的猛将，号当阳君。入关后，被封为九江王，都六（今安徽省六安市北）。事迹详见《黥布列传》。枭将：猛将。郄：通“郤”“隙”，隔阂，矛盾。据《黥布列传》，项羽北征田荣，召黥布同往，黥布未从，只派了一员偏将前去敷衍；至刘邦破楚彭城，黥布亦坐视未救，故项羽遂与黥布有郄。 ❽彭越：原在巨野泽中为“盗”，陈涉起义后，彭越亦拉起一支队伍。但由于未随刘、项入关，故项羽未封之为王。至田荣首倡反项，为联络同盟，故赐彭越将军印，彭越遂反于梁地，事见《彭越列传》。梁地：约当今之河南省东北部一带地区，战国时属于魏国，因魏国建都大梁（今河南省开封市），故也称梁国。❾属：同“嘱”，委托。当一面：即今所谓“独当一面”。❿随何：刘邦的谋士，以口辩闻名。随何劝说黥布叛楚归顺刘邦事，见《黥布列传》。 ⓫魏王豹反：事在汉二年五月；魏王豹，战国时魏国国王的后裔，因起兵反秦被楚怀王立为魏王。鸿门宴后项羽改封之为西魏王，都平阳（今山西省临汾市西南）。汉二年三月，刘邦率诸侯东击项羽，这时魏豹也加入了刘邦的反项行列，并随刘邦东克彭城；刘邦大败于彭城后，各国诸侯纷纷反水，魏豹遂也返回西魏，倒戈反刘。 ⑫使韩信将兵击之：魏豹叛变后，刘邦使人招之不听，遂使韩信破虏之，事在汉二年（前205）八月，过程详见《淮阴侯列传》。 ⑬因举燕、代、齐、赵：依顺序应曰“因举代、赵、燕、齐”。举，拔掉，攻下。代，陈馀的封国，都代（今河北省张家口市蔚县东北的代王城镇）。项羽分封诸侯时，改封赵王歇为代王，陈馀不从，仍拥戴赵王歇居赵地，而赵王歇遂封陈馀为代王。陈馀留赵为赵王相，而派夏说往镇代地。汉二年后九月，夏说被韩信所擒。赵，陈胜、吴广失败后，陈馀等拥立战国时赵王后代赵歇建立的诸侯国名，都襄国（今河北省邢台市）。汉三年（前204）十月，被韩信所灭。燕，臧荼受项羽分封建立的诸侯国名，都蓟（今北京市西南部）。齐，战国时齐国王室的后代田儋、田荣相继在临淄（今山东省淄博市临淄区）建立的诸侯国名。田荣被项羽破杀后，其弟田横又拥立田荣子田广为齐王，汉四年（前203）十一月被韩信所灭。以上韩信“举代、赵、燕、齐”的过程详见《淮阴侯列传》。 ⑭凌稚隆引杨慎曰：“此叙事缴语法（连后事而言），后云‘竟不易太子，四人力也’，与此句法同。”

【译文】

项羽最终也没有让韩成去韩国，先是把他降位为侯，后来又在彭城把他杀了。张良闻风逃走，抄小路又西去投奔了刘邦。而刘邦这时已经卷土重来，又收复了关中。刘邦封张良为成信侯，让他跟着一道东征项羽。刘邦开始乘虚占领了彭城，后来又被项羽回师打败。当他们西逃到下邑时，刘邦下马坐着马鞍子休息，他问人们："如果我豁着把函谷关以东的地盘都分给他们，谁可以帮我一道破楚立功？"张良进前一步说："九江王黥布，是项羽的猛将，现在正和项羽闹矛盾；彭越和齐王田荣相勾结，正在梁地坚持倒项：这两个人可以迅速利用。在您的部下只有韩信可以委派重任，让他去独当一面。假如您真想把地盘拿出来，那就分给他们三个，那么项羽肯定可以打败。"于是刘邦就派了随何去劝说九江王黥布，又派了其他人去联合彭越。等到魏王豹反叛抗汉时，刘邦又派了韩信前去征讨，韩信遂平定了燕、代、齐、赵等国的大片地区。刘邦最终所以能够打败项羽就是靠着这三个人的力量。

张良多病，未尝特将[1]也，常为画策臣，时时从汉王。

【注释】

[1]特将：单独领兵，独当一面；特，独。

【译文】

张良体弱多病，没有领兵独当一面，他只是作为一个出谋划策的人物，经常跟在刘邦身边。

……

汉四年[1]，韩信破齐而欲自立为齐王[2]，汉王怒。张良说汉王③，汉王使良授齐王信印，语在《淮阴》事中。

【注释】

①汉四年：前203年。 ②韩信破杀齐王田广与楚将龙且于潍水事，在汉四年十一月。 ③张良说汉王：据《淮阴侯列传》，张良、陈平谓汉王曰："汉方不利，宁能禁信之王乎？不如因而立，善遇之，使自为守；不然，变生。"

【译文】

……

汉高祖四年，韩信灭掉齐国后，想要自己做齐王，刘邦听说后很生气，张良劝住了刘邦。刘邦于是派张良带着印信去封韩信做了齐王。这件事详细记载在《淮阴侯列传》中。

其秋，汉王追楚至阳夏南①，战不利而壁固陵，诸侯期不至②。良说汉王③，汉王用其计，诸侯皆至。语在《项籍》事中。

【注释】

①追楚至阳夏南：事在汉五年（前202）十月。按，上月（汉四年九月），项羽迫于韩信与刘邦的东西夹击，答应与刘邦划鸿沟为界，双方讲和。其后，项羽信以为实，随即撤兵东归。刘邦用张良、陈平计，撕毁盟约，随即率兵追击项羽至阳夏南。梁玉绳曰："事在五年十月，此云四年之秋，误。" ②至期，韩、彭之兵未至；项羽回击刘邦，汉军失

利，故屯于固陵坚守之，事见《项羽本纪》。壁：筑垒固守。诸侯：即指韩信、彭越等。期：约定时间。 ❸良说汉王：指张良劝刘邦预先分割项羽的土地以分封韩信、彭越等，使其各为己战事，详见《项羽本纪》。

【译文】

同年秋天，刘邦追项羽到阳夏南，又被项羽打败，无可奈何地退守固陵，而各路诸侯的军队到了约定时间都故意不来，这时张良又出了主意。刘邦采用了张良的主意后，各路诸侯的兵马就来了。这件事详细记述在《项羽本纪》中。

汉六年正月，封功臣❶。良未尝有战斗功，高帝曰："运筹策❷帷帐中，决胜千里外，子房功也。自择齐三万户。❸"良曰："始臣起下邳，与上会留，此天以臣授陛下。陛下用臣计，幸而时中，臣愿封留足矣，不敢当三万户。❹"乃封张良为留侯，与萧何等俱封❺。

【注释】

❶汉六年正月，封功臣：汉六年，前201年。梁玉绳曰："按《侯表》及《汉书·高帝纪》，封功臣在十二月，非正月也。"按，上年（汉五年）之十二月，项羽被刘邦所灭；二月，刘邦即皇帝位；至六年十二月，刘邦分封第一批功臣。当时以十月为岁首。 ❷筹策：古时供运算使用的筹码，这里借以指谋略。 ❸垓下之战后，项羽败亡，韩信

之兵权遂亦被刘邦所夺，并将韩信由齐王改封楚王，故此时刘邦可以令张良“自择齐三万户”。 ❹时中：说对了几回。封留：以留县做我的封地。按，张良深明形势，亦深知刘邦、吕后其人，故处处谦退，此老子之教也，故下场与韩、彭不同。 ❺与萧何等俱封：据《高祖功臣侯者年表》，曹参、靳歙、夏侯婴、陈平等首先于六年十二月受封；而张良、项伯、萧何、周勃、灌婴、樊哙等乃在六年正月受封。

【译文】

汉高祖六年正月，分封开国功臣，张良没有带兵打仗独当一面的功绩。刘邦说：“决策于大帐中，制胜于千里外，这就是张良的功劳。你可以在齐地自己选择三万户作封邑。”张良说：“当初我自己在下邳起兵，到留县遇上了您，这是老天爷把我交给您的。您采纳了我的意见，有的也的确让我给蒙上了。现在我只要一个留县就够了，不敢领受这三万户的厚赏。”于是刘邦便封张良为留侯，与萧何等人一起受封。

上已封大功臣二十余人❶，其余日夜争功不决，未得行封。上在雒阳❷南宫，从复道❸望见诸将往往相与坐沙中语。上曰：“此何语？”留侯曰：“陛下不知乎？此谋反耳。”上曰：“天下属❹安定，何故反乎？”留侯曰：“陛下起布衣，以此属❺取天下，今陛下为天子，而所封皆萧、曹故人所亲爱，而所诛者皆生平所仇怨。

今军吏计功，以天下不足遍封，此属畏陛下不能尽封，恐又见疑平生过失及诛，故即相聚谋反耳❻。”上乃忧曰：“为之奈何？”留侯曰：“上平生所憎，群臣所共知，谁最甚者？”上曰：“雍齿与我故，数尝窘辱我❼。我欲杀之，为其功多，故不忍。”留侯曰：“今急先封雍齿以示群臣，群臣见雍齿封，则人人自坚❽矣。”于是上乃置酒，封雍齿为什方侯❾，而急趣丞相、御史定功行封。群臣罢酒，皆喜曰：“雍齿尚为侯，我属无患矣。”❿

【注释】

❶据《高祖功臣侯者年表》，在雍齿前受封者共二十九人。 ❷雒阳：后来即写作“洛阳”，刘邦建国初期建都于此。 ❸复道：亦称“阁道”，楼阁之间的空中通道。❹属：刚刚。师古曰：“属，近也。” ❺起布衣：由平民百姓起家。此属：这些人。 ❻平生过失：犹言“过去的错误”；平生，与上文“生平”同义，皆谓“平素”。及诛：以至于被杀。故即相聚谋反耳：刘知幾曰：“群小聚谋，侯问方对，高祖不问，竟欲无言耶？且诸将图乱，密言台上，犹惧觉知；群议沙中，何无避忌？然则复道之望，坐沙而语，是敷衍妄益耳。”史珥曰：“‘疑’‘畏’二字曲尽情事；‘谋反’二字尚不脱说客家风。后来猜忌功臣，韩、彭烹醢，未必非两字启之。” ❼故：《汉书·张良传》作“有故”，谓有旧怨。窘辱：谓使其吃苦头。按，雍齿原为刘邦

部将，刘邦令其守丰，魏人招之，雍齿遂叛刘归魏。刘邦还军攻丰，数攻不下。后刘邦破丰，雍齿奔魏（最后雍齿又归服了刘邦）。所谓“有故”及“尝窘辱我”，即指此事。⑧自坚：自信，自安。⑨什方侯：封地什方；什方，也作“什邡”，秦县名，在今四川省什邡市南。⑩凌稚隆引何孟春曰：“晋文公之赦头须，与高帝之先侯雍齿，其事最相类，二君皆置怨以安人心，非诚然也。”

【译文】

待至刘邦封过二十几个大功臣时，其余的就开始互相攀比，日夜争吵不休，直闹得刘邦分封不下去了。有一天刘邦在洛阳南宫的空中走廊上向下闲望，看见将领们三三两两地坐在沙堆上在议论什么。刘邦问张良：“这些人在议论什么？”张良说：“您还不知道吗？他们正在商量着造反呢。”刘邦说：“天下才刚刚安定下来，他们为什么又要造反呢？”张良说：“您一个平民百姓出身，靠着他们给您夺得了天下，现在您做了皇帝，您所封的都是萧何、曹参等这种亲密的老朋友，而杀掉的都是您平常所恨的人。现在军事长官们统计一下各人的功劳，恐怕把整个国家都封出去也不够。因而他们害怕得不到封赏；另外他们还担心过去曾在您面前有过什么过失，怕您把他们杀掉，所以他们就一起商量着要造反。”刘邦一听很担忧地说：“那我们该怎么办呢？”张良说：“您平常所最恨而人们也都知道的是谁？”刘邦说：“是雍齿。雍齿与我有旧仇，曾几次让我吃了苦头。我总想杀他，但又因为他功多，所以一直没忍心下手。”张良说：“那就赶快先封赏雍齿，给他们做个样子，他们一见雍齿都能受封，他们自己也就安心了。”于是刘邦立即大摆酒席，封雍齿为什方侯，当众催促丞相、御史让他们赶快给大家评定功劳，赶快进行封赏。宴会一结束，大臣们都高兴地说：“雍齿都能被封侯，我们就不用担心了！”

刘敬说高帝曰“都关中”❶。上疑之。左右大臣皆山东人，多劝上都雒阳❷：“雒阳东有成皋，西有崤、黾，倍河，向伊、雒❸，其固亦足恃。”留侯曰：“雒阳虽有此固，其中小❹，不过数百里，田地薄，四面受敌，此非用武之国也。夫关中左崤、函❺，右陇、蜀❻，沃野千里，南有巴蜀❼之饶，北有胡苑❽之利，阻❾三面而守，独以一面东制诸侯。诸侯安定，河、渭漕挽❿天下，西给京师；诸侯有变，顺流而下，足以委输。此所谓金城千里，天府⓫之国也，刘敬说是也。”于是高帝即日驾，西都关中⓬。

【注释】

❶刘敬说高帝曰“都关中”：事在汉五年（前202）；刘敬，原名娄敬，以一戍卒的身份劝说刘邦建都关中，因受赏识被赐姓刘，故称“刘敬”。事见《刘敬叔孙通列传》。❷山东：崤山（或曰华山）以东，泛指今河南、河北两省南部以及山东省西部等地区。多劝上都雒阳：为离其故乡近，可以满足其“富贵还乡，衣锦昼行”之虚荣，亦

出之于其农民出身之乡土观念。 ❸成皋：古邑名，在今河南省荥阳市西北的大邳山上，地形险要，为刘邦与项羽反复争夺两年多的军事重镇，其南侧即后来所说的虎牢关。崤、黾：崤山及渑池。崤山，在今河南省洛阳市洛宁县西北，灵宝市东南，东西绵亘三十五里；黾，通“渑”，渑池，秦县名。倍河：北倚黄河。向伊、雒：向南面对伊、洛二水。伊水源于洛阳市栾川县之外方山，东北流，在偃师入洛水；洛水源于陕西省东南部之冢岭山，东流入河南，在洛阳东北入黄河。 ❹其中小：意谓洛阳城周围的平原狭小。❺左崤、函：东侧有崤山及函谷关。 ❻右陇、蜀：西侧有陇山与岷山。陇山在今陕西省宝鸡市陇县西，岷山在今四川与甘肃两省界上，二山相连。 ❼巴蜀：二郡在今四川省境内，古有“天府之国”的美称。 ❽胡：指匈奴等北部边境上的少数民族。苑：牧场。 ❾阻：凭借，倚靠。❿漕挽：指挽船运输。 ⓫金城千里：极言其固。天府：老天爷的府库。 ⓬高帝即日驾，西都关中：极度夸张，以言刘邦对张良意见的重视。按，此所谓“西都关中”者，乃西都栎阳（在今西安市阎良区），至七年（前200），始徙居长安。梁玉绳曰：“按《高纪》《名臣表》《刘敬传》皆以都关中在五年，此在六年，误。”

【译文】

刘敬劝刘邦说：“国都应该设在关中。”刘邦听了迟疑不决。刘邦的大臣们都是崤山以东的人，他们大都劝刘邦建都洛阳。他们说：“洛阳东有成皋，西有崤山和渑水，背靠黄河，面对伊、洛二川，形势险要，可以让人放心。”张良说：

“洛阳固然有它险要的一面，但是它方圆才不过几百里，而且土地瘠薄，四面都容易受到敌人的攻击，这不是一个可以发挥军事优势的地方。关中就不同了，它左有崤山和函谷关，右有陇山与岷山，中间沃野千里。它南面连着物产丰富的巴、蜀，北面挨着盛产牛马的胡地，我们背靠着万无一失的南、北、西三面，集中力量只用于控制东方的诸侯。东方安定的时候，可以通过黄河、渭水把全国各地的粮食运到长安；一旦有诸侯叛乱，关中的人力物力可以通过渭水、黄河顺流而下供给前线。这就是人们通常所说的‘金城千里，天府之国’。刘敬的说法是对的。”于是刘邦当天就坐着车子西行建都关中了。

留侯从入关❶。留侯性多病，即道引不食谷，杜门❷不出岁余。

【注释】

❶从入关：谓跟从刘邦西入栎阳，不似他侯之各去自己的封地，以见张良之分外受刘邦倚任。❷性多病：犹言“体多病”。王先谦引周寿昌曰：“‘性’犹‘生’也，亦犹‘体’也。”道引：也作“导引”，古人所做的一种类似深呼吸的健身运动。不食谷：也称“辟谷”，不吃粮食。按，“导引”与“辟谷”都是古代道家所采用的养生之术。杜门：闭门。

【译文】

张良也跟着刘邦进了关中。张良一直多病，到了关中以后，就整天学习道家的导引吐纳之术，不吃五谷杂粮，几乎有一年多闭门不出。

上欲废太子，立戚夫人[1]子赵王如意。大臣多谏争，未能得坚决者[2]也。吕后恐，不知所为。人或谓吕后曰："留侯善画计策，上信用之。"吕后乃使建成侯吕释之劫[3]留侯，曰："君常[4]为上谋臣，今上欲易太子，君安得高枕而卧乎？"留侯曰："始上数在困急之中，幸用臣策。今天下安定，以爱欲易太子，骨肉之间，虽臣等百余人[5]何益。"吕释之强要曰："为我画计[6]。"留侯曰："此难以口舌争也。顾上有不能致[7]者，天下有四人。四人者年老矣，皆以为上慢侮人，故逃匿山中，义不为汉臣。然上高此四人。今公诚能无爱金玉璧帛，令太子为书，卑辞安车[8]，因使辩士固请，宜来。来，以为客，时时从入朝[9]，令上见之，则必异而问之。问之，上知此四人贤，则一助也。"于是吕后令吕释之使人奉太子书，卑辞厚礼，迎此四人。四人至，客建成侯所。[10]

【注释】

❶太子：指刘盈，即日后的孝惠帝，吕后所生。戚夫人：刘邦在汉中时新得的宠姬，原籍定陶，事迹主要见于本

文与《吕太后本纪》。❷未能得坚决者：犹言“还没有人能使刘邦下定决心（不废太子）”。❸建成侯吕释之：通行本原文于此作“建成侯吕泽”。梁玉绳引《通鉴考异》曰：“‘泽’当是‘释之’。”此云“建成侯吕泽”者，误也，下文“吕泽”亦误。今据改。劫：挟持、强制。❹常：通“尝”，曾经。❺虽臣等百余人：犹今所谓“即使有我一百个张良”。❻强要：强制要求，即今之所谓“逼”。画计：出个主意。❼顾：但，转折语词。不能致：不能得到，请不出来。❽无爱：不要吝惜。卑辞：低声下气地说好话。安车：安稳舒适的车子。❾从入朝：让他们跟着太子进宫朝拜；从，使之跟从。❿凌稚隆引王守仁曰：“《世家》谓留侯招四皓为太子辅，余疑非真四皓也，乃子房为之也。夫四人遁世已久，形容状貌人皆不识之矣，故子房于吕泽劫计之时，阴与筹度，取他人之须眉皓白者，伟其衣冠以诬高帝，此又不可知也。良、平之属，平日所挟以事君者，何莫而非奇功巧计？彼岂顾其欺君之罪哉？况是时高帝之惑已深，吕氏之请又急，何以明其计之不出此也？”

【译文】

后来，刘邦想废掉太子刘盈，另立戚夫人所生的儿子赵王如意。很多大臣劝阻，但都始终没能彻底改变刘邦的态度。吕后很害怕，不知如何是好。这时有人提醒吕后说：“留侯张良善于出谋划策，皇上一贯信任他。”于是吕后就派建成侯吕释之去胁迫张良说：“您曾为皇上出谋划策，现在皇上想要更换太子，您怎么能躺在屋里睡大觉不闻不问？”张良说：“当初皇上曾多次处于危急之中，所以他能采纳我的意见。现在天下已经安定了，他是出于个人的感情，想换太子，这是人家家庭内部的事情，对于这种事情，即使有一百个张良也没有用。”吕释之强逼着说：“无论如何您必须给想个办法。”张良说：“这种事，空口劝说是不行的。皇上有四个一直想请而至今请不到的人。这四个人年纪都大了，他们讨厌皇上的傲慢无礼，宁愿逃到深山里躲起来，也不愿做汉朝的子民。但是皇上还一直对这四个人很崇敬。现在您如果能够不吝惜金银财宝，多多地带着礼物，让太子写上一封信，言辞要谦恭，安排好舒适的车子，派一个会说话的人去请他们，我估计他们是会来的。如果来了，叫他们充当太子的宾客，经常跟随太子上朝，故意让皇上看到他们。这样皇上感到奇怪，就会问他们。一问是他们，皇上知道他们德高望重，这对太子将是一种很大的帮助。”于是吕后就让吕释之派人带着厚礼和太子的书信，谦恭地去请这四个人。四人请来后，先住在建成侯吕释之的家里。

汉十一年，黥布反❶，上病，欲使太子将，往击之。四人相谓曰：“凡来者，将以存太子。太子将兵，事危矣。”乃说建成侯曰：“太子将兵，有功则位不益太子；无功还，则从此受祸矣。❷且太子所与俱诸将，皆尝与上定天下枭将❸也，今使太子将之，此无异使羊将狼也，皆不肯为尽力，其无功必矣。臣闻‘母爱者子抱’❹，今戚夫人日夜侍御❺，赵王如意常抱居前，上曰‘终不使不肖❻子居爱子之上’，明乎其代太子位必矣。君何不急请吕后乘间[7]为上泣言：‘黥布，天下猛将也，善用兵，今诸将皆陛下故等夷[8]，乃令太子将此属，无异使羊将狼，莫肯为用，且使布闻之，则鼓行而西[9]耳。上虽病，强载辎车，卧而护[10]之，诸将不敢不尽力。上虽苦，为妻子自强[11]。’”于是吕泽立夜见吕后，吕后承间为上泣涕而言，如四人意。上曰：“吾惟竖子固不足遣，而公[12]自行耳。”于是上自将兵而东，群臣居守，皆送至灞上[13]。留侯病，自强起，至曲邮[14]，见上曰：“臣宜从，病甚。楚人剽疾，愿上无与楚人争锋[15]。”因说上曰：“令太子为将军，监关中兵。”[16]上曰：“子房虽病，强卧而傅[17]太子。”是时叔孙通为太傅，留侯行[18]少傅事。

【注释】

❶汉十一年：前196年。黥布：原是项羽的部将，被封九江王。后与项羽产生隔阂，受随何策反，归附刘邦。刘邦称帝后，封之为淮南王，都寿春。十一年春，刘邦杀韩信；同年夏，又杀彭越，且将彭越菹醢以赐黥布。黥布疑将及己，遂于该年七月举兵反，详见《黥布列传》。 ❷按，《左传·闵公二年》晋献公命其太子申生为将，里克曾对此有深刻论述，其事亦见于《晋世家》。 ❸俱：偕，同行。枭将：猛将；枭，猛禽。 ❹母爱者子抱：意谓其母受宠，其子则亦将多为其父所爱抚抱持。 ❺侍御：侍奉，侍寝。

⑥终：竟，无论如何。不肖：不类（其父），指不成材，没出息。 ⑦乘间：趁机，找空隙。 ⑧故等夷：旧日的平辈。等夷，指身份地位相同；夷，平。 ⑨鼓行而西：谓公行无阻地杀向京师。《集解》引晋灼曰："鼓行而西，言无所畏惧也。" ⑩辎（zī）车：有篷帷，可供伤病者坐卧的车。护：监督，监管。 ⑪自强：强制自己，勉强坚持。 ⑫惟：思，考虑。不足遣：不配担当此任。而公：你老子；而，尔，你。 ⑬灞上：灞水边上，当时的灞水自蓝田流来，经长安城东，北流入渭水。 ⑭曲邮：古村落名，在今陕西省西安市临潼区东北，当时的新丰邑西南。 ⑮楚人剽（piāo）疾，愿上无与楚人争锋：剽疾，勇猛迅捷；剽，迅捷。争锋，意谓面对面地硬拼。 ⑯徐孚远曰："太子监关中兵，一以固根本，亦以安太子，解不击黥布之事也。" ⑰傅：辅导，护持。 ⑱叔孙通：当时有名的儒生，先曾为秦朝博士，后归依刘邦。汉朝建国后，为刘邦制定了一套朝廷的礼仪，事见《刘敬叔孙通列传》。太傅：指太子太傅，与太子少傅皆为太子的辅导官，秩二千石。叔孙通为太子太傅在高祖九年（前198）。行：代理。

【译文】

汉高祖十一年，黥布起兵造反，刘邦当时有病，想让太子率兵前去征讨。四个人彼此商量道："我们之所以到这里来，就是为了保护太子。如果今天让太子领兵出征，那事情就很危险了。"于是四人去找吕释之说："太子领兵出征，即使有了功劳，也不会给太子带来什么好处；假如无功而回，那就要从此遭殃了。而且太子所统领的那些将领，都是过去同皇上一道打天下的猛将。现在让太子去统领他们，这简直就是让一只羊去统领一群狼，谁也不会替太子尽力，这样去了是绝对不会获得成功的。俗话说：‘爱哪个母亲，就抱哪个母亲所生的孩子。’现在戚夫人整天围着皇上转，赵王如意常常被抱放在皇帝面前，皇上常说‘我无论如何不会让那不成器的小子坐在我这个心爱的儿子的上头’，很明显赵王如意要取代太子是肯定无疑的。你为什么还不赶快请吕后找机会向皇上哭诉，就说：‘黥布是天下有名的将领，很会用兵，而咱们的这些将领，又都和您是同一辈的。如果让太子去统领他们，简直就是让羊去统领狼，没有人会听他使唤。这要叫黥布知道，那他就会毫无顾忌地向西长驱直入了。您现在虽然有病，但最好还是坚持一下，即使躺在一辆篷车里不动，只要您在，他们就谁也不敢不尽力。您虽然吃些苦，为了老婆孩子，就再硬撑一回吧。’”吕释之听罢，当夜就把四个人的意思告诉了吕后。吕后赶紧找机会按着四个人的意思对刘邦哭诉了一遍。刘邦一听说：“我也早就琢磨着这个小子不中用，还是老子自己去吧！”于是刘邦亲自率军东征了。留守京都的大臣们，都送行到霸上。张良正有病，但也挣扎着来到曲邮。张良对刘邦说：“我本来应随您一道去，但因病重不可能了。楚地人迅猛剽悍，希望您不要同黥布的军队正面硬拼。”并乘机又说：“应该任命太子为统帅，让他留守后方，监督节制关中的所有军队。”刘邦答应了，说：“您虽有病，也请您勉为其难替我照顾太子吧！”因为当时叔孙通已经是太傅，所以刘邦遂命张良代理少傅的职务。

汉十二年，上从击破布军归，疾益甚，愈欲易❶太子。留侯谏，不听，因疾不视事❷。叔孙太傅称说引古今，以死争太子❸。上详❹许之，犹欲易之。及燕❺，置酒，太子侍。四人从太子，年皆八十有余，须眉皓白，衣冠甚伟。上怪之，问曰："彼何为者？"四人前对，各言名姓，曰东园公、角里❻先生、绮里季、夏黄公。上乃大惊，曰："吾求公数岁，公辟逃❼我，今公何自从吾儿游乎？"四人皆曰："陛下轻士善骂，臣等义不受辱，故恐而亡匿。窃闻太子为人仁孝，恭敬爱士，天下莫不延颈欲为太子死者，故臣等来耳。"上曰："烦公幸卒调护❽太子。"

【注释】

❶汉十二年：前195年。上从击破布军归：刘邦于十二年十月击破黥布军，返程中经过沛县，还乡置酒；十二月返回长安。疾益甚：据《高祖本纪》，"高祖击布时，为流矢所中，行道病，病甚"。易：更换。 ❷因疾：因而推说有病。不视事：不再过问自己所负责的职事。 ❸古今："古"指晋献公事，"今"指秦始皇事。争太子：反对刘邦废弃原太子；争，争辩，劝阻。按，叔孙通力谏刘邦之废太子事，见《刘敬叔孙通列传》。 ❹详：同"佯"，假装。 ❺燕：通"宴"，安乐，安闲。 ❻角（lù）里：也写作"甪里"，音同。按，四者皆非人名，或但以地称，或仅以姓称。 ❼辟逃：

逃避；辟，同“避”。 ❽幸：谦辞，自己为此感到幸运。卒：终，一直到底。调护：调教，护持。

【译文】

汉高祖十二年，刘邦打败黥布从前线回来后，病情越来越重了，想更换太子的心情也越来越急迫了。张良劝说无效，遂推说有病，不问政事。叔孙通在刘邦面前称古道今地引证了许多历史教训，甚至要用最后一死来劝阻刘邦。刘邦假意答应，而心里仍是想要换太子。这时正好宫廷里有宴会，酒席已经排开，太子在一旁侍候，而四位老人便跟随在太子身后。四个人的年纪都在八十开外，须发皆白，衣帽伟丽。刘邦觉得奇怪，便问太子：“他们几个是什么人？”于是四个人过去各报自己的姓名，是：东园公、角里先生、绮里季、夏黄公。刘邦一听大吃一惊，说：“我找你们好几年，你们老是避而不见，今天你们为什么来和我儿子交往呢？”四人说：“您生性傲慢动不动就骂人，我们绝不受您的侮辱，所以离开您远远的。后来我们听说皇太子忠孝仁慈，礼贤下士，普天下没有一个人不愿意为他效死，所以我们就来了。”刘邦说：“那就多劳你们，请你们始终如一地照护他吧。”

四人为寿已毕，趋❶去。上目送之，召戚夫人指示❷四人者曰：“我欲易之，彼四人辅之，羽翼已成，难动矣。吕后真而主矣❸。”戚夫人泣，上曰：“为我楚舞，吾为若楚歌。”❹歌曰：“鸿鹄高飞，一举千里。羽翮已就，横绝四海。

横绝四海，当可奈何！虽有矰缴，尚安所施！”❺歌数阕，戚夫人嘘唏❻流涕。上起去，罢酒。竟不易太子者，留侯本招此四人之力也❼。

【注释】

❶为寿：向人敬酒，祝其健康长寿。趋：小步疾走，这是臣、子在君、父面前行走的礼节。 ❷指示：“指以示之”的省文，指着某人某物让人看。 ❸吕后真而主矣：吕后真是你的主子，你斗不过人家；而，尔，汝。李笠曰：“盖‘母以子贵’之义也，赵王不立则吕后不废，故云‘真而主’也。” ❹戚夫人旧籍定陶，刘邦家沛，皆故楚地，故爱楚调。若：你，亦“尔”“汝”之义。 ❺“鸿鹄（hú）高飞”至“尚安所施！”：鸿鹄，天鹅。羽翮（hé），羽翼；翮，羽茎。绝，横渡。矰缴，泛指射具。矰，一种射鸟的短箭；缴，系在箭尾的丝绳。 ❻阕（què）：乐曲终了，后用为“段落”“片段”之义。嘘唏：抽泣的声音。 ❼竟不易太子者，留侯本招此四人之力也：司马光《通鉴考异》曰：“高祖刚猛伉暴，非畏缙绅讥议者也。但以大臣皆不肯从，恐身后赵王独立，故不为耳。若决意欲废太子，立如意，不顾义理，以留侯之久故亲信，犹云‘非口舌所能争’，岂山林四叟片言遽能泥其事哉！”梁玉绳引《读史漫录》曰：“《通鉴》不载四皓事，极有识见。盖子房调护太子自有方略，不假此也。如‘请以太子为将，监关中兵’，此子房之略，其计深矣。”按，今陕西省商洛市丹凤县之商镇有“四皓墓”，墓前有明代嘉靖年间所立的“商山四皓墓”碑一通及古柏十余株，

盖亦后人所依托。

【译文】

于是四个人一齐向刘邦敬酒，而后一齐退去。刘邦望着他们，指着他们退去的身影对戚夫人说："我想换掉太子，可是那四个人保护他，他的翅膀已经长成，不能再动了。看来吕后真是你的主子！"戚夫人听着不由得泪如雨下。刘邦又说："你为我跳个楚地的风俗舞吧，我来伴你唱楚歌。"说罢刘邦唱道："鸿鹄展翅高飞，一飞横空千里。翅膀已经长硬，任凭东西南北。任凭东西南北，谁能对它奈何！纵有强弓硬弩，也将徒劳无益！"他反复地唱了好几遍。戚夫人抽抽噎噎，涕泪横流。于是刘邦怏怏地离席而去，宴会就此结束。刘邦之所以最终没能废掉太子，就是由于张良出主意，请来了这四个人的结果。

留侯从上击代❶，出奇计马邑下❷，及立萧何相国❸，所与上从容❹言天下事甚众，非天下所以存亡，故不著❺。留侯乃称曰："家世相韩，及韩灭，不爱万金之资，为韩报仇强秦，天下振动。今以三寸舌为帝者师❻，封万户，位列侯，此布衣之极，于良足矣。愿弃人间事，欲从赤松子游❼耳。"乃学辟谷，道引轻身❽。会高帝崩，吕后德留侯，乃强食之❾，曰："人生一世间，如白驹过隙❿，何至自苦如此乎！"留侯不得已，强听而食。⓫

【注释】

❶从上击代：指代相陈豨叛汉，刘邦率军往讨事。事在高祖十年（前197）秋，原因、过程详见《韩信卢绾列传》。代，汉初建立的诸侯国名，韩王信为代王时，都马邑（今山西省朔州市）；陈豨为代相时，居代县。 ❷张良于破陈豨中究出何计，诸篇皆不载。郭嵩焘曰：“《高祖本纪》：‘闻豨将皆故贾人，乃多与金啖豨将。’留侯计划多此类，尤善窥伺隐秘，所谓‘出奇计马邑下’者，或谓此也。” ❸泷川曰：“‘何’下添‘为’字看。”按，谓萧何被立为相国乃出于张良建议，此事他处皆不载。❹从容：自然地，不生硬，不勉强。 ❺不著：不书于史。❻《索隐》引《春秋纬》曰：“舌在口，长三寸。” ❼从赤松子游：意即要去学神仙；赤松子，古代传说为仙人的名字。❽轻身：方士的用语，据说人修炼到一定程度就可以平地飞升。袁黄曰：“张良辟谷，曹参湎于酒，陈平淫于酒与妇人，其皆有不得已乎？其忧思深，其道周，其当吕氏之际乎？”❾高帝崩：事在高祖十二年（前195）四月。德：感念。强：硬是劝说。杨树达曰：“高祖所谓三杰，淮阴见诛，萧何械系，良之辟谷，所以自全耳。及高祖已崩，良固可以食矣，不必全由吕后之强也。” ❿《庄子·知北游》：“人生天地之间，若白驹之过隙。”按，隙，墙缝。“白驹过隙”极言用时之短暂。 ⓫按，张良处世之术，他人果不能及。

【译文】

后来张良又跟随刘邦去讨伐代国，在马邑为刘邦出过奇计。后来刘邦任萧何当相国，也是听从张良劝告的结果。

此外他与刘邦谈过的事情还有很多，但那些不是关系国家存亡的根本问题，所以这里就不一一记述了。张良自己说："我们家世世代代在韩国当丞相，韩国被灭亡后，我为了替韩国向秦朝报仇，曾不吝惜万贯家财，闹得天下震动。现在我靠着三寸不烂之舌，当了帝王的老师，被封为万户侯。作为一个平民来说，这已经到达顶点，我的愿望已经满足了！我愿意抛弃人世间的一切事情，想跟着赤松子去当神仙。"于是他就学着不吃粮食，意想平地飞升。等到刘邦死后，吕后回想从前，感激张良的恩德，就去强迫他吃东西，并劝他说："人活在世上，就像白马驰过墙缝一样短暂，为什么要这样自讨苦吃呢！"张良不得已，又勉强恢复了吃饭。

后八年❶卒，谥为文成侯。子不疑❷代侯。

【注释】

❶后八年：即吕后元年（前187）。梁玉绳曰："《汉传》'八'作'六'。考《高祖功臣侯者年表》，良以高帝六年封，卒于吕后二年，在位十六年，则当是'九年'，《史》《汉》俱误。"按，"后九年"即吕后二年（前186）。 ❷《吕太后本纪》载有张良子曰"辟彊"，此则谓"不疑"，盖皆以道家之宗旨命名。

【译文】

又过了八年，张良死了，朝廷谥之为"文成侯"。他的儿子张不疑继承了留侯的爵位。

子房始所见下邳圯上老父与太公书者，后十三年从高帝过济北，果见谷城山下黄石，取而葆祠之❶。留侯死，并葬黄石❷。每上冢伏腊，祠黄石❸。

【注释】

❶葆祠之：意即珍重地供奉着它；葆，通“宝”。《集解》引徐广曰：“《史记》‘珍宝’字皆作‘葆’。”按，《汉书·张良传》径作“宝”。 ❷留侯死，并葬黄石：今河南省开封市兰考县三义寨乡之曹辛庄有张良墓，县志称张良晚年托疾隐居，卒葬于此。按，张良墓有多处，不知孰真孰假。❸每上冢伏腊，祠黄石：意谓每年两次祭祀张良时，同时也一并祭祀黄石。伏，夏季伏日之祭；腊，冬季腊月之祭。姚苎田曰：“此段只详子房成功后善刀而藏之，妙。其文离奇幻忽，独与他传结处迥殊，盖他传多详其世次，此自不疑外无闻，却以黄石并葬终之。子房乎？老人乎？一而二，二而一矣。”

【译文】

当初，张良在下邳桥头遇到的送给他《太公兵法》的那位老人，十三年以后，张良跟着刘邦经过济北，果然在谷城山下见到了一块黄石头。张良就把它带回珍重地供了起来。后来张良死时，人们就把这块黄石头同他埋在了一起。每逢夏、冬两季人们给张良扫墓时，同时也祭祀那块黄石头。

留侯不疑，孝文帝五年坐不敬，国除❶。

【注释】

❶孝文帝五年：前175年。不敬：指对皇帝或天地神灵不礼貌，这在当时是死罪。国除：封国被取消。

【译文】

留侯张不疑在孝文帝五年因犯了不敬朝廷的罪，封爵被废除。

太史公曰：学者多言无鬼神，然言有物❶。至如留侯所见老父予书，亦可怪矣。高祖离困❷者数矣，而留侯常有功力焉，岂可谓非天乎？上曰："夫运筹策帷帐之中，决胜千里外，吾不如子房。"❸余以为其人计❹魁梧奇伟，至见其图，状貌如妇人好女。盖孔子曰："以貌取人，失之子羽。"❺留侯亦云❻。

【注释】

❶物：精灵，具有神怪性质的东西。 ❷离困：陷入困境；离，同"罹（lí）"，遭，陷。 ❸夫运筹策帷帐之中，决胜千里外，吾不如子房：三句见《高祖本纪》。 ❹计：王骏图曰："度必也。"即"估计一定"。 ❺以貌取人，失之子羽：《仲尼弟子列传》云："澹台灭明字子羽……状貌甚恶。欲事孔子，孔子以为材薄。既已受业，退而修行，行不

由径（小路），非公事不见卿大夫。南游至江，从弟子三百人，设取予去就，名施乎诸侯。孔子闻之，曰：‘吾以言取人，失之宰予；以貌取人，失之子羽。’”失，错。 ❻留侯亦云：泷川曰：“‘留侯’上添‘余于’二字看。”按，古人以身材魁梧高大为美，张良“状貌如妇人好女”，故不易为人所重，然而却有大才，故作者曰“余于留侯亦差点儿以貌失之也”。罗大经曰：“子房早年颇侣荆轲，晚颇侣仲连，专得老氏‘不敢为天下先’之术。……盖因机乘时，与之斡旋，未尝自我发端，故消弭事变全不费力。晦翁云‘子房只是占便宜，不肯自犯手做。又凡事只到半中央而止，如看花切勿离披’是也。”司马光曰：“以子房之明辨达理，足以知神仙之为虚伪矣，然其欲从赤松子游者，其智可知也。夫功名之际，人臣之所难处。如高帝之所称者，三杰而已，淮阴诛夷，萧何系狱，非以履盛满而不止也？故子房托于神仙，遗弃人间，等功名于外物，置荣利而不顾，所谓明哲保身者，子房有焉。”杨时曰：“老子之学最忍，他闲时似个虚无单弱的人，到紧要处发出来使人支吾不住，如张子房是也。子房如峣关之战与秦将连和了，忽乘其懈击之；鸿沟之约与项羽讲解了，忽回军杀之，这便是柔弱之发处，可畏！可畏！”

【译文】

太史公说：学者们都不相信鬼神，但却认为有物怪。至于像张良所见到的那位给他书的老人，也可以说是一怪了。汉高祖曾多次陷入困境，而张良常常能使他转危为安，这能够说不是一种天意吗？汉高祖曾佩服地说：“运筹于军帐之中，决胜于千里之外，我不如张良。”也正因此我总认为张良一定是一个身材魁梧、相貌非凡的人。等到后来一见他的画像，原来长得像个柔弱的妇女。孔子曾说过："单以容貌取人，我就看错过澹台子羽。"对于张良，我也差点犯了同样的错误。

【解读】

《留侯世家》记述了张良筹谋划策，在佐助刘邦灭秦灭项，以及在刘邦建国后，又协助刘邦在稳定王朝秩序上所进行的种种活动。张良的丰功伟绩与历史贡献是有目共睹的，刘邦称张良与萧何、韩信为"三杰"；宋人真德秀说："子房为汉谋臣，虽未尝一日居辅相之位，而其功实为'三杰'之冠，故高帝首称之。其人品在伊、吕间，而学则有王伯之杂；其才如管仲，而气象高远则过之。其汉而下，惟诸葛孔明略相伯仲。"这样不遗余力地称颂张良，当然也可以，司马迁也的确有其心悦诚服的一面；但我觉得张良不是司马迁心目中的理想人物，他对其欲取反予、出尔反尔、故弄玄虚的种种手段，对他在许多功臣被杀问题上所起的作用，以及他那种远事避祸、明哲保身的立场态度是有隐微批评与嘲讽的。

张良是黄老哲学的活标本，他以黄老哲学帮着刘邦与秦朝斗、与项羽斗、与其他功臣斗，同时又得留着一份心思与刘邦斗、与吕后斗。他那种以柔克刚、故弄玄虚、未雨绸缪、圆滑处世的手段，实在是令人叹服，而又令人感到可怕。但是话又说回来，历览两千多年的封建社会，又能找到几个不是靠着运用阴谋权术而取得胜利的呢？张良是个以黄老思想为安身立命之基的人，他以黄老思想指导刘邦消灭了秦朝、打败了项羽，也以黄老思想使自己在凶险莫测的政治斗争中获得了安全。张良的思想表现，有些地方的确够不上是仁人君子、贞臣烈士，但他也只能靠着这种手段才避免了灾祸，保住性命，做成了一些事情。变幻莫测的朝廷、官场往往就是如此地令人感到悲哀与无奈！

《留侯世家》的艺术性很高，“圯上赠书”是其中的第一个亮点，这当然是张良自己或者张良的徒子徒孙为了某种目的所编造的神话；但它的确生动地表现了张良的一场脱胎换骨的发展变化过程。苏轼写过《留侯论》，说是某位隐君子为了点化张良而故行此计，张良也的确是从此摇身一变，到第二次再与读者见面时就由荆轲、聂政摇身而变成满腹玄机的“帝王师”了。

第二个亮点是写了张良为吕后出主意请来商山四皓，以跟从太子刘盈，展示了刘邦与戚夫人忧愁感伤而又无可奈何不得不改变主意的情景。其实我们不应对“商山四皓”的本事估计过高，而是这四个人出现在重病缠身、心力交瘁，正在忧虑后事的刘邦面前，恰好给刘邦最后的审时度势、下定决心起了一种催化的作用。刘邦是为了保住刘氏的天下，才断然决定放弃戚夫人，因为他明白他死之后能控制全国局势的只有吕后。明代宋濂对此说：“高祖知吕后与戚夫人有隙，然终不杀者，以孝惠帝不能制诸大臣，故委戚氏不顾，为天下计也。”另外，“商山四皓”的出现也正好给刘邦提供了一个改变主意的台阶，给刘邦提供了一个搪塞戚夫人的借口。明代张时彻说：“帝岂不知太子必不可易，吕后必不可废？特不忍于戚姬之爱，故亦假四人以沮戚姬。”刘邦一旦确定不废吕后，戚夫人与他的儿子赵王如意日后就只有死路一条。一个威加海内的帝王，竟眼巴巴保护不了一个心爱的女子和一个心爱的小儿子，其内心痛苦是难以言表而又无法对任何人说的，这一点，他与戚夫人都心照不宣。

《留侯世家》通篇带有一种神秘的恍惚迷离的色彩，诸如仓海力士、圯上老人、赤松子，以及夜半授书、预言后事、道引辟谷、葆祠黄石，等等，这些与张良其人说话、做事的阴阳怪气、虚虚实实合在一起，于是作品便正像《红楼梦》所说的"假作真时真亦假，无为有处有还无"了。

【编按】

张良，是智慧与君权共谋的所谓"帝王师"的完美典型，此前有吕尚、管仲、范蠡，此后有诸葛亮、王猛、苏绰、房玄龄、赵普、刘基等；范蠡、张良、刘基又功成身退明哲保身，在民间被神化。《史记》整体上多快意恩仇，痛快淋漓，独独这一篇神神道道，云山雾罩，张良无疑参与了刘邦诛杀韩信等功臣的事，也为吕后出过大力，司马迁对张良敬畏有余，谈不上感情上的喜爱。一般读者往往只看到"帝王师"足智多谋又潇洒的一面，其实往往忽略了他们对皇权的依附，以及缺乏原则性，战战兢兢小心自保的一面。所以韩兆琦先生在解读中提示说，这是研究黄老之道的珍贵资料。

本篇仅仅删掉了《留侯世家》中汉三年（前204），张良批驳郦食其谏封立六国后裔以削弱项羽势力的建议。《太史公自序》说："运筹帷幄之中，制胜于无形，子房计谋其事，无知名，无勇功，图难于易，为大于细。作《留侯世家》。""运筹帷幄之中，制胜于无形"这是大智慧，而"图难于易，为大于细”来自《老子》：“图难于其易，为大于其细，天下难事必作于易，天下大事必作于细。”“千里之行，始于足下”，这是我们每一个人都要记住并践行的优秀品质。

张良半身像

08.

周亚夫半身像

绛侯周勃世家·周亚夫

周亚夫全身像

条侯亚夫自未侯为河内守时[1]，许负相[2]之，曰："君后三岁而侯[3]。侯八岁为将相，持国秉[4]，贵重矣，于人臣无两。其后九岁而君饿死。[5]"亚夫笑曰："臣之兄[6]已代父侯矣，有如卒，子当代，亚夫何说[7]侯乎？然既已贵如负言，又何说饿死？指示我。"许负指其口曰："有从理入口，此饿死法[8]也。"居三岁，其兄绛侯胜之有罪，孝文帝择绛侯子贤者，皆推亚夫，乃封亚夫为条侯，续绛侯后。

【注释】

❶为河内守时：在文帝十五年（前165）。 ❷许负：汉初的相者，其人又见于《外戚世家》《游侠列传》。相：相面。 ❸后三岁而侯：文帝后元二年周亚夫果然封了条侯。 ❹景帝三年（前154）周亚夫为太尉，平定七国之乱；景帝七年（前150）周亚夫任丞相。秉：通"柄"，这里指国家大权。 ❺景帝中元三年（前147）周亚夫因得罪景帝被下狱，死。凌稚隆引茅坤曰："许负数言，了当条侯一生。"按，以上许负云云自然是后人所编排。 ❻臣之兄：周勃的长子周胜之。 ❼何说：犹言"何因""何由"。 ❽从理：竖纹；从，同"纵"。此饿死法：这是一种终将饿死的面相；法，也称"法令"。古人相面，说竖纹入口是饿死的征象。

【译文】

当周亚夫任河内郡太守还没有被封侯的时候，许负就曾给他相面说："您在三年之后就要被封侯。封侯八年之后要做将相，掌握国家大权，那时您的地位将贵重到极点，在人臣中独一无二。但是再过九年您将被饿死。"周亚夫笑着说："我的长兄已经接替了父亲的侯爵，日后他死了，也将由他的儿子接替，我又怎么轮得上封侯呢？再说如果我真是像您所说的封侯拜相有了尊贵到极点的权位，那又怎么会饿死呢？请你指着我的面相告诉我。"于是许负指着周亚夫的嘴说："你的嘴角上有一条竖的纹理进入嘴中，这是一种饿死的面相。"过了三年，周亚夫的哥哥周胜之因为杀人罪而被剥夺侯爵，孝文帝要在周勃的儿子中找一个贤明的，大家都推举周亚夫，于是孝文帝就封周亚夫为条侯，把他立为绛侯周勃之后。

文帝之后六年，匈奴[1]大入边。乃以宗正刘礼[2]为将军，军霸上；祝兹侯徐厉为将军，军棘门[3]；以河内守亚夫为将军，军细柳[4]：以备胡。上自劳军。至霸上及棘门军，直驰入，将以下下骑送迎[5]。已而之细柳军，军士吏被甲，锐兵刃，彀弓弩，持满[6]。天子先驱[7]至，不得入。先驱曰："天子且至！"军门都尉[8]曰："将军令曰'军中闻将军令，不闻天子之诏'[9]。"居无何，上至，又不得入。于是上乃使使持节诏将军："吾欲入劳军。"亚夫乃传言开壁门[10]。

壁门士吏谓从属车骑曰："将军约，军中不得驱驰。"于是天子乃按辔徐行⑪。至营，将军亚夫持兵揖曰："介胄之士不拜⑫，请以军礼见。"天子为动，改容式车⑬。使人称谢："皇帝敬劳将军。"成礼而去。既出军门，群臣皆惊。文帝曰："嗟乎，此真将军矣！曩者⑭霸上、棘门军，若儿戏耳，其将固可袭而虏也。至于亚夫，可得而犯邪！"称善者久之。⑮月余，三军皆罢。乃拜亚夫为中尉⑯。

【注释】

❶文帝之后六年：孝文帝十七年（前163）时，改年号为后元元年。后六年为前158年。匈奴：战国后期以来兴起的北方民族名，活动在今内蒙古及蒙古国一带，详情见《匈奴列传》。　❷宗正：朝官名，九卿之一，主管叙录皇族的谱牒及处理皇族人员的犯罪问题。刘礼：刘邦之侄，刘邦弟楚元王刘交之少子，后来被封为楚王，事见《楚元王世家》。　❸祝兹侯徐厉：梁玉绳曰："当作'松兹侯徐悍'。"按，据《惠景间侯者年表》徐厉为"松兹侯"。棘门：古地名，原为秦宫门，在当时的长安城西北，今陕西省咸阳市东。　❹细柳：古地名，在当时的长安城西，今陕西省咸阳市西南的渭河北岸。　❺将以下下骑送迎：意即当皇帝来临与皇帝离去的时候，将军都是率领部下全体将士，下马俯伏迎接皇帝与送皇帝离去。但通行本原文于此作"将以下骑迎送"，遂使人理解为将军与其部下都是骑着马迎送皇帝，

完全不合情理。此处的“下”字必须重出，作“将以下下骑迎送”，如此，始可与后面的文帝所谓“其将固可袭而虏也”相应。如果“骑迎送”，此对皇帝尚成何礼？亦何可“袭而虏”耶？但《史记》中类似有词语应重出而未重出的句子颇有一定数量，见《史记笺证》所附的《〈史记〉的特殊修辞与畸形句例》。今据补“下”字。 ❻锐兵刃：即指刀出鞘。彀（gòu）弓弩：即所谓弓上弦；彀，张，上好弦。持满：把弓拉圆。 ❼先驱：先遣队。 ❽军门都尉：把守营门的都尉。都尉的级别相当于校尉。 ❾王先谦引沈钦韩曰：“《六韬·立将》篇：‘军中之事，不闻君命，皆由将出。’《白虎通》曰：‘大夫将兵，但闻将军令，不闻君命也。’”按，《司马穰苴列传》有所谓“将在军，君令有所不受”，其意亦与此相同。 ❿壁门：即营门；壁，壁垒，营垒。 ⓫按辔徐行：勒着缰绳，使车马徐行。 ⓬介胄之士不拜：《集解》引应劭曰：“礼，介者不拜。”介，甲，铠甲；胄，头盔。袁黄引郭大有曰：“文帝劳军细柳，而先驱至不得入，节制之兵宜若此矣；但天子既入其营，非临阵对敌可比，夫何尚以介胄自居，长揖不拜？使所遇而非帝，欲不及祸难哉！” ⓭式车：把头伏在车前的横木（轼）上，这是古人在车上为向某人某事表示敬意而做出的一种姿态；式，通“轼”。 ⓮曩（nǎng）者：昔，刚才。 ⓯凌稚隆引霍韬曰：“后世武臣用兵，文臣制之，步趋秉命焉。少有擅专，即以矫制受戮，如絷骥足而责之驰，是故兵日弱，国日蹙，以至于亡。然后知文帝之盛德，非后世可企也。或曰：‘不几于以臣抗君矣？’愚曰：‘此用兵之权宜也，兵罢归朝，则固有君臣常礼矣。’然后益知汉之近古也。” ⓰中尉：主管京城治安的武官，后来改称“执金吾”。

【译文】

汉文帝后元六年，匈奴人大举入侵汉朝的北部边境。孝文帝派宗正刘礼为将军，率军驻扎在霸上；派祝兹侯徐厉为将军，率军驻扎在棘门；派河内郡郡守周亚夫为将军，率军驻扎在细柳：以防备匈奴人入袭京城。有一天孝文帝亲自去慰劳军队。当他到达霸上和棘门的两座军营时，都是让孝文帝的车驾侍从长驱而入，以将军为首的骑兵所有人等都下马俯伏迎送皇帝。接着孝文帝又向细柳而来。这里的官兵们都身披铠甲，营门前的士兵们都一个个刀出鞘弓上弦，戒备森严得很。当皇帝车驾的先驱到达营门时，门前的卫兵拦住了他们。先驱说：“皇帝马上就要到了！”把守营门的都尉说：“将军命令我们‘军营中只能听将军的命令，不能听皇帝的圣旨’。”过了不久，孝文帝的车驾来到营前，卫队仍是拦着不准他们入内。于是孝文帝只好派使者手执符节进去通知周亚夫说：“皇帝要入营慰劳官兵。”周亚夫这才传令打开营门。营门的守卫又对皇帝的侍从们说：“将军有规矩，军营中不允许车马飞跑。”于是孝文帝告诉侍从们一律勒住缰绳，缓步前进。当文帝到达营门时，将军周亚夫手持兵器迎过来作了一个揖说：“我甲胄在身，武士不能跪拜，只能以军队的礼节参见皇上。”孝文帝很受感动，他严肃地俯身在车前的横木上向官兵们致礼，并让人向周亚夫传呼道：“皇帝谨向将军致以最亲切的问候。”就这样，直到结束了全部慰劳仪式才起驾离去。孝文帝出了周亚夫的军营，跟随皇帝的群臣和侍卫们都还一个个惊魂未定。孝文帝赞叹地说：“这才是真正的将军！刚才去过的霸上和棘门，简直就是儿戏，那里的主将完全可以被敌人所偷袭，所俘获。至于周亚夫，谁能侵犯得了呢！”这件事一直被汉文帝念叨赞叹了好几天。一个月以后，随着匈奴人的威胁解除，三支驻军也全部撤去。于是孝文帝改拜周亚夫为中尉以维持首都的治安。

孝文且崩时，诫太子❶曰：“即有缓急❷，周亚夫真可任将兵。”文帝崩❸，拜亚夫为车骑将军❹。

【注释】

❶太子：即日后的汉景帝，名启，窦皇后所生。 ❷即：若。缓急：偏义复词，即指急，紧急。 ❸文帝崩：事在文帝后元七年（前157）六月。 ❹车骑将军：将军的名号，高于其他普通名号的将军。但文帝时尚无大将军第一、骠骑将军第二、车骑将军第三、卫将军第四等的排列次序。

【译文】

孝文帝临死前，告诫太子说：“如果日后国家有了紧急情况，周亚夫才真正是可以信托任命率领军队的。”孝文帝死后，周亚夫被任命为车骑将军。

孝景三年，吴、楚反❶。亚夫以中尉为太尉❷，东击吴、楚。因自请上曰：“楚兵剽轻❸，难与争锋。愿以梁委之❹，绝其粮道，乃可制。”上许之。❺

【注释】

❶孝景三年：前154年。吴、楚反：吴、楚等七国发动叛乱。汉景帝即位后，鉴于诸侯王势力过大，采用御史大夫晁错之议削减了他们各自的一部分领地。诸侯不服，遂以请诛晁错为名，发动了大规模的叛乱，事在景帝三年一月。为首者是吴王刘濞（都广陵，今扬州市）、楚王刘戊（都彭城，今徐州市），其余有胶东王刘雄渠（都即墨，今山东省平度市东南）、胶西王刘卬（都高密，今山东省高密市西南）、济南王刘辟光（都东平陵，今山东省济南市章丘区西北）、赵王刘遂（都邯郸，今河北省邯郸市）、菑川王刘贤（都剧，今山东省潍坊市昌乐县西北），共七国，史称为“七国之乱”，详见《袁盎晁错列传》《吴王濞列传》。 ❷以中尉为太尉：由中尉升任为太尉。按，“太尉”一职前于文帝三年被二次废除，今事有紧急，故又重设此职。 ❸剽（piāo）轻：勇猛迅捷。 ❹以梁委之：先把梁国扔给吴、楚，让他们打。梁，景帝之胞弟刘武的封国，国都睢阳（在今河南省商丘市南）。吴、楚叛军杀向长安，梁国首当其冲。有关刘武的事迹与梁国在此次平定七国之乱中的作用，详见《梁孝王世家》。 ❺据《吴王濞列传》，亚夫受命后，东至淮阳，向其父绛侯故客邓都尉问策。邓曰：“吴兵锐甚，难与争锋。楚兵轻，不能久。方今为将军计，莫若引兵东北壁昌邑，以梁委吴，吴必尽锐攻之。将军深沟高垒，使轻兵绝淮、泗口，塞吴饷道。彼吴梁相敝而粮食竭，乃以全强制其罢极，破吴必矣。”

【译文】

孝景帝三年，吴王刘濞伙同楚王刘戊等一起举兵造反。

周亚夫从中尉升任太尉，受命率兵东进迎击吴、楚叛军。出发前他向汉景帝请求说："楚地的军队一向剽悍迅猛，我们不能同他们硬拼。我们可以暴露梁国这个侧面让叛军攻击，以消耗叛军的锐气，而我们则是抄后路切断他们的粮道，这样才有可能打败他们。"汉景帝答应了周亚夫的请求。

太尉既会兵❶荥阳，吴方攻梁，梁急，请救。太尉引兵东北走昌邑❷，深壁而守。梁日使使请太尉，太尉守便宜，不肯往❸。梁上书言景帝，景帝使使诏救梁。太尉不奉诏，坚壁不出❹，而使轻骑兵弓高侯等绝吴、楚兵后食道❺。吴兵乏粮，饥，数欲挑战，终不出。夜，军中惊，内相攻击扰乱，至于太尉帐下。太尉终卧不起。❻顷之，复定。后吴奔壁东南陬❼，太尉使备西北。已而其精兵果奔西北，不得入。吴兵既饿，乃引而去。太尉出精兵追击，大破之❽。吴王濞❾弃其军，而与壮士数千人亡走，保于江南丹徒❿。汉兵因乘胜，遂尽虏之，降其兵⓫，购吴王千金。月余，越⓬人斩吴王头以告。凡相攻守三月，而吴、楚破平。⓭于是诸将乃以太尉计谋为是。由此梁孝王与太尉有郤⓮。

【注释】

❶会兵：会兵，集结兵力。 ❷昌邑：汉县名，县治在今山东省济宁市金乡县西北，当时为山阳郡的郡治所在地，

处于睢阳东北方的二百多里之外。 ❸守便宜，不肯往：便宜，有利的地形；不肯往，目的即借吴、楚之兵以削弱梁国。 ❹王夫之曰："周亚夫请以梁委吴、楚，断其粮道，景帝许之。梁求救而亚夫不听；上诏亚夫救梁，而亚夫不奉诏，于是亚夫之情可见，景帝之情亦可见矣。委梁于吴以敝吴，而即亦敝梁，以今日之梁即他日之吴、楚也。亚夫以是获景帝之心，不奉诏而不疑；景帝之使救也，亦聊以谢梁而缓太后之责也。" ❺弓高侯：韩颓当，刘邦功臣韩王信之子。韩王信于高祖七年（前200）反汉失败后，死于匈奴。其子韩颓当于文帝十四年（前166）又率众归降于汉，被封为弓高侯，事见《韩信卢绾列传》。绝吴、楚兵后食道：茅坤曰："专以绝粮道困吴、楚，此一着亚夫大略处。" ❻太尉终卧不起：此写周亚夫之镇静老练，能持重。凌稚隆引何孟春曰："亚夫军中夜惊，其与吴汉平原夜惊何异哉？二子坚卧不起，以安众心，即秦兵压境而谢安围棋，虏临澶渊而寇准歌谑同一谋也。" ❼奔壁东南陬（zōu）：谓奔袭周亚夫军营的东南角；陬，隅，角落。 ❽出精兵追击，大破之：事在景帝三年二月。杨树达曰："《李广传》'广以骁骑都尉从亚夫战昌邑下，显名'，即此时事也。" ❾吴王濞：刘邦的次兄刘仲之子，高祖十一年（前196）黥布"谋反"被杀后，刘邦立刘濞为吴王，都广陵（今江苏扬州）。吴王濞是七国乱军的盟主，事见《吴王濞列传》。 ❿保：逃依，退守。丹徒：汉县名，县治在今江苏省镇江市丹徒区东南。据《东瓯列传》，东瓯是越人在今浙江省温州市一带建立的小国名，刘邦建国后，归依汉朝。吴、楚七国造反，东瓯响应吴王刘濞的号召，起兵相从，驻兵于丹徒。刘濞自己的军队被打垮，故逃依东瓯人于丹徒。 ⑪遂尽虏之，降其兵：谓尽降刘濞“弃”于江北之兵。 ⑫越：春秋时期的古国名，都会稽（今浙江省绍兴市），后遂以“越”泛指今浙江一带地区，这里即指东瓯人。 ⑬凡相攻守三月，而吴、楚破平：吴、楚七国于景帝三年一月造反，于三月被讨平，首尾共三个月。 ⑭梁孝王与太尉有郤：郤，通“隙”，隔阂，仇怨，意周亚夫“抗命”不救梁国。

【译文】

周亚夫把朝廷的各路军队集结在荥阳，这时吴国军队正在进攻梁国，梁国的形势危急，梁王请求周亚夫出兵援救。周亚夫置之不理，他把军队带到了荥阳东北的昌邑县，深沟高垒，坚守不出。梁王天天派人请求周亚夫救援，周亚夫以因时因地制宜为借口就是不动。梁王只得上书向景帝告急，景帝派人诏令周亚夫出兵救援梁国。周亚夫拒不执行诏令，仍是坚守营垒不肯出兵救梁，而是派了弓高侯等率领轻骑兵切断了吴、楚军队后方的运输线。这样一来吴国军队的粮草补给不上了，士兵们开始饿肚子。这时吴军连续几次向周亚夫的军队挑战，但周亚夫始终坚守阵地不肯出战。一天夜里，周亚夫的营中忽然掀起骚乱，乱兵几乎都闹到了周亚夫的帐幕之下。但周亚夫始终镇静地躺在床上不起来。过了一会儿，营中自己又平静下来了。后来吴兵突然向周亚夫营寨的东南角发起攻击，周亚夫立即命令要注意防备西北角。不一会儿吴国的精锐部队果然开始了对西北角的猛攻，只因周亚夫有备，所以吴兵未能攻入。最后因为吴国军队已经绝粮，于是只好撤退。这时周亚夫立即派精兵追击，吴军大败。吴王刘濞只好抛弃了部队只带着几千名壮士逃到了江南的丹徒县。汉兵乘胜追击，全部俘虏了吴国军队，迫使他们投降，同时悬出千金之赏购买吴王刘濞的人头。一个月后，丹徒有人杀了吴王把人头给周亚夫送来了。这次周亚夫与叛军作战，前后总共用了三个月，吴、楚等国就被削平了。这时各位将领才认识到周亚夫当初的计谋是正确的。但也正是从这次平叛开始，梁孝王同周亚夫结下了怨仇。

归，复置太尉官❶。五岁❷，迁为丞相❸，景帝甚重之。景帝废栗太子❹，丞相固争❺之，不得。景帝由此疏之。而梁孝王每朝，常与太后❻言条侯之短。

【注释】

❶汉初之太尉官，时置时废。据《汉兴以来将相名臣年表》：高祖二年（前205）最先以卢绾为太尉，高祖五年卢绾反，汉亦遂罢太尉官；至高后四年，又以周勃为太尉，孝文帝三年又罢太尉官；景帝三年，周亚夫往讨吴、楚，临时授以此职，至归，乃又正式设置此官。 ❷五岁：周亚夫为太尉的第五年，即景帝七年（前150）。 ❸迁为丞相：是时丞相陶青被免职，周亚夫擢为丞相，而“太尉”一职遂又废除。 ❹栗太子：名荣，以其母姓栗，故史称“栗太子”。栗姬性妒，在嫔妃中处境孤立，景帝姊长公主刘嫖与景帝妃王夫人共同倾陷之。孝景帝七年（前150），栗太子被废，栗姬也愤郁而死。 ❺固争：坚决反对景帝的做法。❻太后：即汉文帝的夫人窦太后，孝景帝与梁孝王的生母，

事迹详见《外戚世家》。

【译文】

因为周亚夫是以太尉的官衔率军平定这次叛乱的，所以当周亚夫回朝后，朝廷为此又特意恢复了前已废除的太尉官。又过了五年后，周亚夫被迁升为丞相，汉景帝非常重用他。后来当汉景帝要废除栗太子的时候，周亚夫极力拦阻护持，但未能成功，而汉景帝则从此对周亚夫越来越疏远。而梁孝王每次进京朝见，常常跟太后讲周亚夫的短处。

……

顷之，景帝居禁中❶，召条侯，赐食。独置大胾❷，无切肉，又不置櫡❸。条侯心不平，顾谓尚席❹取櫡。景帝视而笑曰："此不足君所乎❺？"条侯免冠谢❻。上起❼，条侯因趋出❽。景帝以目送之，曰："此怏怏者非少主臣也❾！"

【注释】

❶禁中：即宫中，以其门阁有禁，非侍御之臣不得入内，故云。 ❷大胾（zì）：大块的肉。 ❸不置櫡（zhù）：不放筷子。 ❹尚席：官名，主管为皇帝安排酒席；尚，主管。 ❺此不足君所乎：意即"这难道还不满你的意吗"。杨树达曰："'所'犹'意'也。"凌稚隆引李廷机曰："曹操以空器馈荀彧，即从景帝饭亚夫不置箸也，皆二桃杀三士意。谚云'杀人不用刀'，此耳。" ❻免冠谢：摘下帽子赔礼请罪。 ❼上起：言景帝发怒站起。 ❽趋出：趋，小

步疾走，这是臣子在君父面前行走的一种特殊步态。❾此怏怏者非少主臣也：这个心怀不满的家伙，不是日后侍奉幼主的材料！意即绝不能再留着他；怏怏，犹言“悻悻”，内心不平、不满的样子。

【译文】

过后不久，汉景帝召周亚夫入宫，设宴招待他，但桌上只摆着一大块肉，既没有切碎的肉，又没有放筷子。周亚夫心里不高兴，他回头叫主管筵席的官员去拿筷子。这时汉景帝看着周亚夫冷笑说：“这还不能满足你的要求吗？”周亚夫一听只好脱帽请罪。这时汉景帝已经生气地站起来了，周亚夫见此情景，也躬身快步出门而去。汉景帝盯着他的背影说：“这个心怀不满的家伙，可不是一个将来能受下一代皇帝支使的人！”

居无何，条侯子为父买工官尚方甲楯五百被可以葬❶者。取庸❷苦之，不予钱。庸知其盗买县官❸器，怒而上变告子，事连污条侯❹。书既闻上，上下吏。吏簿责❺条侯，条侯不对。景帝骂之曰：“吾不用也❻。”召诣廷尉❼。廷尉责曰：“君侯欲反邪？”亚夫曰：“臣所买器，乃葬器也，何谓反邪？”吏曰：“君侯纵不反地上，即欲反地下耳。”❽吏侵之益急❾。初，吏捕条侯，条侯欲自杀，夫人止之，以故不得死，遂入廷尉。因不食五日，呕血而死❿。国除。

【注释】

❶工官尚方：犹言“尚方工官”，主管为皇家制造器物的部门，其长官曰上方令。五百被（pī）：犹言“五百套”；被，套，计数单位。可以葬：可作殉葬之用。 ❷庸：通“佣”，雇工。 ❸盗买：非法购买。县官：指天子，亦用为“国家”之义。 ❹怒而上变告子，事连污条侯：变，也叫“变事”，告发谋反事件的文书；连污，连带受祸。 ❺簿责：师古曰：“书之于簿，一一责问之也。”按，此时尚未逮治，乃派吏持簿至其家验问之。《李将军列传》有所谓“对簿”“上簿”，与此“簿”字同义。 ❻吾不用也：郭嵩焘曰：“不更责其对簿也。”茅坤曰：“言不须用对簿，自可令廷尉治耳。” ❼召诣廷尉：命令条侯到廷尉处受审；廷尉，官名，主管全国刑狱，是当时的九卿之一。 ❽何孟春曰：“吏之谓‘反地下’之言，是以人命悦上意，而置无罪有功之臣于死地。廷尉不足道矣，景帝之朝岂无人能为解之者？亦由帝之不复可与言故也。” ❾侵之益急：侵，折辱，使之受苦。按，史公每言及此种事，感慨万分，试参看《报任安书》《韩安国列传》以及本世家周勃下狱事。 ❿周亚夫呕血死的时间，史公未明载，《资治通鉴》系之于景帝后元元年（前143）八月。然据下文“绝一岁，景帝乃更封绛侯勃他子坚为平曲侯”，而《高祖功臣侯者年表》谓勃子坚续封平曲侯在景帝后元元年，则亚夫之死似当在景帝中元六年（前144）。

【译文】

没过多久，周亚夫的儿子为周亚夫向专为宫廷服务的制造厂买了五百套作殉葬用的铠甲和兵器。由于虐待雇工，不给人家工钱，而雇工们知道这是偷着买了皇家使用的陪葬物品，于是一怒之下上书告发周亚夫的儿子谋反，事情很自然地牵连到了周亚夫。汉景帝看过控告信后，把这个案件交给有关的法吏去办理。法吏拿着簿书到周亚夫家验问，周亚夫不理他。汉景帝听说后生气地骂道："我也用不着叫你对簿了。"于是下令叫周亚夫到廷尉那里去受审。廷尉责问周亚夫说："君侯你想造反吗?"周亚夫说："我买的那些东西都是殉葬品，怎么能说是造反呢?"旁边的小吏们说："即使您不是想在人间造反，也是想到地下去造反!"接着他们就越来越厉害地迫害周亚夫。本来当狱吏去逮捕周亚夫时，周亚夫就想自杀，由于他的夫人劝阻他，所以才没有死，到了廷尉这里。在狱中周亚夫五日拒不进食，最后吐血而死。封国也随之被废除。

【解读】

《绛侯周勃世家》分前后两部分，前一部分记述了周勃在协助刘邦灭秦、灭项建立汉王朝，刘邦建国后又协助刘邦平定叛乱巩固汉王朝，以及在吕后死后诛灭诸吕、拥立汉文帝，最后被罢官郁郁而死的过程；后一部分写周勃的儿子周亚夫在文帝时为将军治军有方，景帝时为太尉，平定吴、楚七国之乱有大功，后来因权大位尊被景帝所忌恨、所杀害的过程。本文即选自周亚夫这一部分。

周亚夫是《史记》中最使人同情的悲剧英雄人物之一，而司马迁的描写也意到笔到。司马迁对周亚夫的惨痛结局，表现了无限的同情与不平。汉景帝是司马迁笔下最阴暗、最残酷、最反复无常的统治者之一，汉景帝与王皇后无疑是

《史记》中最令人憎恶的人物形象。

“周亚夫军细柳”一节，显然是一个故事传说，对之不能全信。司马迁写这段故事的目的是想说周亚夫为人有个性，治军有严格的规章制度，任何人不能违犯，甚至连皇帝也不能有任何通融，这是好的，但张扬得有些过头。比如作品写“天子先驱至，不得入”，可以；又说“军中闻将军令，不闻天子之诏”，也可以；至于说“士吏被甲，锐兵刃，彀弓弩”，还要“持满”，这就太过分了，用得着吗？明明知道这是皇帝前来劳军，而对汉文帝的车驾，还要左一个禁令，右一个禁令，以显示自己兵营的纪律森严与自己在军中的无上权威，用现在的一个新词，就是过分地“作秀”。周亚夫当时也不可能这么做，这是司马迁夸张的描写。清代郭嵩焘曾对这段故事的本来面貌推断说：“此当为文帝微行至军，军吏得遏止之。史公但自奇其文，故于此等细微不及详耳。”他猜想大概是有一回汉文帝微服私访，信步来到周亚夫的兵营，守门的卫士不认识皇帝，把皇帝挡在了营门外。《史记》中的故事大约由此发展而来。这段故事的另一面就是歌颂汉文帝的宽仁大度，与臣下常有一种“家人父子”的亲密关系，有容人之量。这点在《张释之冯唐列传》里面有充分的表现，可以与本文相互参照，表现了司马迁的某些理想君道的光辉。

另外，这“军中闻将军令，不闻天子之诏”，虽说也是古代军事家们的一种处事原则，《孙子兵法》与《史记》的《司马穰且列传》《魏公子列传》中都有“将在外，君命有所不受”这种话，但这种话都是让帝王们听了害怕的，实行起来风险极大。即使当时因此取得了胜利，将军日后也要为此付出惨重的代价。周亚夫因平定吴、楚七国之乱有功，于汉景帝七年（前150）被升任为丞相。由于周亚夫为人耿直，坚持正道，故而得罪了汉景帝、王皇后等人：其一，反对汉景帝废太子刘荣，这不仅招来汉景帝之恨，更招来了王皇后、皇太子（未来的汉武帝）以及景帝之姐大长公主的憎恨，性质与后果都是严重的。其二，周亚夫反对汉景帝封王皇后的兄长王信为侯，这件事对于汉景帝虽说是无所谓，但对王皇后就不是小问题了，它一方面涉及其兄长王信的巨大利益，同时涉及王皇后本人的面子与尊严，所以她对周亚夫怀恨在心，周亚夫的危险，又严重了十分。其三，周亚夫在平定七国之乱的时候，帮着汉景帝贯彻“一石击二鸟”的方针，使梁国蒙受重大损失，因此梁王刘武每次上朝，都在母亲窦太后和兄长景帝的面前数说周亚夫的坏话。窦太后是从一开始就站在小儿子梁孝王的立场痛恨周亚夫，汉景帝开始时是支使周亚夫这么做的，后来时过境迁，也渐渐地和他的母亲、弟弟对周亚夫一道厌恶痛恨起来。其四，当时有五个匈奴贵族叛变匈奴投降汉朝，汉景帝很高兴，想封他们为侯爵，以鼓励其他人也来投降，周亚夫坚持反对，而汉景帝不再通融，硬是给那叛逃过来的五个匈奴人封了侯。到这时周亚夫在朝中所处的地位已经相当孤立、相当危险了，但性情直爽、一心为公的周亚夫竟然还没有任何觉察。

也正是在周亚夫已经招致汉景帝如此憎恨，而周亚夫的功勋、威望又如此之高的情况下，当年他那种“军中闻将军令，不闻天子之诏”的话，就让汉景帝又恨又怕，成为周亚夫必死无疑的原因了。宋代黄震评论周亚夫的悲剧结局说：“亚夫重厚守正，平吴、楚有大功，其争废太子、争侯王信、争侯降匈奴（唯）徐卢等五人，又皆宰相职也，反以怏怏疑之，卒置死地。景帝尤少恩哉！”

【编按】

汉朝对功臣比较刻薄，受到猜忌而被杀者不少。有人说《绛侯周勃世家》写的就是功臣受戮的故事。尤其对周亚夫，司马迁充满了同情。我们通过周亚夫可以看到汉文帝、汉景帝的君王驭下之术。过去常说“伴君如伴虎”，这是中国古代政治体制的劣根性之一。周亚夫之死警醒读者思考：一些历史上的所谓明君，为什么也做那么多不堪的事？究竟什么样的政治生态才是好的生态？

韩兆琦先生的解读重点分析了“驻军细柳营”的夸张成分。推荐读者阅读，主要还是希望读者因此知道纪律的重要性。几乎所有兵法都强调纪律第一，军队不是一个人在战斗，有纪律才能协同攻坚。

列传

09.

管晏列传·管子

鲍叔牙像

管仲画像

管仲与齐桓公汉画石像

管仲像

管仲夷吾❶者，颍上❷人也。少时常与鲍叔牙游❸，鲍叔知其贤。管仲贫困，常欺❹鲍叔，鲍叔终善遇之，不以为言。❺已而鲍叔事齐公子小白❻，管仲事公子纠❼。及小白立，为桓公❽，公子纠死，管仲囚焉。❾鲍叔遂进❿管仲。管仲既用，任政⓫于齐，齐桓公以霸⓬，九合诸侯⓭，一匡天下⓮，管仲之谋也。

【注释】

❶管仲夷吾：姓管名夷吾，字仲。 ❷颍上：颍水边上。按，颍水发源于今河南省登封市，东南流，在今安徽省淮南市寿县西南入淮水。 ❸常：通“尝”，曾经。游：盘桓，交往，这里指共同经商。 ❹欺：哄骗，意即多占钱财。 ❺《吕氏春秋》云：“管仲与鲍叔同贾（经商）南阳，及分财利，而管仲常欺鲍叔多自取。鲍叔知其有母而贫，不以为贪也。”黄震曰：“今世之人见贤而称其贤、见智而称其智，未足言知人。惟其方困穷时，其迹有甚于不贤不智者，而己独以察其心，若鲍叔之与管仲，千古一人耳。” ❻公子小白：即日后之齐桓公，僖公之子，襄公之弟，前685—前643年在位，是春秋时期的第一个霸主。 ❼公子纠：公子小白的同父异母兄弟。 ❽及小白立，为桓公：事在鲁庄公九年（前685）。 ❾齐襄公（前697—前686年在位）在位第十二年，被其堂兄弟公子无知所杀，国人不平，又起而杀了公子无知。时公子纠在鲁，小白在莒，闻知齐国无君，皆欲回国争位。鲁国一方面派兵送公子纠，另一方面派

管仲去截杀小白。结果管仲未能射死小白，君位遂被小白抢先夺得。小白发兵迎击鲁军，败之于乾时。齐致书于鲁，要鲁国杀掉公子纠，而送回管仲。鲁君畏齐，遂杀公子纠，而囚送管仲归齐。事见《左传》庄公八年、九年及《齐太公世家》。 ⑩进：引进，推荐。《齐太公世家》云："桓公之立，发兵攻鲁，心欲杀管仲。鲍叔牙曰：'君将治齐，即高溪与叔牙足也。君且欲霸王（称霸称王），非管夷吾不可。夷吾所居国国重，不可失也。'于是桓公从之。" ⑪任政：主持国家政事。《正义》曰："《管子》云：'相齐以九惠之教，一曰老，二曰慈，三曰孤，四曰疾，五曰独，六曰病，七曰通，八曰赈，九曰绝也。'" ⑫据《齐太公世家》，桓公即位之七年（前679），"诸侯会桓公于甄，而桓公于是始霸焉"。所谓"霸"就是接受周天子之任命为"方伯"，从此可以用周天子的名义召集诸侯会盟，维持各国之间的既定秩序，以及讨伐诸侯国内的叛乱等。 ⑬九合诸侯：多次召集各国诸侯会遇定盟，如甄之会、葵丘之会等是也。九，泛指多数；合，会合定约。 ⑭一匡天下：言曾经一度整顿了天下的秩序，指率领诸侯共尊周室而言；匡，正。

【译文】

管仲，名夷吾，颍上县人。年轻时曾跟鲍叔牙在一起，鲍叔牙知道他能干。管仲家里穷，俩人合伙做生意时，他常占鲍叔牙的便宜，但鲍叔牙还是待他很好，从不介意。不久，鲍叔牙跟随了齐公子小白，管仲跟随了齐公子纠。等到小白即位为齐桓公，政敌公子纠被杀死，管仲也被囚禁起来了。这时鲍叔牙便向齐桓公推荐了管仲。管仲被任用后，在齐国掌管朝政，辅佐齐桓公成了一代霸主。齐桓公多次召集诸侯会盟，一度稳定了周天子朝内的混乱局面，这都是靠着管仲的谋略。

管仲曰："吾始困时，尝与鲍叔贾❶，分财利多自与，鲍叔不以我为贪，知我贫也。吾尝为鲍叔谋事而更穷困❷，鲍叔不以我为愚，知时有利不利也。吾尝三仕三见逐于君❸，鲍叔不以我为不肖❹，知我不遭时也。吾尝三战三走❺，鲍叔不以我为怯，知我有老母也。公子纠败，召忽死之❻，吾幽囚受辱，鲍叔不以我为无耻，知我不羞小节而耻功名不显于天下也❼。生我者父母，知我者鲍子也。"❽

【注释】

❶贾（gǔ）：做买卖。旧时行商曰"商"，坐商曰"贾"。 ❷谋事：出主意，谋划解决问题的办法。更穷困：处境更不利，指事情越办越糟。 ❸三仕三见逐于君：具体事实不详；仕，为官吏。 ❹不肖：不类（其父），指没有出息。 ❺三战三走：亦事实不详；走，败逃。按，上述"三仕三见逐"与"三战三走"云云，《左传》皆不载。 ❻公子纠败，召（shào）忽死之：召忽原与管仲共同辅佐公子纠。齐桓公即位后，令鲁杀公子纠而送回召忽与管仲，其目的是想任用这两个人。结果召忽不听，自杀而死，独有管仲自甘被解送回齐，详见《齐太公世家》。 ❼不羞小节而耻功名

不显于天下也：类似的意思见《管子·大匡》篇："鲍叔曰：'夫夷吾不死纠也，为欲定齐国之社稷也。'"又鲁仲连《遗燕将书》："管子不耻身在缧绁之中，而耻天下之不治；不耻不死公子纠，而耻威之不信于诸侯。" ❽以上管仲自叹一段，见于《列子·力命》篇。

【译文】

管仲说："从前我贫困时，曾经和鲍叔牙一起做买卖，挣了钱，我总是自己多拿一点，鲍叔牙并不认为我贪心，因为他知道我家里穷。我曾为鲍叔牙出主意办事，结果使他的事情更糟了，但鲍叔牙并不以为我愚蠢，他知道这是因为运气有时好有时坏。我一连几次出去做官，一连几次被国君罢免，鲍叔牙并不以此认为我无能，他知道我这时正运气不好。我曾几次出战，几次中途逃回，鲍叔牙并不认为这是我胆怯，他知道我家有老母，需要有人去奉养。公子纠失败时，召忽死了，我却自甘囚禁受辱，鲍叔牙不以此认为我无耻，他知道我不拘小节，我所感到羞耻的是不能建功扬名于天下。生我的是父母，理解我的是鲍叔牙啊！"

鲍叔既进管仲，以身下之❶。子孙世禄❷于齐，有封邑者十余世❸，常为名大夫。天下不多❹管仲之贤而多鲍叔能知人也。

【注释】

❶以身下之：以身作则地甘处管仲之下。 ❷世禄：世代享受俸禄。 ❸有封邑者十余世：洪亮吉曰："叔牙曾

孙牵国，牵国之孙牧，皆见《左传》。叔牙之后，盖不绝于牧，故曰‘十余世’也。” ❹多：称道，赞颂。《吕氏春秋·赞能》：“管子治齐国，举事有功，桓公必先赏鲍叔，曰：‘使齐国得管子者，鲍叔也。’”《韩诗外传》七：“子贡问大臣，子曰：‘齐有鲍叔，郑有子皮。’子贡曰：‘否，齐有管仲，郑有东里子产。’孔子曰：‘仲、产荐也。’子贡曰：‘然则荐贤贤于贤？’曰：‘知贤，智也；推贤，仁也；引贤，义也。有此三者，又何以加焉。’”

【译文】

鲍叔牙向齐桓公推荐了管仲，自己甘心做下属。他的子孙在齐国世代享受俸禄，十几代人拥有封地，有许多曾是齐国著名的大夫。在有关管仲的问题上，人们更多的不是称道管仲个人的才能，而是称赞鲍叔牙知人善荐。

管仲既任政相齐，以区区❶之齐在海滨，通货积财❷，富国强兵，与俗同好恶❸。故其称曰：“仓廪实❹而知礼节，衣食足而知荣辱，上服度则六亲❺固。四维❻不张，国乃灭亡。下令如流水之原❼，令顺民心。”故论卑而易行。俗之所欲，因而予之；俗之所否，因而去之。❽

【注释】

❶区区：狭小的样子。 ❷通货积财：指发展工商业，

增加财富。 ❸与俗同好恶：意即顺适百姓们的思想愿望、风俗习惯。按，《齐太公世家》云：“太公（姜尚）至国，修政，因其俗，简其礼，通商工之业，便鱼盐之利。”盖齐国之政历来如此，不同于鲁、卫之烦琐拘忌。 ❹仓廪（lǐn）：泛指仓库。有曰方者为仓，圆者为廪；又有曰盛谷者为仓，盛米者为廪。实：充满。 ❺服：行也，行事，行止。度：合乎礼法。六亲：指父、母、兄、弟、妻、子。 ❻四维：《集解》引《管子》曰：“一曰礼，二曰义，三曰廉，四曰耻。”刘绩《管子注》曰：“维，网罟之纲。此四者张之，所以立国，故曰四维。” ❼如流水之原：如同流水之起于高山流入平原，盖即趋卑就俗，顺适民情之意。按，自“衣食足”至“令顺民心”一段，见《管子·牧民》。 ❽俗之所欲，因而予之；俗之所否，因而去之：按，此即所谓黄老之学。

【译文】

管仲在齐国当宰相后，凭借齐国这块偏僻的地处东海之滨的国土，发展商业，积累钱财，最后达到了国富兵强。在制定政策时他特别注意适应当时社会的时宜。他在他的著作中明确地说：“仓库里的东西多了，人们才有工夫去讲求礼节；吃饱穿暖了，人们才能想到什么叫光荣和耻辱。国君的生活日用符合法度，他的亲族们才能靠紧他。礼、义、廉、耻四种准绳如果不能很好地提倡，国家就要灭亡。政府的各种法令都应该像流水之起于高山流入平原那样趋卑就俗，符合人民的心愿。”因此管仲的理论调门不高，推行起来很方便。当时人们喜欢什么，他就提倡什么；当时人们讨厌什么，他就废除什么。

其为政也，善因祸而为福，转败而为功[1]。贵轻重[2]，慎权衡[3]。桓公实怒少姬，南袭蔡[4]，管仲因而伐楚，责包茅不入贡于周室[5]。桓公实北征山戎[6]，而管仲因而令燕修召公之政[7]。于柯[8]之会，桓公欲背曹沫之约，管仲因而信之[9]，诸侯由是归齐[10]。故曰："知与之为取，政之宝也。"[11]

【注释】

❶因祸而为福，转败而为功：《战国策·燕策一》："圣人之制事也，转祸而为福，因败而为功。"贾谊《新书·壹通》篇："善为天下者，因祸而为福，转败而为功。"此即通常所说的"失败乃成功之母"，也就是当年毛泽东所说的"因势利导""变坏事为好事"。 ❷贵轻重：指重视经济事业；轻重，指物价高低。《管子》有《轻重》篇，讲的都是有关物产的蓄积敛散，盐铁山泽的开发经营，以及官府应对人民生计的干预等经济学理论。 ❸慎权衡：指重视对度量衡的监督管制，以防止商人的非法盘剥。权衡：指秤。权，本指秤锤；衡，平也。林云铭《古文析义》有所谓："祸败当去，福功当取，其为事有轻重之分，以权衡称之，所以善于因转也。"与前说异，可供参考。 ❹桓公有宠姬，蔡女也，与公乘船。蔡姬习水，故意荡舟以戏公。公惧，止之，蔡女不止。公怒，遂遣以归蔡，而其意未绝。蔡亦怒公，竟将此女他嫁。桓公大怒，于是有袭蔡之师。事在桓公三十年（前656），详见《左传·僖公三年》《齐太公世家》。蔡：西

周初年分封的诸侯国名，始封之君为武王之弟叔度，都于上蔡。 ❺楚是早在商代就已经建立的南方国名，春秋时期都于郢（今湖北省荆州市荆州区纪南镇）。齐桓公伐蔡，蔡国崩溃，齐军接着又南下伐楚，这本来是毫无道理的。楚成王举兵应之，责齐曰："何故涉吾地？"管仲对曰："楚贡包茅不入，王祭不共，是以来责。"包茅：一种可供滤酒用的细茅草，产于楚国。楚曾以此草向周天子进贡，今隔时未进，故管仲强词夺理地用以为伐楚之口实，事见《左传·僖公四年》《齐太公世家》。 ❻北征山戎：山戎是春秋时期活动在今河北东北部的少数民族。《齐太公世家》云："（桓公）二十三年（前663），山戎伐燕，燕告急于齐。齐桓公救燕，遂伐山戎，至于孤竹（古国名，在今河北省秦皇岛市卢龙县）而还。" ❼燕是西周初年建立的诸侯国名，始封之君为武王之弟召公姬奭，都于蓟。《齐太公世家》云：齐伐山戎救燕后，"命燕君复修召公之政，纳贡于周，如成康时"。 ❽柯：齐邑，在今山东省聊城市阳谷县东北。齐桓公五年，即鲁庄公十三年（前681），齐国与鲁国在柯邑举行盟会。在这个会上，鲁将曹沫曾手执匕首劫持齐桓公，迫使齐桓公答应退还鲁国被齐国侵占的领土，齐桓公当时答应了，过后想反悔不履行。 ❾管仲因而信之：管仲谓桓公曰："贪小利以自快，弃信于诸侯，失天下之援，不如与之。"信，读曰"伸"，伸明，指实践盟约。按，以上曹沫劫盟，管仲劝桓公履行诺言事，详见《齐太公世家》《刺客列传》。 ❿苏辙《古史》曰："此三说皆非也。桓公二十九年，会诸侯于阳谷，为郑谋楚，是岁有荡舟之事。故明年伐楚，因侵蔡。蔡在楚北，故《春秋》先书侵蔡，其实本为伐楚动也。山戎病燕，故桓公为燕伐之，非不义也，亦何待令燕修召公之政而后可哉？曹沫事出战国杂说，《公羊》不推本末而信之，太史公又以为然，皆不可信。” ⑪知与之为取，政之宝也：二句见《管子·牧民》篇，盖亦《老子》之旨。《老子》曰：“将欲取之，必固与之；将欲歙之，必固张之；将欲弱之，必固强之。”

【译文】

他主持政事的诀窍，是善于因势利导地把坏事变为好事，把失败转为成功。他注意掂量关系的轻重，慎重地权衡国家的利益。齐桓公本来是生少姬的气，因而发兵南袭蔡国的，但管仲却引导齐桓公趁势去讨伐楚国，谴责楚国为什么不按时向周天子进贡祭祀用的茅草。齐桓公北伐山戎本来是为了扩大地盘，但管仲却引导他趁势督促燕国重新实行召公时的政治。在柯地会盟，齐桓公本来是想背弃被曹沫所逼而订的条约，但管仲却引导他趁机立信于天下，使得诸侯因此都归顺了齐国。这就是他的著作中所说的：“要能懂得‘给予’也就是‘索取’，这是为政的法宝。”

管仲富拟于公室❶，有三归、反坫❷，齐人不以为侈。管仲卒❸，齐国遵其政，常强于诸侯。

【注释】

❶富拟于公室：其私家之富可与齐国的诸侯相比；拟，比，相等。 ❷三归：诸家解说不一。《正义》曰：“三归，

三姓女也，妇人谓嫁曰归。”意即娶三房家室。朱熹《论语集注》：“三归，台名。”今人遂推衍为有“三座高台”“三处庭院”云云。郭嵩焘以为指全国工商业税收的十分之三。其《史记札记》曰：“《管子·轻重乙》篇云：‘与民量其重，计其赢，民得其十，君得其三。’是所谓‘三归’者，乃市租常例之归于公者也。桓公既霸，遂以赏管仲。《汉书·地理志》《食货志》并云‘桓公用管仲，设轻重以富民，在陪臣而取三归’，其言较然明确。”反坫（diàn）：“坫”是古代诸侯堂上两楹间的土台子，两国诸侯见面后，互相敬酒，献酬完毕，把酒杯放在土台上，这种仪式叫作“反坫”。管仲不是诸侯，家中也有这种设备，故被时人所讥评。 ❸《正义》引《括地志》曰：“管仲冢在青州临淄县南二十一里牛山之阿。”按，管仲墓在今山东省淄博市临淄区之齐陵街道北山庄西约400里外，墓前立有二碑，一刻管仲像，一刻曰“齐相管夷吾之墓”。

【译文】

管仲的私家像齐国的公室一样富有，他娶了三种姓氏的女子，还使用诸侯宴会使用的“反坫”礼，但齐国人并不因此觉得他过分排场。管仲死后，齐国继续遵循他的政治方针，因而齐国在相当长的一段时间里在诸侯中称强。

【解读】

《管晏列传》是春秋时期齐国政治家管仲、晏婴两人的合传。这里选录的是管子部分，其内容要义如下：

其一，作品歌颂齐桓公的举贤任能。管仲原是齐桓公的敌人，还曾伏击过齐桓公，差点把齐桓公一箭射死。但即使如此，齐桓公还是任以为相，举国而听之。管仲则因势利导，纠正齐桓公的许多失误，使之转败而为功，终至取得辉煌业绩。

其二，作品歌颂了鲍叔牙的大公无私，为国让贤。鲍叔牙与齐桓公打败公子纠与管仲后，理应是鲍叔牙做齐桓公的宰相，但鲍叔牙从国家大局出发，硬是劝齐桓公把管仲从俘虏营里放出来，让他当宰相，而自己“以身下之”。这种精神品质，比之管仲的才干更可贵。司马迁慨叹道：“天下不多管仲之贤而多鲍叔能知人也。”“知”是一方面，“让”才是主要的。

其三，本篇歌颂了一种理解朋友、信任朋友，为朋友不惜贡献一切的高尚情谊。作品大段地引用管仲的话，叙述鲍叔牙对他的知遇。李晚芳说：“（管子、晏子）两传皆以志友道交情，曰‘知我’，曰‘知己’，两篇合叙联结之真谛也。太史遭刑不能自赎，交游莫救，故作此二传，寄意独深。”（《读史管见》）“生我者父母，知我者鲍子也”。史公于朋友之际，良多感慨，其谴责叛变、出卖朋友者见《孟尝君列传》《廉颇蔺相如列传》《汲郑列传》《报任安书》等；其歌颂朋友交情者见《游侠列传》《刺客列传》《魏其武安侯列传》，尤其在本传中史公可谓倾其心力矣。这段对于真挚友情的礼赞，在中国史上回荡了两千年，至今仍使人为之激动。这和司马迁在其他篇章中所鞭挞的那种“以市道交”、出卖朋友、背信弃义、世态炎凉、墙倒众人推，等等，恰成鲜明对照。

其四，本篇歌颂了管仲的不迂腐、不盲从，能在生死关头做出良好的抉择。管仲原来跟着公子纠，公子纠失败后，管仲没有盲目地跟着旧主子死，而是情甘“幽囚受辱”，后来辅佐新主子齐桓公成就了大事业。

本传作为一篇人物传记，司马迁的写法非常独特，他并没有全面系统地记述管仲一生的主要政绩，而是以称颂管仲的治国才干为线索，突出地歌颂了鲍、管之间的感人友谊，表现了作者对鲍叔、管仲，以及齐桓公等人的无比崇敬。在本篇中，作者有意识地突出了朋友之间、君臣之间、上下级之间的一些关系准则，这是作者正面表达其政治思想、道德理想的一篇颂歌式的文字，同时也是对汉代现实的一种鞭挞与批判，字里行间凝集着作者个人身世的无限感慨，于写史过程中表现了他的“成一家之言”的特点。

他将管仲的几段经历熔铸成一段心理独白，让管仲自己说出，于是遂也成了司马迁自己人生观的一段鲜明表述。其《伍子胥列传》云：“弃小义，雪大耻，名垂于后世，悲夫！方子胥窘于江上，志岂尝须臾忘郢邪？故隐忍就功名，非烈丈夫孰能致此哉？”其《报任安书》云：“勇者不必死节，怯夫慕义，何处不勉焉。所以隐忍苟活，幽于粪土之中而不辞者，恨私心有所不尽，鄙陋没世而文采不表于后也。”都是《史记》中经常隐现的主题。

本篇的思想价值是不能低估的。钱穆说：“马迁此一篇《管晏列传》，近似文学小品，实涵哲学大义，为中国一历史家，又岂止于记载往事而已。”

【编按】

韩兆琦先生的解读非常全面，提出司马迁通过管子突出了鲍叔牙知人之贤，烘托了齐桓公用人之诚。因此管鲍之交是知交至深的典范，管子与齐桓公是君臣无猜的典范。为管子这个重要人物立传，司马迁剑走偏锋，不谈其生平大关节，主要“论其轶事”，着墨在相知相遇的主题上。这个大胆的写法显见司马迁拒绝重复自我、不断求新的写作追求。所以历史该怎么写，有多少种写法；传记该怎么写，有多少种写法；写历史和传记，是否可以写出写作者的情感，这都是历史写作者必须思考的问题。

〔清〕梁延年编《圣谕像解》卷五之管鲍分金

10.

孙膑坐像

孙子吴起列传·孙膑

孙膑半身像

孙武既[1]死，后百余岁有孙膑[2]。膑生阿、鄄[3]之间，膑亦孙武之后世子孙也[4]。孙膑尝与庞涓俱学兵法[5]。庞涓既事魏，得为惠王[6]将军，而自以为能不及孙膑，乃阴使召孙膑。膑至，庞涓恐其贤于己，疾[7]之，则以法刑断其两足而黥[8]之，欲隐勿见[9]。

【注释】

❶既：已经。❷按，旧说称挖去膝盖骨的刑罚叫“膑”，孙子因受此刑，故以“膑”字名之。❸阿：也称东阿，齐县名，在今山东省聊城市阳谷县东北。鄄（juàn）：即鄄城，在今山东省菏泽市鄄城县。❹梁玉绳曰：“《唐宰相表》云：‘武生明，明生膑。’盖明虽食富春，未久仍反齐，故史云‘膑生阿、鄄之间’,《汉志》亦曰‘齐孙子也’。”❺孙膑尝与庞涓俱学兵法：谓同师而学兵法。后世小说家有曰孙膑与庞涓俱学兵法于鬼谷子，不知何据。❻惠王：魏惠王，因魏国当时都于大梁，故也称“梁惠王”。武侯之子，名罃，前370—前319年在位。❼疾：憎恶，忌恨。❽以法：谓假借法令以陷害之。刑断：斩断。黥（qíng）：在犯人脸上刺字的一种刑罚。❾欲隐勿见：想把他埋没起来不叫他出头；见，同“现”。按，司马迁写庞涓之忌害孙膑，与《李斯传》之李斯忌害韩非略同。

【译文】

孙武死后一百多年，又出了一个孙膑。孙膑生于阿县、鄄县之间，是孙武的后代。孙膑曾与庞涓一道学习兵法。后来庞涓在魏国做了魏惠王的将军，他知道自己的才能比不上孙膑，于是就派人悄悄地把孙膑招到魏国来。孙膑来到大梁后，庞涓忌恨他，怕他超过自己，于是就编造罪名，诬蔑孙膑犯法，砍掉孙膑的两只脚，同时在他的脸上刺了字，想以此让他永无出头之日。

齐使者如梁❶，孙膑以刑徒阴见❷，说齐使。齐使以为奇，窃载与之齐❸。齐将田忌❹善而客待之。忌数与齐诸公子驰逐重射❺。孙子见其马足不甚相远❻，有上、中、下辈❼。于是孙子谓田忌曰："君弟重射❽，臣能令君胜。"田忌信然❾之，与王及诸公子逐射千金❿。及临质⓫，孙子曰："今以君之下驷与⓬彼上驷，取君上驷与彼中驷，取君中驷与彼下驷。"既驰三辈毕⓭，而田忌一不胜而再胜⓮，卒得王千金。于是忌进孙子于威王⓯。威王问兵法，遂以为师⓰。

【注释】

❶如梁：到达魏国的国都大梁。 ❷阴见：暗中求见。 ❸窃载与之齐：偷着把他带到了齐国；之齐，抵达齐国的都城临淄。 ❹田忌：齐国名将，事迹又见于《孟尝君列传》。 ❺数：屡屡。诸公子：除太子以外的国王的其他儿子。驰逐重射：下大赌注地比赛马拉车奔驰。重射，下大赌注；射，猜、押。 ❻马足：马的奔跑能力；足，足

力。不甚相远：指参赛双方的马的足力、素质不差上下。⑦有上、中、下辈：指双方的马都各自有上、中、下三等。按，通行本原文于此作“马有上、中、下辈”。泷川曰：“枫、三本无‘马’字。”王叔岷引《文选·七发》注亦无“马”字。按，连上句读，此处“马”字应削。今削。⑧弟重射：尽管下大赌注；弟，又作“第”，但，尽管。⑨信然：二字同义，相信，同意。⑩逐射千金：下千金的赌注来比赛看谁的马快；千金，秦时以一镒（重二十两）为一金，汉时以一斤为一金。⑪临质：轮到比赛开始的时候。泷川曰：“质，射侯也。”即箭靶。此处盖以赛射比喻赛马。⑫下驷：下等马；驷，原指一车四马，后来也用以即指马。与：对付。⑬既驰三辈毕：比试过三场之后；辈，次。⑭一不胜而再胜：败一次，胜两次；再，两次。⑮威王：田因齐，前356—前321年在位。⑯以为师：谓尊之若师。

【译文】

后来，齐国的使者来到了魏国的国都大梁，孙膑就以一个罪犯的身份，悄悄地求见了齐国使者，同齐国使者进行了交谈。齐国使者觉得孙膑是位奇才，就把他藏在马车里，偷偷地带到了齐国。齐国的大将田忌很喜欢孙膑，待他很好。田忌经常和齐王与宗室的公子们赛马赌钱。孙膑看着田忌家的马与对方的马实力差不多，都可以分为上、中、下三等。于是孙膑对田忌说：“下回赛马，你可以尽管下大赌注，我包你能赢。”田忌相信孙膑，于是便约齐王和诸公子们赛马，并下了千金的赌注。临到比赛时，孙膑对田忌说：“您用您的下等马跟他们的上等马比赛，用您的上等马对付他们的中等马，用您的中等马对付他们的下等马。”就这样，三场比赛过后，田忌一负二胜，赢得了齐王的千金。于是，田忌就把孙膑推荐给了齐威王。齐威王和他谈论兵法，很佩服，随即尊孙膑为军师。

其后魏伐赵❶，赵急，请救于齐。齐威王欲将孙膑，膑辞谢曰：“刑余之人不可。”于是乃以田忌为将，而孙子为师❷，居辎车❸中，坐❹为计谋。田忌欲引兵之赵，孙子曰：“夫解杂乱纷纠者不控捲❺，救斗者不搏撠❻，批亢捣虚❼，形格势禁❽，则自为解耳。今梁、赵相攻，轻兵锐卒必竭❾于外，老弱罢于内❿。君不若引兵疾走大梁⓫，据其街路⓬，冲其方虚⓭，彼必释赵而自救。是我一举解赵之围而收弊⓮于魏也。”田忌从之，魏果去邯郸⓯，与齐战于桂陵⓰，大破梁军。⓱

【注释】

❶魏伐赵：事在魏惠王十七年，赵成侯二十一年，齐威王三年，前354年。是年赵伐卫，魏国救卫，并进兵包围了赵都邯郸。事见《赵世家》，《魏世家》的系年有误。❷为师：为军师。　❸辎车：有篷盖的车，区别于当时的一般兵车。　❹王念孙曰：“《文选·报任少卿书》注引此，‘坐’作‘主’，于义为长。”　❺《索隐》曰：“谓解杂乱纠纷者当善以手解之，不可控捲以击之。捲，即拳也。”杂乱

纷纠：如乱丝、乱麻之类。控捲：引拳相击，指乱砸；控，投；捲，通“拳”。 ⑥《索隐》曰：“救斗者当善为解之，无以手助相搏击，则其怒益炽矣。”救斗：制止打架；救，止。撠：以手指叉人。 ⑦批亢捣虚：中井曰：“亢，吭（喉咙）也。批亢，击其要处也。击亢冲虚，并喻走大梁之便。”谈允厚曰：“批之为言‘撇’也，谓撇而避亢满之处，捣其虚空无备之所。”即今之所谓“避实就虚”。 ⑧《索隐》曰：“事形相格，而其势自禁止。”按，“形格势禁”相对为文，“格”“禁”二字同义，都是“停止、结束”的意思。 ⑨轻兵锐卒：指精锐部队；轻，指行动迅疾。竭：衰竭，力量耗尽。 ⑩老弱罢于内：指国内空虚。 ⑪疾走大梁：奔袭魏国的国都大梁，即今河南省开封市。魏国原都安邑（今山西省运城市夏县西北），于惠王九年（前362）迁都于此。 ⑫据其街路：占据其交通要冲；街路，交通要道。 ⑬冲其方虚：攻击他的薄弱之处。方虚：正好空虚的地方；方，刚好。 ⑭收弊：收拾疲敝之敌。 ⑮去邯郸：撤离对邯郸的包围。 ⑯战于桂陵：桂陵，魏县名，在今河南省长垣市西北。 ⑰按，银雀山出土之《孙膑兵法》首章为《禽庞涓》，即叙齐军围魏救赵，击齐军“于桂陵，而禽庞涓”事。

【译文】

后来，魏国出兵攻打赵国，赵国形势危急，派人到齐国求援。齐威王想派孙膑率军援赵，孙膑推辞说：“我是受过刑的人，不宜充当主将。”于是齐王就派田忌为主将，而请孙膑给他当军师，让他坐在一辆有篷盖的车里，为田忌出谋献策。田忌打算引兵直奔被围的赵国，孙膑说：“一团乱丝只能慢慢地解，不能乱砸乱打；给人拉架，只能从旁劝解，不能挥拳抡臂地加到里头去掺和。如果避实就虚，那么形势就会立刻发生变化，问题也就自然地迎刃而解了。现在魏国出兵攻打赵国，他们的精锐部队都到外面去了，国内留下的都是一些老弱病残。您不如领兵奔袭魏国的国都大梁，占据他们的交通要地，攻击他们守备空虚的地方，这样魏军就必然要撤兵回来自救。这样一来，我们便一举两得，既为赵国解了围，又叫魏军疲于奔命。”田忌采纳了这个方略，魏军果然放弃了赵都邯郸，回师自救，而田忌半路上在魏国的桂陵截击魏军，把魏军打得落花流水。

后十三岁❶，魏与赵攻韩❷，韩告急于齐。齐使田忌将而往❸，直走大梁。魏将庞涓闻之❹，去韩而归❺，齐军既已过而西矣。❻孙子谓田忌曰：“彼三晋之兵❼素悍勇而轻齐，齐号为怯，善战者因其势而利导之。兵法，百里而趣利者蹶上将❽，五十里而趣利者军半至❾。使齐军入魏地为十万灶，明日为五万灶，又明日为三万灶。”庞涓行三日，大喜，曰：“我固知齐军怯，入吾地三日，士卒亡者过半❿矣。”乃弃其步军，与其轻锐倍日并行⓫逐之。孙子度其行⓬，暮当至马陵⓭。马陵道陕⓮，而旁多阻隘，可伏兵，乃斫⓯大树白而书之曰“庞涓死于此树之下”。于是令齐军善射者万弩，夹道而伏，期⓰曰：“暮见火举而俱发。”庞涓果夜至斫木下，见白书，乃钻火烛之[17]。读其书未毕，齐军万弩俱发，魏军大乱相失[18]。庞涓自知智穷兵败，乃自刭[19]，曰："遂成竖子之名[20]！"齐因乘胜尽破其军，虏魏太子申[21]以归。孙膑以此名显天下，世传其兵法[22]。

【注释】

❶后十三岁：据《六国年表》、杨宽《战国史表》，马陵之役（前341）乃在桂陵之役的后十二年；据《竹书纪年》与平势隆郎、缪文远等人考证，马陵之役（前342）乃在桂陵之役的后十一年。 ❷魏与赵攻韩：时韩国的都城为新郑（今河南省新郑市）。 ❸齐使田忌将而往：《六国年表》谓此役"田忌、田婴、田盼将，孙子为师"。缪文远曰："齐军主将为田盼，此役田忌并未参加，见《孙膑兵法》。《陈忌问垒》篇载田忌问孙膑禽魏太子申之战，'事已往而形不见，可得闻乎？'，可知田忌并未亲自参加此役。" ❹按，前文桂陵之战已谓"禽庞涓"矣，今何得又曰"魏将庞涓闻之"？杨宽对此推测说："桂陵之役魏之国力损失不大，此后魏又以韩师击败齐、宋、卫之师于襄陵，齐不得已请楚将景舍向魏求和，同时魏又迫使赵在漳水之上结盟，然后将邯郸归还赵国。或者此时齐将庞涓释放，庞涓再度为魏将，犹如春秋时秦将孟明视为晋军所俘，旋被释放回秦，仍为秦将一样。" ❺去韩而归：谓撤离对韩国都城的包围，移军至魏国东境以阻击齐军。 ❻钱大昕《考史拾遗》曰："齐扬言走大梁，非真抵大梁，及庞涓弃韩而归，齐军始入魏地。齐在魏东，'过而西'者，过齐境而西也。齐军初至，（敌）未知虚

实，故为减灶之计以误之。若已抵大梁而退，则入魏地不止三日，毋庸施此计矣。”按，钱说符合史公原意。依史公本文的意思看，马陵道应在魏国境内的大梁城以东。至于其地当时的地形地貌如何，则当时大梁以东的地面已被两千多年的黄河泛滥，淤积到几十米以下去了。这是我们今天的读者应该注意的。 ⑦三晋之兵：此处即指魏军，因魏与韩、赵皆分晋而建国，故时人多称魏为“三晋”或“晋”。 ⑧百里而趣利：奔赴百里之外去追求胜利；趣，通“趋”，奔赴。蹶上将：损失上将，极言这种战争的有害无利；蹶，曹操注：“犹挫也。”《索隐》引刘氏曰：“犹毙也。” ⑨军半至：军队人数只有一半能到达，极言其减员之多。按，今本《孙子·军争》篇作：“百里而争利，则擒三将军，劲者先，罢者后，其法十一而至；五十里而争利，则蹶上将军，其法半至。” ⑩亡者过半：开小差的人超过一半。 ⑪倍日并行：犹言“昼夜兼程”，一日变作两日用，两日之路并为一日行。 ⑫度其行：估计魏国追兵的行程。 ⑬马陵：古地名，在今河南省濮阳市范县西南。 ⑭陕：通“狭”。 ⑮斫(zhuó)：砍削。 ⑯期：约定。 ⑰钻火烛之：意即“点火来照”；钻火，远古人钻木取火，这里即指点火；烛，照。 ⑱相失：彼此乱奔乱跑。 ⑲梁玉绳曰：“《齐策》言‘禽’，此言‘自刭’，恐皆非。《年表》《世家》俱云‘杀庞涓’，盖弩射杀之也。” ⑳遂成竖子之名：遂成，成就；遂，成也。犹言“今天竟然成就了这个小子的名声！”是怅恨不平之语。 ㉑太子申：魏惠王的太子，名申，时为魏国上将军。杨宽曰：“《孙子吴起列传》所描写已小说化，当以《孙膑兵法·陈忌问垒》篇所述为是。” ㉒按，《孙膑兵法》于六朝以来不见于世，人多疑史公此语有误。1972年于山东临沂银雀山汉墓中发现此书，1975年已公开出版。共十六篇，一万一千多字，有《禽庞涓》《威王问》《陈忌问垒》等篇。

【译文】

十三年以后，魏又与赵联合攻韩，韩国向齐国告急。齐王又让田忌为将带兵救韩，田忌率兵直扑大梁。魏将庞涓闻讯后，急急从韩国撤兵，赶回魏国东境阻击齐军，可是这时齐军已经越过边境突向魏国腹地了。孙膑对田忌说："魏国人以剽悍勇猛著称，他们素来瞧不起齐国人，认为齐兵怯懦。善于作战的人就是要将计就计，因势利导，引诱他们轻敌上当。兵法上不是说过嘛：每日行军百里赶去和敌人争利的，就要折损自己的上将；每日行军五十里赶去和敌人争利的，部队也会减员一半。我们就按照这种思想来麻痹他们，我军进入魏境的头一天，在营地上安排给十万人做饭的炉灶，到第二天安排给五万人做饭的炉灶，第三天只安排给三万人做饭的炉灶。"庞涓追了三天，他高兴地说："我早就知道齐国人是胆小鬼，进入我国境内才三天，开小差的就超过一大半了。"于是，他下令甩掉步兵，只带着一支轻装的骑兵昼夜兼程地追赶齐军。孙膑估算着魏军的行程，到天黑时可以赶到马陵。马陵这个地方的道路狭窄，两旁地势险要，可以埋下伏兵。于是孙膑叫人把路边的一棵大树削去树皮，在露出白木头的地方写了"庞涓死于此树之下"几个大字。然后调集了万余名善射的齐兵，埋伏在山路两旁，约定说："天黑以后，只要看见有人点火把，你们就一起放箭。"

当天夜里，庞涓果然带兵进入了马陵道，来到这棵大树下，他见树上仿佛写着什么，于是叫人点起火把来照看。结果树上的字还没看完，两旁埋伏的齐兵就万箭齐发，魏军一下子乱成一团。庞涓知道大势已去，自己没有任何办法，只好拔剑自杀了。临死前他又恨又气地说："这一下可成就了孙膑这小子的名声！"齐军乘胜追击，彻底打败了魏军，并俘虏了魏国太子申，得胜而归。从此孙膑名扬天下，他写的兵法，也在世上广为流传。

【解读】

《孙子吴起列传》，是孙武、孙膑、吴起三人的合传，本篇即是关于孙膑部分的全部节录。其思想和艺术特点主要如下：

其一，歌颂了孙膑的本领才干和历史功绩。孙膑被齐威王任为军师，大破魏军于马陵道，杀死其大将庞涓，"名显天下，世传其兵法"。这体现了司马迁"君子鄙没世而名不称焉"的进取的人生观。

其二，赞颂了一种不怕挫折，忍辱奋斗，终于报仇雪耻，功成名遂的英雄气概，一种重建自己高尚人格的大义行为。对于孙膑，司马迁念念不忘，在《太史公自序》中说："昔西伯拘羑里，演《周易》；孔子厄陈、蔡，作《春秋》；屈原放逐，著《离骚》；左丘失明，厥有《国语》；孙子膑脚，而论兵法；不韦迁蜀，世传《吕览》；韩非囚秦，《说难》《孤愤》；《诗》三百篇，大抵贤圣发愤之所为作也。"《报任安书》又说："盖文王拘而演《周易》；仲尼厄而作《春秋》；屈原放逐，乃赋《离骚》；左丘失明，厥有《国语》；孙子膑脚，

《兵法》修列；不韦迁蜀，世传《吕览》；韩非囚秦，《说难》《孤愤》；《诗》三百篇，大底圣贤发愤之所为作也。……乃如左丘无目，孙子断足，终不可用，退而论书策，以舒其愤，思垂空文以自见。”

其三，“小说性”“戏剧性”很强。其中最为精彩的部分是马陵道之战，写孙膑的进兵减灶，写马陵道的周密设谋，写庞涓兵败自杀前还说什么“遂成竖子之名”的那种表现对孙膑的认输而不服气之情，这也是《史记》描写情节、场面最生动的篇章之一。

【编按】

《孙膑兵法》又名《齐孙子》，为了区别于乃祖孙武的《孙子兵法》(又名《孙武兵法》《吴孙子兵法》)。《汉书·艺文志》称《孙膑兵法》“八十九篇，图四卷”。

战国伊始，魏国魏文侯率先变法图强，一时风头无两。到魏文侯的儿子魏惠王时代，商鞅离开魏国投奔秦国，秦国变法崛起。稍后，魏国和齐国经过桂陵和马陵之战，实力严重受挫，已经难以成为扼制秦国东进的主力。所以孙膑深远影响了战国的格局。司马迁特别喜欢孙膑这个人物，把他看作逆境崛起、发愤著书的典型。这篇传记几乎就是一个复仇的故事，充满了自己对于世事与人生的感喟。其反面魏国大将庞涓，被永远打上了嫉贤妒能、背叛友谊的标签。

鬼谷先師詡公遺像

孙膑的师父——鬼谷子像

11.

平原君虞卿列传·毛遂

毛遂雕像

毛遂自荐

秦之围邯郸❶，赵使平原君求救，合从❷于楚，约与食客门下有勇力文武备具者二十人偕。平原君曰："使文能取胜，则善矣。文不能取胜，则歃血于华屋之下❸，必得定从而还。士不外索，取于食客门下足矣。"得十九人，余无可取者，无以满二十人。❹门下有毛遂者，前，自赞于平原君曰："遂闻君将合从于楚，约与食客门下二十人偕，不外索。今少一人，愿君即以遂备员❺而行矣。"平原君曰："先生处胜之门下几年于此矣？"毛遂曰："三年于此矣。"平原君曰："夫贤士之处世也，譬若锥之处囊中，其末立见❻。今先生处胜之门下三年于此矣，左右未有所称诵，胜未有所闻，是先生无所有也。先生不能，先生留。❼"毛遂曰："臣乃今日请处囊中耳。使遂蚤❽得处囊中，乃颖脱而出❾，非特其末见而已。"平原君竟与毛遂偕。十九人相与目笑之而未废也。❿

【注释】

❶秦之围邯郸：事在赵孝成王九年（前257）。三年前赵括败于长平，损赵兵四十余万。次年秦兵继续进攻，遂围邯郸。过程参见《廉颇蔺相如列传》《白起王翦列传》。邯郸，在今河北省邯郸市西南部，当时为赵国都城。 ❷合从：指东方六国间的联合；从，同"纵"。 ❸上句既云"使文能取胜，则善矣。文不能取胜"，下句应云"则必以武歃血于

华屋之下”，今缺“必以武”字样，语气欠完整。歃血：古人盟誓时的一种仪式，宰杀牲畜，盛血以盘，盟誓者以口沾吮之；歃，吮吸。华屋，指殿堂，朝会之所。 ❹凌稚隆引顾璘曰：“食客数千人，求二十人而不足；及十九人，又不能有为，当时之士可知已，四君徒相倾以取胜耳。” ❺备员：犹言“充数”。此语虽措辞委婉，但充满自信，且似不容商量。 ❻其末立见：锥子尖立刻就会露出来；见，同“现”。 ❼泷川曰：“叠用四‘先生’字，平原君声音状貌，千载如生。”数语逻辑推理，滚滚而下，亦不容人商量。 ❽蚤：同“早”。 ❾颖脱而出：整个锥子头甚至连梃（tīng）子都得出来；颖，原指禾穗之芒，这里即指锥子尖。 ❿《正义》曰：“言十九人相与目视之窃笑，未敢发声也。”王念孙曰：“‘废’即‘发’之借字，谓目笑之而未发于口也。”

【译文】

当秦国军队包围了赵国都城邯郸的时候，赵王派平原君去楚国求救，与楚国建立共同抗秦的联盟。平原君想从自己的门客中挑选二十个文武兼备的人作为随员。他说：“如果能用和平的方式完成任务，当然是最好不过了。万一不能用和平的方式解决问题，那也一定要用武力强迫楚王在朝廷上与我们签订盟约，总之是一定要完成任务才能回来。这些随员用不着到别处去找，我门下的宾客就足够用了。”结果只挑到了十九个，其余的都不行，没有办法凑满二十个。这时，有个叫毛遂的自己走出来对平原君说：“我听说您要去和楚国订立盟约，想从您的门下宾客中挑选二十个随员，不再向外面去找，而现在还缺一个。那我希望您就把我添在里头，人数一够，咱就马上出发了。”平原君说：“您在我这里住了几年了？”毛遂说：“三年了。”平原君说：“大凡一个有本事的人活在世界上，那就好像一把锥子装在口袋里，锥子尖总是立刻就会露出来。您在我这里都已经三年了，大家居然都没有对您说过一句赞美的话，我也没有听到过您有什么才干的传闻，那就说明您的确没有什么本领。您不能去，您还是留在家里吧！”毛遂说：“我是今天才请求您把我这把‘锥子’装进口袋！如果您要是早把我装进了口袋，那我必然连整个锥子头都会露出来，岂只是露出一个锥子尖呢！”平原君无法，只好同意，带着他一起出发了。其余的十九个人都看不起他，互相看着笑，只是没有笑出声罢了。

毛遂比至楚，与十九人论议，十九人皆服。平原君与楚合从❶，言其利害，日出而言之，日中不决。十九人谓毛遂曰：“先生上。”❷毛遂按剑历阶❸而上，谓平原君曰：“从之利害，两言而决耳。今日出而言从，日中不决，何也？”❹楚王❺谓平原君曰：“客何为者也？”平原君曰：“是胜之舍人也。”楚王叱曰：“胡不下！吾乃与而君言，汝何为者也！”毛遂按剑而前曰❻：“王之所以叱遂者，以楚国之众也。今十步之内，王不得恃楚国之众也，王之命县于遂手❼。吾君在前，叱者何也❽？且遂闻汤以七十里之地王天下，文王以百里之壤而臣诸侯，岂其士卒众多哉，诚能据其势而奋其威。❾今楚地方五千里，持戟百万，此霸王之资也。以楚之强，天下弗能当。白起，小竖子[10]耳，率数万之众，兴师以与楚战，一战而举鄢郢，再战而烧夷陵，三战而辱王之先人。[11]此百世之怨而赵之所羞，而王弗知恶焉。合从者为楚，非为赵也。吾君在前，叱者何也？”楚王曰：“唯唯，诚若先生之言，谨奉社稷以从[12]。”毛遂曰：“从定乎[13]？”楚王曰：“定矣。”毛遂谓楚王之左右曰：“取鸡狗马之血来[14]。”毛遂奉铜槃[15]而跪进之楚王曰：“王当歃血而定从，次者吾君，次者遂。[16]”遂定从于殿上。毛遂左手持槃血而右手招十九人曰：“公相与歃此血于堂下。公等录录，所谓因人成事者也。”[17]

【注释】

❶与楚合从：此指与楚王谈判，讲说合纵抗秦的事情。　❷姚苎田曰：“是皆服后之语，非姑以调之也，此时何时，犹可戏谑乎？”　❸按剑：此用字极有斟酌，既为下文之示武做铺垫；亦唯有“按剑”之从容乃得进入也。试比较《项羽本纪》中樊哙于鸿门之“持盾按剑”。历阶：一步一磴台阶。根据当时上台阶的礼节，每上一磴要并一下脚，然后再上第二磴。现因事情紧急，故毛遂不顾礼法历阶而上。按，“历阶”二字又见于《孔子世家》之写夹谷之会，情境略同。　❹林云铭《古文析义》曰：“实是问楚王，却向平原君说，妙。”　❺楚王：指楚考烈王，名完，前

262—前238年在位。此时的楚国已被秦国逼迫，将都城东迁到陈（今河南省周口市淮阳区）。 ⑥姚苎田曰:“两‘按剑’字写得奕奕，与前文‘文不能取胜’意相应，此时本不恃武，然必以此折服之，所以扬其气也，不然便开口不得。” ⑦县（xuán）于遂手：姚苎田曰:“楚王叱遂，何至遂以‘命悬遂手’辱之？妙在两提‘吾君在前’句，便见叱舍人便是辱平原，则主辱臣死之义亦胡能更忍？古人立言周匝有体，绝不专恃一朝之气也。” ⑧吾君在前，叱者何也：意谓“当着我们主子的面，你怎么能这样地叱责我?”。因为叱责随员，也就是对人家主子的无礼。 ⑨“汤以七十里之地王天下”以下四句:《孟子·公孙丑上》:“以德行仁者王，王不待大。汤以七十里，文王以百里。”此化用其意；汤，商朝的开国帝王，其灭夏称王事，见《殷本纪》。文王：姓姬名昌，商朝末年为西方诸侯的霸主。姬昌死后，其子武王以父亲的名义起兵代商，灭纣称王，过程见《周本纪》。 ⑩白起：秦国名将，曾多次破楚，三年前又破赵卒四十余万于长平，事见《白起王翦列传》。小竖子：犹如后世骂人的“小奴才”。泷川曰:“言庸劣无知，如童竖然。” ⑪《白起王翦列传》云:“后七年（昭王三十六年），白起攻楚，拔鄢邓五城；其明年，攻楚，拔郢，烧夷陵，遂东至竟陵，楚王亡去郢，东走徙陈。秦以郢为南郡。”鄢：战国时楚邑名，在今湖北省宜城市东南。夷陵：楚邑名，在今湖北省宜昌市东南，有楚国先王的坟墓埋在这里。辱王之先人：胡三省曰：“谓焚夷楚之陵庙也。”按，这里实际是两次战役，而毛遂分之曰:“一战”“二战”“三战”者，乃为加重气势而然。 ⑫谨奉社稷以从：犹言“愿交出整个国家来听候你的使唤”。通行本原文于此作“谨奉社稷而以从”，“而”字显为衍文，《通鉴》正是如此。今据删“而”字。有人说“而以从”的“从”读为“纵”，指“订立合纵联盟”，很勉强。林云铭曰：“果两言而决。” ⑬从定乎：史珥曰：“‘从定乎’一语，情致如生。”郭嵩焘曰：“此复问‘纵定乎’，是颊上添毫法，史公于此等逸事常加倍渲染，写得十分精彩。” ⑭取鸡狗马之血来：《索隐》曰：“盟之所用牲，贵贱不同，天子用牛及马，诸侯用犬及豭（猪），大夫以下用鸡。”王骏图曰：“因需三等之血，故令取来耳。楚僭称王，毛遂故以天子之礼尊之。” ⑮奉铜槃：捧着盛血的铜盘子；奉，捧；槃，同“盘”。 ⑯次者吾君，次者遂：林云铭曰：“把自己插入，占了多少地步。” ⑰录录：即今之所谓“庸庸碌碌”，无所作为的样子；录，今皆写作“碌”。按，使无此二句，毛遂之英风伟概何等诱人！史公好写复仇报怨，常常有损正面形象，如李广、韩安国等皆然，此于毛遂亦是。

【译文】

等到毛遂等到达了楚国，经过一路上毛遂与十九个人的不断谈论，他们对毛遂已经心服了。平原君与楚王谈判结盟的事情，平原君反复向楚王申说楚、赵联盟的好处，从太阳刚出就说，一直说到正午楚王仍未接受。这时那十九个人就对毛遂说：“你去！”于是毛遂就手按剑柄一步一级地迅速走上了大殿，向平原君说：“合纵抗秦的必要性是两句话就可以说清的。今天从早上说起，到现在已经中午了，还定不了，这是为什么呢？”楚王转脸问平原君：“这个人是干什么的？”平原君说：“他是我的一个门客。”楚王呵斥道：“你给我滚下去！我是在和你的主人讲话，你来干什么！”毛遂手按剑柄跨前一步说：“大王所以敢于这么呵斥我，是仗恃着楚国人多。可是现在您在这十步之内，是倚靠不上楚国的人多的。您的命就攥在我的手里。我的主人就在跟前，您怎么能这么不顾礼节地呵斥我呢？再说，当初商汤凭着七十里的地盘，就灭了夏桀统一了天下；周文王当初凭着百数里的地盘，就灭掉了殷纣使普天下的诸侯臣服，他们是靠的人多吗？他们都是由于很好地把握住了当时的形势，而趁机发挥了他们的威力。现在楚国有五千里见方的地盘，有上百万的军队，这本来是可以成为霸主的资本。像楚国目前这种强大的形势，按理说它应该是天下无敌的。可是谁知道就凭白起这么个小子，领着几万人来和楚国作战，居然一下子就攻克了鄢陵、郢都，再战又烧毁了夷陵，三战连楚国的先王都受到了侮辱。这是一百辈子也报不完的仇，连我们赵国都为你们感到羞耻，可是您自己却居然不知道痛恨。联盟抗秦，更主要的是为了你们楚国，而不是为了我们赵国。我的主人就在跟前，您呵斥我做什么？”楚王赶紧说：“好，好，确实就像你说的那样，我愿意带着我们整个国家和你们建立联盟。”毛遂说：“您决定了吗？”楚王说：“决定了。”毛遂立即招呼楚王身边的人说：“赶紧拿鸡、狗、马的血来。”毛遂双手捧着盛着鸡、狗、马血的铜盘子先是跪送到了楚王面前，说：“请大王第一个歃血，其次是我的主人，再次是我。”于是定盟的仪式就这样在大殿上进行完了。而后毛遂左手端着铜盘子，右手招呼下面的那十九个人说：“你们也都在下面歃血，算是参加订盟。你们这些人平庸透顶，也就是些专门靠着别人吃现成饭的家伙！”

平原君已定从而归，归至于赵，曰："胜不敢复相士。胜相士多者千人，寡者百数，自以为不失天下之士，今乃于毛先生而失之也。毛先生一至楚，而使赵重于九鼎大吕❶。毛先生以三寸之舌，强于百万之师。胜不敢复相士。"❷遂以为上客。

【注释】

❶九鼎大吕：指传国的宝器；九鼎，据说是夏禹所铸，经夏、商、周三代，一直被奉为传国之宝；大吕，《正义》曰："周庙大钟。" ❷平原君一段自责语，见其胸襟坦荡，大公无私，情景感人。此等境界，魏公子亦不及。《廉颇蔺相如列传》又写其不计赵奢杀其九个管家，而出于公心地举荐赵奢事，皆人情之所难者。

【译文】

平原君完成了与楚国订盟的任务回到赵国后，他对人们说："我再也不敢说我能够识别人了。我识别过的人多者上千，少说也得有几百，我总以为我不会漏掉有本事的人了，谁料想这回却漏掉了毛先生。毛先生一到楚国，使我们赵国的地位比九鼎、大吕都还要尊贵。毛先生的舌头比百万军队还要厉害。我再也不敢说我能识别人了。"从此毛遂就成了平原君门下的贵客。

【解读】

《史记》之写人物故事，剑拔弩张，惊心动魄，极端耸人听闻者，有《廉颇蔺相如列传》《平原君虞卿列传》《田单列传》《刺客列传》《项羽本纪》《吕太后本纪》等。但我们对于这些紧张故事的描写，只能“师其意而不师其辞”，略取其大意可也。因为这些描写都是出自司马迁个人的或是听来的众口相传的想象与发挥。大凡转述一个历史事件，越简单就越显真实；越详细、越生动就必然是发挥越多。梁启超说：“毛遂，一小蔺相如也，其智勇略似之，其德不逮（及），要亦人杰也矣。”史珥曰：“游客极奇之事，子长层次写来，字字欲活。”本选文即写毛遂佐助平原君使楚结盟的经过。

毛遂、李同的事迹不见于《战国策》，其他诸子书亦少有道及者。《史记》中的这类故事可以当作“寓言”读，可以当作“小说”读，可以长知识，可以长智慧，也可以学习写文章。但它的写法如同小说，是“代言”，而不是“记言”，它的许多描写叙述，都是司马迁依据他的理解而重新加工创造出来的。读《史记》，是你在听司马迁讲故事，这一点在以对话为主体的篇章里尤其需要注意，如《李斯列传》《郦生陆贾列传》是也。那些文章里面的精彩对话，都是司马迁的杰出创作，至少也是给司马迁讲故事的人们的杰出创造。

平原君虽然与孟尝君、信陵君、春申君等都以养士闻名，但他的养士不同于其他人，而带有很大的盲目性。他的门客多达数千人，但在赴楚谈判时却无法从中选够二十个文武双全的随行人员。即以被选出的十九人而论，也都是一筹莫展的庸才。而在紧要关头佐助他为赵国立了大功的毛遂和李同，平时则根本没有被平原君所看重。被魏公子倾慕已久的毛公、薛公，平原君对之更是不屑一顾，徒任其混迹于博徒卖浆者流。当秦国施用反间计，诱使赵国罢掉廉颇，任用赵括为将，秦将白起大破赵军于长平，坑赵卒四十五万人，并进而围困邯郸的紧急关头，平原君竟计无所出。这些充分显示了平原君的无能。

但平原君又具有很好的个人品质，他能听人劝谏，知过必改，忠于国家，这与孟尝君的一切为图谋私利，甚至不惜勾引敌兵自伐其国，是不可同日而语的。当平原君为了赴楚求救而在宾客中选拔随从，毛遂自荐时，平原君曾摆出一副倨傲尊大的样子，当毛遂有智有勇地折服楚王，约纵而归时，他又对毛遂心悦诚服地大加赞赏。平原君通达事理，忠于国家，为古今贵族之所难得。

《平原君虞卿列传》以平原君命名，但真正帮助平原君完成大事者皆出于毛遂、李同等一些下层人物。我们完全可以说，司马迁之所以写《平原君列传》，就是为了表现毛遂与李同，这与《孟尝君列传》是为了写冯谖，写鸡鸣、狗盗；《魏公子列传》是为了写侯嬴、朱亥，写毛公、薛公相同，都表现了司马迁着重下层人，歌颂下层人物的民主思想。

【编按】

赵平原君，与齐孟尝君、楚春申君、魏信陵君合称“战国四公子”。他是胡服骑射的赵武灵王之子，赵惠文王的弟弟。赵惠文王死后，他继位的儿子赵孝成王年幼，所以叔叔平原君对于赵国的政局稳定很重要。司马迁评价平原君：“翩翩浊世之佳公子也，然未睹大体，鄙语曰‘利令智昏’。”说他佳公子，诚如韩兆琦先生解读说他的确有很多很好的个人品质，能听人劝谏，知过必改，忠于国家；说他未睹大体，主要是他对战国格局缺乏总体认知，没有长远打算，也没有认清楚赵国真正的敌人是秦国；说他利令智昏，主要是他接受韩国献上的冯亭，导致秦赵长平之战。赵国实力大大受挫。秦国包围了邯郸。这样，赵国才想起联合魏国、楚国合纵抗秦。魏信陵君是平原君的小舅子，他接受平原君的请求，窃符救赵；楚王被挺身而出的毛遂说服，最后春申君率兵救赵。三公子率楚魏赵联军取得了邯郸之战的胜利。这是平原君最高光的时刻。

平原君为什么能赢得这样的成绩？因为他对门下很友善，所以才有毛遂这样的人投奔他。韩先生解读说司马迁写《平原君列传》是为了表现毛遂，这说明很多伟人的光辉，不是他自身有多强，而是他的属员很强。毛遂自荐、脱颖而出等成语均出自这篇文章。推荐读者阅读这篇文章，主要是为了说明大局观与担当精神对人、对历史的重要意义。

平原君
相士滿天下囊中復失之美人頭已斬
躄者計如斯荆楚定盟後邯鄲望
救時昏姻殊不負宗社足支持
驚鴻仙館主書

平原君像

12.

廉颇蔺相如列传

蔺相如奉璧汉画石像

廉颇像　　蔺相如像

廉颇者，赵之良将也。赵惠文王十六年❶，廉颇为赵将伐齐❷，大破之，取阳晋❸，拜为上卿❹，以勇气闻于诸侯。蔺相如者，赵人也，为赵宦者令缪贤舍人❺。

【注释】

❶赵惠文王十六年：前283年；赵惠文王，名何，武灵王之子，前298—前266年在位。赵国的都城邯郸，即今河北省邯郸市。 ❷伐齐：当时的齐国诸侯为齐襄王，名法章，前283—前265年在位，国都临淄。 ❸阳晋：古邑名，在今山东省菏泽市西北。《索隐》曰："卫地，后属齐，今赵取之。" ❹上卿：当时诸侯国大臣的最高爵位，其地位略同于丞相或大将军。 ❺宦者令：宦官的头领。舍人：寄食于官僚贵族门下而为之役使者。

【译文】

廉颇是赵国的杰出将领。赵惠文王十六年，廉颇为赵国率兵伐齐，大破齐军，夺取了齐国的阳晋县，回国后被封为上卿，凭着勇敢闻名天下。蔺相如也是赵国人，是赵国太监总管缪贤家里的门客。

赵惠文王时，得楚和氏璧❶。秦昭王❷闻之，使人遗赵王书曰❸："愿以十五城请易璧。"赵王与大将军❹廉颇诸大臣谋：欲予秦，秦城恐不可得，徒见欺；欲勿予，即患秦兵之来。

计未定，求人可使报秦[5]者，未得。宦者令缪贤曰："臣舍人蔺相如可使。"王问："何以知之？"对曰："臣尝有罪，窃计欲亡走燕[6]，臣舍人相如止臣，曰：'君何以知燕王？'臣语曰：'臣尝从大王与燕王会境上，燕王私握臣手，曰"愿结友"[7]。以此知之，故欲往。'相如谓臣曰：'夫赵强而燕弱，而君幸于赵王，故燕王欲结于君。今君乃亡赵走燕，燕畏赵，其势必不敢留君，而束君归赵矣。君不如肉袒伏斧质请罪，则幸得脱矣。'臣从其计，大王亦幸赦臣。臣窃以为其人勇士，有智谋，宜可使[8]。"于是王召见，问蔺相如曰："秦王以十五城请易寡人之璧，可予不[9]？"相如曰："秦强而赵弱，不可不许。"王曰："取吾璧，不予我城，奈何？"相如曰："秦以城求璧而赵不许，曲在赵。赵予璧而秦不予赵城，曲在秦。均之二策[10]，宁许以负秦曲[11]。"王曰："谁可使者？"相如曰："王必无人，臣愿奉璧往使。城入赵而璧留秦；城不入，臣请完璧归赵[12]。"赵王于是遂遣相如奉璧西入秦。

【注释】

❶和氏璧：由楚人和氏所得的玉璞中理出的玉璧。《韩非子·和氏》云："楚人和氏得玉璞山中，奉而献之厉王。

厉王使玉人相之，玉人曰‘石也’。王以和为诳，而刖其左足。及厉王薨，武王即位，和又奉其璞而献之武王。武王使玉人相之，又曰‘石也’。王又以和为诳，而刖其右足。武王薨，文王即位，和乃抱其璞而哭于楚山之下，三日三夜，泣尽而继之以血。王闻之，乃使玉人理其璞而得宝焉，遂命曰‘和氏之璧’。” ❷秦昭王：名则，秦惠王之子，秦武王之弟（前306—前251年在位）。 ❸遗（wèi）赵王书曰：遗，给，致。泷川曰：“枫、三本，‘书’下有‘曰’字。”施之勉曰：“《类聚》八十四引‘书’下有‘曰’字。”王叔岷曰：“《文选》谢希逸《宋孝武宣贵妃诔》注引‘书’下亦有‘曰’字。”今据增。 ❹大将军：国家的最高军事长官。 ❺报秦：给秦国回话，即出使秦国。 ❻亡走燕：向燕国潜逃；亡，潜逃。当时的燕国诸侯为燕昭王（前311—前279年在位）。 ❼愿结友：王念孙曰：“‘友’，‘交’之误。《文选·恨赋》《御览·治道部》引并作‘交’。” ❽宜可使：徐孚远曰：“缪贤以荐人之故，不隐其奔燕之谋，使人主疑其有外心，盖亦人情所难及。”泷川曰：“（缪贤）不隐旧恶，却见真情。” ❾可予不（fǒu）：不，通“否”。 ❿均之二策：均，比较、衡量。 ⓫宁许以负秦曲：意即豁着受骗，叫秦国把理曲的“包袱”背起来；负，背，承担。 ⓬完璧归赵：将完好无损的和氏璧带回赵国。

【译文】

赵惠文王在位的时候，得到了一块楚国的和氏璧。秦昭王闻说后，就派人给赵王送来了一封信说：“希望用十五座城来交换和氏璧。”赵王和大将军廉颇等人一道商量：给秦国吧，又怕得不到秦国的城，自己白白受骗；不给秦国吧，又怕秦国派兵来打。主意定不下来，于是就想找一个合适的人去出使秦国，但找不到。这时太监总管缪贤说："可以让我那个门客蔺相如去。"赵王问道："你怎么知道呢？"缪贤说："有一次我犯了罪，当时我曾想逃往燕国，这时我的门客蔺相如劝我说：'您怎么知道燕王会收留您呢？'我说：'我有一次跟随大王和燕王在边境上会晤时，燕王曾在底下握着我的手说："我希望和你成为朋友。"由此我知道燕王会收留我，所以我打算去投他。'相如对我说：'当时赵国强大燕国弱小，而您又正是赵王的红人，所以燕王才想和您拉关系。现在您是从赵国逃到燕国，燕国害怕赵国，在这种情况下他肯定不敢收留您，而是立即就会捆起您把您送回赵国来了。您不如光着背，背着斧子板子去向大王请罪，那还说不定可以得到幸免。'于是我就依了他的主意，而幸好大王您也开恩免了我的罪。所以我认为蔺相如是勇士，而且有智谋，估计他可以完成任务。"赵王一听，立即召见蔺相如，问他说："秦王请求用十五座城来换我们的和氏璧，你看可不可以给他？"蔺相如说："秦国强大，赵国弱小，不给不行。"赵王说："如果秦王要走了我们的和氏璧，而不给我们城，那又怎么办呢？"蔺相如说："秦王用城来换我们的璧，如果我们不答应，那理亏的是我们。如果我们给了他璧而他们不给我们城，那时理亏的就是他们了。比较这两种局面，我们宁可答应他落个被骗，也要叫他们把理亏的包袱背起来。"赵王说："好的，那谁可以去出使呢？"蔺相如说："大王如果找不到更合适的人选，我可以带着璧前去。到那时他给我们城，我就给他们璧；他们不给我们城，我保证把和氏璧完好无损地带回来。”赵王一听，就派蔺相如带着和氏璧到秦国去了。

秦王坐章台[1]见相如，相如奉璧奏[2]秦王。秦王大喜，传以示美人及左右，左右皆呼万岁。相如视秦王无意偿赵城，乃前曰：“璧有瑕，请指示王[3]。”王授璧，相如因持璧，却立，倚柱，怒发上冲冠[4]，谓秦王曰：“大王欲得璧，使人发书至赵王，赵王悉召群臣议，皆曰‘秦贪，负其强，以空言求璧，偿城恐不可得’。议不欲予秦璧。臣以为布衣之交[5]尚不相欺，况大国乎！且以一璧之故逆[6]强秦之欢，不可。于是赵王乃斋戒[7]五日，使臣奉璧，拜送[8]书于庭。何者？严大国之威以修敬[9]也。今臣至，大王见臣列观[10]，礼节甚倨；得璧，传之美人，以戏弄臣。臣观大王无意偿赵王城邑，故臣复取璧。大王必欲急[11]臣，臣头今与璧俱碎于柱矣！”相如持其璧睨柱[12]，欲以击柱。秦王恐其破璧[13]，乃辞谢固请，召有司案图[14]，指从此以往十五都予赵。相如度秦王特以诈详[15]为予赵城，实不可得，乃谓秦王曰：“和氏璧，天下所共传宝也，赵王恐，不敢不献。赵王送璧时，斋戒五日，今大王亦宜斋戒五日，设九宾[16]于廷，臣乃敢上璧。”秦王度之，终不可强夺，遂许斋五日，舍相如广成传[17]。相如度秦王虽斋，决负约不偿城，乃使其从者衣褐[18]，怀其璧，从径道亡，归璧于赵[19]。

【注释】

❶章台：也叫章华台，秦离宫中的台观名，在当时咸阳城南的渭水之南。徐卫民以为其遗址在汉代长安城内的未央宫之下。按，不在朝廷，而在离宫中接见别国来使，有对该国轻视的意思。❷奉：捧。奏：进呈。❸请指示王：指示，谓指其瑕以示之。❹却：退行。退行倚柱后始“怒发上冲冠”，以防身后有人击之，史公设身处地，文心甚细。❺布衣之交：平民之间的买卖交易。❻逆：不顺从，故意得罪。❼斋戒：古人为对某事表示虔敬而做出的一种姿态，通常指沐浴、独居、吃素等。❽“拜送”上应增“赵王”二字读。❾严：敬畏，用作动词。修敬：表示虔敬之意。❿列观：一般的台观，与朝廷对比而言。⓫急：逼迫。⓬持其璧睨（nì）柱：睨，斜视、瞥视。李光缙曰：“‘睨柱’二字，其模写情状如见。”⓭史珥曰：“‘恐其破璧’四字写照秦王，即是补出相如所以能完璧之故。盖秦王此心相如未使时策之已审，上边一‘视’字，下文连用三‘度’字，两边情态如生。”⓮案图：查看地图。⓯特：只不过。详：通“佯”，假装。⓰“设九宾”又见于《刺客列传》，其制度不见于经传，不知究竟云何。⓱舍：《索隐》曰：“‘广成’是传舍之名。”传（zhuàn）：传舍，即今所谓宾馆、招待所。⓲衣褐：身穿下层人所穿的小袄；褐，粗布小袄。⓳从径道亡，归璧于赵：抄小路潜行，将璧送回赵国。

【译文】

秦王在章台接见蔺相如，蔺相如双手捧着和氏璧进给了秦王。秦王非常高兴，他自己看完之后，又传给他的美人以及左右亲信们观看，大家都高呼万岁，向他祝贺。蔺相如等了半天，看着秦王没有给赵国城的意思，于是就走上前去对秦王说:“璧上还有一个斑点，让我指给您看。”秦王一听，就把璧递给了蔺相如，蔺相如接过璧来后退了几步，背靠着一根柱子，他怒发冲冠地对着秦王说:“您写信给我们的赵王，想要我们的和氏璧，赵王召集大臣们商量给不给，大家都说‘秦国贪婪得很，他是依恃着自己强大，想用空话来骗我们的璧，他所说的十五座城恐怕是绝对得不到的’。大家都商量着不给您，但是我却觉得连平民百姓之间的打交道都不能用欺骗的手段，更何况是一个大国呢？再说因为一块小小的和氏璧闹得让一个大国不高兴，这是不好的。于是赵王先亲自沐浴斋戒了五天，然后派我捧璧前来，临行时走下殿来，亲自把我送到了院子里并向我行礼。为什么这样呢？不就是尊重你们是个大国，向你们表示敬意吗？可是我到了秦国之后，您只在一个偏殿上接见我，礼节很傲慢；等您接到和氏璧后，又传给一群女人看，故意地耍弄我。我看您的意思是根本不打算给赵国城，所以我就想法把璧又要了回来。现在您要再逼我，我就连头带璧一块儿都撞碎在这根柱子上!”说着，他就举起璧来眼睛斜视着柱子，想往柱子上摔。秦王怕他真的把璧摔坏，于是就连声地向他表示歉意请他千万不要摔，并赶紧让有关的负责人拿出地图，秦王指着地图上的一片地区说，就从这里到这里划十五座城给赵国吧。但蔺相如心里明白秦王这只不过是做出来的一种样子，实际上他是不会给的。于是就对秦王说："和氏璧，是天下公认的宝贝，由于赵王害怕秦国，所以才不敢不送给您。赵王送我带和氏璧来的时候，曾经斋戒了五天，现在我请求大王也斋戒五天，然后在朝廷上设九宾之礼，那时我才可以正式把璧献给您。"秦王心里明白，这时要想硬夺是绝对不行的，于是就答应了也斋戒五天，他安排蔺相如在广成传舍住了下来。蔺相如心想秦王现在尽管答应斋戒了，但最后他肯定要违背盟约，不会给赵国城的，于是就派他的随从穿着破衣服，揣着和氏璧，抄小路，把璧送回了赵国。

　　秦王斋五日后，乃设九宾礼于廷，引赵使者蔺相如。相如至，谓秦王曰："秦自缪公❶以来二十余君，未尝有坚明约束者也❷。臣诚恐见欺于王而负赵，故令人持璧归，间至赵矣。且秦强而赵弱，大王遣一介之使❸至赵，赵立奉璧来。今以秦之强而先割十五都予赵，赵岂敢留璧而得罪于大王乎？臣知欺大王之罪当诛，臣请就汤镬❹，唯大王与群臣孰计议之❺。"秦王与群臣相视而嘻❻。左右或欲引相如去，秦王因曰："今杀相如，终不能得璧也，而绝秦赵之欢，不如因而厚遇之，使归赵，赵王岂以一璧之故欺秦邪！"❼卒廷见相如❽，毕礼❾而归之。

【注释】

❶缪公，也作“穆公”，名任好，前659—前621在位，是春秋时期秦国最有作为的国君。据《始皇本纪》，自秦穆公至秦昭王，共二十一代。 ❷未尝有坚明约束者也：坚明约束，信守条约；“坚明”在这里用作动词，即坚定明确地遵守。史珥曰：“直指先世之诈而刺其隐，气慑秦廷，相如得全，正在于此。” ❸遣一介之使：让一个人来说一声；“一介之使”极言使者的身份之低和派出者所使用的礼数之简。 ❹汤镬（huò）：大开水锅，古代烹人的刑具。 ❺唯：表示祈请的发语词。孰计议之：仔细地盘算盘算这件事；孰，同“熟”。 ❻《正义》曰：“嘻，恨怒之声。”中井曰：“‘嘻’只是惊怪之声，不必有怒意。” ❼按，秦王以此圆场，为自己下台做收束，甚妙。 ❽廷见相如：重新在朝廷上接见了蔺相如。 ❾毕礼：按应有的礼数。

【译文】

秦王斋戒了五天以后，举行隆重的接待仪式，在大殿上设九宾之礼，而后使人带领着蔺相如进入了大殿。蔺相如进殿后，对秦王说：“秦国自缪公以来的二十多个国君，都没有坚定明确地遵守过盟约。我实在是怕被您所骗而辜负了赵国，所以我已经派人带着和氏璧先走了，估计现在已经回到了赵国。况且秦国强大，赵国弱小，大王只要派一个小小的使臣到赵国，赵国立刻就会把璧送回来。凭着你们这样的强大，如果你们能够先把十五座城割让给赵国，赵国敢不给您璧而故意得罪您吗？我知道我欺骗大王是罪该万死的，我现在甘愿下汤锅，请您和您的大臣们仔细考虑。”秦王和大臣们一听都惊得叫了起来，武士们过来就想把蔺相如拉去行刑，倒是秦王明智地说道："现在即使杀了蔺相如，也是得不到璧了，反倒弄坏了秦国和赵国的关系，不如还是好好地对待他，让他回去，难道赵王还会因为一块和氏璧而欺骗我们秦国吗？"于是就在大殿上按照礼节接见了蔺相如，典礼结束后就让蔺相如回国了。

相如既归，赵王以为贤❶，使不辱于诸侯，拜相如为上大夫❷。秦亦不以城予赵，赵亦终不予秦璧。

【注释】

❶通行本"贤"下有"大夫"二字，李笠曰："'大夫'二字涉下文误衍，时相如未为大夫。"今据删"大夫"二字。 ❷上大夫：爵位名，是大夫中的最高一级，次于卿。

【译文】

蔺相如回来后，赵国认为他表现出色，在出使秦国的过程中维护了国家的尊严，因而封蔺相如为上大夫。结果事后，秦国也没有给赵国城，赵国也没有给秦国璧。

其后秦伐赵，拔石城❶。明年❷，复攻赵，杀二万人❸。

【注释】

❶秦伐赵，拔石城：事在赵惠文王十八年（前281）；

石城，赵县名，在今河南省林州市西南。 ❷明年：赵惠文王十九年，秦昭王二十七年（前280）。 ❸杀二万人：梁玉绳曰："表作三万人。"据《秦本纪》《六国年表》，是年秦将白起攻取赵之光狼城。

【译文】

后来秦国进攻赵国，占领了赵国的石城。第二年，再次进攻赵国，又杀了赵国的两万多人。

秦王使使者告赵王❶，欲与王为好会于西河外渑池❷。赵王畏秦，欲毋行。廉颇、蔺相如计曰："王不行，示赵弱且怯也。"赵王遂行，相如从。廉颇送至境，与王诀❸曰："王行，度道里会遇之礼毕，还，不过三十日。三十日不还，则请立太子为王，以绝秦望。"❹王许之，遂与秦王会渑池。秦王饮酒酣，曰："寡人窃闻赵王好音，请奏瑟。"赵王鼓瑟。秦御史❺前书曰："某年月日，秦王与赵王会饮，令赵王鼓瑟。"❻蔺相如前曰："赵王窃闻秦王善为秦声，请奏盆缻❼秦王，以相娱乐。"秦王怒，不许。于是相如前进缻，因跪请秦王。秦王不肯击缻。相如曰："五步之内，相如请得以颈血溅大王❽矣！"左右欲刃相如，相如张目叱之，左右皆靡❾。于是秦王不怿，为一击缻❿。相如顾召⓫赵御史书曰："某年月日，秦王为赵王击缻。"秦之群臣曰："请以赵十五城为秦王寿[12]。"蔺相如亦曰："请以秦之咸阳为赵王寿。"秦王竟酒，终不能加胜于赵。赵亦盛设兵以待秦，秦不敢动。[13]

【注释】

❶梁玉绳曰："'秦王'上疑缺'明年'二字。"按，梁说是，下文所叙之渑池会，在赵惠文王二十年，秦昭王二十八年（前279）。 ❷好会：友好的会见。西河外渑池：西河外，河外地区的西部。春秋、战国以至汉代，人们通常称今河南的黄河以北叫"河内"，称黄河以南叫"河外"。渑池，县名，原属韩，此时已为秦国所有。渑池县是在黄河以南的西部，故称之曰"西河外渑池"。按，今渑池城西之一华里处仍有所谓"会盟台"。 ❸诀：别，告别。 ❹于此足见廉颇的大将风概，深谋远虑，忠于赵国。有此一举，则秦国扣留赵王为人质以要挟赵国的阴谋遂不得行。 ❺御史：战国时掌管图书文籍的官员，有如后代的史官，与秦代职掌纠弹的官员不同。 ❻于此事见秦国君臣之极度傲慢，以一个小小御史竟公然侮辱一个国家的元首。或问，此事为秦王之预定呢？还是秦御史之见景而为呢？似以后者为更传神。 ❼此"奏盆缶"与上文秦王之"请奏瑟"正针锋相对。奏：进。盆缶：盛水的盆罐之属。《风俗通义》曰："缶者瓦器，所以盛酒浆，秦人鼓之以节歌也。" ❽五步之内，相如请得以颈血溅大王：即"要和大王您同归于尽"的婉转说法，《平原君列传》毛遂有所谓"今十步之内，王不能恃楚国之众"，与此意同。 ❾靡：随风倒伏的样子。 ❿为一击缶：极写秦

王无可奈何之状。 ⑪顾召：回头招呼。二字见赵国君臣畏怯呆木之状，反衬蔺相如之勇敢无畏，从容指麾。 ⑫寿：祝福人健康长寿。 ⑬秦能袭执楚怀王，而不敢袭执赵惠文王，并不敢对蔺相如用强者，正以廉颇“盛设兵”于后，且有“三十日不还，则请立太子为王”之预约也。陈子龙曰：“相如以赵有备，故以气陵秦；秦王亦知赵尚强，故因善相如也。”

【译文】

接着秦王派人告诉赵王，想和赵王在西河外的渑池举行和平会谈。赵王害怕秦国，不想前去。廉颇和蔺相如商量说：“大王如果不去，这就越发表现了我们的弱小怯懦。”赵王无奈只好去了，蔺相如跟着一道同行。廉颇送他们到国境线上，和赵王分别的时候说：“大王此去，我估计连开会和路上的耽搁加起来，总共不会超过三十天。如果您三十天还回不来，那我就请求拥立太子为赵王，以断绝秦国扣留您当人质的幻想。”赵王同意了，于是向西和秦王在渑池进行了会晤。这天，秦王在宴会上正喝得起劲时对赵王说：“我听说阁下擅长音乐，请允许我进给您一张瑟，请您演奏一回。”赵王无法，只好弹了一曲。这时秦国的史官就走出来侮辱性地一面念着一面在竹简上写道：“某年某月某日，秦王和赵王一道饮酒时，秦王命令赵王鼓瑟。”蔺相如一听也立刻走出来说：“我们赵王也早就听说秦王精通秦国的音乐，现在请允许我也给您进上一只缶，来为大家乐一乐。”秦王生气了，不答应。这时蔺相如就拿过一只缶，双手捧到了秦王面前，跪着请秦王敲。秦王还是不敲。蔺相如说道：“咱俩现在离着不出五步，您要是再不敲，我这一腔热血立刻就要喷您一身。”这时秦王左右的卫士们也想对蔺相如下手，只见蔺相如圆瞪着双眼，大喝了一声，吓得秦王的卫士们都不敢动了。秦王无法，只好勉强地敲了一下。这时蔺相如立刻起来回头招呼着赵国的史官说：“某年某月某日，秦王曾经为赵王击缶。”这时秦国的大臣们一齐喊道：“请赵王用十五座城来为秦王作进贺之礼吧！”蔺相如也说：“请秦王把你们的都城咸阳也拿来给赵王进贺。”结果一来一往，直到宴会结束，秦王始终没能压倒赵王。因为这时赵国后面也有廉颇的大兵严阵以待，所以秦国始终没敢再动。

既罢归国，以相如功大，拜为上卿，位在廉颇之右[1]。廉颇曰：“我为赵将，有攻城野战之大功，而蔺相如徒以口舌为劳，而位居我上，且相如素贱人[2]，吾羞，不忍为之下。”宣言曰：“我见相如，必辱之。”相如闻，不肯与会。相如每朝时，常称病，不欲与廉颇争列[3]。已而相如出，望见廉颇，相如引车避匿。于是舍人相与谏曰：“臣所以去亲戚[4]而事君者，徒慕君之高义也。今君与廉颇同列[5]，廉君宣恶言而君畏匿之，恐惧殊甚，且庸人尚羞之，况于将相乎！臣等不肖，请辞去。”蔺相如固止之，曰：“公之视廉将军孰与秦王？”曰：“不若也。”相如曰：“夫以秦王之威，而相如廷叱之，辱其群臣，相如虽驽[6]，独畏廉将军哉？顾吾念之，强秦之所以不敢加兵于赵者，徒以吾两人在也。❼今两虎共斗，其势不俱生。吾所以为此者，以先国家之急而后私仇也。”廉颇闻之，肉袒负荆❽，因宾客至蔺相如门谢罪。曰：“鄙贱之人，不知将军宽之至此也。”卒相与欢，为刎颈之交❾。

【注释】

❶右：这里指上位。先秦时期究竟以左为上，还是以右为上，各国各时期并不一致，如《魏公子列传》写魏公子迎侯嬴时即有所谓“虚左”之语。 ❷相如素贱人：指其为宦者令缪贤舍人而言；素，平素，往日。 ❸争列：争位置行列之高低。 ❹去亲戚：远离父母。 ❺王念孙曰：“‘廉颇’当作‘廉君’，下文作‘廉君’即其证。” ❻驽：劣马，这里以比人的材质拙劣。 ❼郭嵩焘曰：“战国人才以蔺相如为首，其让廉颇可谓远矣，庶几与闻君子之道者也。”李景星曰：“太史公以廉蔺合传，即本斯旨。” ❽肉袒负荆：袒露肩背，背着荆条，意为承认错误，愿受责罚。 ❾刎颈之交：能以生死相托的朋友。

【译文】

从渑池回来后，蔺相如因为功劳大，被封为上卿，地位在廉颇之上。廉颇在背后说：“我是赵国的大将，有攻城野战的大功，而蔺相如只不过是靠着耍嘴皮，现在居然弄得位置在我之上；而且蔺相如又是个出身低贱的人，我实在感到羞耻，没办法处在这种地位。”于是公开对人宣扬说：“什么时候我见了蔺相如，一定要好好地侮辱他一顿。”蔺相如听到廉颇这么说，就故意地躲着他，不愿和他见面。每到该去上朝的时候，蔺相如总是推说有病，不去和廉颇争位次的高低。后来蔺相如出门时，半路上遇见了廉颇，蔺相如一见就立即赶着车子躲开了。这样一来，蔺相如的门客们都很不高兴，他们对蔺相如说：“我们之所以离开父母来侍候您，就是因为仰慕您的高尚人品。您和廉颇的职位是同一个等级，廉颇背后扬言要侮辱您，而您居然就躲了起来，怕得要命，这种事是连个普通人也都感到羞耻的，更何况是位居将相的人呢！我们没有出息，不得不请求离开您了。”蔺相如一听就拦住他们说：“你们认为廉将军比秦王更厉害吗?”门客们说：“当然比不上秦王厉害。”蔺相如说：“可是尽管秦王有那样的威严，我还敢在大庭广众之中呵斥他，并羞辱他的那班大臣，我蔺相如尽管没出息，难道竟然偏偏地害怕一个廉将军吗？我所考虑的问题是，强秦之所以不敢进攻我们赵国，关键就因为有我们两个人在。现在如果我们两个人争执起来，那就如同二虎相争，肯定不能两全。我之所以对廉颇一再忍让，就是因为我要把国家利益放在前头，而把个人恩怨放在其次。”廉颇一听说这个话，立刻袒露肩背，背着荆条，让一个门客领着来到蔺相如的家里当面认错。廉颇说：“我是个狭隘浅陋的人，实在不了解您的胸怀竟然宽广到了这样的地步！”从此两个人相处得非常友好，以至于成了生死之交。

【解读】

《廉颇蔺相如列传》是廉颇、蔺相如、赵奢、李牧四个人的合传，因为这四个人都有才干，忠心耿耿，关系着赵国的兴亡，所以司马迁把他们写在一起。明代茅坤说："两人为一传，中复附赵奢，已而复缀以李牧为四人传，须详太史公次四人线索，才知赵之兴亡矣。"(《史记钞》) 所以这篇作品，既是廉颇、蔺相如、赵奢、李牧四人的英烈传，同时也可看作是赵国的兴亡史。本文选自该传开头关于廉颇和蔺相如的部分，主要包括"完璧归赵""渑池会""将相和"三个著名故事。

这篇作品的思想意义，首先是描写和歌颂了一批明显带有作者社会理想的人物。这些人才情卓越，品质崇高，忠心耿耿，无私无畏地把自己贡献给了保卫国家的豪迈事业。其中尤以蔺相如最为作者所欣赏。

文中首先通过"完璧归赵"和"渑池会"突出地表现了蔺相如在对敌斗争中的英勇机智，威伸敌国。更感人的是，当他两次为国立功，政治地位超出功勋卓著的老将廉颇，而廉颇不服气，屡屡向他寻衅的时候，他能一反过去对敌斗争的勇敢强硬，而一再退避忍让。他说："强秦之所以不敢加兵于赵者，徒以吾两人在也。今两虎共斗，其势不俱生。吾所以为此者，以先国家之急而后私仇也。"这种先公后私的精神不仅感动了负气争胜的廉颇，也一直感动着两千年以来的后代中国人。

其次，作品歌颂了廉颇的知过必改，光明正大。作品对于廉颇的军功正面着笔较少，只在开头时说他"为赵将伐齐，大破之，取阳晋，拜为上卿，以勇气闻于诸侯"。后面又写了他镇守长平时"秦数败赵军，赵军固壁不战。秦数挑战，廉颇不肯"，表现了他的老成持重。最能表现他的精神气质和大将风度的，是送赵王与蔺相如去渑池与秦王会谈时的临别之言，他说：“王行，度道里会遇之礼毕，还，不过三十日。三十日不还，则请立太子为王，以绝秦望。”这是多么有头脑、有政治目光的大将啊，难怪明代凌登第说：“廉将军与赵王临诀数语，真有古大臣风，所谓社稷为重者也。”廉颇先是对相如不服气，后来一旦省悟，立即负荆请罪。这种知过必改，肝胆照人的品格，更成了千古佳话。

最后，作品抒发了一种得贤者昌，失贤者亡，人才之得失关乎邦国兴亡的无限感慨。赵惠文王在位时，赵国虽小却相当强盛，其关键在于他能上继赵武灵王的事业，任贤使能。廉颇有攻城野战之功，自不待言；蔺相如虽为缪贤舍人，但因其有才，便用以为使者。相如出使不辱使命，一次归来即拜为上大夫，二次归来便拜为上卿。这种论功行赏，大胆提拔，破格任用，是历来所少有的。梁启超说：“太史公述相如事，字字飞跃纸上，吾重赞之，其蛇足也。顾吾读之而怦怦然刻于余心者，一言焉，则相如所谓先国家之急而后私仇也。呜呼，此其所以豪杰欤？此其所以圣贤欤？彼亡国之时代，曷尝无人才？其奈皆先私仇而后国家之急也。往车屡折，来轸方遒，悲夫！”

本文是《史记》中艺术性最高的篇章之一，蔺相如的三个故事，情节紧张，描写生动，简直像一篇文言小说。又因为蔺相如的故事在战国时代的典籍中不见踪影，于是使人不能不想到很可能是司马迁在故事传说基础上的加工创作居多了。文章是好文章，故事是好故事，两千年来一直所散发的是教育人们向上向善的正能量。至于有些过分夸张之处，如钱锺书所说：“此亦《史记》中迥出之篇，有声有色，或多本于马迁之增饰渲染，未必信实有徵。写相如‘持璧，却立倚柱，怒发上冲冠’，是何意态雄且杰？后世小说刻画精能处无以过之。赵王与秦王会于渑池一节，历世流传以为美谈，至谱入传奇。使情节果若所写，则樽俎折冲真同儿戏，抑岂人事原如逢场串剧耶？”(《管锥编》）对此，我们能本着一种“师其意不师其辞”的态度也就可以了。

【编按】

在廉颇、蔺相如、赵奢、李牧等良相名将的辅佐下，赵惠文王颇有作为，使赵国继魏国之后成为山东六国之首，是阻止秦国东进的主力。诚如韩兆琦先生解读所说,《廉颇蔺相如列传》“既是廉颇、蔺相如、赵奢、李牧四人的英烈传，同时也可看作是赵国的兴亡史”。这个观点非常精，因为这四个人的功业和命运正是赵国由盛转衰的见证。

赵惠文王想振作，但他的对手，也就是蔺相如斥责的秦昭襄王，则是更有战略也更狠的角色，他最著名的帮手文有范雎，武有战神之誉的白起。秦昭襄王拿一块叫和氏璧的玩物做文章，对赵国进行一场战略试探，蔺相如完璧归赵，为赵惠文王挽回面子；接着渑池之会，又为赵惠文王挣足面子。所以蔺相如位列上卿，位在老将廉颇之上，廉颇不服，但当他知道蔺相如高风亮节不为私利后，甘愿下之，成就“刎颈之交”的千古佳话。可惜治国，真的不只是领导面子的事。赵国君臣对于秦国的战略试探未见深入设防，也许认为秦昭襄王不过尔尔，可以凭嘴屈之似的，后来竟然任由秦国去南攻楚国，然后回头再收拾赵国。

所选三章的真正主人公是蔺相如，本传的赞词专赞蔺相如:“知死必勇，非死者难也，处死者难。方蔺相如引璧睨柱，及叱秦王左右，势不过诛，然士或怯懦而不敢发。相如一奋其气，威信敌国，退而让颇，名重泰山，其处智勇，可谓兼之矣!”这里，司马迁表达了自己的人生观和节义观。推荐读者阅读本传，主要就是弘扬士人的大勇，但也提醒读者思考：大局意识也许比智勇更为要紧。

13.

田单列传

齐襄王（右）和田单（左）

田单巧施火牛阵破燕

田单者，齐诸田疏属[1]也。湣王时单为临菑市掾[2]，不见知。及燕使乐毅伐破齐[3]，齐湣王出奔，已而保莒城[4]。燕师长驱平齐，而田单走安平[5]，令其宗人尽断其车轴末而傅铁笼[6]。已而燕军攻安平，城坏，齐人走，争涂，以轊折车败[7]，为燕所虏，唯田单宗人以铁笼故得脱[8]，东保即墨[9]。燕既尽降齐城，唯独莒、即墨不下。[10]

【注释】

❶诸田疏属：齐王宗室中的远房子弟。因为当时齐国田姓的贵族甚多，所以称“诸田”。 ❷湣王：名地，宣王之子，前301—前284年在位。临菑：齐国都城；菑，也写作“淄”。市掾（yuàn）：管理市场的吏目；掾，吏目的统称。 ❸燕使乐毅伐破齐：事在燕昭王二十八年，齐湣王十七年（前285），可参看《燕召公世家》《乐毅列传》。 ❹齐湣王出奔，已而保莒城：过程详见《田敬仲完世家》。保：依，据守。莒城：当时为齐国南部的重要都邑。按，莒邑故城在今山东省日照市莒县城区，规模宏大，为今莒县城之六倍。 ❺走安平：由临淄逃往安平；安平，齐邑名，在今山东省淄博市临淄区东北。 ❻尽断其车轴末而傅铁笼：截去车轴两端过于长出的部分，并给轴头包上铁箍；傅，包，裹；铁笼，铁帽，铁箍。 ❼轊（wèi）折车败：由于撞断车轴而导致翻车。胡三省曰：“车轴头谓之轊。” ❽叶玉麟曰：“就一小事先写，已见其智略。” ❾即墨：齐国东

部的重要都邑。《山东风物志》："即墨故城在今山东平度的古岘乡大朱毛一带，俗名朱毛城。又因西汉胶东康王刘寄都此，故也称'康王城'。" ⑩杨宽曰："齐终战国之世未设郡，别有五都之制。盖齐都之未下者唯独莒、即墨，非齐城邑之未下者仅莒、即墨也。"

【译文】

田单是齐国田姓王室的远房亲族。齐湣王时，田单在首都临淄的市场上做管理员，没有人重视他。等到燕昭王派乐毅攻破了齐国，齐湣王逃出临淄，随后退到莒城据守。燕国军队长驱直入，扫平了齐国的许多城池，而田单家族也逃到了安平。这时田单让他们的族人都把车轴过长的部分截掉并在头上包起铁箍。不久燕军进攻安平，城被攻破，百姓们出城逃难时，许多人由于车轴过长，在拥挤抢道互相冲撞时闹得轴断车毁，被燕军所俘虏。只有田单家族的人因为车轴截短了且又包着铁箍从而脱离了危险，一直逃到了东边的即墨据守起来。后来燕军打下了齐国所有的城池，只剩下了莒和即墨两座孤城仍在坚守。

燕军闻齐王在莒，并兵攻之。淖齿❶既杀湣王于莒，因坚守，距燕军，数年不下。燕引兵东围即墨，即墨大夫❷出与战，败死。城中相与推田单，曰："安平之战，田单宗人以铁笼得全，习兵。"立以为将军，以即墨距燕。

【注释】

❶淖（nào）齿：楚国将领。今淄博市临淄区之淄河村南有“四王墓”，相传为齐威王、齐宣王、齐湣王、齐襄王之墓。四墓自西而东并列，绵延相连，封土高大，状若山丘。此地齐王陵寝极多，故有“齐陵”之称。❷即墨大夫：即墨城的行政长官，相当于后来的县令。

【译文】

燕军听说齐湣王在莒城，就集中兵力去进行攻打。这时楚国派来援救齐国的将军淖齿杀了齐湣王，率领莒城军民坚守抗拒燕军，一直坚守了好几年。燕军见攻莒城不下，便移兵东围即墨。即墨大夫出城应战，兵败身死。这时城中军民一致推举田单领导大家守城，有人说：“安平撤退时，田单家族人因为有田单教他们给车轴包铁箍从而安全脱险，说明田单懂得军事。”于是大家便拥立田单做了将军，据守即墨，抵抗燕人。

顷之，燕昭王卒，惠王立❶，与乐毅有隙。田单闻之，乃纵反间于燕，宣言曰：“齐王已死，城之不拔者二耳。乐毅畏诛而不敢归，以伐齐为名，实欲连兵❷南面而王齐。齐人未附，故且缓攻即墨以待其事。❸齐人所惧，唯恐他将之来，即墨残矣。❹”燕王以为然，使骑劫❺代乐毅。

【注释】

❶燕昭王卒，惠王立：事在齐襄王五年，燕昭王三十三年（前279）。燕昭王：名职，战国时期燕国最有作为的国君，前311—前279年在位。燕惠王：昭王之子，前278—前272年在位。 ❷连兵：谓与齐国即墨、莒城的守军联合。 ❸《田单列传》之《索隐》曾引夏侯玄大段言论以为乐毅之所以不能迅速攻下莒与即墨二城为非不能攻，乃欲以义感之。并称“乐生之不屠二城，未可量也”。而苏轼等则谓乐毅非不欲攻，实不能也。参见《乐毅列传》注。 ❹齐人所惧，唯恐他将之来，即墨残矣：残，破。按，此处应重出“他将之来”四字，否则语气不完整。然这种当重出而未重出的句式，《史记》中多见。 ❺骑劫：燕将名，姓骑名劫。

【译文】

过了不久，燕昭王逝世，燕惠王即位。燕惠王与乐毅早就有矛盾。田单听说这种情况后，就派人到燕国施行反间计，他们散布谣言说：“齐湣王已经被杀死了，齐国城池没被攻下的只还有两座。现在乐毅是害怕回国被燕王杀掉，再加上他现在是以伐齐为名，故意地留在齐国，他实际上是想联合齐国的军事力量在齐国南面称王。因为现在齐国人还不顺从他，所以他才放慢进攻以等待时机的成熟。现在我们齐国人最怕的是燕王改派别的将领，如果一改派别的人来，即墨就要完蛋了。”燕王听着有道理，于是就派骑劫去代替了乐毅。

乐毅因归赵，燕人士卒忿[1]。而田单乃令城中人食必祭其先祖于庭，飞鸟悉翔舞城中下食。燕人怪之。田单因宣言曰："神来下教我。"乃令城中人曰："当有神人为我师。"有一卒曰："臣可以为师乎？"因反走。[2]田单乃起，引还，东乡坐[3]，师事之。卒曰："臣欺君，诚[4]无能也。"田单曰："子勿言也！"因师之。每出约束，必称神师。[5]乃宣言曰："吾唯惧燕军之劓[6]所得齐卒，置之前行，与我战，即墨败矣[7]。"燕人闻之，如其言。城中人见齐诸降者尽劓，皆怒，坚守，唯恐见得[8]。单又纵反间曰："吾惧燕人掘吾城外冢墓，僇[9]先人，可为寒心。"燕军尽掘垄墓[10]，烧死人。即墨人从城上望见，皆涕泣，俱欲出战，怒自十倍。[11]

【注释】

❶燕人士卒忿：因同情乐毅有功而无辜被废。❷因反走：谓说完话后随即转身向外走。此处写小卒向其将军开玩笑而又惴恐不安的神情甚细。❸引还，东乡坐：谓田单将此小卒一把拉回，令其东向而坐；乡，通"向"。先秦两汉时的习惯，除官府、朝堂仍以南向为尊外，在一般场合皆以东向坐为上位。❹欺：哄骗。诚：实在。❺茅坤曰："田单将兵，起自卒伍，故必为计以自神，与陈胜、吴广之意同。"约束：章程、条令之类。❻劓（yì）：割鼻。❼置之前行，与我战，即墨败矣：前行，前排。"即墨败矣"

句上应增“若此”二字读，盖与前文“即墨残矣”句同例。 ❽见得：被其所俘。 ❾僇：通“戮”，辱也。 ❿垄墓：即坟墓；垄，坟也。 ⓫徐孚远曰：“乐毅攻两城数年不下，欲以德怀齐人；骑劫代将，悉更乐毅所为，故施虐于齐，而田单以为资也。”

【译文】

乐毅被免职后逃到了赵国，燕国军民为乐毅被撤都感到非常气愤。这时田单又命令城中居民在吃饭前必须先在庭院中摆设饭菜祭祀祖先，于是引来许多飞鸟在即墨上空盘旋，城外的燕国士兵看着觉得奇怪。这时田单又扬言说：“很快将有神下界来帮助我们。”他对城中军民说：“很快将有神人下界来给我当老师。”这时有个小卒跟田单开玩笑说：“我可以当您的神师吗？”说完转身就跑。田单赶紧跑过去，把那个小卒拉回来，按着他面向东坐下，给他行礼称他为神师。小卒说：“我是哄您玩的，我什么都不会！”田单说：“您不必多说！”于是便公开拜那个小卒为神师。从此田单每发布什么命令，总要说这是神师的旨意。接着田单又派人出去故意散布说：“我们最怕燕军削掉我们齐国俘虏的鼻子把他们放在队伍的前面来攻城，那样即墨就非完不可！”燕人信以为真，便削掉了齐国俘虏的鼻子。即墨城中的军民一见齐国投降的人都被削去了鼻子，于是非常愤怒，个个决心坚守，生怕当了俘虏。田单接着又散布说：“我们最怕燕国人挖掘我们的坟墓，侮辱我们祖先的尸骨，如果那样，我们可就吓坏了。”燕人信以为真随即把即墨人的祖坟统统掘开，并把死人的骨头挖出来用火烧。即墨军民从城上望见这种情景，都痛哭流涕，一个个怒火万丈，都要求出城同燕军决一死战。

田单知士卒之可用，乃身操版插[1]，与士卒分功[2]，妻妾编于行伍之间，尽散饮食飨[3]士。令甲卒皆伏，使老弱女子乘城[4]，遣使约降于燕，燕军皆呼万岁。田单又收民金，得千溢[5]，令即墨富豪遗[6]燕将，曰："即墨即降，愿无虏掠吾族家妻妾，令安堵[7]。"燕将大喜，许之。燕军由此益懈。

【注释】

❶版插：版，建筑工具，筑墙时，用版夹土，以杵捣之；插，通"锸"，有如今之铁锹。 ❷与士卒分功：和士兵一样，分领同样的劳务；功，通"工"，工程，劳务。❸行伍：军队的编制，这里即指军队。飨（xiǎng）：犒赏。 ❹令甲卒皆伏，使老弱女子乘城：盖以此麻痹敌人。乘城：登城；乘，登。 ❺溢：通"镒"，一镒为二十四两，或曰二十两。 ❻遗：送给。按，通敌之事令"富豪"为之，史公文心甚细。 ❼安堵：也作"按堵"，即安居。

【译文】

田单知道士兵们能够听从指挥了，于是又亲自手持锹镐与士兵们一道修筑防御工事，还把自己的妻妾也都编入军队里服役，把家里所有可吃的东西都拿出来犒劳士兵。然后又命令精锐部队都藏起来，而专门让那些老弱和妇女站到城上以麻痹敌人。而后又派人到燕军里去请求投降，燕军见此情景，都欢呼万岁。田单又从百姓们手中搜集起黄金千镒，让城中的一个富豪带着去送给燕国将领，并假意说："即墨投降以后，请求你们不要抢夺我们家族的妻女，能让她们过安定日子。"燕国将领非常高兴，答应了他们的请求。于是燕国军队的戒备越来越松懈。

田单乃收城中得千余牛，为绛缯衣❶，画以五彩龙文，束兵刃于其角，而灌脂束苇于尾，烧其端。凿城数十穴，夜纵牛，壮士五千人随其后。牛尾热，怒而奔燕军，燕军夜大惊。牛尾炬火光明炫耀，燕军视之皆龙文，所触尽死伤。五千人因衔枚❷击之，而城中鼓噪从之，老弱皆击铜器为声，声动天地。燕军大骇，败走。齐人遂夷杀❸其将骑劫。燕军扰乱奔走，齐人追亡逐北❹，所过城邑皆畔❺燕而归。

【注释】

❶为绛缯衣：用红色丝织品给牛披挂起来；绛缯，红色丝绸。 ❷衔枚：枚的形状如同筷子，行军时衔在口中，以禁喧哗。 ❸夷杀：犹言"斩杀"；夷，平也，在这里也是"杀"的意思。 ❹追亡逐北：即乘胜追击；亡，逃跑；北，其义同"背"，即"败"。 ❺畔：通"叛"。

【译文】

这时田单便在城里搜集了一千多头牛，用红绸子给它们披挂起来，绸子上面都画着五彩的龙纹，牛角上绑着锐利的尖刀，把灌透油脂的芦苇扎在牛尾上，然后点火。田单命令士兵把城墙凿了几十道口子，乘黑夜把牛放了出去。他派了五千名精壮的士兵跟在后面。芦苇着火烧了牛尾，牛便狂奔怒吼地冲向城外的燕军，燕军在睡梦中被惊醒，只见一个个庞然大物尾巴上着着火，身上画着龙纹，碰着的不是死便是伤。跟在牛后面的五千士兵口中衔枚一声不响地攻击燕军，城里的百姓们敲击着一切可以发出声音的东西齐声呐喊，声音震天动地。燕军惊慌失措，溃败逃走。齐人顺势杀掉了燕将骑劫。燕军的一切都乱了套，只顾鼠窜逃命。齐国人在后面穷追猛打，一路上所过的城池都纷纷背叛燕国而归顺了田单。

田单兵日益多，乘胜，燕日败亡，卒至河上❶，而齐七十余城皆复为齐❷。乃迎襄王❸于莒，入临菑而听政。襄王封田单，号曰安平君。❹

【注释】

❶卒至河上：谓齐军一直追击到黄河边上。卒：终于，最后。河上：黄河边上，当时的黄河自河南省西部流来，至濮阳市北行，经今山东省德州市平原县，至今河北省沧州市东北之黄骅市入海。今沧州、黄骅一带当时为齐国与燕国的分界线。 ❷齐七十余城皆复为齐：说齐国有“七十余城”，盖自战国至西汉初一直如此。按，以上燕惠王罢乐毅，改用

骑劫，以及田单用火牛阵大破燕军，收复失地，重建齐国，都在齐襄王五年，燕昭王去世，燕惠王继位而尚未改元之年，即前279年。但火牛阵之具体情节，今本《战国策》不载。 ❸襄王：名法章，湣王之子，前283—前265年在位。按，齐湣王十七年（前285）乐毅攻破临淄，齐湣王逃到莒县，被淖齿所杀。不久，齐之群臣诛淖齿，立湣王子法章为齐王，即所谓襄王，坚守莒县，继续抗燕。 ❹按，田单之所以封为安平君，乃因为田单的首次显露头角是在安平。又，田单墓在今山东淄博临淄之皇城营村东南，墓高八米，东西近三十米，略呈方形。1972年农耕时曾于其墓东侧地下的一米左右发现石椁，疑是田单墓室，遂覆盖候考。

【译文】

田单的军队日见其多，乘胜追击，燕军则一天天溃退，最后田单追到了黄河岸边，齐国的七十多座城池都被收复了。随后田单便到莒城把齐襄王迎回了临淄，主持了国政。齐襄王也封赏田单，称田单为“安平君”。

太史公曰：兵以正合，以奇胜。❶善之者，出奇无穷。❷奇正还相生，如环之无端。❸夫始如处女，适人开户；后如脱兔，适不及距❹：其田单之谓邪？

【注释】

❶《孙子兵法·势篇》：“凡战者，以正合，以奇胜。”曹操注：“正者当敌，奇兵从傍击其不备也。”合：合战，正

面交锋。 ❷《孙子兵法·势篇》:“故善出奇者，无穷如天地，不竭如江河。终而复始，日月是也；死而复生，四时是也。声不过五,五声之变，不可胜听也；色不过五,五色之变，不可胜观也；味不过五,五味之变，不可胜尝也。”❸《孙子兵法·势篇》:“战势不过奇正，奇正之变，不可胜穷也。奇正相生，如环之无端，孰能穷之?”《索隐》曰:“言用兵之术，或用正法，或出奇计，使前敌不可测量，如寻环中不知端际也。”还相生：周回反复，相辅相成。❹始如处女，适人开户；后如脱兔，适不及距：四句见《孙子兵法·九地篇》。曹操注:“处女，示弱；脱兔，往疾也。”言先示人以弱，使之懈怠；而后突然用强，使之不可抵御。适：通“敌”。脱兔：脱网之兔，极言其奔突之疾。距：通“拒”，抵挡。

【译文】

太史公说：作战当然要靠正面交锋，但要取胜则非出奇不可。善于作战的人，他的奇计是变化无穷的。用奇和用正交错使用，相互变化，就像圆环一样无头无尾。开始要装得像处女那样懦弱，使敌人放松戒备；然后要像脱网的兔子那样一跳而出，使敌人来不及防备：这大概就是说的田单这种状况吧!

【解读】

本传重点记述了田单在燕军大举进犯，诸城陷落的情况下，被推举为将军，领导即墨军民死守城池，抵抗燕军直到反攻获胜的整个过程。清代吴见思说:“田单是战国一奇人，火牛是战国一奇事，遂成太史公一篇奇文。其声色气势，如风车雨阵，拉杂而来，几令人弃书下席。”(《史记论文》) 作品故事紧凑，情节紧张，简直是一篇绝妙的短篇文言小说。其主要的思想意义在于：

一、歌颂了田单杰出的军事才干，歌颂了他出奇制胜，挽救国家危亡的历史功勋。田单原来是临淄城的小吏，并不知名，后来在燕军进攻安平，安平人溃退时偶然地表现了他的聪明才智，于是在燕军长驱平齐，齐国仅剩了莒和即墨两个县城的局面下，被推举当了即墨守军的头领。田单首先施行反间计，挑动燕惠王撤掉了燕军名将乐毅；接着又巧布疑阵，假托鬼神，团聚内部，增强了自己的战斗力；他还故意挑动燕军挖掘即墨人的坟墓，残害齐军的俘虏，以激起即墨军民同仇敌忾、义无反顾的决心；他还派人假装投降骗得燕军思想麻痹。在这一切安排齐备之后，他突然使用火牛阵，趁黑夜猛烈地袭击燕军，出其不意地攻破了敌阵，于是乘机全线反攻，一举收回了全部失地。

二、作品告诉人们“得道多助，失道寡助”，战争的胜负决定于其性质的道理。三十年前，齐国趁燕国内乱之际大举进攻，掠夺过燕国，也对其他国家进行过武力扩张。燕昭王即位后，立志要报仇雪恨；其他国家也希望“教训”一下齐国，因而乐毅率五国联军破齐。目的达到后其他国家纷纷撤军，唯燕军长驱直入，意在灭齐。他们的种种倒行逆施，激起了齐国人民的强烈憎恨，莒与即墨的坚守不下，布衣王蠋的不屈而死，就是当时齐国人民反抗精神的集中表现。与此同时，燕国国内、燕国与其他各国的矛盾又一齐爆发。也正是在这种天怒人怨的背景下，才使得田单有可能大展奇才，而一举击败燕军，重建齐国。即墨之战是我国古代的一场光辉的人民战争，司马迁具体地写出了它之所以能够获得胜利的各个方面，表现了他重视人民力量的进步历史观。

三、作品如实地记述了田单假托鬼神，以“神道设教”的手段组织人民、鼓舞士气，同时也迷惑、恫吓敌人的故事。司马迁把这些活动具体写出，主要是为了歌颂田单的聪明才智，但在客观上却有揭破迷信，向人们进行朴素唯物思想宣传的作用。这些描写，尤其是出现在天人感应、鬼神迷信盛行的汉代，更有祛除迷信、解放思想的意义。

《田单列传》是《史记》中最短的篇章之一，但它故事紧凑，情节紧张，有开头，有发展，有高潮，也是《史记》中最具小说特点的篇章之一。

【编按】

给春秋各诸侯国立传,《齐世家》是司马迁特别着重的，司马迁的赞语充满崇敬:“膏壤二千里，其民阔达多匿知……洋洋哉，固大国之风也!”对照邻居鲁国:“甚矣鲁道之衰也!……至其揖让之礼则从矣，而行事何其戾也!”这个选本所选管子，是齐国发展的关键人物。后来田氏代齐，务实的齐国依旧强盛，尤其是齐宣王时期，任用田忌、孙膑，大败魏军于马陵，使齐国威震一时，他的儿子齐湣王和秦昭王并称为东帝、西帝。司马迁又作《田敬仲完世家》。但齐湣王后期骄傲狂悖，四面树敌，惹来燕、秦、韩、赵、魏合谋弱齐，燕将乐毅入临淄，几乎灭亡了齐国。这时候挺身而出复兴齐国的正是本传传主田单。

推荐读者阅读《田单列传》，首先是该篇艺术成就高，其次就是传主的历史影响大，希望以田单故事激励读者“为大于其细”的智慧和爱国主义精神。

田单像

14.

刺客列传·豫让

豫让刺赵襄子汉画像（山东省济宁市嘉祥县武氏祠）

豫让二刺赵襄子汉画像（山东省邹城市卧虎山二号墓石椁）

豫让者[1]，晋[2]人也，故尝事范氏及中行氏[3]，而无所知名。去而事智伯[4]，智伯甚尊宠之。及智伯伐赵襄子[5]，赵襄子与韩、魏合谋灭智伯[6]，灭智伯之后而三分其地。赵襄子最怨智伯[7]，漆其头以为饮器[8]。豫让遁逃山中，曰："嗟乎！士为知己者死，女为说己者容[9]。今智伯知我，我必为报仇而死，以[10]报智伯，则吾魂魄不愧矣。"乃变名姓为刑人[11]，入宫涂厕[12]，中挟匕首，欲以刺襄子。襄子如厕，心动，执问涂厕之刑人，则豫让，内持刀兵，曰："欲为智伯报仇！"左右欲诛之。襄子曰："彼义人也，吾谨避之耳。且智伯亡无后，而其臣欲为报仇，此天下之贤人也。"卒醳[13]去之。

【注释】

❶吴师道曰："《晋语》伯宗索士庇州犁，得毕阳。及栾弗忌之难，诸大夫害伯宗，毕阳送州犁于荆。(豫)让乃其孙，义烈有自来矣。" ❷晋：西周初期以来的诸侯国名，始封之君为成王之弟叔虞，春秋前期的国都为绛(今山西省临汾市翼城县东南)，后迁新田(今临汾市曲沃县西北)。❸范氏：春秋后期的晋国大贵族，春秋中期晋国名臣士会的后代。士会被封于范，故遂以"范"为其家族之姓。豫让所侍奉的"范氏"指范吉射。中行氏：春秋后期晋国的大贵族，春秋中期晋国名臣荀林父的后代。荀林父曾将中行(晋国的中军元帅)，故其家族遂以"中行"为姓。豫让所侍奉

的“中行氏”指荀寅。 ❹智伯：指荀瑶，春秋中期晋国大臣荀首的后代。荀首与荀林父是兄弟，荀林父的后代称中行氏，荀首的后代称“智氏”（也写作“知氏”）。按，春秋中期以来，晋国国君的权力逐渐下落，国家政事被范氏、中行氏、智氏、赵氏、韩氏、魏氏六家大臣所把持，史称此事为“六卿专晋政”。后来范氏、中行氏两家被智氏、赵氏、韩氏、魏氏四家所灭，在所剩的四家中，以智氏的势力为最大。 ❺赵襄子：名毋恤，晋国名臣赵衰（cuī）、赵盾的后代，赵国政权的创建者与开拓者，前475—前425年在位。 ❻晋出公十七年（前458），智伯联同韩、赵、魏三家共灭范氏、中行氏而分其地。晋出公二十年（前455），智伯恃强又向韩、赵、魏三家要求割地。赵襄子不给，智伯率韩、魏围赵襄子于晋阳（今山西省太原市西南）。晋出公二十二年（前453），赵襄子派人说服韩、魏，三家联合灭掉了智氏。事情详见《赵世家》，年代考证见《六国年表》。 ❼赵襄子最怨智伯：赵襄子是赵简子之子，据《赵世家》：晋出公十一年，赵襄子为太子时随智伯伐郑，智伯醉，曾以酒灌赵襄子；智伯归，又劝说赵简子使之废襄子；后又围襄子于晋阳，故襄子深恨之。 ❽饮器：酒壶、酒杯之类。《正义》曰：“酒器也，每宾会设之，示恨深也。”《吕氏春秋·义赏》篇：“击智伯，断其头为觞”；《淮南子·人间训》称智伯“身死高梁之东，头为饮器”。一说，饮器即溲器，尿壶。“饮”字乃“溲”字之误。 ❾士为知己者死，女为说己者容：二语首见于《战国策·赵策一》，亦见于《报任安书》；说，同“悦”。 ❿以：通“已”。 ⓫刑人：被判刑服役的人。诸祖耿引金正炜曰：“‘刑’疑当为‘圬’。

古文‘刑’与‘圬’近似而误。‘圬人’，涂者；‘刑人’非可变姓名而为也。” ⑫入宫涂厕：到赵襄子的宫中去抹厕所的墙；涂，以泥抹墙。 ⑬醳：通“释”，放。

【译文】

豫让是晋国人，从前曾经为范氏和中行氏两个大贵族家效力，但始终也没有得到这两家的理解和重用。后来豫让便离开了他们去投奔智伯，智伯对他特别尊敬宠爱。后来智伯凭着自己的强盛发动战争，讨伐晋国的另一个大贵族赵襄子，不料赵襄子和韩康子、魏桓子三家联合起来，把智伯消灭了并瓜分了智伯的领地。因为赵襄子对智伯特别痛恨，于是就把他的头砍下来，用漆漆好，做了酒壶。这时豫让逃到了山中，发誓说：“士要为知己而献身，女子要为爱人而打扮。智伯曾经理解我信任我，我一定要为智伯报仇。如果我能为智伯报仇而死，那么即使到了九泉，我也不会觉得惭愧了！”于是他改名换姓，装作一个被判刑服役的罪人，到赵襄子的宫中去抹厕所的墙，他身上暗藏着匕首，想寻找机会刺杀赵襄子。赵襄子来上厕所了，他突然觉得心有所动，于是就派人把抹厕所的罪人们抓起来审问，结果发现了豫让身上藏着匕首，并扬言：“要为智伯报仇。”赵襄子的左右想杀他。赵襄子说：“这是个义士，我们今后应该让他三分。再说智伯被灭以后连个后人也没有，他的臣民里有人要为他报仇，这是天下难得的好人。”于是便释放了他。

居顷之，豫让又漆身为厉❶，吞炭为哑❷，使形状不可知，行乞于市。其妻不识也。行见其友，其友识之③，曰："汝非豫让邪？"曰："我是也。"其友为泣曰："以子之才，委质而臣事襄子④，襄子必近幸⑤子。近幸子，乃为所欲，顾不易邪⑥？何乃残身苦形，欲以求报襄子⑦，不亦难乎！"豫让曰："既已委质臣事人，而求杀之，是怀二心以事其君也。且吾所为者⑧极难耳！然所以为此者，将以愧天下后世之为人臣怀二心以事其君者也。⑨"

【注释】

①漆身为厉：以漆涂身，使之如患癞病；厉，通"癞"，麻风病。 ②吞炭为哑：吞炭伤喉，使声音变嘶哑。梁玉绳曰："按下文豫让与其友及襄子相问答，则不可言'哑'，当依《战国策》作'以变其音'为是。"按，哑，即嘶哑，无须变动文字。 ③董份曰："妻不识而友识者，妻熟其形，友知其心耳。然此非心知之友，则让亦必不以谋告之。" ④委质：犹言"托身"；质，身体。另一说为写保证书投靠于人；质，指字据。也有说"质"通"贽"，即见面礼。臣事襄子：为赵襄子当奴仆。 ⑤近幸：亲近宠爱。 ⑥顾不易邪：难道还不容易吗？顾，转折语词。茅坤曰："借友人摹写豫让苦心处。" ⑦欲以求报襄子：按，此处语气不顺，"欲以"上应增"若此"二字读。 ⑧吾所为者：指通过"漆身吞炭"这种方式以谋刺赵襄子。 ⑨《索隐》曰："言宁为厉而自刑，不可求事襄子而行杀，恐伤人臣之义而近贼非忠也。"《正义》曰："吾为极难者，令天下后代为人臣怀二心者愧之，故漆身吞炭，所以不事赵襄子也。"

【译文】

过了一段时间，豫让便浑身抹漆，把自己弄成了长癞疮的样子；又故意吞食炭火搞坏了自己的声带，让自己的模样变得谁也认不出来，在街市上讨饭，居然连他的妻子也认不出他来了。豫让在路上遇见了他的一位知心朋友，他的朋友倒认得他，对他说："你不是豫让吗？"豫让说："是的。"他的朋友一见如此便落了泪，他说："凭着你的才能，你如果假装去为赵襄子效力，赵襄子必定会亲近你。等到他一旦亲近你，那时你想干什么还不很容易了吗？何必像现在这样毁坏自己的身体，让自己受罪呢？你想通过这种方法来向赵襄子报仇，这不是很难的事情吗？"豫让说："如果一旦立保证给人效力了，再回过头来杀人家，这就是怀着二心去侍奉人。我知道我现在这个做法是很难的！但我之所以要这么做，就是为了让那些怀着二心伺候人的人感到羞愧。"

顷之❶，襄子当出，豫让伏于所当过之桥下❷。襄子至桥，马惊，襄子曰："此必是豫让也。"使人问之，果豫让也。于是襄子乃数❸豫让曰："子不尝事范、中行氏乎？智伯尽灭之，而子不为报仇，而反委质臣于智伯。智伯亦已死矣，而子独何以为之报仇之深也？"豫让曰："臣事范、中行氏，范、中行氏皆众人遇我❹，我故众人报之。至于智伯，国士遇我❺，我故国士报之。"襄子喟然叹息而泣曰："嗟乎豫子！子之为智伯，名既成矣，而寡人赦子，亦已足矣。

子其自为计[6]，寡人不复释子[7]！”使兵围之。豫让曰：“臣闻明主不掩人之美，而忠臣有死名之义。前君已宽赦臣，天下莫不称君之贤。今日之事，臣固伏诛，然愿请君之衣[8]而击之焉，焉[9]以致报仇之意，则虽死不恨[10]。非所敢望也[11]，敢布腹心！”于是襄子大义之，乃使使持衣与豫让。豫让拔剑三跃而击之，曰：“吾可以下报智伯矣！”[12]遂伏剑自杀。死之日，赵国志士闻之，皆为涕泣。[13]

【注释】

❶顷之：通行本原文“顷之”前面还有“既去”二字。中井曰：“二字冗。”泷川曰：“《治要》无‘既去’二字。”据此，将二字删去。 ❷《正义》曰：“汾桥下架水，在并州晋阳县东一里。” ❸数（shǔ）：列其罪状而责之。 ❹众人遇我：像对待一般人那样来对待我。 ❺国士遇我：像对待国士那样来对待我；国士，一国之中的杰出人物。鲍彪曰：“名盖一国者。”按，《吕氏春秋·不侵篇》载此事，乃豫让之友问豫让，豫让乃以“众人遇我，众人报之；国士遇我，国士报之”之理对之，大旨与此相同。 ❻子其自为计：意为令其自杀。 ❼寡人不复释子：泷川曰：“襄子不为诸侯，不当称‘寡人’，盖袭《赵策》。” ❽请君之衣：向您讨要一件您的衣服。 ❾焉：于是，因之。 ❿虽死不恨：意即死而无憾；恨，憾。 ⓫非所敢望也：谦辞，鲍彪曰：“言有此心，望不及此。” ⓬鲍彪曰：“襄子、豫子皆千载

人也，豫子能报旧君，能厉天下后世之为臣。或以其无成事为空自苦，夫壮士能行其志而已，成不成则有命焉，吾何以必之哉！” ⑬以上豫让谋刺赵襄子事，见《战国策·赵策一》。“死之日，赵国志士闻之，皆为涕泣”云云，固为《赵策一》所旧有，然亦史公对其所钦敬之人所习用之抒情手段，如《李将军列传》写李广死时有所谓“广军士大夫一军皆哭；百姓闻之，知与不知，无老壮皆为垂涕”，即此类也。

【译文】

不久，豫让听说赵襄子又要出门了，于是他就藏在了赵襄子所要经过的桥下。待至赵襄子来到桥头，忽然马惊了。赵襄子立即心有所悟地说：“这下面必定是豫让。”他派人下去查问，果然是豫让。于是赵襄子就斥责豫让说：“你起先不是为范氏和中行氏效过力吗？当智伯把他们都灭掉时，你那时不说为他们报仇，却反而投靠了智伯。现在智伯已经死了，你却为什么单单这么卖力地为智伯报仇呢？”豫让说：“在我为范氏、中行氏效力时，他们都像对待一般人那样对待我，所以我也像对待一般人那样对待他们。至于智伯，他是把我当作杰出人物来对待的，所以我也要像杰出人物待人那样去对待他。”赵襄子一听，深有所感地流下了眼泪说：“豫让先生！你为了给智伯报仇所做的这些努力，已经可以名扬后世了，而我已经宽赦过你一次，这事情也就算已经到头了。现在请你自己看着办吧，我不能再放你了！”于是派兵把豫让包围了起来。豫让说：“古人说贤明的君主不应该埋没别人的好处，忠直的臣子应该为了道义而献身。上次您宽赦了我，天下没有人不称赞您的贤明。今天的事，我也理所当然地该死，但最后我请求在您的衣服上砍几刀，这样也就算是让我报了仇，我死也毫无遗憾了。我不该提这个要求，但我心里是这么想的！”赵襄子听了大受感动，就脱下一件衣服，让人递给了他。豫让拔出剑来，跳着脚一连向衣服砍了好几刀，说：“这样我就可以到地下去见智伯了！”说罢自刎而死。豫让死的那天，赵国有正义感的人们听了，都为他流泪。

【解读】

《刺客列传》是曹沫、专诸、豫让、聂政、荆轲五人的合传，歌颂“士为知己者死”。这体现了奴仆与主人的人格依附关系的一种摆脱，含有某种“平等”的“双向选择”的意味。这是战国时期所特有的。司马迁歌颂这种关系，大概出于对汉武帝专制独裁的不满。本文选择了其中司马迁特别歌颂的豫让。

《史记》中有些地方表现了司马迁对一些已经过去了的道德表示出深深的倾慕与怀恋，因而被后世人嘲笑为迂腐、守旧，不合时宜。

其一是伯夷、叔齐反对武王统率的伐纣大军，伯夷指责武王的行为是“以暴易暴”，因为他违背了古代禅让的道德与礼仪，尽管文王、武王已经被孔子称为“伐罪吊民”的圣人了，但伯夷、叔齐仍是不食周粟而饿死于首阳山。

其二是宋襄公，他追念并体行古代的军事规则，坚持不对半渡的敌军中流而击之；而且还坚持“不鼓不成列”“不杀二毛”等，于是很轻易地被强大的楚军打败，被乱箭射死。而司马迁在《宋微子世家》中却一反常情地对被后人骂作“蠢猪”的宋襄公充满敬意与同情，说：“襄公既败于泓，而君子或以为多，伤中国阙礼义，褒之也，宋襄之有礼让也。”

其三就是本文所讲的豫让。他坚持奉行“既已委质臣事人，而求杀之，是怀二心以事其君”。这样的道德操守，早已在西汉时期被人们搞乱了。《索隐》曰：“言宁为厉而自刑，不可求事襄子而行杀，恐伤人臣之义而近贼非忠也。”《正义》曰：“吾为极难者，令天下后代为人臣怀二心者愧之，故漆身吞炭，所以不事赵襄子也。”钱锺书曰：“盖不肯诈降也。其严于名义，异于以屈节从权后图者。”

歌颂豫让“义不为二心”，也就体现了司马迁对于为人不忠、待友不信的行为的深恶痛绝。如项伯的出卖项羽而效力于刘邦，如郦况的哄骗吕禄而为周勃通风。时至今日，到处是充目盈耳的潜伏片、谍战片。一方面教导孩子不要说谎话，一方面又是连篇累牍的连环画、卡通片。国家与国家之间，党派与党派、人群与人群之间，公司与公司之间，诚意与欺诈，奉公与营私，光荣与耻辱，正确与谬误，哪些是大节，哪些是小事，判断的标准，看似清晰，执行起来，就又往往多种解释，令人无所适从了。

【编按】

《刺客列传》主体写的是荆轲，但荆轲传有很多矛盾之处，所以该选本推荐豫让传，它短小而集中，更完整地体现了司马迁的道德观。韩兆琦先生的解读集中阐述了司马迁对一些不合时宜的旧道德的倾慕与怀恋。其中“士为知己者死”“众人遇我，我故众人报之……国士遇我，我故国士报之”，这种“良禽择木而栖，贤臣择主而侍”的处世文化对中国士人立身影响深远。

“古为今鉴”，韩先生的解读提到一个大问题：如何培养人们的诚实品质，这是整个社会需要思考的大问题。或许我们可以把这篇文字理解为司马迁反对告密文化的檄文。告密文化几乎是极权政治的必然。

15.

李斯列传

李斯画像

〔秦〕李斯《峄山刻石》小篆（会稽本）

李斯[1]者，楚上蔡人也。年少时，为郡小吏[2]，见吏舍厕中鼠食不絜[3]，近人犬，数惊恐之。斯入仓，观仓中鼠，食积粟，居大庑[4]之下，不见人犬之忧。于是李斯乃叹曰："人之贤不肖譬如鼠矣，在所自处耳！"[5]

【注释】

❶李斯：梁玉绳引吾丘衍《学古篇》云："斯字通古。" ❷郡小吏：泷川曰："《索隐》本、枫本'郡'作'乡'。《类聚》兽部、《御览》百八十八引《史》亦作'乡'。"王念孙曰："上蔡之乡也。"《索隐》引刘氏曰："掌乡文书。" ❸絜：通"洁"。 ❹大庑（wǔ）：即大屋；庑，大屋。❺吴见思曰："一篇大文字，反从'鼠'字起，奇甚。"叶玉麟曰："斯毕生得丧，在入仓观鼠一段，全罩通篇。"

【译文】

李斯是楚国上蔡人。年轻时，在上蔡郡里当小吏，看见吏舍厕所中的老鼠，吃的是肮脏的粪便，又接近人和狗，经常受惊吓。后来他到了粮仓，看见粮仓里的老鼠，吃的是好粮食，住的是大屋子，又不受人和狗的惊扰。于是李斯就感慨地说："一个人有没有出息，就像这老鼠一样，在于能不能给自己找到一个好的地方！"

乃从荀卿学帝王之术[1]。学已成，度楚王[2]不足事，而六国皆弱，无可为建功者，欲西入秦。辞于荀卿曰："斯闻得时无怠③，今万乘方争时，游者④主事。今秦王欲吞天下，称帝而治，此布衣驰骛⑤之时而游说者之秋也。处卑贱之位而计不为⑥者，此禽鹿视肉⑦，人面而能强行⑧者耳。故诟莫大于卑贱，而悲莫甚于穷困。⑨久处卑贱之位，困苦之地，非世而恶利，自托于无为，此非士之情也。⑩故斯将西说秦王矣。"⑪

【注释】

①荀卿：名况，即通常所说的荀子（前313—前238），战国末期儒家学派的代表人物，事迹见《孟子荀卿列传》。帝王之术：五帝三王治理天下的道术，即儒家鼓吹的理想治世学说。按，今《荀子·议兵篇》云："李斯问孙卿子曰：'秦四世有胜，兵强海内，威行诸侯，非以仁义为之也，以便从事而已。'孙卿子曰：'女所谓便者，不便之便也。吾所谓仁义者，大便之便也。'" ②楚王：此时的楚王为楚考烈王，顷襄王之子，前262—前238年在位。 ③得时无怠：遇到时机就要迅速抓住，盖当时成语。《国语·越语》："范蠡曰：'得时无怠，时不再来。'" ④游者：以游说诸侯为事的人，以纵衡家为主，其他诸家也包括其中。 ⑤布衣：平民，这里即指游士，荀卿、李斯等也都在内。驰骛：奔走，这里指投奔秦国。 ⑥计不为：不想干事情，不想改变自己的"卑贱"处境。 ⑦禽鹿视肉：意谓只能看着眼馋而不能吃到嘴。蒋伯潜曰："'禽'，'擒'之本字，言擒鹿而徒视其肉，不得

食，以喻不能取富贵而享者。”王叔岷曰：“谓获鹿但视其肉而不食，以喻不知享受荣贵也。” ⑧人面而能强行：意谓虽然看起来像人，而其实根本没有人的志气和本领。 ⑨诟莫大于卑贱，而悲莫甚于穷困：此二语乃李斯一生安身立命的思想根基，其一切活动、作为皆以此为出发点。凌稚隆引余有丁曰：“斯志在富贵，故卒以败，使其知足，当不为赵高所愚矣。” ⑩史珥曰：“语意忿激，直与‘五鼎食’‘五鼎烹’口角不相上下。斯之平生具此，子长笔之，是为全传纲领。”按，李斯这段话既蔑视了当时大批无所作为的士人，更直接蔑视了其师荀况与其师所代表的儒门诸子。非世：非议世事。无为：无所作为，这里既包括道家所标榜的清心寡欲，与世无争，也包括儒家所倡的“君子固穷”等。情：真情，真实思想。 ⑪凌稚隆引邓以瓒曰：“辞师乃如许详，然用以见斯心事，振起一篇精神。”吴见思曰：“一篇议论，只此一句掉转，绝决而行，义不反顾，是李斯神情。”

【译文】

于是他便去跟随荀况学习五帝三王治理天下的学问。学业完成以后，他看着楚王不值得一起共事，而其他几个东方国家又都很弱小，没有一个可以让他建功立业，于是便决心要到西边的秦国去。他向荀况告辞说：“我听说一个人如果遇到时机，那就一定不要放过，如今正是各国诸侯互相争雄的时候，善于游说的人掌握着各国的权柄。现在秦王想要吞并天下，称帝以统治诸侯，这可正是我们这些平头士人驰骋才华，大展身手的好时机。一个人生活在卑贱的处境中而不能够趁机进取，那就像是捉住了鹿而只看着它的肉却吃不到口，外表一副人样，却只能苟且活着而已。人生没有比处境卑贱更可耻的，没有比困窘潦倒更令人悲哀的了。一个人长期处于卑贱困苦的境地，还要唱高调反对世俗，厌恶名利，把自己打扮成与世无争的样子，那不是人的真实思想。现在我要西去游说秦王。”

至秦，会庄襄王[1]卒，李斯乃求为秦相文信侯吕不韦舍人[2]；不韦贤之，任以为郎[3]。李斯因以得说，说秦王[4]曰：“胥人者，去其几也；成大功者，在因瑕衅而遂忍之[5]。昔者秦穆公[6]之霸，终不东并六国[7]者，何也？诸侯尚众，周德未衰[8]，故五伯[9]迭兴，更尊周室[10]。自秦孝公[11]以来，周室卑微，诸侯相兼，关东为六国，秦之乘胜役诸侯，盖六世[12]矣。今诸侯服秦，譬若郡县[13]。夫以秦之强，大王之贤，由灶上骚除[14]，足以灭诸侯，成帝业，为天下一统，此万世之一时也。今怠而不急就[15]，诸侯复强，相聚约从，虽有黄帝[16]之贤，不能并也。”秦王乃拜斯为长史[17]，听其计，阴遣谋士赍持金玉以游说诸侯。诸侯名士[18]可下以财者，厚遗结[19]之；不肯者，利剑刺之。离其君臣之计[20]，秦王乃使其良将随其后。[21]秦王拜斯为客卿[22]。

【注释】

❶庄襄王：名楚，秦始皇之父，前249—前247年在位。 ❷吕不韦：原是赵国的大商人，帮助庄襄王即位，后被任为秦相，封文信侯，执秦政十三年，事迹见《吕不韦列传》。舍人：寄身于贵族、权要门下的一种半仆役、半宾客的人员，与“清客”“食客”的意思相近。 ❸任以为郎：保举他充当了秦王的侍从人员；任，保举；郎，帝王身边的侍从人员，有郎中、中郎、侍郎诸名目，上属郎中令。 ❹此处连出两“说”字，固亦可通，然连上文“任以为郎”读下，则似应削一“说”字，直作“李斯因得以说秦王曰”。秦王：即日后的秦始皇，名政，前246年继其父位为秦王。 ❺此数语既是李斯助秦王治国的根本诀窍，也是李斯自己为人处世的根本诀窍。胥：意思同“须”，等待。去：失掉。几：时机，机会。瑕衅：空隙，可乘之机。忍：下狠心。 ❻秦穆公：名任好，春秋前期秦国的国君，前659—前621年在位，事迹见《秦本纪》。 ❼不东并六国：意即没有吞并东方诸国。春秋时期东方不止六国，李斯此语乃以战国时的东方六国代指春秋时的东方诸国。 ❽周德未衰：意谓周天子还有相当的影响。 ❾五伯：即五霸，指齐桓公、晋文公、楚庄王、吴王阖庐、越王勾践。 ❿更尊周室：都是以“尊王”，以帮着周天子维持秩序相标榜；更，更相，交互。 ⓫秦孝公：名渠梁，献公之子，前361—前338年在位，任用商鞅实行变法，使秦国强大起来，事迹见《秦本纪》《商君列传》。 ⓬六世：指秦孝公、惠文王、武王、昭王、孝文王、庄襄王。 ⓭譬若郡县：有如秦国内部的郡守、县令那样对秦王唯命是听。 ⓮由灶上骚除：

意谓只要拿出一点类似于打扫锅台的力气。《正义》曰："言秦欲东并六国，若炊妇除灶上尘垢。"王念孙曰："'由'与'犹'同；'骚'与'扫'同。" ⑮凌稚隆曰："即前'得时无怠'意，李斯之自为与为秦谋皆不外此一句。" ⑯黄帝：传说中的古代帝王，司马迁所认为的"五帝"之一，事迹见《五帝本纪》。因为黄帝曾打败过炎帝、蚩尤，故又被说成是兵家的祖师。 ⑰长（zhǎng）史：官名，设于丞相、大将军府中，以其为诸史之长，故称"长史"，权位相当崇重。⑱诸侯名士：谓东方各国的名臣与高尚之士。 ⑲遗（wèi）结：意即收买，交结；遗，给予。 ⑳离其君臣之计：离间、破坏东方各国君臣之间的共同计划。 ㉑按，《陈丞相世家》写陈平为刘邦设谋云："大王诚能出捐数万斤金行反间，间其君臣，以疑其心，项王为人意忌信谗，必内相诛，汉因举兵而攻之，破楚必矣。"正与李斯的手段完全相同。 ㉒客卿：对他国人为此国帝王充当高级幕僚者的一种称呼，其地位崇重，但"客卿"不是具体官名。

【译文】

李斯到了秦国，正好碰上庄襄王去世，于是他便去拜见了秦国丞相文信侯吕不韦，请求给他做门客。吕不韦看着李斯有才，就推荐他在秦王跟前当了郎官。李斯于是有了游说秦王的机会。他对秦王说："一个人总是等待，那就要失去有利时机；能成大功的人，关键就在于抓住机会狠下决心。当年秦穆公一度称霸，但最终没能吞并东方各国，什么原因呢？就因为当时诸侯国还比较多，周王朝的威望也还未衰落，所以当时的几个霸主先后兴起，都打着尊奉周天子的旗号。自从秦孝公以后，周天子的权势已经衰落，各诸侯国互相兼并，最后函谷关以东只剩下六个国家，而秦国乘势奴役东方，到如今已经六代了。现在东方诸国对秦国的屈服，就像秦国国内的郡县一样。以秦国今天的强大和大王的贤明，要想消灭各国，统一天下，完成帝业，那就像打扫一下锅台上的尘土一样轻而易举，这是万世难得的良机。现在如果一旦放松错过机会，让各国再强大起来，联盟合纵，到那时即便再有黄帝的贤明，也不能再吞掉它们了。”于是，秦王遂拜李斯为长史，听从他的计策，暗中派出许多谋士携带着大批黄金珠宝去游说东方各国。对于东方各国那些有声望的人物，能够用财宝收买的，就不惜重金加以收买；对那些不肯接受财物的，就立即把他们杀掉。利用一切手段挑拨离间东方各国君臣之间的关系，随后秦王便派出良将精兵跟着加以征讨。就这样，李斯很快地被秦王任命为客卿。

……

秦王……卒用其计谋。官至廷尉❶。二十余年，竟并天下，尊主为皇帝❷，以斯为丞相❸。夷郡县城❹，销其兵刃❺，示不复用。使秦无尺土之封❻，不立子弟为王、功臣为诸侯者，使后无战攻之患。

【注释】

❶廷尉：官名，“九卿”之一，主管司法的最高长官。 ❷尊主为皇帝：秦始皇于其二十六年（前221）统一六国，开始称为“皇帝”。 ❸李斯从何时开始任秦国

丞相，史无明文，据马非百《秦集史》考证，似应在始皇二十八年以后，三十四年之前。盖二十八年之刻石尚称斯为“廷尉”，三十四年已称之为“丞相”。 ❹夷郡县城：拆除东方新征服之地的各郡各县的城墙，使其不能据以为乱；夷，铲平。 ❺销其兵刃：将消灭六国过程中所缴获的东方六国的武器统统销毁。《秦始皇本纪》云：“收天下兵，聚之咸阳，销以为钟鐻金人十二，重各千石，置廷宫中。” ❻使秦无尺土之封：即下文之所谓既“不立子弟为王”，也不立“功臣为侯”，不再搞任何分封。按，始皇时是否真是“无尺土之封”，尚属可疑，据《秦始皇本纪》二十八年的铭文中有“武城侯王离”“通武侯王贲”；本传后文李斯尚有所谓“上幸擢为丞相，封为通侯”云云。

【译文】

……

秦王……采用了李斯的计谋。后来李斯升到了廷尉。又过了二十多年，秦国终于统一了天下，秦王成了皇帝，李斯也当了丞相。接着他们拆除了东方各郡县的城墙，销毁了旧六国的一切兵器，表示今后永远不再打仗了。秦朝统一后，再也不搞任何分封，再也不立秦王的子弟和功臣为王为侯，认为这样可以不再形成割据，不再出现战争。

始皇三十四年❶，置酒咸阳宫，博士仆射周青臣等颂称始皇威德❷。齐人淳于越❸进谏曰：“臣闻之，殷周之王千余岁❹，封子弟功臣自为支辅[5]。今陛下有海内，而子弟为匹夫[6]，卒有田常、六卿之患[7]，臣无辅弼，何以相救哉？事不师古而能长久者，非所闻也。今青臣等又面谀以重陛下过[8]，非忠臣也。”始皇下其议丞相。丞相谬其说，绌其辞[9]，乃上书曰：“古者天下散乱，莫能相一[10]，是以诸侯并作[11]，语皆道古以害今[12]，饰虚言以乱实，人善其所私学，以非上所建立。今陛下并有天下，别白黑而定一尊[13]；而私学乃相与非法教之制[14]，闻令下，即各以其私学议之，入则心非，出则巷议，非主以为名，异趣[15]以为高，率群下以造谤。如此不禁，则主势降乎上，党与[16]成乎下。禁之便。臣请诸有文学[17]《诗》《书》百家语者，蠲除去之[18]。令到满三十日弗去，黥为城旦[19]。所不去者，医药卜筮种树之书。若有欲学者，以吏为师。”[20]始皇可其议，收去[21]《诗》《书》百家之语以愚百姓，使天下无以古非今。明法度，定律令[22]，皆以始皇起。同文书[23]。治离宫别馆[24]，周遍天下。明年，又巡狩，外攘四夷[25]，斯皆有力焉[26]。

【注释】

①始皇三十四年：前213年。 ②据《秦始皇本纪》，当时有博士七十余人向始皇敬酒称颂，仆射（yè）周青臣说

始皇的功德为“自上古不及”。博士仆射：“博士”是一种具有广博知识而为帝王充当参谋顾问的侍从官员，“博士仆射”是这些众多“博士”的头领。 ❸淳于越：姓淳于，名越，也是当时始皇身边的博士之一。视其下文所言，应是儒家一流。 ❹梁玉绳曰：“商六百四十余祀，周八百七十余年，何言‘千余岁’乎?”此夸而言之，师其意可也。据新公布之《夏商周年表》，商朝建国在前1600年，商朝灭亡在前1046年，共历时554年。周朝建国在前1046年，东周灭亡在前256年，共历时790年。 ❺封子弟功臣自为支辅：其意盖谓由于殷、周能封立其子弟功臣，使其成为自己的“支辅”，所以才都各自得以统治天下千余岁；支辅，支持，拱卫。 ❻子弟为匹夫：谓始皇的子弟未得分封，和普通人一样都是平头百姓；匹夫，平头百姓，古代贵族用以斥骂人的身份低贱。 ❼田常、六卿之患：代指手下大臣图谋篡位。田常，也叫“田恒”“陈恒”，春秋末期齐国的权臣，曾弑其君简公，另立傀儡平公，从此姜氏之齐遂名存实亡，事情详见《田敬仲完世家》。六卿，春秋末期执掌晋国政权的六家大贵族，即范氏、中行氏、智氏、赵氏、韩氏、魏氏。六家后来又火并成赵、韩、魏三家，姬氏之晋遂被三家所分，三家各自立为诸侯，过程详见《晋世家》《赵世家》。 ❽以重陛下过：意谓你已经做错了，他还在错误的道路上把你越引越远。 ❾谬其说，绌其辞：认为这种说法荒谬，排斥这种辞令不用；绌，通“黜”。或谓“谬其说”为故意歪曲人家的说法；“绌其辞”为故意曲解人家的辞令；绌，通“曲”。凌稚隆引董份曰：“‘谬’‘绌’二字，乃太史公指摘李斯心病处。” ❿天下散乱，莫能相一：指分封制所造成的客观形势。 ⑪诸侯并作：指大国强藩相继而起，各自为政。 ⑫语皆道古以害今：指战国以来各家各派的种种理论、主张，而其中最“道古以害今”者莫过于儒、道。“道古害今”即是古非今；害，指责，非议。 ⑬别白黑：分出了是非。《索隐》引刘氏曰：“前时国异政，家殊俗，人造私语，莫辨其真，今乃分别白黑也。”定一尊：犹言“成一统”。《索隐》曰：“谓始皇并六国、定天下，海内共尊立一帝，故云。” ⑭非法教之制：非议、诽谤国家政治、法律的制度。 ⑮异趣：故意标新立异，和国家规定的东西唱反调；趣，趋，意向，旨趣。 ⑯党与：同“党羽”，派系。 ⑰文学：泛指文化学术著作，如下文所称之《诗》《书》、“百家语”皆在其内。 ⑱蠲（juān）除去之：意即一概取消。“蠲”“除”“去”三字义同；蠲，除，免。 ⑲黥为城旦：处以黥刑，罚其筑守长城；黥，古代刑罚之一，在犯人的脸上刺字；城旦，《始皇本纪》集解引如淳曰：“昼日伺寇虏，夜暮筑长城也。”《汉书·惠帝纪》注：“城旦者，旦起行治城。” ⑳以上李斯所议与《秦始皇本纪》三十四年所载略同。 ㉑收去：收集而销毁之。 ㉒《正义》曰：“六国制令不同，今令同之。” ㉓同文书：用统一的文字书写，《秦始皇本纪》作“书同文字”，意同；书，书写。 ㉔离宫别馆：指京城皇宫以外的供皇帝游猎、巡幸时住宿的宫馆。据《秦始皇本纪》，当时“关中计宫三百，关外四百余”。 ㉕按，据《秦始皇本纪》，秦之伐南越、伐匈奴在三十三年。据《蒙恬列传》，秦之伐匈奴似即在统一六国之后不久。明年：始皇三十五年（前212）。巡狩：指天子到各地巡视诸侯与封疆大吏为国家守土的情况，即今之所谓“视察”；狩，通“守”。

外攘四夷：指伐匈奴、伐南越，以及向西北方攻取西戎之地等。 ㉖茅坤曰："斯之佐秦功业，数言总尽于此。"

【译文】

秦始皇三十四年，在咸阳宫置酒大会群臣，酒席上博士仆射周青臣等人称颂了始皇帝的威德。这时齐国人淳于越起来进谏说："我听说，商朝和周朝所以能够维持上千年的统治，关键就在于分封子弟作为中央的帮手。如今您统一天下后，您的子弟却仍都是平头百姓，这样日后如果突然有像齐国的田常、晋国的六卿之类的人物造反，您周围没有几个藩臣，谁来救助您呢？办事不效法古人而能维持长久，这事从没听说过。周青臣等人不仅不给您提意见，现在又来当面奉承您，以加重您的过错，这不是忠臣的行为。"秦始皇把这个意见交给丞相裁断。李斯故意歪曲了淳于越的意见而上书说："前代由于四海分散，不能统一，所以才造成了诸侯们的割据战乱，当时有许多人颂古非今，妖言惑众，吹捧自己的私学，诽谤国家的建树。如今您统一了天下，明确了是非，确立了一统的基业，而社会上却有一些书生诽谤国家的各种制度，国家一有什么法令下来，他们就根据自己的观点评头品足，在家则心怀不满，出门就聚在一起议论。通过批评皇上来提高他们的名声，专门标新立异，鼓动下层，诋毁国家政府。这种情况如不禁止，那么皇上的威望就要降低，下面的党派就要形成。因此必须严厉禁止。我还请求下令：对《诗经》《尚书》以及诸子百家的书籍一律销毁。如果下令三十天谁还不销毁，就处以黥刑，发去修长城。不销毁的只有看病、算卦和有关种植的一些书。以后谁要是想学习，让他们拜官吏为师就行了。”秦始皇采纳了他的建议，下令没收销毁了《诗经》《尚书》和诸子百家的著作，目的是让百姓的头脑越来越简单，不要让一些念书人再颂古非今。从这时开始，他们严明法度，编制律令，统一文字。又在全国的各个地区都修建供皇帝巡幸的离宫别馆。第二年，始皇帝又到各地巡视，同时出兵攻伐四围的少数民族。所有这些事情，李斯都出过力。

斯长男由为三川守❶，诸男皆尚秦公主❷，女悉嫁秦诸公子❸。三川守李由告归❹咸阳，李斯置酒于家，百官长皆前为寿，门廷车骑以千数。李斯喟然❺而叹曰：“嗟乎！吾闻之荀卿曰‘物禁大❻盛’。夫斯乃上蔡布衣，闾巷之黔首，上不知其驽下❼，遂擢至此。当今人臣之位无居臣上者，可谓富贵极矣。物极则衰，吾未知所税驾❽也！”

【注释】

❶长男由：长子李由。三川守：三川郡的郡守；三川，秦郡名，郡治洛阳，在今河南省洛阳市东北。 ❷诸男皆尚秦公主：李斯的所有儿子都娶秦始皇的女儿为妻；尚，上配，高攀，“娶”字的虔敬说法。 ❸女悉嫁秦诸公子：李斯的女儿都嫁给秦始皇的儿子；诸公子，除太子以外的帝王的其他儿子。 ❹告归：请假归家。 ❺喟（kuì）然：感慨动情的样子。 ❻大：同“太”。“盛极则衰”、“月盈则

亏”以及“满招损”云云，为诸家之老生常谈，非独荀况一人之言。 ❼驽下：谦称自己的拙劣无能；驽，劣等马。❽未知所税驾：不知自己这辆车日后停于何处，借指不知日后是何结局；税驾，停车。《正义》曰：“税，舍车也，止也。”《索隐》曰：“李斯言己今日富贵已极，然未知向后吉凶，止泊在何处也。”董份曰：“既知为害，何忍甘之？此猩猩嗜酒，明知人欲杀而复饮之就擒者也。古今人陷此辙多矣，读之感叹。”

【译文】

李斯的长子李由是三川郡的郡守，李斯的儿子们娶的都是秦始皇的公主，李斯的女儿们都嫁给了秦始皇的儿子。有一次，李由回咸阳探亲，李斯在家中备酒请客，朝廷里的大员们都来祝贺，门前的车马数以千计。李斯感慨地说：“唉！我曾听荀卿说过：‘什么事都不能太过分。’我本是楚国上蔡的一个平民，生长在一个普通人家，皇上不嫌我无能，把我提拔到了这样一个位置。如今的文武百官，没有一个比我更高的，我的富贵可以说是到了极点。物极必反，我真担心我的下场会是如何啊！”

始皇三十七年❶十月，行出游会稽，并海上❷，北抵琅邪❸。丞相斯、中车府令赵高兼行符玺令事❹，皆从。始皇有二十余子，长子扶苏以数直谏上，上使监兵上郡❺，蒙恬❻为将。少子胡亥爱❼，请从，上许之。余子莫从。

【注释】

❶始皇三十七年：前210年。 ❷并海上：沿着海边北上；并，通“傍”，沿着。 ❸琅邪：秦郡名，郡治在今山东省青岛市黄岛区东南，其临海处有琅邪台，历来为祭祀的场所。 ❹中车府令：官名，为皇帝掌管车驾。兼行符玺令事：同时代理“符玺令”的职责；行，代理；符玺令，为帝王掌管印信的官员。按，依照通常的语言习惯，此句应作“中车府令兼行符玺令事赵高”。 ❺监兵上郡：以皇帝特派员的身份到上郡的驻军里充当监军；上郡，秦郡名，郡治肤施（今陕西省榆林市东南），当时秦将蒙恬率兵驻扎于此。 ❻蒙恬：始皇时代的名将，蒙骜之孙、蒙武之子，事迹见《蒙恬列传》。 ❼少子胡亥爱：谓胡亥受始皇帝宠爱。

【译文】

秦始皇三十七年十月，始皇帝出巡到会稽，然后沿着海边北上，抵达琅邪。这时丞相李斯、中车府令兼符玺令赵高都跟随在左右。始皇帝有二十多个儿子，长子扶苏因为多次给始皇帝提过意见，被始皇帝派到驻扎在上郡的蒙恬的军队中去做监军。始皇帝的小儿子胡亥一向受到始皇帝的宠爱，请求跟着始皇帝一起出巡，始皇帝答应了。其他的儿子都没能跟从。

其年七月，始皇帝至沙丘❶，病甚，令赵高为书赐公子扶苏曰：“以兵属蒙恬，与丧会咸阳而葬❷。”书已封，未授使者，始皇崩。书及玺皆在赵高所，独子胡亥、丞相李斯、赵高及幸宦者五六人知始皇崩，余群臣皆莫知也。李斯以为上在外崩，无真太子③，故秘之④。置始皇居辒辌车⑤中，百官奏事上食如故，宦者辄从辒辌车中可⑥诸奏事。

【注释】

①沙丘：古地名，在今河北省邢台市广宗县西北，其地有战国时赵国的离宫，即沙丘宫，当年赵武灵王饿死于此，事见《赵世家》。 ②与丧会咸阳而葬：语略不顺；丧，指始皇帝的灵柩。茅坤曰："始皇病且笃，当召大臣顾命，而私令赵高为书授太子以酿乱，此天所以亡秦也。" ③无真太子：没有被正式确立的太子。 ④秘之：封锁消息。皇帝死在外地，又没有事先确立的接班人，形势异常危急，故封锁消息以待扶苏之到也。 ⑤辒辌（wēn liáng）车：可供人睡卧的车子。《集解》引孟康曰："如衣车，有窗牖，闭之则温，开之则凉，故名之'辒辌车'也。" ⑥可：应允，同意照办。

【译文】

当年七月，始皇帝来到沙丘时病倒了，病得很厉害。他让赵高写信给公子扶苏，说："让他把军队交给蒙恬，赶紧回咸阳，准备迎接始皇的灵柩，而后安葬。"书信封好了，还没交给使者送走，始皇帝就去世了。书信和皇帝的印玺都在赵高手里。当时只有公子胡亥、李斯、赵高和五六个亲信的宦官知道始皇帝去世，其余百官都还不知道。李斯觉得皇帝死在外边，身边又没有正式确立的太子，为了免得出乱子，所以就把消息封锁起来。他们把始皇帝的尸体安放在一辆既保暖又通风的车子里，百官凡有事情需请示，以及厨子上供饮食，都照常进行，他派了一个宦官坐在里面答应外边的问话。

赵高因留所赐扶苏玺书[1]，而谓公子胡亥曰："上崩，无诏封王诸子而独赐长子书。长子至，即立为皇帝，而子无尺寸之地，为之奈何？"胡亥曰："固也。吾闻之，明君知臣，明父知子。父捐命，不封诸子，何可言者[2]！"赵高曰："不然。方今天下之权，存亡在子与高及丞相耳，愿子图之。且夫臣人与见臣于人，制人与见制于人，岂可同日道哉！"胡亥曰："废兄而立弟，是不义也；不奉父诏而畏死[3]，是不孝也；能薄而材谫[4]，强因人之功[5]，是不能[6]也。三者逆德[7]，天下不服，身殆倾危[8]，社稷不血食。"[9]高曰："臣闻汤、武杀其主[10]，天下称义焉，不为不忠。卫君杀其父[11]，而卫国载其德[12]，孔子著之，不为不孝。夫大行不小谨，盛德不辞让[13]，乡曲各有宜而百官不同功[14]。故顾小而忘大，后必有害；狐疑犹豫，后必有悔。断而敢行，鬼神避之[15]，后有成功。愿子遂之[16]！"胡亥喟然叹曰："今大行未发[17]，丧礼未终，岂宜以此事干丞相哉！"赵高曰："时乎时乎，间不及谋[18]！赢粮跃马，唯恐后时[19]！"

【注释】

❶玺书：盖过皇帝印玺的文书。 ❷何可言者：还有什么可说的呢？此时胡亥谨遵遗命，尚无野心。 ❸畏死：畏惧扶苏即位后对自己有所不利，乃至犯罪被杀。 ❹能薄而材谫（jiǎn）：能力小而素质差；谫，浅陋。 ❺强因人之功：勉强地去抢夺别人的功业；因，袭，劫取。 ❻不能：犹言“不智”，缺少自知之明。 ❼逆德：犹言“恶德”，坏品行，坏行为。有人解释为“违背道德”，亦可。 ❽身殆倾危：自身就将危险；殆，行将；倾危，垮台，崩溃。李笠曰：“‘殆’疑‘逮’之声误。” ❾董份曰：“观二世此言，犹似有人心者，而卒以暴为亡国之主，皆一宦官误之也，辅导幼主可不择人哉！” ❿汤伐夏，放逐夏桀于鸣条；武王伐商，商纣兵败后自焚而死。今赵高乃曰“汤、武杀其主”，改动事实以成其蛊惑之说。 ⓫卫君杀其父：卫庄公（名蒯聩）为太子时，因欲谋杀其父（灵公）之夫人，事觉被逐。灵公死，蒯聩在外不得立，国人遂立蒯聩之子辄为君，是为“出公”。这时流亡在外的蒯聩又借助于晋国赵氏的力量回国与其子争位，被卫人击败。事在前492年，见《卫康叔世家》。 ⓬钱大昕曰：“《春秋·哀公三年》卫石曼姑帅师围戚（蒯聩居此），《公羊》以为‘伯讨’，《孟子》书卫辄为‘孝公’，故赵高为此言。然蒯聩未尝死乎辄，辄亦无‘德’可载也。”中井曰：“载，疑当作‘戴’。”王叔岷曰：“二字古通用。”戴：崇敬，感荷。 ⓭大行不小谨，盛德不辞让：当时俗语。《项羽本纪》有所谓“大行不顾细谨，大礼不辞小让”；《郦生陆贾列传》有所谓“举大事不细谨，盛德不辞让”，其意相同。皆谓办大事、讲大体的人，不要太顾忌小

节，不要怕那些琐碎的批评指责。⑭乡曲各有宜：意谓一个地方一个风俗，不可能相同；乡曲，犹言“乡里”，古代农村的基层编制单位，二十五家为一里，十里为一乡。关于乡里的户数，各处说法不一。百官不同功：意谓一个长官一个做法，不必划一。⑮断而敢行，鬼神避之：俗语有所谓“神鬼怕恶人”，赵高所奉行的就是这种信条。⑯愿子遂之：犹言“您就决心这么干吧！”；遂，顺依，就这样。⑰大行未发：谓皇帝刚死，尚未安葬。大行：指刚死不久的皇帝。《风俗通》曰：“天子新崩未有谥号，故总其名曰‘大行皇帝’也。”《正字通》引韦昭曰：“大行者，不返之辞也。”未发：尚未发丧。⑱间不及谋：极言其时间之急迫，来不及商量就过去了；间，空隙，指时机、机会。⑲赢粮跃马，唯恐后时：意谓扬鞭催马地紧追还怕追不上。赢粮：背着粮食；赢，负，裹。后时：迟到，错过时间。陈仁锡曰：“‘争时’学术，高与斯同。”

【译文】

这时赵高扣留了始皇帝给扶苏的书信，来对公子胡亥说：“皇帝去世了，没有留下任何分封各位公子为王的命令，而单单留下一封信给长子扶苏。如果扶苏一到，他做了皇帝，而您却得不到尺寸之地，那时您怎么办？”胡亥说：“是啊。俗话说：知臣莫如君，知子莫如父。父亲死了，不封儿子，做儿子的能够说什么呢！”赵高说：“不对。如今天下的生杀全在你、我和丞相三个人的手中，希望您认真考虑。统治人与被人统治，控制人与被人控制，这可是绝对不同的两码事啊！”胡亥说：“废掉兄长而立弟弟，是不仁义的；不奉行父王的诏命而贪生怕死，是不孝的；能力不强还非要去抢夺别人的功业，是没有自知之明。这三条都是极坏的表现，天下人不会心服，自己也会遭殃，国家也得灭亡。”赵高说：“当初商汤、周武王杀掉了他们的君主，天下人并不认为是不忠，反而还称之为义举。卫君辄杀了他的父亲，卫国人还称赞他的功德，孔子也把他的事迹写入《春秋》，并不认为是不孝。办大事、讲大体的人不能顾忌小节，不要怕琐碎的指责，一个地方有一个地方的风俗，一个官员有一个官员的做法，不必划一。顾小而失大的人，日后一定要倒霉；犹豫不断的人，将来一定要后悔。敢作敢为的人，连鬼神都要给他让路，这种人才能成大功。希望您就决心干吧！”胡亥叹息一声说：“现在先帝尚未发丧，一切丧事都还没办，怎么能拿这些事情去麻烦丞相呢！”赵高说：“时间可是急迫的！我们快马加鞭，还怕赶不上呢！”

胡亥既然高之言，高曰：“不与丞相谋，恐事不能成❶，臣请为子与丞相谋之。”高乃谓丞相斯曰：“上崩，赐长子书，与丧会咸阳而立为嗣。书未行，今上崩，未有知者也。所赐长子书及符玺皆在胡亥所❷，定太子在君侯❸与高之口耳。事将何如？”斯曰：“安得亡国之言！此非人臣所当议也！”

【注释】

❶史珥曰：“载高此语，所以著丞相成乱之罪。” ❷徐

孚远曰："符玺及书本在高所，而云胡亥者，亦以劫斯也。" ❸君侯：以称李斯。李斯时为丞相，爵为通侯，故赵高称之为"君侯"。

【译文】

于是胡亥便同意了赵高的意见，赵高说："这件事不跟丞相说是不行的，我替你去跟他商量。"于是赵高对李斯说："皇上去世前，曾写给长子扶苏一封信，让他到咸阳去迎接灵车，治办丧事，而后立他为接班人。信还没发走，如今皇上死了，还没有人知道。给扶苏的信和皇帝的符玺都在胡亥手里，究竟立谁为太子，全在咱俩一说。你看这事该怎么办？"李斯说："你怎能说出这种祸国殃民的话！这种事绝对不是我们当臣子的所该议论的！"

高曰："君侯自料能孰与蒙恬？功高孰与蒙恬？❶谋远不失孰与蒙恬？无怨于天下孰与蒙恬？长子旧而信之❷孰与蒙恬？"斯曰："此五者皆不及蒙恬，而君责❸之何深也？"高曰："高固内官之厮役❹也，幸得以刀笔之文❺进入秦宫，管事二十余年，未尝见秦免罢丞相功臣有封及二世❻者也，卒皆以诛亡❼。皇帝二十余子，皆君之所知。长子刚毅而武勇，信人而奋士❽，即位必用蒙恬为丞相，君侯终不怀通侯之印归于乡里❾，明矣。高受诏教习胡亥，使学以法事数年矣，未尝见过失。慈仁笃厚，轻财重士，辩于心而诎于口[10]，尽礼敬士，秦之诸子未有及此者，可以为嗣。君计而定之。”斯曰：“君其反位[11]！斯奉主之诏，听天之命，何虑之可定也？”

【注释】

①泷川曰：“枫、三本无‘高’字，以上下文推之，无者是。” ②长子旧而信之：与扶苏的关系深，能够受其信任。茅坤曰：“高必以蒙恬之隙，才能倾动李斯而使之叛。” ③责：指斥，要求。 ④内官之厮役：谦说自己是一个在宫廷充当杂役的小宦官；内官，即指宦官，以其服务于宫廷，故云；厮役，犹言“仆役”。 ⑤刀笔之文：指狱律条文。古者以笔书事于简牍，有误则以刀削之，故人们遂称掌管刀笔、处理刑狱事务的官吏曰“刀笔吏”，称狱律文书曰“刀笔之文”。 ⑥封及二世：将爵禄传给儿辈。 ⑦史珥曰：“此虽劫制之言，亦见秦之少恩，人人自危。” ⑧奋士：能使人发挥才干。 ⑨终不怀通侯之印归于乡里：无论如何也不可能平安无事地告老归家，言最后必将被诛；通侯，亦称“彻侯”“列侯”。 ⑩辩于心而诎（qū）于口：言内心聪慧而拙于言辞；辩，有分别能力，此引申为聪明；诎，屈，不能伸张，引申为拙笨。 ⑪君其反位：犹言“您请回去吧”；反位，回归自己的职所。

【译文】

赵高说：“你自己想想，你的才能比得过蒙恬吗？你的功劳比得过蒙恬吗？你的谋略比得过蒙恬吗？你的得人心比得过蒙恬吗？你与扶苏的交情和扶苏对你的信任，比得过蒙恬吗？”李斯说：“这五方面我都比不了蒙恬，但是你为什么这么严厉地提出这些呢？”赵高说：“我只是内廷的一个奴仆，由于熟习律令而进入了秦宫，在我管事的这二十多年中，我没有见过被国家罢免的丞相功臣能有一个把爵禄传给儿子的，都是在当辈就被杀掉了。始皇帝有二十多个儿子，这你是知道的。长子刚毅而勇敢，能结纳人并能发挥人的才能，如果他当了皇帝，必然任蒙恬为丞相，到那时你是不可能保全生命，以列侯的身份回老家的，这一条再清楚不过了。我曾经受命教导胡亥读书，帮他学习法律好几年了，我从未见过他有什么过失。胡亥仁慈厚道，轻财物而重人才，内心聪慧而不善于言辞，礼贤下士，始皇帝的其他公子没有一个能比得过他，可以立他来接班。希望你能考虑考虑，确定下来！”李斯说：“你还是回去吧！我只能遵照先帝的命令行事，听从上天的安排，我自己有什么可以考虑可以决定的呢？”

高曰：“安可危也，危可安也。安危不定，何以贵圣❶？”斯曰：“斯，上蔡闾巷布衣也，上幸擢为丞相，封为通侯，子孙皆至尊位重禄者，故将以存亡安危属臣也。岂可负哉！夫忠臣不避死而庶几❷，孝子不勤劳而见危❸，人臣各守其职而已矣。君其勿复言，将令斯得罪。”❹

【注释】

❶安危不定，何以贵圣：一个人如果连自己的安危都把握不住，那他的聪明智慧还有什么用；圣，英明，明

智。 ❷不避死而庶几：不为苟全个人而逃避危难；庶几，李笠曰："谓苟免也。"余有丁曰："谓贪生幸利也。"史珥曰："庶几，谓几幸不可必之事，犹徼幸也。" ❸不勤劳而见危：此语生涩，郭嵩焘曰："言忠臣不以侥幸图苟存，孝子不以危殆而弛其勤劳也。" ❹史珥曰："李斯前此语言尽自当理，然任高之邪说漫衍，不直折其奸谋而诛之，便是心动；至'将令斯得罪'，则患失之情毕见矣。"

【译文】

赵高说："平安可能变成危险，危险也可能变成平安。一个人如果连自己的安危都把握不住，那还要聪明智慧干什么？"李斯说："我本是上蔡县的一个普通百姓，多蒙皇上宠爱，被提拔为丞相、封为侯爵，子孙们也都得到了高官厚禄，皇上已经将国家的存亡安危托付给了我。我怎能辜负呢？当忠臣就应该不贪生不怕死，当孝子就应该任劳任怨，我今天作为一个臣子只能坚守职责。请您不要再多说了，否则将牵累我跟着你倒霉。"

高曰："盖闻圣人迁徙无常❶，就变而从时，见末而知本，观指而睹归❷。物固有之，安得常法哉！方今天下之权命❸悬于胡亥，高能得志❹焉。且夫从外制中谓之惑❺，从下制上谓之贼❻。故秋霜降者草花落，水摇动者万物作❼，此必然之效也。君何见之晚？"斯曰："吾闻晋易太子，三世不安；❽齐桓兄弟争位，身死为戮；[9]纣杀亲戚，不听谏者[10]，国为丘墟，遂危社稷：三者[11]逆天，宗庙不血食。斯其犹人哉，安足为谋[12]！”

【注释】

❶迁徙无常：指见机行事，临时置宜，不墨守成规；迁徙，这里指改变主意。❷观指而睹归：看他现有的活动就可以知道他的最终结局；指，旨趣，意向；归，归宿，结局。❸天下之权命：谓国家之权与万民之命。❹高能得志：意谓我在胡亥那里能说话算话；得志，得意，能顺着自己的意愿行事。❺从外制中谓之惑：外面的人要制约朝廷，那叫“妄想”；惑，昏妄。❻从下制上谓之贼：下面的人要制服上头，那就叫“造反”；贼，害，叛乱。❼秋霜降者草花落，水摇动者万物作：秋霜一降则花草凋零，春冰化解则万物生长。王骏图曰：“水摇动者，谓冰泮之时也。上句言秋，此句言春。”盖当时俗语，赵高引此以图说明在上者有何举动，在下者必将随之。❽晋易太子，三世不安：晋献公（前676—前651年在位）因宠骊姬而废太子申生，另立骊姬子奚齐，属其大夫荀息辅之。献公死，荀息立奚齐，大夫里克不服，乃杀之。荀息又立骊姬娣之子悼子，里克又杀之，而迎当时居秦之公子夷吾为君，是为惠公。惠公立十四年死，其子圉立，是为怀公。当时国内一直混乱，秦人遂乘机又送公子重耳回国，杀怀公而自立，是为文公。此后晋国始安，前后乱了十四年，事见《左传》《晋世家》。三世，王叔岷曰：“‘三世’盖‘五世’之误。《赵世家》：‘晋国大乱，五世不安。’（又见《扁鹊列传》《论衡·纪妖篇》《风俗

通·皇霸篇》）谓晋献公、奚齐、卓子、惠公、怀公五世也。”⑨齐襄公（前697—前686年在位）淫昏，被其堂弟公孙无知所杀，齐人又杀无知。时襄公之异母弟公子纠在鲁，公子小白在莒。公子纠派人截杀公子小白，未成；小白遂抢先回国即位，是为桓公。随后又发兵败鲁，杀公子纠，事见《齐太公世家》及《左传》。⑩纣杀亲戚，不听谏者：指比干、箕子因劝谏殷纣被其所杀、所囚事。比干是纣王的叔父，因劝谏纣王被剖心；箕子是纣王之弟，因劝谏纣王而被囚，事见《殷本纪》。⑪三者：指上述晋国、齐国以及殷纣三人之事。⑫斯其犹人哉，安足为谋：意谓我还是个人哪，怎能打那种主意。《索隐》曰：“言我今日犹是人，人道守顺，岂能为逆谋？”王骏图曰：“‘犹人’，谓我亦犹以上诸人耳，彼既逆天得祸，我安足为谋哉！”可供参考。

【译文】

赵高说：“做圣人的不该顽固于某种常规，应该顺应时宜，随机应变，应该善于看苗头，看动向。事物本来就是变化的，哪有什么一定之规呢？如今天下的大权，都掌握在胡亥手中，而我在胡亥面前可以让他按着我的意志行事。况且外面的人要想制服里面那就叫妄想，下面的人要想制服上面的人那就叫反叛。秋霜一降，花草就要凋零；冰雪一化，万物就能生长，这都是必然规律。你为什么见不到这一点呢？”李斯说：“昔日晋国由于改换太子，三世不得安宁；齐桓公的几个儿子争位，闹得齐桓公活活饿死；商纣王杀害亲属，不听劝告，京城变为废墟，闹得国破家亡：这三伙都是违背了天道，以至于闹得灭绝无后。我还是个人哪，怎能打那种坏主意？”

高曰：“上下合同❶，可以长久；中外若一❷，事无表里❸。君听臣之计，即长有封侯，世世称孤❹，必有乔、松之寿❺，孔、墨之智❻。今释此而不从，祸及子孙，足为寒心❼。善者因祸为福，君何处焉❽？”斯乃仰天而叹，垂泪太息曰：“嗟乎！独遭乱世，既以不能死，安托命哉❾！”于是斯乃听高。高乃报胡亥曰：“臣请❿奉太子之明命以报丞相，丞相斯敢不奉令！”

【注释】

❶上下合同：此处即指赵高、李斯与胡亥一起合作；合同，合力同心。 ❷中外若一：指宫外的李斯与宫内的胡亥、赵高步调一致。 ❸事无表里：犹言“事无差池”；表里，内外，引申为歧异，差错。 ❹称孤：谓为侯、为王，当时为侯者亦可以自称“孤”。 ❺乔、松之寿：像王子乔、赤松子那样长的寿命。王子乔、赤松子都是古代传说中的神仙。 ❻孔、墨之智：孔丘、墨翟一样的智慧。按，“孔、墨之智”四字与此处文意不相干，疑有讹误。 ❼足为寒心：通行本原文于此作“足以为寒心”。王念孙曰：“‘以’字衍，《文选·报任安书》注引作‘足为寒心’；《燕策》云：‘夫以秦王之暴，而积怨于燕，足为寒心’，又其一证。”今据削“以”字。 ❽君何处焉：就看你何去何从；何处，何以自处，打算怎么办。吴见思曰：“李斯奸雄，赵高亦奸雄，两

奸相对，正如两虎相争，一往一来，一进一退，多少机权，默默相照。” ⑨既以不能死，安托命哉：意谓我既然不能坚守臣节而死，又能去依靠谁呢？意思是只有唯命是听，托靠于您了；以，通“已”。吴见思曰：“盖贪位慕禄，无可奈何，不得不就赵高之缠索，而李斯之为李斯，已为赵高窥破矣。”凌稚隆引屠隆曰：“李斯诈立胡亥，阴弑扶苏，虽由赵高之奸，实其私心之肯也。盖焚书坑儒，斯议也，扶苏谏坑儒而居外，斯必深念之；以吏为师，斯议也，胡亥傅之以高，学习法事数年，斯必深欲之，则斯心欲立亥，不欲立苏，亦彰明较著也。彼其初难之，不过饰说以欺高与天下耳，其后扶苏死而斯大喜，真情其微露矣。”邓以瓒曰：“高、斯秘谋，宜不令人知之，乃叙之详悉如此，且文词甚工丽，可见古时史职。” ⑩泷川曰：“枫、三本‘请’作‘谨’。”按，作“谨”为长。

【译文】

赵高说：“只要上下同心，就可以长治久安；只要内外如一，那就什么事情都能办成。你只要听我的话，我就能保证你世世代代地封侯称孤，能像王子乔、赤松子那么长寿，并能像孔子、墨子那样以智慧闻名。如果放弃机会不跟我干，那么灾祸立即就会殃及你和你的儿孙，其后果是叫人心寒的。作为一个聪明人要能够转祸为福，现在就看你打算怎么办了？”李斯听后仰天长叹，流着泪叹气说：“唉！倒霉碰上这么个混乱的当口，我既然不能效忠而死，那还能去依靠谁呢？”于是李斯就对赵高俯首听命了。赵高立刻回报胡亥说：“我把您的意思通知了丞相，丞相敢不唯您之命是听！”

于是乃相与谋，诈为受始皇诏，诏丞相立子胡亥为太子[1]。更为书赐长子扶苏曰：“朕巡天下，祷祠名山诸神以延寿命。今扶苏与将军蒙恬将师数十万以屯边，十有余年矣，不能进而前，士卒多秏[2]，无尺寸之功，乃反数上书直言诽谤我所为，以不得罢归[3]为太子，日夜怨望。扶苏为人子不孝，其赐剑以自裁！将军恬与扶苏居外，不匡正，宜知其谋[4]。为人臣不忠，其赐死，以兵属裨将王离[5]。”封其书以皇帝玺，遣胡亥客奉书赐扶苏于上郡。

【注释】

❶诈为受始皇诏，诏丞相立子胡亥为太子：通行本原文于此句中未重出“诏”字，语气不顺，崔适曰：“‘丞相’上当重‘诏’字。”崔说是，盖亦所谓“语当重出而未重出”者，今据补。 ❷秏：同“耗”，损失。 ❸罢归：谓解去监军之职，返回咸阳。 ❹谋：这里指心思。 ❺以兵属裨（pí）将王离：把军队移交给副将王离。属：托，移交。裨将：偏将，副将；裨，副，助。王离：秦国名将王翦之子，后来被项羽破杀于巨鹿。

【译文】

于是他们几个人就商量好，诈称丞相李斯接受了始皇帝的诏书，诏书让丞相立公子胡亥为太子。又另伪造了一封信给长子扶苏说：“我巡行天下，祭祀名山与天地诸神以求延长寿命。我让扶苏和将军蒙恬率兵几十万驻守边关，现已任职十多年了，竟然没有任何进取，白白损失许多士卒，而没有得来一尺一寸的土地，你还多次上书，诽谤我的所作所为，还每天埋怨我不能及早撤你回京当太子。扶苏作为儿子这是不孝，现赐剑令其自杀！将军蒙恬与扶苏一道在外，不能及时纠正他的过失，知道他的阴谋而不报告。蒙恬作为一个大臣，这是不忠，也同时赐死，把军队交给副将王离。"他们装好书信，盖上始皇帝的印玺，派了胡亥的一个门客把它送往上郡。

使者至，发书，扶苏泣，入内舍，欲自杀。蒙恬止扶苏曰："陛下居外，未立太子，使臣将三十万众守边，公子为监，此天下重任也。今一使者来，即自杀，安知其非诈？请复请，复请而后死❶，未暮也。"使者数趣之❷。扶苏为人仁，谓蒙恬曰："父而赐子死❸，尚安复请❹！"即自杀❺。蒙恬不肯死，使者即以属吏❻，系于阳周❼。

【注释】

❶复请而后死：王叔岷曰："《春秋后语》'而'上有'信'字，当据补。信，谓果有赐剑自裁事也。复请如不信，则不必死矣。" ❷数趣之：连连地催促扶苏自杀；趣，此处意思同"促"。 ❸父而赐子死："而"字于此无义。一说，而，读作"如"，亦通。 ❹苏轼曰："以法毒天下者，未有不反

中其身及其子孙。汉武、始皇皆果于杀者也，故其子如扶苏之仁，则宁死而不请；如戾太子之悍，则宁反而不诉，故为二君之子者，有死与反而已。李斯之智，盖足以知扶苏之必不反也。” ❺扶苏墓在今陕西省榆林市绥德县城内疏属山巅，墓侧有石碑，上刻“秦扶苏墓”。城东三里有呜咽泉，相传为扶苏赐死处。 ❻即以属吏：将其拿下，交由法吏看管。 ❼系：系累，囚禁。阳周：秦县名，旧城在今陕西省子长市之曹家坬村西，现城墙残高一至四米。

【译文】

使者到了上郡，扶苏打开诏书一看，立刻泪如泉涌，他走进内屋，就要自杀。蒙恬拦阻他说：“陛下巡游在外，事先并没有立谁为太子。他派我率兵三十万镇守边疆，让您来此监军，这都是国家的重任。现在突然派一个使者前来传话，您就忙着自杀，谁能断定其中没有诡诈？请您再请示一下，问明白了再死，也不算晚。”但这时使者却再三催促扶苏自杀。扶苏为人忠厚，对蒙恬说：“父亲赐儿子死，还用得着再请示吗？”说罢就自杀了。蒙恬不肯死，使者便把他交给法吏看管，把他囚禁在阳周县。

使者还报，胡亥、斯、高大喜。至咸阳，发丧，太子立为二世皇帝。以赵高为郎中令❶，常侍中用事❷。

【注释】

❶郎中令：官名，“九卿”之一，掌管宫殿门户与统领宫廷侍从官员，是靠近皇帝的亲信之职。 ❷侍中：侍奉皇帝于宫廷，后来成为官名。用事：掌权。

【译文】

使者回来报告处理的结果，胡亥、李斯、赵高等大喜。他们立即回到咸阳，办理了丧事，立胡亥做了二世皇帝。而赵高被任为郎中令，经常侍奉在皇帝左右，一切事情由他说了算。

【解读】

《李斯列传》记述了李斯由一个闾巷布衣进入官场，辅佐秦始皇统一六国，创建制度，位列三公；到秦始皇死后，因畏祸贪权而卖身投靠，杀扶苏，立胡亥，助纣为虐，为虎作伥，从而导致民变蜂起，四海鼎沸，而自己最后也不免被赵高、胡亥所杀的全过程，批判了李斯贪求功名富贵，一切以个人得失为转移的极端自私、极端懦弱的可耻本性。

李斯自幼就有野心、有才干，不甘贫贱，蔑弃流俗；他投奔秦国后，在辅助秦王统一六国过程中建立了巨大功勋。李斯的“诟莫大于卑贱，而悲莫甚于穷困”，与他所奉行的“得时勿怠”等等，是他一生处世的信条。他劝说秦王的“胥人者，去其几也；成大功者，在因瑕衅而遂忍之”，就正是“得时勿怠”四个字的得力运用。司马迁描写了李斯对东方六国大刀阔斧进行攻取的手段：他“阴遣谋士赍持金玉以游说诸侯。诸侯名士可下以财者，厚遗结之；不肯者，利剑刺之。离其君臣之计，秦王乃使其良将随其后”，于是“二十余年，竟并天下，尊主为皇帝”；接着便是焚《诗经》《尚书》、定律令、治离宫、攘四夷，在这些方面，李斯的功劳的确是很大的，比起伊尹、周公，似乎都有过之无不及。与此同时，李斯个人的欲望也得到了充分的满足。他身为一国宰相，他的“诸男皆尚秦公主，女悉嫁秦诸公子”。他们家里举行宴会，“百官长皆前为寿，门廷车骑以千数”。他的“老鼠哲学”获得了史无前例的成功。

也正是由于李斯极度的“个人主义”，患得患失，在关键时刻丢掉原则，出卖灵魂，因而被赵高、胡亥拉上贼船；他为虎作伥，倒行逆施，最后导致国家颠覆，自己也家败人亡。李斯的极端自私、极度保官保命的心理是被赵高一眼看准了的，于是赵高利用始皇病逝，外面还没有人知道的时机，对李斯一面利诱，一面恫吓，轻易地几个回合便把李斯俘虏过来。当扶苏自杀，蒙恬、蒙毅等功臣被杀，秦始皇的子女一批批地被杀，全国陷入大恐怖；并由于修坟墓、修阿房宫，引起了全国农民大起义，当李斯也想给秦二世提些意见而遭到秦二世的指责时，他居然能来个一百八十度的大转弯，竟昧着良心鼓动二世实行“督责”，于是国家鼎沸，遂一切不可收拾。作为李斯本人，倘在开始的时候坚守正义，断然处置赵高，还是可以力挽狂澜的；及至与赵高合流，帮着赵高清除了一切反对势力后，下面就轮到赵高清除李斯了。此时的李斯还不明白自己的处境，还反唇相讥，向秦二世告发赵高，于是便落得个“具五刑，腰斩于咸阳市”。李斯的教训是惨痛而深刻的，它像一面镜子，昭示人们：一个人，即使功高盖世，只要私心重，在关键时刻就会成为历史的罪人。孔子说:“其未得之也，患不得之；既得之，患失之。苟患失之，无所不至矣。”李斯不正是这样吗?

《李斯列传》与《秦始皇本纪》相结合是研究秦王朝短暂兴衰史的基本资料，也是研究秦代文学的基本材料。鲁迅说:“秦之文章，李斯一人而已。”而李斯的文章除了他随秦始皇巡游中所写的刻石铭文载于《秦始皇本纪》外，其他文章全部都收在了《李斯列传》中。其《谏逐客》《论督责》《狱中上二世书》等，都是作为表现李斯每个时期心理性格的典型资料而被收入传记的，这就给我们研究秦代文学提供了极大的方便。此外,《李斯列传》是《史记》中揭示、描绘官场斗争，描写人生体验最深刻、最惊心动魄的一篇，值得读者细心玩味。

【编按】

李斯，是秦始皇完成统一，并建立起中国古代君主集权制度的关键人物，他最后竟被赵高和胡亥处死，当时很多人认为是“斯极忠而被五刑死”。而司马迁作为史学家认为俗议有待商榷，所以他察其所本，揭露了李斯极端个人主义的处世哲学，通过精彩的对白与心理活动写活了这个貌似忠诚的政客，说明他虽然高才，但实在咎由自取。我们怎么可能指望那些只计较个人名位，又善于揣摩领导心思的身居高位者忠君爱国呢?真正的敬业，一定建立在对于事业的执着上。

16.

韩信像

淮阴侯列传

韩信全身像

淮阴侯韩信者，淮阴[1]人也。始为布衣时，贫无行[2]，不得推择为吏[3]，又不能治生商贾[4]，常从人寄食饮[5]，人多厌之者[6]。常数从其下乡南昌亭长[7]寄食，数月，亭长妻患之，乃晨炊蓐食[8]。食时信往，不为具食。信亦知其意，怒，竟绝去。

【注释】

❶淮阴：秦县名，即今江苏省淮安市淮阴区。李慈铭《越缦堂读史札记》记曰："韩信，史不言其所出，盖亦韩后也。《潜夫论》言：'韩亡，子孙散处江淮间……此信所以为淮阴人，盖以国为氏者。'故漂母称之曰'王孙'，以其为王者后也。" ❷无行：《集解》引李奇曰："无善行。"泷川引中井曰："放纵不检之谓。" ❸推择为吏：战国以来，乡官有向国家推举本乡人才使之为吏的制度。 ❹治生商贾：以从事商业活动谋生；治生，即谋生。师古曰："行卖曰商，坐贩曰贾。" ❺从人寄食饮：到别人家里蹭饭吃；寄，即北京话之所谓"蹭"。王先谦引沈钦韩曰："方言，寄食为糊。" ❻姚苎田曰："淮阴侯乃史公所痛惜者，观其起处详写贫时落魄景象，遂与孟子'将降大任'一节，一样摇曳其意中，固以汉初第一人目之。" ❼下乡：乡名，属淮阴县。南昌亭长：南昌亭是下乡的一个亭名，在淮阴县城西。秦时十里一亭，每亭有亭长一人，维持其所属的村落秩序，并管接待过往的官吏。 ❽晨炊蓐食：早做饭，人在床上就把饭吃了；蓐，同"褥"，被褥。

【译文】

淮阴侯韩信是淮阴人。起先当老百姓的时候，生活贫穷，名声不好，既不能被推选当官吏，又不能靠做买卖维持生活，经常到别人家去蹭吃蹭喝，很多人都厌烦他。他曾到下乡的南昌亭亭长家里找饭吃，一连去了几个月，亭长的妻子为此大伤脑筋，于是她就故意改变了自己的吃饭时间，每天早晨在大家还没起床的时候，他们就把饭吃完了。等到正常的吃饭时间韩信来了，她就不再给他做饭吃。韩信也明白是怎么回事，心里很生气，以后他就不再去了。

信钓于城下，诸母漂[1]，有一母见信饥，饭信，竟漂数十日。信喜，谓漂母曰："吾必有以重报母。"母怒曰："大丈夫不能自食[2]，吾哀王孙[3]而进食，岂望报乎！"

【注释】

❶诸母漂：好些年长的妇女在淮水边漂洗棉絮。《集解》引韦昭曰："以水击絮为漂。" ❷自食：自己养活自己。❸《集解》引苏林曰："王孙，犹言'公子'也。"《索隐》引刘德曰："秦末多失国，言王孙、公子，尊之也。"

【译文】

有一天，韩信在城外钓鱼，河边上有一些妇女在洗棉絮，一位老妇看见韩信那种饥饿的样子，就把自己的饭分给韩信吃，从此，一连几十天，直到这位老妇离去，天天如此。韩信很高兴，对那位老妇说："日后我一定要重重地报答你。”那位老妇生气地说：“男子汉大丈夫连自己都养活不了，我是可怜你才给你饭吃，难道还指望你的报答吗！”

淮阴屠中少年有侮信者，曰：“若虽长大，好带刀剑，中情[1]怯耳。”众辱之[2]曰：“信能死，刺我；不能死，出我袴下。”[3]于是信孰视之，俯出袴下，蒲伏[4]。一市人皆笑信，以为怯。

【注释】

[1]中情：内心，骨子里。 [2]众辱之：《正义佚文》：“于众中辱之。”即当众侮辱他。 [3]信能死，刺我；不能死，出我袴下：意即你如果不怕死，就刺我一刀；如果你怕死，不敢刺我，你就从我腿下钻过去。能死：敢死，即能豁得出去死。袴下：即胯下；袴，这里通“胯”。 [4]孰视：盯着他看了半天；孰，同“熟”。蒲伏：同“匍匐”，爬行。

【译文】

淮阴县市场上有个卖肉的年轻人拦住韩信说：“别看你又高又壮，还带刀挎剑的，其实你是个胆小鬼。”于是他当众侮辱韩信说：“你要是不怕死，你就拿刀捅了我；你要是怕死，你就从我这裤裆底下钻过去。”韩信两眼盯着他看了他半天，最终还是趴在地上，从他胯下爬了过去。满街的人见到这情形，都笑话韩信，认为他怯懦。

及项梁渡淮[1]，信杖剑[2]从之，居戏下[3]，无所知名。项梁败[4]，又属项羽，羽以为郎中[5]。数以策干项羽[6]，羽不用。汉王之入蜀[7]，信亡楚归汉[8]，未得知名，为连敖[9]。坐法当斩，其辈十三人皆已斩，次至信，信乃仰视，适见滕公[10]，曰："上不欲就[11]天下乎？何为斩壮士！"滕公奇其言，壮其貌，释而不斩。与语，大说之。言于上，上拜以为治粟都尉[12]，上未之奇也。

【注释】

❶项梁渡淮：事在秦二世二年（前208）二月。项梁于秦二世元年九月起兵于吴（今江苏省苏州市），与其相继的渡江、渡淮北上事，见《项羽本纪》。 ❷杖剑：持剑。言除一剑外，更无其他进见之资。 ❸戏下：即麾下，部下；戏，通"麾"，大将的指挥旗。 ❹项梁败：项梁因连破秦兵而骄怠，被秦将章邯破杀于定陶事，在秦二世二年九月，见《项羽本纪》。 ❺郎中：帝王的侍从人员，有郎中、中郎、侍郎等名目。 ❻数以策干项羽：意即多次为项羽筹谋划策；干，求见，进说。 ❼汉王之入蜀：项羽等灭秦后，分封诸侯，封刘邦为汉王，王巴、蜀、汉中，都南郑。此云"入蜀"即指刘邦离关中而去南郑，事在汉元年（前206）四月，其实刘邦本人从来没有去过巴、蜀。 ❽亡楚归汉：韩信"亡楚归汉"的时间大约在汉元年四月，刘邦正由关中去南郑的途中；亡，潜逃，逃离。陈子龙曰："楚之

败，坐于才臣多归汉耳。大凡有才不能用而适他国，必蓄怨毒之怀，而我国之情无不输之于敌，此椒举所以重叹于晋楚之事也。”按，椒举之叹“楚材晋用”，见《左传·襄公二十六年》。 ⑨连敖：管仓库粮饷的小官。 ⑩滕公：滕县县令，即夏侯婴，因刘邦起义破滕后，曾一度任之为滕县县令，故时人称之为“滕公”，也称“滕婴”，事迹见《樊郦滕灌列传》。 ⑪泷川曰：“‘上’字当作‘王’，下同。”就：取。 ⑫治粟都尉：管理粮饷的中级军官。梁玉绳引沈作哲曰：“秦官有治粟内史，高帝因之。”

【译文】

等到天下大乱，项梁的兵马来到淮北时，韩信持剑从军，投在了项梁的部下，但默默无闻没有人赏识他。后来项梁兵败身死后，韩信遂跟了项羽，项羽只让他当了一个侍从角色的郎中。他曾多次给项羽献计献策，项羽都未采用。后来当刘邦被封为汉王，率领部下入蜀时，韩信遂离开项羽，投奔了刘邦，但在刘邦那儿也没能受到赏识，只当了个管理粮草的连敖。后来因为犯了法，被判了死刑，和他同案的十三个人都已经被砍了头，往下就要轮到韩信了，这时，韩信一抬头，正好看见滕公夏侯婴，韩信就说：“汉王不是想打天下吗？为什么要杀壮士呢！”夏侯婴觉得他这话说得不平凡，又见他生得相貌堂堂，于是就把他放了。夏侯婴与韩信谈过一会儿话后，心里很高兴。于是就把韩信介绍给了刘邦，刘邦任命韩信为治粟都尉，但仍未发现他有什么特别出众的地方。

信数与萧何语，何奇之。至南郑❶，诸将行道亡者数十人❷，信度何等已数言上，上不我用，即亡。❸何闻信亡，不及以闻，自追之。人有言上曰："丞相何亡。"上大怒，如失左右手❹。居一二日，何来谒上，上且怒且喜，骂何曰："若亡，何也？"何曰："臣不敢亡也，臣追亡者。"上曰："若所追者谁何？"曰："韩信也。"上复骂曰❺："诸将亡者以十数，公无所追❻；追信，诈也。"何曰："诸将易得耳。至如信者，国士❼无双。王必欲长王汉中，无所事信❽；必欲争天下，非信无所与计事者。顾王策安所决耳。"王曰："吾亦欲东耳，安能郁郁久居此乎？"何曰："王计必欲东，能用信，信即留；不能用，信终亡耳。"王曰："吾为公以为将。"❾何曰："虽为将，信必不留。"王曰："以为大将。"何曰："幸甚。"于是王欲召信拜❿之。何曰："王素慢无礼⓫，今拜大将如呼小儿耳，此乃信所以去也。王必欲拜之，择良日，斋戒，设坛场⓬，具礼⓭，乃可耳。"王许之。诸将皆喜，人人各自以为得大将。至拜大将，乃韩信也，一军皆惊⓮。

【注释】

❶至南郑：谓刘邦等由咸阳到南郑的一路之上。 ❷诸

将行道亡者数十人：行，或读为háng，诸将行，即诸将辈；或读为xíng，行道，即行进之中。《汉书》删“行”字。王先谦引周寿昌曰：“‘至南郑’为高祖元年夏四月，时沛公为汉王，都南郑，诸将士皆思东归，故多道亡。”按，亦可由此反照前此韩信“坐法当斩”以及得遇滕公，并受萧何赏识诸事，均发生在由咸阳到南郑的路途之上。 ❸凌稚隆引董份曰：“何屡言信而不用，虽何不能为力，故予尝疑信亡，何之谋也。信亡而身追之，要为奇以耸动上耳。” ❹如失左右手：以此见萧何在刘邦心目中的地位之重要。 ❺数句连用“大怒”“且喜且怒”“骂曰”“复骂曰”，汉王之习性、神情活现。 ❻公无所追：泷川曰：“改‘若’称‘公’，见汉王心稍定。” ❼国士：师古曰：“国家之奇士。” ❽无所事信：没有必要任用韩信。王骏图曰：“‘事’犹‘用’也，‘无所事’者，犹言‘用不着’也。” ❾吾为公以为将：见刘邦之勉强。此欲用以为将，非为知韩信之才，乃欲不伤萧何的情面，担心萧何逃跑。 ❿拜：此处即指任命。古时王者之任命将、相，要举行一定的典礼，王者在此仪式上要对被任命者表示一定的礼数，故称这种任命叫作“封拜”，也单称“拜”。 ⓫王素慢无礼：指刘邦的好骂人、好侮辱人，如接见郦食其、黥布时令女人为之洗脚；见儒生则解其冠向其冠中撒尿；以及骑周昌的脖子，张口骂人自称“乃公”（“你老子”“你爸爸”），《魏豹传》豹曰“汉王慢而侮人，骂詈诸侯群臣如奴耳”等皆是。 ⓬坛场：“筑土高之曰‘坛’，除地曰‘场’。” ⓭具礼：安排一定的礼节仪式。 ⓮一军皆惊：诸将皆已随刘邦征战三年，而韩信乃是刚从项羽阵营逃过来的一个小军吏，诸将自然无法想到。《陈丞相世家》

写陈平新归刘邦，刘邦任以为都尉，使为参乘，典护军时，“诸将尽喧，曰：‘大王一日得楚之亡卒，未知其高下，而即与同载，反使监护军长者！’”。情形与此相同，亦先抑后扬之法。

【译文】

韩信曾多次与萧何谈过话，萧何对他很赏识。刘邦带领的人马在向南郑进发的路上，就有几十个将领逃亡了，到达南郑后，韩信见萧何等人已经向刘邦做了多次推荐，而刘邦总是不肯重用自己，估计已经没什么希望了，于是他也跑了。萧何听说韩信跑了，来不及向刘邦报告，立刻亲自去追他。这时有人不明底里跑去禀报刘邦说：“丞相萧何跑了。”刘邦一听勃然大怒，心疼得如同失去了左右手一般。过了一两天，萧何回来了，他来拜见刘邦，刘邦一见是又气又喜，他骂萧何说：“你怎么也跑了？”萧何说：“我没有跑，我是去追逃跑的人。”刘邦说：“你追的是谁？”萧何说：“是韩信。”刘邦立刻又骂：“胡说，逃跑的将军有几十个了，你都没追，现在倒说去追韩信，骗谁！”萧何说：“别的那些将军都容易得到。至于韩信，他在当前可是独一无二的。您要是一辈子安心在这里当汉王，那您就用不着韩信；您要是想出去夺天下，除了韩信没人能跟您共谋大事。关键就看您到底是怎么打算的了。”刘邦说：“我当然也是想向东打回老家去，怎么能一辈子老憋憋屈屈地窝在这儿呢？”萧何说：“您既然要打回老家去，那么，您要是能重用韩信，韩信就会留下来为您效力；您要是不能重用他，他早晚还是要跑的。”刘邦说：“看在你的面子上，我就让他做个将军。”萧何说：“即使您让人家做将军，人家也肯定还是要走。”刘邦说：“我让他做大将。”萧何说：“那太好了。”于是刘邦立即就想让人去把韩信找来任命他为大将。萧何说：“您一向待人傲慢无礼，现在任命一员大将就像招呼个小孩子似的，这正是韩信所以要离开您的原因。您要是真想任命他，您就该选个好日子，沐浴斋戒，在广场上修起坛台，举行隆重的仪式，那才行呢。”刘邦同意照办。看到这种情景，不知内情的将领们都一个个暗自高兴，心想这回被任命的大将一定是自己。等到正式任命的时候一看，原来是韩信，全军都大吃一惊。

信拜礼毕，上坐❶。王曰：“丞相数言将军，将军何以教寡人计策？”信谢，因问王曰：“今东向争权天下，岂非项王邪？”汉王曰：“然。”曰：“大王自料勇悍仁强孰与项王？”汉王默然良久，曰：“不如也。”❷信再拜贺❸曰：“惟信亦以为大王不如也❹。然臣尝事之，请言项王之为人也。项王喑噁叱咤❺，千人皆废❻，然不能任属❼贤将，此特匹夫之勇耳。项王见人恭敬慈爱，言语呕呕❽，人有疾病，涕泣分食饮，至使人有功当封爵者，印刓敝，忍不能予❾，此所谓妇人之仁也。❿项王虽霸天下而臣诸侯，不居关中而都彭城。有背义帝之约⓫，而以亲爱王，诸侯不平⓬。诸侯之见项王迁逐义帝置江南⓭，亦皆归逐⓮其主而自王善地。项王所过无不残灭者，天下多怨，百姓不亲附，特劫于威强耳。名虽为霸，实失天下心。故曰其强易弱。今大王诚能反其道，任天下武勇[15]，何所不诛！以天下城邑封功臣[16]，何所不服！以义兵从思东归之士[17]，何所不散！且三秦王[18]为秦将，将秦子弟数岁矣，所杀亡[19]不可胜计，又欺其众降诸侯，至新安，项王诈坑秦降卒二十余万[20]，唯独邯、欣、翳得脱，秦父兄怨此三人，痛入骨髓。今楚强以威王此三人[21]，秦民莫爱也。大王之入武关[22]，秋豪无所害，除秦苛法，与秦民约，法三章[23]耳，秦民无不欲得大王王秦者。于诸侯之约，大王当王关中，关中民咸知之。大王失职[24]入汉中，秦民无不恨者[25]。今大王举而东[26]，三秦可传檄而定[27]也。”于是汉王大喜，自以为得信晚。遂听信计，部署[28]诸将所击。

【注释】

❶上坐：谓韩信被刘邦推居于上位。 ❷明知不如，而嘴里不愿承认，见刘邦之习性神情。 ❸贺：嘉许，称赞，称赞他有这种自知之明，能承认自己不如人家。这是以下整段议论的基础。 ❹惟信亦以为大王不如也：通行本原文此句中无“以”字，泷川曰：“枫、三本‘亦’下有‘以’字。”泷川说是，今据补。王念孙曰：“‘惟信亦以为大王不如也’作一句读，言非独大王以为不如，虽信亦以为不如也。”惟：关联词，犹如今之所谓“连”“即使是”。 ❺喑

喑（yīn wù）叱咤：怒喝声。 ❻废：《索隐》云："孟康曰：'废，伏也。'张晏曰：'废，偃也。'"按，"伏"是向前扑倒，"偃"是向后仰倒，大概意思不错，其实都不准确。"废"即今之所谓"堆委""软瘫"，《刺客列传》写荆轲腿部中剑后，曰"荆轲废"，亦即"瘫"，而非"仆"与"偃"也。 ❼任属（zhǔ）：即"任用"；属，托付。 ❽呕呕（xū）：语气温和的样子。按，《项羽本纪》范增曰"君王为人不忍"；《高祖本纪》王陵、高起曰："项羽仁而敬人"，皆可与此相发明，知项羽性格除粗豪暴戾外，尚有如此慈厚的一面。 ❾印刓（wān）敝，忍不能予：印的棱角都被磨弄圆了，还拿在手里舍不得给出去；刓，磨去棱角；忍，吝啬，舍不得。 ❿乾隆曰："韩信登坛数语，刘兴项蹶已若指掌。以项羽为'匹夫之勇'，人人能言之；以为'妇人之仁'，则信所独见也。" ⓫有背义帝之约：指不按"先入关者王之"的约定办事；有，通"又"。 ⓬以亲爱王，诸侯不平：封自己亲近的人为王，诸侯们都对此不平。也有人将此句断作"以亲爱王诸侯，不平"，亦通。项羽封其所爱于好地、要地事，在汉之元年二三月，见《项羽本纪》。 ⓭项羽分封诸侯后，自称西楚霸王，尊怀王为徒有其名的"义帝"，使之迁居长沙郴县，中途又令黥布等将其杀害，事见《项羽本纪》。 ⓮此处"归逐"二字使用失当，盖皆项羽分封中所为，非诸侯归国后所专行。泷川曰："《郦生传》郦食其说齐王广曰：'项王有倍约之名、杀义帝之负，于人之功无所记，于人之罪无所忘，为人刻印，刓而不能授；攻城得赂，积而不能赏'，与淮阴言合。" ⓯前云项王"不能任属贤将"，今刘邦若能"任天下武勇"，即"反其道"也。 ⓰前云项羽"至使人有功当封爵者，印刓敝，忍不能予”，今刘邦若能“以天下城邑封功臣”，则又“反其道”而行也。 ⑰以义兵从思东归之士：意即以那部分来自沛县一带的老兵为中坚、为前锋，让你现有的全部人马跟在后面；义兵，指刘邦现有的全部士卒；思东归之士，指家在沛县周围，最早跟从刘邦起事反秦的、如今一心要打回老家去的那些老兵。 ⑱三秦王：指章邯、董翳、司马欣。三人皆秦将，后降项羽。项羽入关后，封章邯为雍王、董翳为翟王、司马欣为塞王。三国皆在故秦地，故称三人为“三秦王”。 ⑲杀亡：指战死的和逃散的。 ⑳巨鹿之战后，章邯率二十万秦兵投降项羽，项羽带领这些人一起扑向关中时，行至新安（今河南省三门峡市渑池县城东），听到这些降兵有忧虑之言，遂一夜之间将其全部活埋于新安城南。事在汉元年十一月，见《项羽本纪》。 ㉑强以威王此三人：勉强地靠着兵威让秦地百姓接受这三个人为王。 ㉒大王之入武关：指刘邦占领关中地区。按，刘邦攻下武关在秦二世三年（前207）八月，刘邦进入咸阳在汉元年十月（当时以十月为岁首）。 ㉓法三章：即杀人者死，伤人及盗抵罪。 ㉔失职：没有得到应得的职位，即没有得为关中王。 ㉕无不恨者：没有一个人不为此感到遗憾；恨，憾。 ㉖举而东：举兵向东方杀出。 ㉗传檄而定：谓用不着使用兵戈；檄，檄文，声讨敌人罪行，号召人们归附于己的一种军用文章。按，韩信分析项羽的弱点，以及预见刘、项未来的斗争形势，皆至为明晰。且其分析问题竟与两千年后毛泽东论证“帝国主义与一切反动派都是纸老虎”的思路完全相同，真使人大长见识。唯其所谓“以天下城邑封功臣”语，则与其日后之请求为齐王事相应，皆见其政治理想之落后，确有取死之道。按，今汉中市城南尚有“拜将台”，为南北列置的两座方形高台，各高丈余，南台上竖“韩信拜将台”石碑，北台建有台亭阁，两台各周长百余步。 ㉘部署:《正义》曰:“部分而署置之也。”意即划分任务，委派各项任务的负责人。凌约言曰:“铺叙萧何奇信、追信、拜信始末不遗余力，所谓功第一者为此。方信归汉，一亡卒耳，相国何所见而奇之？盖何所以察天下之势者甚熟，而信适与之孚，故数与语而遂以国士奇之耳。向使无定画于中，而骤闻其说，安能力荐而大用之哉!”

【译文】

封拜韩信的仪式进行完毕后，韩信被请入上座。刘邦说:“萧丞相多次提起您的大才，根据当前的局势，您认为我该怎么办呢?”韩信客气了一番，随即向刘邦说:“大王您如今出兵东下争夺天下的对手，不是项羽吗?”刘邦说:“是的。”韩信又说:“大王您自己估计着您的勇猛、仁德，以及您军队的强盛，能比得过项羽吗?”刘邦沉默了半天，说:“比不上他。”韩信起身，向刘邦拜了两拜，表示欣赏他的自知之明，并说:“我也觉得您比不上他。可是我曾经做过他的部下，我可以来说说项羽的为人。项羽大吼一声，可以把成千上万的人吓得瘫在地上，是够勇猛的，可是他不能任用有才干的人，这样他就不过只有一种匹夫之勇了。项羽待人恭敬有礼，仁爱慈祥，说起话来和和气气，谁要是有了病，他能含着眼泪给人送吃送喝，可是等到人家立了功，该封官颁赏了，他却吝啬得把个印拿在手里团弄来团弄去，直到把印的棱角都磨圆了也舍不得发出去。这样，他那所谓的‘仁爱’也就成了一种妇人之仁了。项羽虽然成了霸主，所有诸侯都对他拱手称臣，可是他不建都在关中，而去建都在彭城。他还违背了当初义帝宣布的谁先入关谁当关中王的规定，他把他的亲信都封了王，因此各路诸侯都对他不满。诸侯们一看项羽把义帝赶到江南去了，于是也都纷纷地赶走了自己过去的国君而占据着好地独自称王了。还有，项羽军队所到之处，杀人放火，留不下一个完整的地方，天下人为此怨声载道，老百姓谁也不亲近他，现在只不过是被他暂时的强大所控制罢了。所以说项羽现在虽然名义上是个霸主，实际上他已经丧尽了人心。因此，他的强盛是很容易变弱的。现在您如果真能反其道而行之：只要是勇敢善战的人，您就大胆信任使用，那还有什么敌人不能被打败！只要您打下城邑，您就把它封给您的有功之臣，那还有什么人会对您不心服！您再调集起反抗残暴的义兵，让他们跟着您那些誓死打回老家去的军队一起东进，那还有什么样的敌人不能被打垮！现在被项羽封立在关中的三个诸侯王：章邯、董翳和司马欣，当初都是秦朝的将领，他们统率关中的子弟好几年了，这几年里，为他们而战死的和被迫开小差逃跑的不计其数，后来他们又欺骗这些士兵，裹挟着他们投降了项羽，结果走到新安时，项羽竟把这二十多万降兵全都活埋了，就留下了章邯、司马欣、董翳这三个人，现在秦地的父老们对这三个人简直恨之入骨。只不过是项羽靠着他的武力，硬是把这三人封王罢了，其实秦地的百姓们没有一个人喜欢他们。而大王您当初进入武关以后，秋毫无犯，废除了秦朝严刑酷法，给秦地百姓们定的法律只有三条，秦地的百姓没有一个不乐意让您在秦地称王的。按照诸侯们的事先约定，您也应该在关中称王，对于这些，关中的百姓们也都知道。后来您被项羽剥夺权力，挤到汉中，秦地的百姓们没有一个不对此愤慨不平。现在如果您举兵东下，三秦地区只要发一个通告，不用打仗就可以回到您手中。”刘邦听了大喜，感到自己今天才真正地认识韩信实在是太晚，太遗憾了。于是就按照韩信的谋划，给各位将领部署了各自进攻的目标。

八月，汉王举兵东出陈仓❶，定三秦❷。汉二年❸，出关❹，收魏、河南❺，韩、殷王皆降❻。合齐、赵共击楚❼。四月，至彭城，汉兵败散而还。❽信复收兵与汉王会荥阳，复击破楚京、索之间❾，以故楚兵卒不能西。

【注释】

❶陈仓：秦县名，县治在今陕西省宝鸡市东。按，刘邦出汉中与项羽争天下，从总的方向说是“东出”，但从第一步的翻秦岭、出陈仓而言，却不能说是“东出”，只能说是“北出”，因陈仓是在南郑的正北方。 ❷定三秦：据《秦楚之际月表》，是年八月“邯守废丘，汉围之；欣降汉，国除；翳降汉，国除”，盖除章邯尚困守穷城外，其余三秦的广大地区皆已属汉。 ❸汉二年：前205年。 ❹出关：出函谷关。 ❺收魏、河南：收取了魏豹领有的魏地（今山西省西南部）和申阳领有的河南地（今河南省洛阳市一带）。❻韩、殷王皆降：韩指韩王郑昌（都阳翟），殷指殷王司马卬（都朝歌）。据《高祖本纪》，郑昌非主动投降，乃韩信

击破之者；司马卬亦非降，乃被汉军所虏者，事在汉二年三月。 ❼合齐、赵共击楚：齐指齐王田荣与其弟田横等，赵指赵王歇及其相陈馀。他们都不是项羽所封，而是驱逐项羽分封的齐王、赵王而自立的。田荣及其弟田横是继刘邦之后最早发起的反项羽的势力。他们在东方牵扯住了项羽的兵力，为刘邦回定三秦，收服中原提供了极为有利的条件，详见《田儋列传》《张耳陈馀列传》。按，刘邦与齐、赵只能是一种战略上的呼应，非必指派兵跟从。 ❽是年四月，刘邦趁项羽被田横牵制于齐地之机，率各路诸侯共五十六万人攻入项羽的国都彭城。项羽闻讯后，率三万人星夜驰还，袭击刘邦军于彭城之西，大破之，刘邦遂惨败而回，详见《项羽本纪》。 ❾《高祖本纪》于此作"汉王稍收士卒，与诸将及关中卒益出，是以兵大振荥阳，破楚京、索间"。京、索：谓京县、索亭。京县在今河南省荥阳市东南，索亭即今之荥阳。

【译文】

汉高祖元年八月，刘邦从陈仓小路东出，很快地收复了三秦。汉高祖二年，刘邦率军东出函谷关，很快地收服了魏国与河南国，韩王郑昌、殷王司马卬也都投降了刘邦。于是刘邦又联合了齐、赵两国一同攻击项羽。四月，刘邦打到了项羽的首都彭城，后来又被项羽打败溃散而归。这时韩信收合了一部分军队与刘邦会师于荥阳，接着又在京县和索亭之间打败了楚军，从此楚军没能再向西跨进一步。

汉之败却彭城，塞王欣、翟王翳亡汉降楚❶，齐、赵亦反汉与楚和❷。六月❸，魏王豹谒归视亲疾，至国，即绝河关❹反汉，与楚约和。汉王使郦生说豹，不下。❺其八月，以信为左丞相❻，击魏。魏王盛兵蒲坂，塞临晋❼，信乃益为疑兵，陈船欲度临晋，而伏兵从夏阳以木罂缶渡军❽，袭安邑。魏王豹惊，引兵迎信，信遂虏豹❾，定魏为河东郡。汉王遣张耳与信俱❿，引兵东北击赵、代⓫。后九月⓬，破代兵，禽夏说阏与⓭。信之下魏破代，汉辄使人收其精兵，诣荥阳以距楚。⓮

【注释】

❶亡汉降楚：逃出汉军营垒而往投项氏。按，其他有国的诸侯则逃回自己的国土，而司马欣、董翳之国因已被刘邦所灭，故只好单身往投项羽。 ❷齐、赵亦反汉与楚和：按，刘邦溃败于彭城后，陈馀反汉因刘邦不杀张耳，事见《张耳陈馀列传》，而是否即“与楚和”，史无明文；至于齐之田横，当时似乎更不可能“与楚和”。王先谦曰：“齐未尝与楚和，此衍‘齐’字。” ❸六月：梁玉绳曰：“当作五月。”按,《秦楚之际月表》作“五月”。 ❹绝河关：河关是黄河上的渡口名，其东岸在今山西一侧的叫蒲津关，因其临近蒲坂而得名；其西岸在今陕西一侧的叫临晋关，在今陕西省渭南市大荔县东的朝邑镇。魏豹绝河关，是为了阻止汉兵进入魏境。 ❺刘邦派郦食其往说魏豹，魏豹以刘邦“慢而侮人，骂詈诸侯群臣如奴”因而不从劝说事，见《魏豹彭

越列传》。 ❻此“左丞相”乃虚衔，非实任其职，亦犹唐代之“使相”然。 ❼盛兵蒲坂，塞临晋：设重兵于蒲坂以待之，堵着迎面的临晋关；蒲坂，渡口名，在今山西省永济市城西的黄河东岸，隔河与临晋关相对。 ❽伏兵：谓暗中出兵。夏阳：秦县名，县治在今陕西省韩城市西南，即司马迁的故乡。以木罂缶（yīng fǒu）渡军：意即利用一切可用的条件令军队渡过黄河，进入魏地；木罂缶，木盆、木桶之类。 ❾据《秦楚之际月表》，韩信破魏、虏魏豹在汉二年九月，即刘邦败于彭城之后的第五个月。 ❿遣张耳与信俱：意谓刘邦又派来了张耳，让张耳与韩信共同经略北部战线。张耳，刘邦起义前的老相识，诸侯反秦初期，张耳与陈馀一起在河北辅佐赵王歇。巨鹿之战后，张耳与陈馀产生矛盾，二人分道扬镳，陈馀继续留在河北，张耳随项羽入关，被项羽封为常山王。张耳到河北上任时，被陈馀打走，张耳从此遂投奔了刘邦，深受刘邦倚任，并将其女鲁元公主嫁给了张耳的儿子张敖。事情详见《张耳陈馀列传》。刘邦派张耳来与韩信共事，说协助可，说监视亦可。 ⓫赵：时赵歇为王，陈馀为相，都襄国。代：赵歇封陈馀为代王，陈馀为辅赵歇，留在赵国为相，派夏说（yuè）为代相，往任代事，都代县。按，据《汉书·韩彭英卢吴传》，韩信虏魏豹、定河东后，“使人请汉王，‘愿益兵三万人，臣请以北举燕赵，东击齐，南绝楚之粮道，西与大王会于荥阳’。汉王与兵三万人，遣张耳与俱进击赵、代”。而《史记》中绝无此语，一似韩信之取魏、取代、取赵、取燕、取齐为一预定之连续活动。 ⓬后九月：即闰九月，当时的历法都是将闰月置于该年的最后。 ⓭阏与：秦县名，县治即今山西和顺。

⑭此与前注所引《汉书·韩彭英卢吴传》之所说相反,《汉书》乃谓刘邦益韩信三万人，而《汉书》自身亦前后矛盾。

【译文】

当刘邦在彭城败退时，关中的塞王司马欣和翟王董翳又背叛刘邦投降了项羽，齐、赵两国也反水又与项羽联合了。六月，魏王豹请假回河东探亲，一到魏国，立即封锁了黄河渡口蒲津关，宣布反汉，与项羽联合。刘邦赶紧派郦食其前去说服劝阻，魏豹不听。八月，刘邦只好派韩信以左丞相的虚衔率军讨伐魏豹。魏豹把重兵集结在蒲坂，堵住了临晋关。这时韩信就在临晋一带布置疑兵，搜罗船只，做出了准备从临晋强渡的样子，而暗中派兵北上夏阳，找不到船，就让士兵们抱着木板木桶之类可以漂浮的东西渡过了黄河，再南下猛袭魏豹的重镇安邑。魏豹闻讯大惊，率军北上仓促迎敌，结果被韩信俘获，随后很快地平定了魏国的全部地盘，改魏为河东郡。接着刘邦又派了张耳来协同韩信率军向东北进发，去打赵国和代国。闰九月，韩信军击溃了代国的军队，在阏与活捉了代国的丞相夏说。而当韩信攻下了魏国，打败了代国的时候，刘邦总是立刻派人来调走韩信的精兵，把他们带到荥阳去抵抗项羽。

信与张耳以兵数万，欲东下井陉击赵。❶赵王、成安君❷陈馀闻汉且袭之也，聚兵井陉口，号称二十万。广武君李左车说成安君曰："闻汉将韩信涉西河❸，虏魏王，禽夏说，新喋血[4]阏与，今乃辅以张耳，议欲下赵，此乘胜而去国远斗，其锋不可当。臣闻千里馈粮，士有饥色；樵苏后爨，师不宿饱[5]。今井陉之道，车不得方轨[6]，骑不得成列，行数百里，其势粮食必在其后。愿足下假臣奇兵三万人[7]，从间道绝其辎重[8]；足下深沟高垒[9]，坚营勿与战。彼前不得斗，退不得还，吾奇兵绝其后，使野无所掠，不至十日，而两将之头可致于麾下。愿君留意臣之计。否，必为二子所禽矣。"成安君，儒者也，常称义兵不用诈谋奇计[10]，曰："吾闻兵法十则围之，倍则战。[11]今韩信兵号数万，其实不过数千。[12]能千里而袭我，亦已罢极[13]。今如此避而不击，后有大者，何以加[14]之！则诸侯谓吾怯，而轻[15]来伐我。"不听广武君策，广武君策不用[16]。

【注释】

❶梁玉绳曰："此上失书'汉三年'。"按，梁说是，此三字决不可少。井陉（xíng）：即井陉口，太行山的险隘之一，是山西与河北之间的交通要道，在今河北省石家庄市井陉县西北，亦称土门关。崔金亮曰："韩信破赵之战，就基本发生在以土门关为中心，以西到今井陉微水，东到获鹿县城，其间约三十华里的范围之内。" ❷成安君：陈馀的封号。 ❸西河：此指山西省南部与陕西省交界处的黄河。❹喋血：践血，言杀人流血之多，处处皆践血而行；喋，同

"蹀"，践。《汉书·文帝纪》师古注："喋，本字当作'蹀'，谓履涉之耳。" ❺馈：运送。樵苏：师古曰："樵，取薪也；苏，取草也。"爨：烧火做饭。宿饱：常饱。王先谦引沈钦韩曰："四语见《黄石公·上略》。" ❻方轨：两车并行；方，双舟并行，引申为"并"的意思。 ❼假臣奇兵三万人：请调拨给我三万用于出奇制胜的士兵；假，借，请求"拨给"的婉转说法。 ❽间道：小道，侧面之道。辎重：指运送衣食等后勤物资的车队。师古曰："辎，衣车也；重，载重物车也，故行者之资总曰辎重。" ❾深沟高垒：深挖沟，高筑墙，泛指加强防御工事。 ❿《张耳陈馀列传》云"陈馀者，亦大梁人也，好儒术"。此云"常称义兵不用诈谋奇计"，盖亦宋襄公之流。 ⓫《孙子·谋攻篇》："用兵之法：十则围之，五则攻之，倍则分之，敌则能战之，少则能逃之，不若则能避之。" ⓬韩信破魏破代后已有多少人，史无明文；刘邦又助之三万人，总数应不少于五六万。陈馀以为"不过数千"，实过于轻敌。然与陈馀之二十万相较，仍是不成比例。 ⓭亦已罢极：早已消耗得疲惫不堪了。 ⓮加：比眼下更好的。 ⓯轻：轻易，随便。 ⓰广武君策不用：六字重复。泷川引中井曰："《汉书》削'广武君策不用'六字，为是。"

【译文】

接着韩信与张耳又率领着几万人，准备东出井陉口进攻赵国。赵王赵歇和成安君陈馀闻讯后，就在井陉口集结了二十多万人，准备与韩信决战。这时赵国的谋士广武君李左车对陈馀说："听说韩信前已偷渡西河，俘虏了魏豹，又活捉了代相夏说，在阏与血战大捷，现又在张耳的协助下，准备攻我赵国，这是一种远离本土乘胜前进的势头，其锋芒锐不可当。但俗话说，靠远道送粮食，士兵就会挨饿；该做饭了现打柴，人们就永远也吃不饱。咱们这井陉小道，窄得两辆车不能并行，人马都不能排成行列，韩信的军队到这里走上几百里，他的粮饷一定在后面。请您拨给我三万人，我抄小路去截断他们的粮道；您在正面只管加固工事，坚守营地不要与他们开战。叫他们往前求战不得，往后又退不回去，因为有我的奇兵把他们挡住了，他们军中无粮，在旷野上又找不到任何吃的东西，这样不出十天，韩信和张耳的人头就可以送到您的面前。希望您能认真考虑我的建议。不然，我们就要被他们两个所擒了。”陈馀是个书生，总爱说什么仁义之师决不用诈骗的手段，他听了李左车的话，说：“兵法上讲，如果兵力超过敌人十倍，就可以去包围他们，如果能超过敌人一倍，就可以同他们决战。现在韩信的军队号称几万，其实不过几千人。而且又是经过了千里跋涉前来打我，他们已经是疲惫不堪了。面对这样的敌人我们如果还避而不打，以后再来了更强的敌人，我们还能打吗！再说这回如果我们不打，那各个国家的诸侯们都会说我们怯懦无能，就都会轻易来欺负我们了。”于是他不考虑李左车的作战方案。

韩信使人间视❶，知其不用，还报，则大喜，乃敢引兵遂下。未至井陉口三十里，止舍。夜半传发❷，选轻骑二千人，人持一赤帜，从间道萆山❸而望赵军，诫曰：“赵见我走，必空壁逐我，若疾入赵壁，拔赵帜，立汉赤帜。”令其裨将传飧[4]，曰：“今日破赵会食！”诸将皆莫信，详应曰：“诺。”谓军吏曰：“赵已先据便地为壁，且彼未见吾大将旗鼓，未肯击前行，恐吾至阻险而还[5]。”信乃使万人先行，出，背水陈[6]。赵军望见而大笑。平旦，信建大将之旗鼓，鼓行出井陉口[7]，赵开壁击之，大战良久。于是信、张耳详弃鼓旗，走水上军。[8]水上军开入之[9]，复疾战[10]。赵果空壁争汉鼓旗，逐韩信、张耳。韩信、张耳已入水上军，军皆殊死战，不可败。信所出奇兵二千骑，共候赵空壁逐利，则驰入赵壁，皆拔赵旗，立汉赤帜二千[11]。赵军已不胜[12]，不能得信等，欲还归壁，壁皆汉赤帜，而大惊，以为汉皆已得赵王将矣，兵遂乱，遁走，赵将虽斩之，不能禁也。于是汉兵夹击，大破虏赵军，斩成安君泜水[13]上，禽赵王歇。

【注释】

❶间视：暗中窥视。 ❷传发：传令出发。 ❸从间道萆（bì）山：从小路上山，隐蔽到（临近赵营的）山上；萆，通“蔽”。方苞曰：“用草木自蔽。” ❹裨（pí）将：副将，主将的副官、助手之类；裨，辅助。传飧（sūn）：传令用一些早点；飧，小食。《集解》引如淳曰：“小饭曰飧，言破赵后乃当共饱食也。” ❺恐吾至阻险而还：中井曰：“赵必不

击先行者，恐韩信中途而还，不可擒杀也。” ❻出，背水陈：谓使此万人渡河后背靠着河水列阵。《正义》曰：“绵曼水，一名‘阜将’，一名‘洄星’，自并州流入井陉界，即信背水列阵，陷之死地，即此水也。”王先谦曰：“今所谓桃河者也。”陈，同“阵”。沈钦韩曰：“《尉缭子·天官篇》：‘背水阵为绝地，向坂阵为废军。’陈馀知兵法，故赵军笑其陈也。” ❼信建大将之旗鼓，鼓行出井陉口：竖起将旗，架起战鼓，擂鼓高歌而行，都为了吸引赵军出击。 ❽董份曰：“‘前左水泽’，必成安君所知也，而韩信背水以诱敌；‘百里蹶将’，庞涓所知也，而孙子减灶以速功，此皆致人之术也。盖知兵法者久则其思熟，恐其畏而不战，故佯为败形，使之卒然而趋耳。” ❾开入之：让开通道，让岸上的士兵退入水上之阵。 ❿复疾战：王先谦引刘奉世曰：“三字衍文。”按，三字确与下文之“军皆殊死战”重复，然《汉书》与《资治通鉴》皆照用未削。 ⓫皆拔赵旗，立汉赤帜二千：唐顺之曰：“信奇处全在拔赵旗上，乱其耳目，夺其巢穴。” ⓬泷川曰：“枫、三本无‘不胜’二字，与《汉书》合。”按，《资治通鉴》亦无“不胜”二字。 ⓭泜水：源出于河北临城西，经隆尧县北，东入釜阳河，在井陉东南近二百里。按，《张耳陈馀列传》于此作“斩陈馀泜水上，追杀赵王歇襄国”。襄国即今河北邢台，在当时的泜水以南百余里。按，韩信破杀陈馀灭赵，《秦楚之际月表》系之于汉三年（前204）十月。

【译文】

韩信早已经派人到陈馀身边去刺探了，当他们了解到李

左车的计策没被采用，回来向韩信一报告，韩信大喜，于是就率军长驱而下。当他们走到离井陉口还有三十里的地方，传令停下来休息。到了半夜时分，命令全军整装，他挑选了两千名轻骑兵，让他们每人手持一面红旗，从小道上山，隐蔽在山上，监视赵军。韩信叮嘱他们说："赵军见到我军败退，一定会倾巢而出追我们，你们就趁着这个机会迅速奔入赵营，拔掉赵军的旗帜，插上汉军的红旗。"随后又让他的副将传令全军吃早点，并告诉全军："等今天打败了赵军以后再正式地吃早饭！"部下的将领们都不相信，只得敷衍着说："好吧。"韩信对身边的军吏说："赵军已抢先占领了有利的地势，修筑了工事，他们在没有见到我们大将的仪仗旗号之前，是不会攻击我们的先头部队的，因为他们怕一打我们的先头部队，我们的后续部队就会撤回去。"于是韩信先派一万人出了井陉口，而且过了河，在河东列了个背水阵。赵军一看都哈哈大笑。到太阳露头时，韩信的大将旗号也在一路战鼓声中出了井陉口。赵军一看韩信的大本营都出来了，于是打开营门，两军会战开始。双方先打了一段时间，后来韩信、张耳就假装失败扔下了许多战鼓、军旗，逃到船上去了。船上的军队闪开一条路让岸上的士兵上船后，又继续与赵军激战。这时赵军一见汉军败了，果然倾巢而出争抢汉军的旗鼓，想要捉拿韩信、张耳。韩信、张耳的军队退到了船上之后，回师与赵军死战，赵军再也无法前进一步了。这时韩信事先派出的那两千轻骑兵，早已在山上等候，当他们一看到赵军倾巢而出抢夺战利品时，就立即奔入了赵军营垒，拔掉了赵军的旗帜，插上了汉军的两千面红旗。等到在船上奋战的赵军打了半天不能取胜，不能抓获韩信等人，想要回营时，一看自己营垒上飘飘荡荡的都是汉军的红旗，大惊失色，以为汉军已经抓获了赵王以及他所有的将领了。军心顿时大乱，兵士们四散奔逃，即使有赵将督战，想要杀人拦阻，也无济于事了。于是汉军内外夹击，大破赵军，陈馀败逃，被杀死在泜水上，赵王歇被活捉。

信乃令军中毋杀广武君，有能生得者购千金。于是有缚广武君而致麾下者，信乃解其缚，东乡坐，西乡对，师事之❶。

【注释】

❶东乡坐，西乡对，师事之：谓使李左车东向而坐，韩信西向与之问答，奉之为师；乡，通“向”。按，战国秦汉时期除帝王、官长之升殿、升堂会见群臣、百僚，仍以南向为尊外，其他一般场合如宴会、闲谈等，皆以东乡坐者为尊，试参看《项羽本纪》《廉颇蔺相如列传》《魏其武安侯列传》等可知。

【译文】

韩信命令军中不准杀害广武君李左车，谁能活捉到李左车，给他千金重赏。于是有人捉到了李左车，把他捆送到了韩信面前。韩信过去为他亲自解开了绳索，请他坐在上座，自己在下面陪着，像对待老师那样以尊礼相待。

诸将效首虏❶，毕贺，因问信曰：“兵法

右倍山陵，前左水泽[2]，今者将军令臣等反背水阵，曰破赵会食，臣等不服。然竟以胜，此何术也？”信曰：“此在兵法，顾诸君不察耳。兵法不曰‘陷之死地而后生，置之亡地而后存’[3]？且信非得素拊循士大夫[4]也，此所谓‘驱市人而战之’[5]，其势非置之死地，使人人自为战；今[6]予之生地，皆走，宁尚[7]可得而用之乎！”诸将皆服曰：“善。非臣所及也。”[8]

【注释】

[1]效首虏：交验自己所斩获的人头与所捉的俘虏，即向统帅禀报自己的功绩；效，呈交，使主管者验收。 [2]《孙子·行军篇》：“丘陵堤防，必处其阳而右背之。”右倍：谓右倚背靠；倍，通“背”。王先谦引沈钦韩曰：“杜牧注《孙子》云：‘《太公》曰：军必左川泽而右丘陵。’《淮南兵略篇》：‘地利者，后生而前死，左牡而右牝。’注：‘高者为生，下者为死；丘陵为牡，溪谷为牝。’” [3]《孙子·九地篇》：“投之亡地然后存，陷之死地然后生。夫众陷于害，然后能为胜败。”又曰：“疾战则存，不疾战则亡者，为死地。”郭嵩焘曰：“‘信乃使万人先行，出，背水阵’，所以诱致成安君也，是信本旨。此云‘陷之死地而后生，置之亡地而后存’，又别出一义，是信托辞。韩信用兵最为神奇，未有能及之者。” [4]拊循：抚爱之，顺适其心意，指对人有恩德。这里即有训练，有领导关系。士大夫：指部下将士。[5]驱市人而战之：赶着一群乌合之众去打仗；市人，集市上

的人，比喻彼此间素不相知，毫无关系。 ❻今：若，假如。❼宁：岂，与“尚”字意同，重叠使用，以加强语气，其实可削其一。 ❽王鸣盛曰：“信平日学问，本原寄食受辱时揣摩已久，其连百万之众，战必胜，攻必取，皆本于平日学问，非以危事尝试者。信书虽不传，就本传所载战事考之，可见其纯用权谋，所谓出奇设伏，变诈之兵也。”

【译文】

将领们一一向韩信呈献了首级俘虏，向韩信祝贺胜利完毕，问韩信说：“兵法上讲，布阵之法应当是：右面和背后靠着山，前面和左面傍着水。可是今天您却让我们背靠河水布阵，还说让我们打败了赵军再吃早饭，我们当时都不服。可是最后就按着你说的打胜了，这叫什么战术呢?”韩信说：“这战术兵法上就有，只是你们没注意读罢了。兵法上不是说嘛！‘要把人置于死地让他们死里求生，要把人置于绝境让他们绝处求存。’现在我率领的这些军队并不是我的老部下，我素来对他们没有任何恩情。我现在指挥他们简直就如同‘赶着一帮子集市上的人去作战’。这就非把他们置于一个绝境，非让他们人自为战不可；如果把他们放在一个还有退路的地方，他们早就跑光了，那我们还能指望他们为我们作战吗！”将领们一听都服了，说：“不错。我们没想到这一点。”

……

楚数使奇兵❶渡河击赵，赵王耳、韩信往来救赵，因行定赵城邑，发兵诣汉。楚方急围汉王于荥阳，汉王南出❷，之宛、叶间❸，得黥布❹，走入成皋❺，楚又复急围之。六月，汉王出成皋，东渡河❻，独与滕公俱，从张耳军修武❼。至，宿传舍❽。晨自称汉使，驰入赵壁❾。张耳、韩信未起，即其卧内上夺其印符❿，以麾召诸将，易置之⓫。信、耳起，乃知汉王来，大惊。⓬汉王夺两人军，即令张耳备守赵地，拜韩信为相国⓭，收赵兵未发者击齐⓮。

【注释】

❶奇兵：张照曰："犹言'余兵'，非'奇正'之'奇'。"泷川曰："犹言'别兵'也，仍是'奇正'之'奇'。" ❷汉王南出：指刘邦从被项羽围困的荥阳城中突围出来。按，刘邦此次突围付出的代价很大。韩信扮刘邦出东门以诱敌被杀，周苛、枞公留守孤城，亦城陷被杀。是时为汉三年（前204）七月，详见《高祖本纪》。 ❸之宛、叶间：按，此刘邦用袁生之策也。刘邦逃出荥阳后，召集起一些人马，便欲再回荥阳，袁生劝其南出宛、叶，令楚"备多力分"，见《高祖本纪》。 ❹黥布：原为项羽猛将，入关后，被封为九江王。彭城之败后，刘邦派说客随何对黥布进行策反。汉三年十二月，黥布单身叛楚归汉，过程详见《黥布列传》。 ❺走入成皋：意即重新占领成皋，当时荥阳、成皋为刘邦与项羽的拉锯地带。 ❻东渡河：实际谓北渡黄河向东北行，《汉书》削"东"字。 ❼从张耳军修武：到修武县往投

张耳、韩信的兵营。 ❽至，宿传（zhuàn）舍：到修武后，当晚住在了修武县的旅舍；传舍，犹如后世的驿站、旅舍。❾赵壁：即张耳、韩信的兵营。 ❿此句疑有衍文，泷川以为衍“内”字，《汉书》无“内上”二字，直作“即其卧夺其印符”。 ⓫以麾召诸将，易置之：谓改变张耳、韩信原先对他们的安排，使之不再受张耳、韩信统领。 ⓬凌稚隆引杨时曰：“信、耳勇略盖世，窃怪汉王入卧内夺其印符，召诸将易置之而未之知，此其禁防阔疏，与棘门、霸上之军何异耶？使敌人投间窃发，则二人者可得而虏也。”梁玉绳曰：“此事余疑史笔增饰，非其实也。”按，盖史公同情韩信，故屡屡如此书。 ⓭按，韩信前已为“左丞相”矣，今无由更降职为张耳之相。此“相国”者仍为刘邦之相国，但与前之“左丞相”相同，仍仅为虚衔。“相国”的权位在“左、右丞相”之上，参见《吕后本纪》。 ⓮郭嵩焘曰：“高祖尽收韩信军以临河南，是所用以击齐者，新发之赵兵耳。惟所用皆成精锐之师，此之谓神奇。”

【译文】

……

在这期间，项羽曾经多次派小部队渡过黄河，多方袭击赵国，张耳、韩信一方面派兵救援那些被攻击的地方，另一方面趁机会稳定了赵国那些前此尚未稳定的地方，同时又调拨了许多军队送去援助刘邦。当时楚军正把刘邦包围在荥阳，刘邦支持不住了，只好突围而出，向南逃到了宛城、叶县一带，在那里收编了黥布的一些军队，而后又进入成皋，项羽立刻又把成皋包围了起来。这年六月，刘邦又逃出了成皋，向东渡过黄河，他和滕公夏侯婴两个人来到了韩信、张耳驻军的修武县。他们化装成刘邦的使者住在旅馆里。第二天一大早，他们奔入了韩信、张耳的军营。当时韩信、张耳尚未起床，刘邦进入他们的卧室，收缴了他们的将印、兵符，随后召集众将，重新调配了他们各自的职务。韩信、张耳起床后，才知道刘邦来了，大吃一惊。刘邦夺取了他们两个人的军权后，命令张耳镇守赵地，派韩信以相国的虚衔，在赵国组织新兵，向东进击齐国。

信引兵东，未渡平原❶，闻汉王使郦食其已说下❷齐，韩信欲止。范阳辩士蒯通❸说信曰："将军受诏击齐，而汉独发间使❹下齐，宁❺有诏止将军乎？何以得毋行也！且郦生一士，伏轼掉三寸之舌❻，下齐七十余城，将军将数万众❼，岁余乃下赵五十余城，为将数岁，反不如一竖儒❽之功乎？"于是信然之，从其计，遂渡河。齐已听郦生，即留纵酒，罢备汉守御。信因袭齐历下❾军，遂至临菑。齐王田广以郦生卖己❿，乃亨⓫之，而走高密，使使之楚请救。韩信已定临菑，遂东追广至高密西。⓬楚亦使龙且将⓭，号称二十万，救齐。

【注释】

❶平原：秦县名，也是当时的黄河渡口名，其西侧即当时之古黄河，这一带临近齐国的西部边境。梁玉绳曰：

"下文'汉四年'三个字，当移此句上。" ❷郦食其：是刘邦的说客、谋士，其奉命往说齐王田广归顺刘邦事，详见《郦生陆贾列传》《田儋列传》。下：降，归顺。 ❸蒯通：本名蒯彻，因避武帝讳，故汉人皆称之为蒯通。蒯通是范阳（今山东省济宁市梁山县西北）人，此地属于齐，故下文亦称之为齐人。蒯通的事迹除本文外，还见于《张耳陈馀列传》，《汉书》则归并为《蒯通传》。 ❹间使：密使。师古曰："谓使人伺间隙而单行。" ❺宁：岂。 ❻伏轼掉三寸之舌：极言其不费力气；伏轼，坐车时伏于车厢前的横木上，以表恭敬，这里即指乘车；掉，摇动。 ❼将数万众：泷川曰："枫、三本'数万'作'数十万'。" ❽竖儒：一个"臭书生"；竖，骂人语，小子。 ❾历下：即今山东省济南市，距平原津一百五十里。据《田儋列传》，齐国历下守军的将领为华无伤、田解。按，《资治通鉴》系韩信破齐历下军，进而攻占齐国都城临淄于汉四年（前203）十月。 ❿田广以郦生卖己：以为郦生是故意来为韩信施行缓军计；卖，哄，欺骗。《汉书》"卖"字直作"欺"。 ⓫亨：同"烹"，用开水煮人。 ⓬茅坤曰："听蒯通一计，东破下齐，复追至高密，信平生用兵，此为失策。" ⓭梁玉绳曰："龙且，裨将，何以不书主帅项它？"按，楚使项它、龙且救齐事，参见《项羽本纪》注。

【译文】

韩信领兵东进，还没有到达平原县的黄河渡口，听说刘邦已经派郦食其劝降了齐国，韩信准备停止前进。这时范阳县的辩士蒯通对韩信说："您是奉汉王的命令来攻打齐国的，尽管汉王后来又派了说客去齐国劝降，但他下命令让您停止进兵了吗？您怎么能停止前进呢！让郦食其一个小说客，坐着车子摇着三寸不烂之舌，轻而易举地就收下了齐国七十多个城池，而将军您率领着几万人马，苦战了一年多才不过拿下赵国的五十几个城池，难道当了几年的大将，功劳反倒不如一个卑贱的小书生吗？”韩信听着有理，于是就听从他的建议，挥师渡过了黄河。当时齐国已经接受了郦食其的劝降，正留着郦食其大摆宴席，完全解除了对汉军的防卫。结果被韩信突然袭击了驻扎在历下的军队，韩信长驱直入，打到了齐国的国都临淄。齐王田广以为是受了郦食其的骗，于是就把郦食其用开水煮了，而后东逃高密，同时派人去向项羽求救。韩信占领了临淄，随即又率军东追田广，追到高密城西。这时项羽已经派龙且率领军队，号称二十万人，前来救齐。

齐王广、龙且并军与信战，未合❶。人或说龙且曰：“汉兵远斗穷战，其锋不可当❷。齐、楚自居其地战，兵易败散❸。不如深壁❹，令齐王使其信臣招所亡城❺，亡城闻其王在，楚来救，必反汉。汉兵二千里客居❻，齐城皆反之，其势无所得食，可无战而降也。”❼龙且曰：“吾平生知韩信为人，易与耳。❽且夫救齐不战而降之，吾何功？今战而胜之，齐之半可得❾，何为止！”遂战，与信夹潍水陈❿。韩信乃夜令人为万余囊，满盛沙，壅水上流⓫，引军半渡，击龙且，详⓬不胜，还走。龙且果喜曰："固知信怯也。"遂追信渡水。信使人决壅囊，水大至。龙且军大半不得渡，即急击，杀龙且。龙且水东军散走，齐王广亡去⑬。信遂追北至城阳，皆虏楚卒。⑭

【注释】

❶未合：尚未交战。 ❷远斗穷战，其锋不可当：远离根据地的战斗，必是勇猛顽强，因为失败则无处奔逃。❸《孙子·九地篇》："诸侯自战其地为散地。"曹操注："士卒恋土，道近易散。"杜牧注："士卒近家，进无必死之心，退有归投之处。"泷川引《战国策·中山策》武安君曰："楚人自战其地，咸顾其家，各有散心，而莫有斗志。"❹深壁：深挖沟而高筑壁，即加强守卫。 ❺信臣：有威望、有信义的大臣。招所亡城：向沦陷于敌的城镇发出号召，招其举义来归。 ❻二千里客居：谓远离赵地二千里，客居于外。泷川曰："枫、三本'居'下有'齐'字，与《汉书》合。" ❼此"人或说龙且"一段，即八十年前田单破燕复齐之遗策，亦与李左车为陈馀所画者相同。❽平生知韩信为人，易与耳：盖指其曾为淮阴恶少年所辱之事，龙且亦以韩信为怯。易与：容易对付；与，相与，打交道。洪迈曰："《老子》六十九章，'祸莫大于轻敌'。" ❾战而胜之，齐之半可得：师古曰："自谓当得封齐之半地。" ❿夹潍水陈：夹潍水列阵，谓韩信军在潍水西，齐、楚联军在潍水东；潍水，源于诸城县西，北流，经当时的高密城西，注入莱州湾；陈，同"阵"。 ⓫壅水上流：为使夹水阵处的河水变浅。 ⓬详：同"佯"。按，此

与前井陉之战、后垓下之战相同，皆先示人以弱形，引敌入圈套。⑬据《田儋列传》《秦楚之际月表》皆云田广于此役中被杀，而《高祖本纪》与《淮阴侯列传》则云“亡去”，疑前者近是，或此役亡去，亦旋即被捕杀。⑭《汉书》于此作“追北至城阳，虏广”，史文不云“虏广”而云“虏楚卒”，则田广之结局欠交代。城阳：王骏图曰：“此城阳即莒州地。”莒州即今山东省日照市莒县，汉时为城阳郡郡治。有以今山东省青岛市城阳区当之者，恐非。

【译文】

齐王田广和楚国龙且的军队会合，准备与韩信开战，战斗尚未开始。有人对龙且说：“汉军是远离本土来和我们作战的，我们不宜和他们正面硬碰。我们齐国、楚国的军队，是在本乡本土作战，士兵们容易开小差。对我们来说不如深沟高垒，坚壁不战，让齐王田广派他的亲信到被汉兵占领的地方去广为招纳，那些沦陷的城池听说齐王还活着，而且楚军又来援助了，一定会起来反击汉军。汉军远离本土两千里，身在异乡，齐国的各地都反他们，到那时他们势必连吃的东西都找不到，这样不用打仗就可以收拾他们了。”龙且说：“我早就知道韩信怯懦，容易对付。而且我是奉命来救齐国的，来到这里连一仗都没打，就让敌人投降了，我还有什么功劳呢？现在我要是打败了韩信，我就可以得到半个齐国，我怎么能不打呢！”于是决定打，他与韩信夹潍水布好了阵势。韩信连夜令人做了一万多条大口袋，用口袋装沙土，堵住了潍水的上游，然后率军涉过了潍水，军队刚过去一半，前军就和龙且打了起来，两军对战了一会儿，韩信假装打败了，汉军纷纷后退。龙且一见大喜，说："我早就知道韩信是软骨头。"于是挥师过河追击韩信。这时韩信派人在上游扒开了堵水的沙袋，河水汹涌而下。这时龙且的大部分军队已经渡过了潍水，回不去了，韩信立刻回戈反击，过了河的楚军全部被歼，龙且也被杀死。而截在潍水东岸的楚军也一哄而散，齐王田广逃跑了。韩信追击败军直到城阳，把剩下的楚军全部俘获。

汉四年，遂皆降平齐。❶使人言汉王曰："齐伪诈多变，反覆之国也，南边楚，不为假王❷以镇之，其势不定。愿为假王便。"当是时，楚方急围汉王于荥阳❸，韩信使者至，发书，汉王大怒，骂曰："吾困于此，旦暮望若来佐我，乃欲自立为王❹！"张良、陈平蹑汉王足❺，因附耳语曰："汉方不利，宁能禁信之王乎？不如因而立，善遇之，使自为守。不然，变生。"汉王亦悟，因复骂曰："大丈夫定诸侯，即为真王耳，何以假为！"❻乃遣张良往立信为齐王，征其兵击楚。❼

【注释】

❶汉四年，遂皆降平齐：梁玉绳认为此"汉四年"三字应移至上文"信引兵东"句上。按，韩信破杀龙且、田广事，《秦楚之际月表》系之于汉四年（前203）十一月。❷假王：假，权摄其职，犹今之所谓"代理"。按，请为"假

王”，乃韩信故作恭顺之词，其实在其为张耳请封赵王之时即已看准了下一步的齐国，而且在破齐后韩信也已经自立为齐王，见《樊郦滕灌列传》。司马迁同情韩信，于此传故意写得较模糊。 ❸崔适曰：“按《高纪》，汉王击破曹咎军汜水上，围钟离眜于荥阳东，乃述韩信请为假王事，是汉方利，去围荥阳时久矣。此传与之相反，当是原文残缺，后人掇拾而成耳。” ❹乃欲自立为王：此刘邦未了语，其下尚欲说我将对你如何如何，未等说出，便被张良、陈平阻止了。 ❺蹑汉王足：谓张良等以己之脚碰了一下刘邦的脚。因古人都是跪坐，后面脚动可以不被前面的人发现。❻何焯曰：“人见汉王转换之捷，不知太史公用笔入神也。他人不过曰‘汉王怒，良平谏，乃许之’。”定诸侯：指平定了诸侯之国。何以假为：还要代理做什么。 ❼郭嵩焘曰：“高祖之王张耳、黥布，皆因项羽之故而王之；其王韩王信，则以韩故子孙。其诸将有功若韩信者亦至矣，韩信平齐自请为齐王，必待张良、陈平以深机相感悟而后许之，于是知高祖经营天下之心，固将芟夷天下豪杰，总而操之于己，其规划早定矣。”罗大经曰：“虽王信以真王，而征兵击楚，是持大阿而执其柄也，信盖岌岌矣。然则淮阴诛族之祸，胎于良、平之蹑足附耳也哉！”按，韩信称齐王，在汉四年（前203）二月。

【译文】

汉高祖四年，齐国所有的地方都已经被韩信全部打了下来。韩信派人向刘邦请示说：“齐国是诡诈多变，反复无常的国家，而且南面又紧挨着楚国，因此，如果不立一个临时的齐王来镇守它，它的局势就难以稳定。希望能让我暂时当一个代理的齐王。”这个时候，项羽正把刘邦围困在荥阳，韩信的使者来到荥阳后，刘邦一看韩信的来信，勃然大怒，他骂道：“我被困在这儿，日日夜夜地盼着你来帮我，想不到你倒要自己称王啦！”张良、陈平赶紧暗中一踩刘邦的脚，又凑到他耳边悄声说：“我们现在正处于不利的境地，我们怎么能禁止韩信称王呢？不如就趁势立他为王，好好对待他，让他守好齐国。不然，他就要出大事了。”这时刘邦自己也醒悟过来，于是又接着话茬儿骂道：“大丈夫打下了一个国家，本来就理应称王，还要临时代理干什么！”于是派张良前往齐国立韩信为齐王，同时立刻又把韩信的全部人马调到刘邦那里去了。

楚已亡龙且，项王恐，使盱眙人武涉[1]往说齐王信曰：“天下共苦秦久矣，相与戮力[2]击秦。秦已破，计功割地，分土而王之，以休士卒。今汉王复兴兵而东，侵人之分，夺人之地，已破三秦，引兵出关，收诸侯之兵以东击楚，其意非尽吞天下者不休，其不知厌足[3]如是甚也。且汉王不可必[4]，身居项王掌握中数矣[5]，项王怜而活之[6]，然得脱，辄倍约，复击项王，其不可亲信如此。今足下虽自以与汉王为厚交，为之尽力用兵，终为之所禽矣。足下所以得须臾[7]至今者，以项王尚存也。当今二王之事，权在足下。足下右投[8]则汉王胜，左投则项王胜。项王今日亡，则次取足下。足下与项王有故，何不反汉与楚连和，叁分天下王之？今释此时[9]，而自必于汉[10]以击楚，且为智者固若此乎！”韩信谢曰：“臣事项王，官不过郎中，位不过执戟[11]，言不听，画不用，故倍楚而归汉。汉王授我上将军印，予我数万众，解衣衣我，推食食我，言听计用，故吾得以至于此。夫人深亲信我，我倍之不祥，虽死不易[12]。幸为信谢项王！[13]”

【注释】

❶盱眙人武涉：据其下文所言，此人应是项羽一党，《史记》中仅于此事一见。《集解》引张华曰：“武涉墓在盱眙城东十五里。” ❷戮力：并力，合力。 ❸不知厌足：不会有个满足；厌，同“餍”，饱，与“足”意同。 ❹不可必：不可担保，不能确信。师古曰：“必，谓必信之。” ❺身居项王掌握中数矣：意谓曾多次处于项王的卵翼护持之下；掌握，犹今所谓“手心”。 ❻项王怜而活之：如雍齿据丰邑以叛刘邦，刘邦攻之不能下，即往投项氏，得项氏之助，始得稳定根基，即一例也，见《高祖本纪》。 ❼须臾：片刻，原指时间之短暂，这里用作动词，意即多活了一会儿。 ❽右投：向右一投足，指帮助刘邦。所谓“右投”“左投”，是指人面南而立，右在西，左在东。 ❾释此时：放过这三分天下而鼎立的大好时机。 ❿自必于汉：意即把赌注都下在刘邦一方。 ⓫官不过郎中，位不过执戟：《集解》引张

晏曰："郎中，宿卫执戟之人也。"然则二句一意，即位不过执戟郎。 ⑫虽死不易：宁死不变；易，改变。 ⑬泷川引《楚汉春秋》曰："项王使武涉说淮阴侯，信曰：'臣事项王，位不过郎中，官不过执戟，乃去楚归汉。汉王赐玉案之食，玉具之剑。臣背叛之，内愧于心。'史公所本也。"

【译文】

项羽失掉了龙且，心里有些着慌，于是就派了盱眙人武涉前去劝说韩信道："天下人由于受秦朝的苦害太久，所以大家联合起来把它推翻了。秦朝被推翻以后，项王评功论赏，分割土地，封立各路诸侯为王。大家已经解兵休息了，可是汉王不守本分又兴兵东进，侵入了他人的封地，掠夺了别国的疆土，灭掉了关中的三个国家后，又率兵出关，集合了各国的军队来攻打楚国。看他那意思不独吞了整个天下他是不会罢休的了，他的贪心也真够可以了。而且汉王这个人也不可信，他已经落到项王手中好几次了，项王每次都是可怜他，把他放了，然而他一旦脱身，就立即撕毁条约，掉转头来打项王，他就是这么一个不可亲近，不可信任的家伙。您现在自以为与他有交情，为他卖力打仗，但最后您还是要被他收拾。他所以能留您到今天，就是因为项王现在还在。如今项王、汉王两个人的胜负，全操在您的手心里。您往右靠，刘邦就能胜；您往左靠，项王就能胜。项王今天如果被消灭，那么下一个就轮到您了。您和项王有旧交，为什么不离开刘邦与项王联合，给他来个三分天下，独立称王呢？放弃了今天这个良机，一心跟着刘邦打项王，聪明人有这么干的吗！"韩信委婉地拒绝说："当初我为项王服务，官职不过是个充当侍卫的郎中，项王不听我的话，不用我的计谋，所以我才离开项王投奔了汉王。我一入汉，汉王授给了我上将军的大印，让我统领几万人马，他脱下自己的衣服给我穿，分出自己饭食给我吃，对我言听计从，所以我今天才能成就了这样的事业。人家对我这样信任，我要是再背叛人家，那是不会有好下场的，因此我到死也不会改变对汉王的忠心。请您把我的意思转告项王。”

武涉已去，齐人蒯通知天下权在韩信，欲为奇策而感动之，以相人说韩信曰：“仆尝受相人之术。”韩信曰：“先生相人何如？”对曰：“贵贱在于骨法[1]，忧喜在于容色[2]，成败在于决断[3]。以此参之[4]，万不失一。”韩信曰：“善。先生相寡人何如？”对曰：“愿少间[5]。”信曰：“左右去矣[6]。”通曰：“相君之面，不过封侯，又危不安。相君之背[7]，贵乃不可言。”韩信曰：“何谓也？”蒯通曰：“天下初发难也，俊雄豪杰建号[8]壹呼，天下之士云合雾集，鱼鳞杂遝[9]，熛至风起[10]。当此之时，忧在亡秦[11]而已。今楚汉分争，使天下无罪之人肝胆涂地，父子暴骸骨于中野，不可胜数。楚人起彭城，转斗逐北，至于荥阳，乘利席卷，威震天下[12]。然兵困于京、索之间，迫西山而不能进[13]者，三年于此矣[14]。汉王将数十万之众，距巩、雒[15]，阻山河之险[16]，一日数战，无尺寸之功，折北不救[17]，败荥阳[18]，伤成皋[19]，遂走宛、叶之间[20]，此所谓智勇俱困者也。夫锐气挫于险塞，而粮食竭于内府，百姓罢极怨望，容容无所倚[21]。以臣料之，其势非天下之贤圣固不能息天下之祸。当今两主之命县[22]于足下。足下为汉则汉胜，与楚则楚胜。臣愿披腹心[23]，输肝胆[24]，效[25]愚计，恐足下不能用也。诚能听臣之计，莫若两利而俱存之[26]，叁分天下，鼎足而居，其势莫敢先动[27]。夫以足下之贤圣，有甲兵之众，据强齐[28]，从燕、赵[29]，出空虚之地而制其后[30]，因民之欲，西乡为百姓请命[31]，则天下风走而响应矣，孰敢不听！割大弱强[32]，以立诸侯，诸侯已立，天下服听而归德于齐。案齐之故[33]，有胶、泗之地[34]，怀诸侯以德[35]，深拱揖让[36]，则天下之君王相率而朝于齐矣。盖闻天与弗取，反受其咎；时至不行，反受其殃[37]。愿足下孰[38]虑之。"

【注释】

❶骨法：人体骨骼的长相。古人以为人体的骨相可以表现出他一生的贵贱穷通，《论衡》中有《骨相篇》，即辩论这方面的事情。 ❷忧喜在于容色：未来的祸事、喜事可以从人的面色上表现出来；容色，面容，气色。 ❸成败

在于决断：能否成就大事可以从一个人敢不敢当机立断上表现出来。 ④以此参之：从以上三方面综合观察、判断；参，参详，判断。 ⑤愿少间：犹言“请给我一个机会”，即支开他人；间，间隙。 ⑥左右去矣：此韩信对左右侍应人员所讲，犹言“你们都出去”。 ⑦背：双关语，表面指“脊背”，暗里指“背叛”。 ⑧建号：建立国号称帝称王。 ⑨鱼鳞杂遝（tà）：像鱼儿一样地密集排列，形容其数量之多；鱼鳞，这里就指鱼；杂遝，同“杂沓”，众多貌。 ⑩熛（biāo）至风起：如火之飞腾，如风之卷起；熛，火焰飞腾。 ⑪忧在亡秦：大家所考虑的都是在于如何推翻秦王朝；忧，虑，思考。 ⑫乘利席卷，威震天下：此指项羽大破刘邦于彭城后的开始一段形势而言。 ⑬迫西山而不能进：眼巴巴地望着西面的群山就是不能前进一步；迫，逼近；西山，泛指京、索西面的山地。 ⑭三年于此矣：自汉二年（前205）五月刘、项于荥阳一带形成对峙，至汉四年（前203）二月韩信称齐王，共二十一个月，跨着三个年头。 ⑮距巩、雒：依据巩、洛以抗阻楚兵西进；距，通“据”。 ⑯阻山河之险：倚仗着山河的险要形势以抗拒楚军。 ⑰折北不救：师古曰：“折，挫也；北，奔也；不救，谓无援助也。” ⑱败荥阳：即前文所谓“楚急围汉王荥阳，汉王南出”事，在汉三年（前204）七月。 ⑲伤成皋：刘邦与项羽夹广武涧而语，刘邦数项羽十大罪状，被项羽伏弩射伤胸部事，详见《高祖本纪》，《秦楚之际月表》不载，《资治通鉴》系之于汉四年（前203）十月。 ⑳遂走宛、叶之间：亦见前注，然此非刘邦之败。 ㉑容容无所倚：内心无主，找不到任何依靠；容容，动荡不安的样子，泷川曰：

"犹'摇摇'。" ㉒县：同"悬"。 ㉓披腹心：敞开内心。㉔输肝胆：意即坦露真情。 ㉕效：进献。 ㉖两利而俱存之：对刘、项双方都不得罪，都让他们存在下去。 ㉗其势莫敢先动：刘、项双方谁不老实，你就帮着另一方打他。㉘据强齐：以强齐为自己的根基。 ㉙从燕、赵：率领燕、赵；从，使之随从。 ㉚出空虚之地而制其后：再出兵控制住楚、汉双方兵力空虚的地方，使其有后顾之忧。㉛西乡为百姓请命：即要求刘邦、项羽停止战争；西乡，向西；乡，通"向"。当时楚、汉相距于荥阳，荥阳在齐国之西方，故曰"西向"。 ㉜割大弱强：意即削弱那些强大的国家，广泛地封立一些小诸侯；弱，用作动词。 ㉝案齐之故：安定好齐国已有的地盘；案，同"按"，安定，安抚。 ㉞有胶、泗之地：进一步地占有胶河和泗水两河流域。胶河是今山东省东部的河流，源于青岛市黄岛区西，流经今胶州市、平度市西，北入莱州湾。泗水是今山东省西南部的河流，流经今济宁市泗水县、曲阜市、鱼台县，南入江苏省，入淮水。 ㉟怀诸侯以德：意即实行德政，让各国诸侯感戴；怀，使之怀思、感戴。 ㊱深拱揖让：从容有礼的样子；深拱，师古曰："犹高拱"，从容轻闲貌。 ㊲天与弗取，反受其咎；时至不行，反受其殃：当时流行的押韵俗语，《国语·越语》记范蠡有云："得时不成，反受其殃。"又云："得时无怠，时不再来；天与不取，反为之灾。"皆与此略同。 ㊳孰：同"熟"。

【译文】

武涉刚走，齐国的辩士蒯通来了，他知道现在整个形势的关键在于韩信，因此想用惊人的设想来打动他，于是他以一个相面先生的口吻对韩信说："我曾经学过相面之术。"韩信说："您是怎么给人相面的？"蒯通说："要知人的贵贱，得看他骨骼的长势；要知人的忧喜，得看他的气色；要知人的成败，得看他能否当机立断。用这几条来参照着相人，保险万无一失。"韩信说："好。那就请您给我相相，看看我怎么样呢？"蒯通说："请您让左右的人先回避一下。"韩信回头对左右的人说："你们先出去。"蒯通说："从您的脸上看，您最大不过能封侯，而且还不大安稳。从您的后背看，您的尊贵简直就没法说了。"韩信说："这是什么意思？"蒯通说："当初天下刚起来造秦朝反的时候，英雄豪杰们首先竖起旗号，招兵买马，而成千上万的人也就一哄而起，像暴风骤雨，像燎原之火一样地干起来了。那个时候，大家所关注的就是怎样推翻秦朝。而现在则是楚汉分争，由于刘邦、项羽两个人争天下，从而使无辜的百姓惨遭杀戮，父子从军，尸骨遍野。项羽从彭城出发，一路上追击刘邦，把战线推进到荥阳，这个阶段项羽是势如破竹、摧枯拉朽，威震天下。然而他的人马从此也就被拦在了京、索之间，眼巴巴地望着西山再不能跨进一步，陷于这种局面已经三年了。刘邦率领几十万人马，在巩县、洛阳，凭借着那里大山黄河的天险，堵住楚军，每天都要与楚军进行几次恶战，但是费了这么大力气，也没能取得什么胜利，倒是被项羽打得到处奔逃，不能自救。他曾先后大败于荥阳，受伤于成皋，南逃过宛城与叶县，这真可以说是智慧勇敢全都用尽，而又无可奈何了。现在楚军的锐气已经被据险而守的汉军所挫尽，而据险固守的汉军粮食也已经用完。这时的百姓们疲惫不堪，怨声载道，昏沉沉地不知道应该归向谁。依我看来，这时要没有一个独一无二的大圣贤就不可能平息眼下这种天下的大祸乱。现在刘邦、项羽两个人的命运都攥在您的手心里。您要是帮助刘邦，刘邦就会胜利；您要是帮助项羽，项羽就会胜利。我愿意推心置腹，披肝沥胆地向您提出一条建议，就是怕您不能采纳。如果您真能听我的话，那就不如对楚、汉双方都不得罪，让他们都能存活，您与他们来个鼎足而立，三分天下。这样，刘邦、项羽谁也不敢首先挑起事端。凭着您的才能、智慧，又有这么多的军队，又占据着强大的齐国，还有燕国、赵国跟在您的后面，假如您派兵乘虚而入，控制住刘、项双方的后方，而后依照百姓们的和平愿望，向他们提出停战的要求，到那时，普天下的军民都将闻风响应，谁还敢不听呢！然后您再削弱那些强大的国家，割出它们的土地，用来另立一些该立的诸侯，当该立的诸侯获得封土后，天下人就将都来服从您，感戴您的恩德了。到那时，您再重整昔日齐国全盛时的版图，把胶河、泗水都划入您的治下，您再以仁德来感召诸侯，对他们谦让恭谨，到那时，普天下的国君，就将都来臣服、朝拜于您了。俗话说：老天爷赐予你的东西如果你不要，那是要倒霉的；时机到了如果你还不赶紧采取行动，最后你就要遭难。希望您仔细考虑考虑这件事。”

韩信曰：“汉王遇我甚厚，载我以其车，衣我以其衣，食我以其食。吾闻之，乘人之车者载人之患，衣人之衣者怀人之忧，食人之食者死人之事，吾岂可以乡利倍义[1]乎！”蒯生曰：

“足下自以为善汉王，欲建万世之业[2]，臣窃以为误矣。始常山王、成安君[3]为布衣时，相与为刎颈之交[4]，后争张黡、陈泽之事，二人相怨[5]。常山王背项王，奉项婴头而窜，逃归于汉王。[6]汉王借兵而东下[7]，杀成安君泜水之南，头足异处，卒为天下笑。此二人相与，天下至驩也[8]。然而卒相禽[9]者，何也？患生于多欲[10]而人心难测也。今足下欲行忠信以交于汉王，必不能固于二君之相与[11]也，而事多大于张黡、陈泽[12]。故臣以为足下必汉王之不危己，亦误矣。大夫种[13]、范蠡存亡越，霸勾践，立功成名而身死亡[14]。野兽已尽而猎狗亨。[15]夫以交友言之，则不如张耳之与成安君者也；以忠信言之，则不过大夫种、范蠡之于勾践也[16]。此二人者[17]，足以观矣。愿足下深虑之。且臣闻勇略震主者身危，而功盖天下者不赏。臣请言大王功略：足下涉西河，虏魏王，禽夏说，引兵下井陉，诛成安君，徇赵，胁燕，定齐，南摧楚人之兵二十万，东杀龙且[18]，西乡以报[19]，此所谓功无二于天下，而略不世出[20]者也。今足下戴[21]震主之威，挟不赏之功，归楚，楚人不信；归汉，汉人震恐。足下欲持是安归乎[22]？夫势在人臣之位而有震主之威，名高天下，窃为足下危之。[23]”韩信谢曰：“先生且休矣，吾将念之。”

【注释】

❶乡利倍义：即见利忘义；乡，通“向”；倍，通“背”。 ❷欲建万世之业：指帮着刘邦打天下，拥戴其称帝，而自己也博得个封侯封王，传给子孙。 ❸常山王、成安君：即张耳、陈馀。 ❹刎颈之交：意即生死之交。张耳、陈馀在起义前为百姓时，曾是誓同生死的好朋友。 ❺后争张黡、陈泽之事，二人相怨：秦将章邯围赵王歇于巨鹿时，张耳在城内，陈馀在城外。张耳派张黡、陈泽出城向陈馀求救，陈馀给了二将五千人，结果被秦兵消灭。巨鹿战后，张耳怀疑二将被陈馀杀害，二人从此结怨，事情详见《张耳陈馀列传》。 ❻张耳随项羽入关，被封为常山王（王赵地），原赵王歇被迁于代。陈馀联合田荣击张耳，张耳兵败，往投汉王。所谓“奉项婴头”事，不见记载；奉，捧。 ❼汉王借兵而东下：即刘邦派张耳协助韩信破赵事；借兵，给予张耳士兵。 ❽此二人相与，天下至驩也：按朋友交情来说，这两个人可以说是再好不过的了；驩，通“欢”，这里指关系好。 ❾卒相禽：最后竟闹到你死我活，誓不两立。 ❿患生于多欲：沈钦韩引《韩诗外传》曰：“福生于无为，而患生于多欲。”盖当时俗语。 ⓫不能固于二君之相与：意谓你与刘邦的交情怎么着也不可能超过张耳与陈馀的交情。 ⓬而事多大于张黡、陈泽：而你与刘邦之间的矛盾，则要比张黡、陈泽那一类的事情要尖锐复杂得多。 ⓭大夫种：即文种。文种与范蠡都是春秋末期越王勾践的大臣，他们辅佐越王勾践重振越国后，又灭了吴国，使勾践称霸于一时。 ⓮范蠡、文种功成名立之后，范蠡感到了自己的地位不安，辞官去当商人了。文种留恋权位，遂被勾践杀害，

事详见《国语》《越王勾践世家》。身死亡：死者指文种，亡（逃隐）者指范蠡。按，如此解释虽通，但于上下文意不太贴，《汉书·蒯通传》删“范蠡”与句末“亡”字，较此为好。⑮野兽已尽而猎狗亨：当时俗语。《汉书·蒯通传》作“野禽殚，走犬亨；敌国破，谋臣亡”；《韩非子·内储说下》有“狡兔尽则良犬亨；敌国破则谋臣亡”，《越王勾践世家》有“蜚鸟尽，良弓藏；敌国破，谋臣亡”，皆大同小异。⑯则不过大夫种、范蠡之于勾践也：《汉书》无“范蠡”二字，说见上；不过，不能超过。 ⑰此二人者：前面说了张耳、陈馀与范蠡、文种两组人，此云“二人”，究指谁呢？有云指陈馀、文种两被杀者，但二人之死性质完全不同，此说不能成立。《汉书》无“人”字，云“此二者”，乃指陈馀、张耳之朋友交，与文种、勾践之君臣交二事，此极明畅。 ⑱“摧楚人之兵二十万”与“杀龙且”乃一事，视前文可知，此分言“南”“东”，于理不当。王念孙以为“东”字应作“遂”。 ⑲西乡以报：因刘邦当时处于荥阳，在齐国之西，故称韩信在齐取胜后向刘邦“西乡以报”。 ⑳略不世出：世上再也没有这样的谋略。师古曰：“言其计略奇异，世所希有。” ㉑戴：顶着。与下文“挟”字同义，错落使用以助文气。 ㉒欲持是安归乎：你想带着这种“震主之威”与“不赏之功”去投奔谁呢？姚苎田曰：“专就‘功高不赏’言之，在韩信确为万金良药，若以概括古今功臣则非也。人臣但患不善居功耳，岂曰功高必不利于身乎？果善于居功如诸葛武侯、郭汾阳，岂患功高而祸至哉！”㉓凌稚隆引董份曰：“其文略祖蔡泽。”按，蔡泽说范雎语，见《范雎蔡泽列传》。

【译文】

韩信说："汉王待我非常好，把他的车子给我坐，把他的衣服给我穿，把他的饭食给我吃。俗话说，坐人家的车子就得准备着给人家分担灾祸，穿人家的衣服就得时刻关心人家的忧愁，吃人家的饭食就得时刻准备着为人家效死，我怎么能够见利忘义呢！"蒯通说："您自以为与刘邦关系好，想通过为他效力给自己建立一份世代相传的家业，我认为您想错了。当初张耳、陈馀做百姓时，是生死与共的朋友，后来因为张黡、陈泽的事情发生了争执，两人结了仇。结果张耳背叛了项羽，带着项羽使者项婴的人头投奔了刘邦。后来刘邦让他带兵东进，打败了陈馀，把陈馀杀死在泜水南岸，身首分离，被天下人所耻笑。这两个人的交情可以说是最亲密的了，然而最后竟达到了互相仇杀的地步，为的是什么呢？问题就出在贪心不足，人心难测啊。现在您把刘邦看作朋友，想对他尽忠尽信，我看你们之间的交情绝对比不过张耳、陈馀，而你们之间的矛盾也远比张黡、陈泽那样的事情要严重得多。所以我认为您要是确信刘邦不会加害于您，那您就大错特错了。当初文种、范蠡帮着勾践重建了越国，又使勾践称霸于诸侯，结果大功告成之后，却一个被杀，一个被迫逃走了。野兽一经打完，猎狗是要被宰的。从朋友的交情上说，你和刘邦没有张耳与陈馀那么深；从君臣的相互信任上说，你和刘邦比不上文种、范蠡与勾践。他们的这两组关系，足够您引为前车之鉴了。希望您慎重考虑。而且俗话说，一个人的勇猛、谋略如果都到了叫他的主子震惊的地步，那他自己的处境就很危险了；一个人的功劳如果到了普天下独一无二的境地，那他也就不可能再得到赏赐。让我分析一下您的功劳：您一过西河，就俘虏了魏豹，活捉了夏说；接着您引兵东出井陉，又杀了陈馀；随后又平定了赵地，收服了燕国，打下了齐国，又摧垮了楚军二十多万，杀掉了龙且，而后回来向刘邦报捷。这就是前面我所说的军功天下无二，谋略举世无双啊。现在您带着这种使主子害怕的威名，带着这种让人无法赏赐的功劳，想靠拢项羽，项羽不信；想靠拢刘邦，刘邦怕您。您还能去靠拢谁呢？作为一个臣子而有着让主子害怕的权威，名望高出一切人之上，我真为您感到危险。”韩信说：“您别再讲了，我得好好想想。”

后数日，蒯通复说曰：“夫听者事之候也，计者事之机也[1]，听过计失[2]而能久安者，鲜矣。听不失一二者，不可乱以言；[3]计不失本末[4]者，不可纷以辞。夫随厮养之役者，失万乘之权；[5]守儋石之禄者，阙卿相之位[6]。故知者决之断也，疑者事之害也[7]，审豪厘之小计[8]，遗天下之大数，智诚知之，决弗敢行[9]者，百事之祸也。故曰‘猛虎之犹豫，不若蜂虿之致螫[10]；骐骥之跼躅[11]，不如驽马之安步[12]；孟贲[13]之狐疑，不如庸夫之必至[14]也；虽有舜禹之智，吟而不言[15]，不如喑聋之指麾[16]也’。此言贵能行之。夫功者难成而易败，时者难得而易失也。时乎时，不再来。[17]愿足下详察之。”韩信犹豫不忍倍汉，又自以为功多，汉终不夺我齐，遂谢蒯通[18]。蒯通说不听，已详狂为巫[19]。

【注释】

❶听者事之候也，计者事之机也：当时俗语，大意谓能听取好意见，就是事情成功的征兆；能反复计虑，就能把握成败的关键。《战国策·秦第二》陈轸语有所谓“计者，事之本也；听者，存亡之机”，与此意思相同。师古曰：“‘听’谓能听善谋也。”候：征兆。 ❷听过计失：即未能听取好意见，未能反复谋虑做出决断；过，错。“听过”与“计失”对文。 ❸听不失一二者，不可乱以言：意谓听取他人的建议，如能保证错听的不超过一两成，那么别人就不可能用花言巧语使你上当；一二，十分之一二。泷川曰：“一二，先后也。”意思虽通，但与下句重复。 ❹计不失本末：考虑问题能抓住关键。 ❺随厮养之役者，失万乘之权：安心于当奴仆的人，就会失去做帝王的可能。随：同“遂”，顺适。厮养：即指奴仆；厮，劈柴；养，喂马。 ❻守儋石（shí）之禄者，阙卿相之位：满足于为下级官吏的人，就会丧失做卿相的机遇。儋石之禄：微少的俸禄；儋，同“担”，师古曰“一人之所负担也”或曰百斤为担；石，古称一百二十斤为一石。阙：通“缺”，丢失，放过。 ❼知者决之断也，疑者事之害也：王念孙曰：“‘知者决之断’，当作‘决者知之断’，下句‘疑者事之害’，正与此相反也。有智而不能决，适足以害事，故下文又申之曰‘智诚知之，决弗敢行者，百事之祸也’。”按，王说诚是，二句意谓，办事坚决是智者的表现，而犹豫不决便将坏事。 ❽审豪厘之小计：专在小事情上用工夫；审，仔细。 ❾决弗敢行：即“弗敢行决”，不能做出决定。 ❿蜂虿（chài）：马蜂、蝎子。致螫（shì）：用毒刺刺人。 ⓫跼躅（jú zhú）：

义同“踟蹰”，徘徊不前。 ⑫安步：慢步前行。 ⑬孟贲：古代有名的勇士，《尸子》曾称其“水行不避蛟龙，陆行不避兕虎”。 ⑭必至：说到做到。 ⑮吟而不言：噤口不语；吟，通“噤”，闭口不言。 ⑯喑：哑。指麾：以手势示意。 ⑰时乎时，不再来：当时俗语。《齐太公世家》有所谓“时难得而易失”；《国语·越语》有所谓“得时无怠，时不再来”；《李斯列传》亦有所谓“得时无怠”“胥人者，去其几也”云云，意思皆同。 ⑱遂谢蒯通：遂拒绝了蒯通的建议。《中国历代战争史》曰：“蒯通对韩信之说辞，充分表现其具有战国纵横家之器识且又过之，其观察之精密，其分析之透辟，其瞻瞩之高远，其定策之卓迈，实鲜人能与之比俦。韩信特以不用其谋，致终死于妇人之手，此乃韩信对现实之政治缺乏认识与？”赵翼曰：“全载蒯通语，正以见淮阴之心在为汉，虽以通之说喻百端，终确然不变，而他日之诬以反而族之者之冤，痛不可言也。” ⑲蒯通说不听，已详狂为巫：后来遂装疯当了巫祝；已，过后，后来。

【译文】

过了几天，蒯通又来对韩信说：“能否听从劝告，可以看出事情成功或失败的苗头；能否很好地计划，是一件事情成败的关键。听得不对，算计得不对还想长治久安，那是不可能的。能广泛听取而又能正确判断的人，就不会被花言巧语所迷惑；能周密算计而又能分清主次的人，就不会被七嘴八舌所扰乱。一个人如果安于奴仆的地位，那他就会失掉称帝称王的时机；一个人如果紧守着那点微薄的俸禄，他就会失去做卿相的可能。所以说当机立断是聪明人的作为，犹豫不决是办事者的大害。只计较眼前的小事，就要失掉天下的大利，理智上虽然清楚，但如果仍不敢采取行动，那也是失败的祸根。所以俗话说：‘猛虎的犹豫，还不如马蜂、蝎子的敢蜇敢刺；千里马的徘徊，还不如一匹坏马的缓缓而行；孟贲的主意不决，还不如懦夫的说干就干；即使你有舜、禹那样的智慧，可是你默然不语，那还不如一个聋哑人的指手画脚呢。’这些话的意思都是说可贵的是在于行动。一件事想做成功是很难的，要想失败却容易得很，时机是最难得到的，而且极其容易失去。时间一过去，就永远不会再回来了。希望您好好地掂量掂量。”韩信仍然是犹豫不决，他不忍心背叛刘邦。他认为自己功劳大，他认为刘邦怎么着也不至于把他的齐国夺走，于是就拒绝了蒯通的劝告。蒯通见韩信不听自己的劝告，为了避祸，就只好装疯化作巫士隐迹而去了。

汉王之困固陵❶，用张良计，召齐王信❷，遂将兵会垓下。项羽已破❸，高祖袭夺齐王军❹。汉五年正月，徙齐王信为楚王❺，都下邳❻。

【注释】

❶汉王之困固陵：汉四年（前203）九月，刘邦与项羽结鸿沟停战之约；汉五年（前202）十月，刘邦与韩信、彭越等约定共击项羽，“至固陵，而信、越之兵不会。楚击汉军，大破之。汉王复入壁，深堑而自守”，事见《项羽本纪》；固陵，即今河南省周口市淮阳区西北之柳林集。 ❷用张良计，召齐王信：为召诸将兵，张良建议“自陈以东傅海，尽与韩信；睢阳以北至穀城，以与彭越，使自为战”。刘邦从

之，诸路军遂至。❸项羽已破：垓下破楚，在汉五年（前202）十二月，韩信为汉军之最高统帅，此楚、汉间规模最大的一仗，由此项羽遂告垮台，详情具见《高祖本纪》。此韩信一生中最大事，本传似不应如此略而不提。❹高祖袭夺齐王军：王世贞曰："信雄武多智，然一为帝诈而夺赵兵，再为帝诈而夺齐兵，一给而失国，再给而失族，何也？信笃于信，谓高帝不我负乃尔。"❺王先谦曰："《高纪》张良请'从陈以东傅海与信'，信家在楚，此其意欲得故邑，'徙信王楚'，所以实前言，而齐地遂为郡县矣。"❻下邳：秦县名。按，据《秦楚之际月表》，韩信徙为楚王在汉五年正月，前在齐为王共十一个月。据周振鹤《西汉政区地理》，韩信楚国的领地豁有东海、会稽、泗水、薛郡、陈郡共五个郡，即"东傅海，包有淮东、淮西，西至陈，尽有淮北之地"。

【译文】

后来刘邦又被项羽打败于固陵，刘邦采用张良的计策，召韩信进兵，韩信遂带兵与刘邦会师于垓下。项羽刚被消灭，刘邦立即袭夺了韩信的兵权。汉高祖五年正月，改封韩信为楚王，建都下邳。

信至国，召所从食漂母，赐千金。❶及下乡南昌亭长，赐百钱，曰："公，小人也，为德不卒。"召辱己之少年令出胯下者以为楚中尉❷。告诸将相曰："此壮士也。方辱我时，我宁不能杀之邪？杀之无名，故忍而就于此。"❸

【注释】

❶《集解》引张华曰："漂母冢在泗口南岸。"按，今江苏省淮安市淮阴区之码头镇东约3华里处有漂母墓，俗称泰山墩，现在的墓高20米，直径约50米。墓北有石碑书"漂母墓"三字，建于1930年。在码头镇上原本还有漂母祠，当时的祠堂前临淮水，庙中画漂母像，门额上横写"千金一觋"四字。现祠堂已毁。 ❷中尉：汉初诸侯国里的武官，相当于郡里的郡尉。按，韩信非忘旧恶者，视其待下乡亭长的态度可知。此实乃韩信的一种"高级"报复形式，自非如李广之挟怨以杀霸陵尉者所可比拟。 ❸方辱我时，我宁不能杀之邪？杀之无名，故忍而就于此：与前文"孰视之，俯出胯下，蒲伏"相照应，当时韩信之所以要"孰视之"，正在思及如此种种；无名，无意义，无必要。又，此亦史公之极快心、极会意之处。

【译文】

韩信到楚国后，派人把当年曾给他饭吃的洗衣老妇找来，给了她千金重赏。也把下乡的南昌亭亭长找来，赏给了他一百钱，说他："你，是个小人，因为你做好事不能做到底。"又把当年曾经侮辱他让他从胯下钻的那个青年找来，让他给自己做了维持国都治安的中尉。韩信对左右的将领们说："这人是个好汉。当初他侮辱我的时候，我难道不能杀了他吗？问题是杀了他也没有个好的名义，我之所以隐忍着，就是为了成就今天的事业。"

项王亡将钟离眛家在伊庐[1]，素与信善。项王死后，亡归信。汉王怨眛[2]，闻其在楚，诏楚捕眛。信初之国，行县邑[3]，陈兵出入[4]。汉六年[5]，人有上书告楚王信反[6]。高帝以陈平计[7]，天子巡狩[8]会诸侯，南方有云梦[9]，发使告诸侯会陈[10]："吾将游云梦。"实欲袭信，信弗知。高祖且至楚[11]，信欲发兵反[12]，自度无罪，欲谒上，恐见禽。人或说信曰："斩眛谒上，上必喜，无患。"信见眛计事。眛曰："汉所以不击取楚，以眛在公所[13]。若欲捕我以自媚[14]于汉，吾今日死，公亦随手亡矣。"乃骂信曰[15]："公非长者！"卒自刭。信持其首，谒高祖于陈。[16]上令武士缚信，载后车。[17]信曰："果若人言[18]，'狡兔死，良狗亨；高鸟尽，良弓藏；敌国破，谋臣亡'。天下已定，我固当亨！"上曰："人告公反。"遂械系信。至雒阳，赦信罪，以为淮阴侯[19]。

【注释】

[1]钟离眛（mò）：是项羽的名将，项羽败死垓下后，钟离眛为躲避刘邦的缉拿，化名潜逃。伊庐：乡邑名，在今江苏省连云港市灌云县东北。 [2]刘邦怨恨钟离眛的原因，各篇都无交代。以《项羽本纪》观之，刘邦大败于彭城时，楚方的重将是钟离眛，怨隙可能即结于此。 [3]行县邑：到自

己下属的县邑巡行视察。 ❹陈兵出入：谓每次出门都戒备森严。 ❺汉六年：前201年。陈仁锡曰："'汉六年''汉十二年'，二'汉'字衍。"按，刘邦于汉五年（前202）十二月灭项羽，二月已即皇帝位，故梁玉绳纠史文此后不应再称"汉王"，陈仁锡纠史文亦不当再称"汉六年"。 ❻人有上书告楚王信反：此告信者为何人，史无明载，而《彭越列传》则明书"吕后乃令其舍人告越谋反"。 ❼高帝以陈平计：据《陈丞相世家》，有人告韩信谋反，诸将曰："亟发兵坑竖子耳！"陈平以为如此不妙，他让刘邦假说南游云梦，召韩信会陈，趁机袭捕他，以下刘邦所行即依陈平之计。 ❽巡狩：古称天子每隔数年到各诸侯国巡视一次，那时各国诸侯也须到指定地点朝见天子。巡狩亦作"巡守"，巡视诸侯之所守，即今所谓"视察"。 ❾云梦：即云梦泽，指古时湖北南部、湖南北部长江两岸的大片湖泽之地。江北的叫云泽，江南的叫梦泽。 ❿陈：秦县名，亦郡名，当时为韩信楚国的西部地区。 ⓫且至楚：谓即将到达陈县。 ⓬信欲发兵反：此话没有来由，或史公故意如此写，以示韩信被袭之冤。 ⓭以眛在公所：因钟离眛是猛将，可以助韩信作战；所，处。 ⓮若：你。媚：讨好。 ⓯乃骂信曰：此句之上应有"信欲捕之"云云，文气始顺。 ⓰信持其首，谒高祖于陈：韩信此行可鄙，亦复可怜，无论如何委曲求全亦无济于事。 ⓱郭嵩焘曰："韩信之伺敌间可谓神矣，独于高祖所以驾御之术，身入彀中而不知。可见高祖之深机，以韩信之智能亦无从窥见其涯略，操之、纵之、予之、夺之，惟所欲为，至于缚载后车而始悟。呜乎，高祖操机术以牢笼天下，殆亦旷千古而无对者与！" ⓲沈钦韩曰："蒯通曾以（下列数语）风韩信，故云‘果若人言’也。” ⑲赦信罪，以为淮阴侯：既袭捕之，又赦以为淮阴侯，则罪名显属莫须有。按，韩信被袭捕于陈，以及降为淮阴侯事，《秦楚之际月表》系之于汉五年（前202），误；《汉书·高帝纪》系之于高祖六年（前201）十二月，是，《汉书》同。韩信此前为楚王共十一个月。

【译文】

项羽部将钟离眛老家在伊庐，此人很早就与韩信交情不错。项羽死后，钟离眛逃到了韩信这里。刘邦恨钟离眛，听说他在韩信处，就命令韩信逮捕他。韩信刚到楚国不久，每到下属各县视察时，总要带着一些军队，作为警卫。汉高祖六年，有人上书告发韩信要造反。刘邦听取了陈平的计策，以到南方视察云梦泽为名，让各国的诸侯都到陈郡会合。他嘴里说：“我去视察云梦。”实际上是要借机袭捕韩信，韩信不知道。等到刘邦快要来到楚国的边界了，韩信也有怀疑，也想发兵抵抗，但想到自己没有任何罪过；想去见刘邦，但又怕被刘邦抓起来。这时有人劝韩信说：“可以杀了钟离眛，去见皇上，皇上必然高兴，您也就没事儿了。”韩信找钟离眛谈此事。钟离眛说：“刘邦之所以不敢打楚国，就是因为我在你这儿。如果你想抓了我去讨好刘邦，那么我今天死，你明天也就该跟着我死了。”于是他骂韩信说：“你真不是个有德性的人！”说罢自刎而死。韩信带着钟离眛的人头，到陈郡进见刘邦。刘邦立即命令武士逮捕了韩信，把他装在了自己后面的车上。韩信说：“果真像人们所说的：‘兔子一死，猎狗也就要被煮了；飞鸟打完，良弓也就该收起来了；敌人一被消灭，功臣也就该被杀了。’现在天下已经太平，我是到了该死的时候了！”刘邦说：“有人告你要造反。”于是给韩信戴上刑具。等回到洛阳后，刘邦又把韩信放了，把他降级为淮阴侯。

信知汉王畏恶其能，常称病不朝从❶。信由此日夜怨望，居常鞅鞅❷，羞与绛、灌等列❸。信尝过樊将军哙❹，哙跪拜送迎，言称臣，曰：“大王乃肯临臣❺！”信出门，笑曰：“生乃与哙等为伍❻！”上常从容与信言诸将能不，各有差。❼上问曰：“如我能将几何？”信曰：“陛下不过能将十万。”上曰：“于君何如？”曰：“臣多多而益善耳。”上笑曰：“多多益善，何为为我禽？”信曰：“陛下不能将兵，而善将将❽，此乃信之所以为陛下禽也。且陛下所谓天授，非人力也。❾”

【注释】

❶不朝从：不朝见，不跟从出行。　❷居常鞅鞅：时常内心不平；居，平居，日常；鞅鞅，师古曰：“志不满也。”　❸羞与绛、灌等列：羞与绛、灌为伍；绛，指绛侯周勃，事迹见《绛侯世家》；灌，指颍阴侯灌婴，事迹见《樊郦滕灌列传》，二人都是刘邦的元老功臣；等列，同一个级别，指皆封为侯。　❹尝过樊将军哙：曾到过樊哙家；樊哙，刘邦的元老功臣，吕后的妹夫，事迹见《樊郦滕灌列

传》。 ❺乃肯临臣：居然能光临我们家，极写其对韩信的敬服。 ❻生乃与哙等为伍：与上文“羞与绛、灌等列”意同；生，竟，到头来；为伍，为伴，指地位、身份相同。❼上常从容与信言诸将能不，各有差：有一次刘邦曾不经心地与韩信谈到各位将领的能力大小，各有不同；常，通“尝”，曾经；从容，自然，不经心的样子；能不，有能力与没能力。 ❽陛下不能将兵，而善将将：前言高帝只能将十万，而言自己多多益善，见韩信之得意忘形，不自觉而出口。至高帝塞之曰“多多益善，何为为我禽”，其内心之懊怒已形于词色时，韩信方猛然发觉失言，于是顺势改口曰：“陛下不能将兵，而善将将”，既平服刘邦的忌心，亦掩饰自己的伤痛，然而这一来无疑又进一步加强了刘邦的必杀韩信之心。 ❾陛下所谓天授，非人力也：当时人称道刘邦的常用语，《留侯世家》张良曰“沛公殆天授”；《郦生陆贾列传》郦生曰“此非人力也，天之福也”，意思皆同。韩信引他人所常说，故云“所谓”。

【译文】

韩信知道刘邦对自己的才能是既怕又恨的，因此常常借口生病不去朝见他，也不随同他出行，心中充满怨恨，常常闷闷不乐。他觉得让自己与周勃、灌婴等同在一个级别，简直是一种羞耻。韩信曾经去过一次樊哙家，樊哙对韩信非常尊重，接送时都给他行跪拜礼，说话时自己称臣，他受宠若惊地说：“大王您竟然光临臣舍！”韩信从他家出来后，仰天笑道：“想不到我这辈子竟与樊哙这种人落到了一块儿！”有一次刘邦与韩信闲聊中，韩信说到了开国将领们各自能统率多少人马，各有不同。刘邦问："像我，能统率多少人马呢？"韩信说："您最多能统率十万。"刘邦问："那么你呢？"韩信说："我是越多越好。"刘邦笑了一下说："既然你的本事这么大，为什么还被我活捉呢？"韩信说："陛下您虽不善于带兵，但却善于驾驭将领，这就是我所以被您活捉的原因。而且您所以胜利，这是上天安排的，不是人力所可改变的。"

陈豨拜为巨鹿守[1]，辞于淮阴侯。淮阴侯挈[2]其手，辟左右与之步于庭，仰天叹曰："子可与言乎？欲与子有言也。"豨曰："唯将军令之。"淮阴侯曰："公之所居，天下精兵处[3]也；而公，陛下之信幸[4]臣也。人言公之畔[5]，陛下必不信；再至，陛下乃疑矣；三至，必怒而自将。吾为公从中起，天下可图也。[6]"陈豨素知其能也，信之，曰："谨奉教！"汉十年，陈豨果反。[7]上自将而往，信病不从。[8]阴使人至豨所，曰："弟举兵，吾从此助公。"[9]信乃谋与家臣夜诈诏赦诸官徒奴[10]，欲发以袭吕后、太子[11]。部署已定，待豨报。其舍人[12]得罪于信，信囚，欲杀之。舍人弟上变[13]，告信欲反状于吕后。吕后欲召，恐其党不就[14]，乃与萧相国谋，诈令人从上所来，言豨已得死，列侯群臣皆贺。相国绐信曰："虽疾，强[15]入贺。"信入，吕后使武士缚信，斩之长乐钟室[16]。信方斩，曰："吾悔不用蒯通之计，乃为儿女子[17]所诈，岂非天哉！"遂夷信三族[18]。

【注释】

❶据《韩信卢绾列传》，陈豨未尝任巨鹿守，乃"以代相国监赵、代边兵",《汉书·韩彭英卢吴传》亦云"陈豨为代相监边"。巨鹿：汉郡名，郡治在今河北省邢台市平乡县西南。❷挈（qiè）：拉。❸天下精兵处：须要驻扎精兵的要害之地。❹信幸：受信任、受宠幸。❺人言公之畔：有人说你造反；畔，通"叛"。❻王先谦引周寿昌曰："豨此时无反意，信因其来辞突教之反，不惧豨之言于上乎？此等情事不合，所谓'微辞'也。"凌稚隆引邓以瓒曰："此段是吕后文致信反谋以对高祖者，史承之以著书耳。"❼据《韩信卢绾列传》，陈豨反在高祖十年九月。❽王先谦引周寿昌曰："'病'与'称病'，情事绝异，观下相国给信语，则信病非假称也。"❾弟举兵，吾从此助公：尽管造反，我在里边帮助你；弟，但，尽管。❿诈诏：假造刘邦的诏书。赦诸官徒奴：释放各衙署所拘管的苦役和官奴。胡三省曰："有罪而居作者曰徒，有罪而没入官者曰奴。"陈直曰："西汉官署中多有徒奴，如武帝时司隶校尉有徒千二百人，《汉旧仪》纪载太官、汤官各有奴婢三千人是也。"⓫欲发以袭吕后、太子：泷川曰："枫、三本'发'下有'兵'字，与《汉书》合。"欲发者乃"徒奴","发"下不应有"兵"字。⓬舍人：寄食贵族门下而为之役使的人。王先谦引刘奉世曰："按《功臣表》，告信反者舍人栾说也。"⓭上变：上

书告发非常之事。师古曰："凡言变告者，谓告非常之事。"变，也称"变事"，告发谋反的书信。 ⑭恐其党不就：担心他万一不来；党，同"傥"，倘若，万一。 ⑮绐（dài）：欺骗。强：勉强坚持。 ⑯长乐钟室：长乐宫中的悬钟之室。按，韩信被杀，《汉书·高帝纪》与《资治通鉴》皆系之于高祖十一年（前196）正月，此前韩信为徒有其名的"淮阴侯"共六年。 ⑰儿女子：犹言"老娘们、小孩子"，指吕后与刘邦的太子刘盈。按，史公写韩信被杀前曰"悔不用蒯通之计"，乃明其此前从无反心。 ⑱遂夷信三族：三族，指父族、母族、妻族，或谓指父母、兄弟、妻子。茅坤曰："此情似诬。豨，汉信幸臣也，偶过拜淮阴，淮阴何以遽行谋反？及豨反后，亦无往来迹。且豨之反，自周昌言仓卒激之，安得与淮阴有夙谋？此皆由慎阳侯（乐说）辈谗之。不然，汉廷谋臣诈以此论之耳。"

【译文】

陈豨被任命为代国丞相，要去统领赵、代两国的边防部队，来向韩信辞行。韩信打发开左右的随从，拉着他的手，在院子里散步，韩信仰天长叹道："你能让我放心吗？我有些话想和你谈几句。"陈豨说："我绝对听您的吩咐。"韩信说："你将要去驻守的地方，那里聚集着国家最精锐的部队；而你，又是皇帝的亲信。要是有人告你造反，第一次皇帝是决不会相信的；但如果再告第二次，皇帝就会起疑心了；如果再告第三次，皇帝肯定会发怒，会亲自率兵去打你。到那时，我在京城起兵，做你的内应，那时天下就可以成为我们的了。"陈豨一向知道韩信的才能，相信他的话不假，于是说："一定照你的话办！"汉高祖十年，陈豨真的造反了。刘邦亲自率兵前去讨伐，韩信借口生病没有跟着一同去，而暗中悄悄派人给陈豨传送消息说："尽管放心干，我从里边帮你。"于是韩信与家臣们谋划要在夜里假传圣旨，释放在各个官邸里做苦役的奴隶、罪犯，准备把他们武装起来，率领他们袭击吕后和皇太子。一切都部署好了，单等陈豨那方面的消息。这时韩信家的一个门客，因为犯罪被韩信关了起来，想杀他。这个门客的弟弟就写密信向吕后告发了韩信要造反的种种计划。吕后想召韩信进宫，又怕他的党羽劝阻，不让他来，从而打草惊蛇，于是就和萧何商量好，派了一个人假装是从刘邦那儿来，诈称陈豨已被俘获斩首了，让列侯百官们都入朝祝贺。萧何亲自来骗韩信说："即便你有病，也还是硬撑着去进宫一趟吧。"于是韩信只好跟他去了。结果韩信一进长乐宫，吕后立刻命令武士把韩信捆了起来，不问情由把他押入一间悬挂钟磬的屋子里就杀了。韩信临死前说："我真后悔当初没有听蒯通的劝告，今天竟被个臭婆娘所骗，莫非这也是天意吗！"接着吕后又把韩信父亲的亲戚、母亲的亲戚、妻子的亲戚三大族通通抓起来杀光了。

高祖已从豨军来，至，见信死，且喜且怜之❶，问："信死亦何言？"吕后曰："信言恨不用蒯通计。"高祖曰："是齐辩士也。"乃诏齐捕蒯通❷。蒯通至，上曰："若教淮阴侯反乎？"对曰："然，臣固教之。竖子不用臣之策，故令自夷❸于此。如彼竖子用臣之计，陛下安得而夷之乎！”上怒曰：“亨之。”通曰：“嗟乎，冤哉烹也！”上曰：“若教韩信反，何冤？”对曰：“秦之纲绝而维弛④，山东大扰，异姓并起，英俊乌集⑤。秦失其鹿⑥，天下共逐之，于是高材疾足者先得焉。跖之狗吠尧⑦，尧非不仁，狗固吠非其主⑧。当是时，臣唯独知韩信，非知陛下也。且天下锐精⑨持锋欲为陛下所为者甚众，顾⑩力不能耳。又可尽亨之邪？”高帝曰：“置⑪之。”乃释通之罪。⑫

【注释】

①且喜且怜之：吴见思曰：“五字写尽汉王心事。”杨燕起引金锡龄曰：“亦知无辜受戮为可悯也。” ②乃诏齐捕蒯通：王先谦曰：“诏齐王肥捕之也。”齐王肥是刘邦之子，高祖六年被封为齐王。 ③自夷：自己招致灭门；夷，平，杀光。 ④纲绝而维弛：指法度紊乱，政权崩溃；纲，网上的大绳；维，系车盖的绳。纲、维皆大绳，引申为维持国家体统的法度。 ⑤乌集：如乌鸦之飞集，以喻其多。⑥秦失其鹿：“鹿”为“禄”字的谐音，以喻秦朝的国家政权。 ⑦跖：古代著名的大盗，事见《庄子·盗跖篇》，后世用以喻指最恶的人。尧：传说中的五帝之一，后世用以喻指最好的人。 ⑧狗固吠非其主：对于狗来说，只要不是它的主人，它就一律对之狂叫。通行本原文于此作“狗因吠非其主”。“因”字应作“固”，字之误也，今正。 ⑨锐精：即磨砺刀枪；“锐”字用作动词，意即磨尖磨快；精，

指精铁。胡三省曰："言磨淬精铁而锐之。" ⑩顾：转折语词，犹今所谓"问题是""关键是"。 ⑪置：放。胡三省曰："置，犹舍也，赦也。" ⑫据《汉书·蒯通传》，蒯通后来还向齐相曹参推荐过两个贤士，蒯通本人则"论战国时说士权变，亦自序其说，凡八十一篇，号曰《隽永》"。《汉书·艺文志》纵横家有《蒯子》五篇。按，今山东省淄博市临淄区之皇城镇五路口村东有蒯通墓，封土保护完好。

【译文】

不久，刘邦从讨伐陈豨的前线上回来，这时韩信早已被吕后杀害。对于韩信的死，刘邦是又高兴又有点儿可惜，他问吕后说："韩信临死前说过什么话没有？"吕后说："他说只恨当初没听蒯通的劝告。"刘邦说："这个家伙是齐国有名的说客。"于是下令齐国逮捕蒯通。蒯通被押解到京城来了，刘邦问他："是你教韩信造反吗？"蒯通说："是的，我是教过他。可是那小子不听我的话，结果自取灭亡了。如果他早先听了我的话，你们今天还能把他满门抄斩吗！"刘邦勃然大怒说："把他给我煮了。"蒯通说："嘿！我这个被煮才冤枉哩！"刘邦说："你挑唆着韩信造反，还冤枉什么？"蒯通说："秦朝残暴无道，政权解体，整个中原地区都乱了套，那时不管姓甚名谁，凡是有本事的，大家一起都干起来了。这皇帝的位子就好比一只鹿，鹿从秦朝那里跑走了，大家一齐追，谁有本事，谁的腿快追上了，这个鹿就属于谁。盗跖的狗冲着尧叫，这并不是因为尧为人不好，而是因为狗只忠于它的主人。在那个时候，我只知道有韩信，还不知道有陛下您哪。况且当时手持兵器也像您一样想当皇帝的人有的是，只不过没有达到罢了。你能把他们都煮了吗?”刘邦说:“放了他。”于是蒯通被赦免了。

太史公曰:吾如淮阴,淮阴人为余言,韩信虽为布衣时,其志与众异。其母死,贫无以葬,然乃行营高敞地❶,令其旁可置万家❷。余视其母冢,良然。假令韩信学道❸谦让,不伐己功,不矜❹其能,则庶几哉,于汉家勋可以比周、召、太公之徒,后世血食❺矣。不务出此,而天下已集,乃谋畔逆,夷灭宗族,不亦宜乎!❻

【注释】

❶行营:寻找,谋求。高敞地:地势高而宽敞的地方。 ❷令其旁可置万家:当时的帝王、权贵都希望自己的坟墓所在日后能发展成都市,以使其死后亦不寂寞,如汉朝之历代皇帝生前预筑陵墓,并大量向其地区移民是也。 ❸学道:指学习道家的谦退不争。 ❹《老子》有所谓“功成名遂身退,天之道”;又有所谓“不自伐,故有功;不自矜,故长”,史公责备韩信不知学此也。伐:骄傲自夸,与下句“矜”字义同。 ❺庶几:差不多。周:周公姬旦。召(shào):召公姬奭。太公:姜尚。三人都是周朝的开国元勋,后来周公的后代被封于鲁,召公被封于燕,太公被封于齐,皆传国五六百年。血食:指享受后世子孙的祭祀。“则庶几哉”四字,有人读成为与上句相连,以为韩信若能“学

道谦让，不伐己功，不矜其能”，那就差不多行啦。泷川曰：“庶几哉，三字属下句。”其意谓假如韩信若能“学道谦让，不伐己功，不矜其能”，那么他在汉朝的功勋就差不多可以和古代的周公、召公、太公相媲美，可以传国不绝了。泷川说是。 ❻集：安定。李慈铭曰：“‘天下已集，乃谋叛逆’，此史公微文，谓淮阴之愚，必不至此也。”赵翼曰：“《淮阴侯列传》全载蒯通语，正以见淮阴之心在为汉，虽以通之说喻百端，终确然不变，而他日之诬以反而族之者之冤，痛不可言也。”

【译文】

太史公说：我曾经到过淮阴，淮阴的人们对我说，当韩信还在做百姓时，他的志向就和一般人不一样。他的母亲死了，家里穷得都没钱发丧，可是韩信还是把他母亲埋在了一个又高又开阔的地方，他准备让这个坟墓的周围日后发展成一个万户人家的城镇。我去看了看他母亲的坟墓，情况果真如此。假如韩信当初能学点谦让之道，不以功臣自居，不夸耀自己的才能，那么他在汉王朝的勋业就差不多可以和周朝的周公、召公、姜太公这些人相媲美，并能传国于子孙，可永远享受后代的祭祀了。可是他不这么干，而是要在天下局面已经安定的时候，图谋什么造反，结果闹得整个亲族被铲灭，这不是罪有应得吗！

【解读】

《淮阴侯列传》全力歌颂了韩信杰出的军事才干，他不同于曹参、樊哙那样的猛将，也不同于孙膑、庞涓只是一个出色的军事家，韩信是具有深谋远略，能运筹帷幄而决胜于庙堂的大将之才。这一点突出表现在他登台拜将时的那段精彩议论上。

《淮阴侯列传》的写法是两条主线并行，一条是韩信为刘邦冲锋陷阵，出生入死，与汉王朝的敌人作战；另一条就是写刘邦的那只大黑手一直在韩信的头上盘旋飞舞，它一次一次地落下来，抓走韩信之兵、韩信之权、韩信之地，最后又将韩信抓入牢狱、抓走了韩信本人与其整个家族的生命。刘邦没有韩信是绝对不能战胜项羽的；但韩信存在一天，刘邦就胆战心惊，直到韩信被吕后所杀，刘邦才彻底掀掉了压在心头的大石头，才不无愧疚地真正露出了轻松的笑容。作者对汉代统治者杀韩信、杀大批功臣的罪恶行径是深恶痛绝的，对被杀功臣们的同情在许多篇章中都溢于言表，彼此相互呼应。比较之下，彭越、黥布吐露得最明显，而写韩信的这篇写得最模糊，这是由于不得不使用某些最高统治者所编造、强加的罪名。但在具体情节的展现中，作者为韩信做了有力的洗白。

韩信对刘邦的忠心，对刘邦的矢志不渝是有目共睹的，因为他对萧何的无私举荐、对刘邦破格用人的知遇之恩已经深入骨髓，他已经对他们献出了一切，对他们的任何举措都不再存有怀疑。因此当刘邦一连五次地夺走他的部众，甚至刚打败项羽，就罢去他军事统帅的时候，他都丝毫不存芥蒂；甚至蒯通苦口婆心、称今道古地为他分析形势，历史经验，确确凿凿，令读者都感到触目惊心，但韩信仍是不从。武涉与蒯通的两段话共有一千三百多字，占了整个作品的四分之一，连不会写文章的人都感到比例失调。司马迁为什么要这样安排，不就是要突出韩信内心的坚定吗？直到韩信被骗入长乐宫，陷入吕后的埋伏时才说：“吾悔不用蒯通之计，乃为儿女子所诈。”临死才后悔当初没有点准备，不正说明当初他的心里是踏踏实实吗?

韩信主观上不反刘邦是事实，但并不说明韩信客观上没有严重的取死之道。韩信最大的问题是政治观念落后，热衷于裂地称王，为了达到这一点，在他打败龙且、灭掉田齐后，居然竟不顾一切地擅自称为齐王；当刘邦撕毁鸿沟协定，命令各路将领齐集固陵合击项羽时，韩信居然为了裂土分封而公然与刘邦讨价还价，甚至公然坐视刘邦再一次惨败于项羽。这样的事情哪一个做主子的能够容忍？此外，韩信又矜才自负，不仅羞与绛、灌为伍，即使刘邦本人的军事才干，韩信也公开地加以藐视。以上种种，有的刘邦可以容忍一时，但不可能永远不算旧账；或者刘邦有底气驾驭群雄，群雄不敢参翅，但吕后是不能不为日后考虑的，她必须趁刘邦活着，凭借刘邦的威望而及早除掉他们，以巩固自己与她儿子的地位。司马迁为表现他对韩信的同情，充分地使用了“互见法”，凡是韩信对不起刘邦的地方，在《淮阴侯列传》里一点不写，而是写到《项羽本纪》中去了。这样就既保证了历史的客观真实，又保证了《淮阴侯列传》突出揭示封建帝王与其功臣之间矛盾的不可调和这一主题的鲜明与统一。

司马迁在《曹相国世家》的末尾说：“曹相国参攻城野战之功所以能多若此者，以与淮阴侯俱。及信已灭，而列侯成功，唯独参擅其名。”又在《萧相国世家》的最后说：“淮阴、黥布等皆以诛灭，而何之勋烂焉，位冠群臣，声施后世，与闳夭、散宜生等争烈矣。”是韩信、彭越、黥布等人被杀后，这才让曹参、萧何这种二三流的角色成了周朝闳夭、散宜生那样的开国元勋！司马迁对刘邦、萧、曹诸人的愤怒该有多么强烈呢？

【编按】

韩信、项羽都是司马迁特别喜爱的人物，两传情节跌宕、口吻毕肖、感慨深沉，写得淋漓磅礴，虎啸生风，《太史公自序》说："拔魏赵，定燕齐，使汉三分天下有其二，以灭项籍。作《淮阴侯列传》。"但，司马迁并不讳言他们的缺点，项羽和韩信都热衷于裂土封王的分封旧制，对于大一统的中央集权缺乏理解，当然也就缺乏必要的应对。他大功之后，羞与周勃、灌婴并列，常常称病不朝。这就是孔子所谓："如有周公之才之美，使骄且吝，其余不足观也已。"他忘记了"狡兔死，走狗烹"的历史教训。《萧相国世家》说，刘邦定天下，论功行封，以萧何功最高，众人不服，刘邦拿打猎做比方。"诸君知猎乎？"曰："知之。""知猎狗乎？"曰："知之。"高帝曰："夫猎，追杀兽兔者狗也，而发踪指示兽处者人也。今诸君徒能得走兽耳，功狗也。至如萧何，发踪指示，功人也。"这充分显示了一个独裁者的傲慢。

17.

郦生陆贾列传·陆贾

陆贾雕像（今广州市荔湾区）

漢大中大夫

陆贾像

陆贾者，楚人[1]也。以客从高祖定天下，名为有口辩[2]，居左右，常使诸侯。

【注释】

❶陆贾者，楚人:《索隐》引《陈留风俗传》云:“陆氏，春秋陆浑国之后，晋侯伐之，故陆浑子奔楚，贾其后。”楚，汉代诸侯国，韩信为楚王时都下邳；刘邦弟刘交为楚王，改都彭城。 ❷名为有口辩：通行本原文作“名为有口辩士”。泷川曰:“《艺文类聚》引史无‘士’字，与《汉书》合。”泷川说是，今据削。

【译文】

陆贾是楚国人，曾以宾客的身份跟随刘邦平定天下，以善于论辩而闻名，他总是跟在刘邦身边，并常常出使其他诸侯。

及高祖时[1]，中国初定，尉他[2]平南越，因王之。高祖使陆贾赐尉他印为南越王[3]。陆生至，尉他魋髻箕踞[4]见陆生。陆生因进说他曰:“足下中国人，亲戚昆弟坟墓在真定[5]。今足下反天性，弃冠带，欲以区区之越与天子抗衡为敌国，祸且及身矣。且夫秦失其政，诸侯豪杰并起，唯汉王先入关，据咸阳。项羽背约，自立为西楚霸王，诸侯皆属，可谓至强。然汉王起巴蜀，鞭笞天下，劫略诸侯，遂诛项羽，灭之。五年之间，海内平定[6]，此非人力，天之所建也。天子闻君王王南越，不助天下诛暴逆，将相欲移兵而诛王，天子怜百姓新劳苦，故且休之，遣臣授君王印，剖符[7]通使。君王宜郊迎，北面称臣，乃欲以新造未集[8]之越，屈强[9]于此。汉诚闻之，掘烧王先人冢，夷灭宗族，使一偏将将十万众临越，则越杀王降汉[10]，如反覆手[11]耳。”

【注释】

❶及高祖时：指刘邦灭项羽后的称帝期间，即前202—前195年。 ❷尉他：本姓赵，尉是官名。赵他在秦朝时为南海郡（治番禺，今广州市番禺区）的龙川（今广东省河源市龙川县西南）县令，至二世时，陈涉、吴广事起，中原扰乱，南海郡尉任嚣召赵他，嘱以后事。任嚣死，赵他遂继任南海尉。后又发兵击桂林（郡治在今广西壮族自治区桂平市西南）、象郡（郡治临尘，即今广西壮族自治区崇左市），并有三郡之地，自称南越武王，见《南越列传》。 ❸赐尉他印为南越王：事在高祖十一年（前196），可参看《南越列传》。 ❹魋（chuí）髻箕踞：指蛮夷打扮，傲慢而不讲礼节的样子。魋髻：绾发于顶，其状如椎；魋，通“椎”。箕踞：师古曰：“伸其两脚而坐，其状如箕。盖古人无交椅，席地危坐（跪坐），以伸其足为不敬也。” ❺昆弟：兄弟。坟墓：谓其祖先之坟墓。真定：汉县名，秦时称“东垣”，在今河北省石家庄市东北。 ❻刘邦由汉中重新杀出，在汉元

年八月；刘邦破项羽于垓下，项羽灭亡，在汉五年十二月，首尾共跨着五个年头。 ❼剖符：指封以为侯王。古代天子分封王、侯，都要给被封者一种符信，用金、铁制成，中分为二，天子与受封者各执其一，故曰“剖符”。 ❽新造未集：刚刚建立，尚未稳定；集，安定、稳定。师古曰：“集，犹成也。” ❾屈强：同“倔强”。《正义》曰：“谓不柔服也。” ❿越杀王降汉：意即你的部下必有起而杀你以邀汉封者。 ⓫如反覆手：极言其不用费力。凌稚隆引杨慎曰：“从亲戚、兄弟、坟墓说至掘烧及夷族，情已迫切，至言‘越杀王降汉’‘新造未集’二句，利害甚明，语不多而感动至矣。”

【译文】

刘邦开始做皇帝时，中国才刚刚稳定，尉他当时征服了南越，就在那里称了王。于是刘邦便派陆贾去南越赐给尉他大印，封他为南越王。陆贾到了南越，尉他梳着椎形发髻，叉着两腿坐着接见陆贾。陆贾上前对尉他说：“您本是中国人，亲戚朋友以及您祖先的坟墓都在真定县。现在您却违反自己的本性，抛弃了戴帽系带的文明装束，还想凭借着小小的越地与大汉天子相对抗，我看您的灾祸就要临头了。秦朝政治腐败，许多诸侯豪杰都起来反它，而只有汉王首先进入关中，占据了咸阳。后来项羽违背了盟约，自立为西楚霸王，让诸侯们都归属他，这可以说是够强大的了。可是汉王从巴山蜀水起兵，控制天下，降平诸侯，很快地消灭了项羽。只用了五年的时间，就平定了全国，这哪里是人的力量，这是苍天的意旨啊。皇上听说您在南越称了王，知道您不想协助汉室安定天下，于是汉朝的宰相将军们都想立刻出兵讨伐您，但是皇上体谅到百姓刚刚经历过战乱，疲惫不堪，想让百姓们能够休养生息，所以才派我授予您南越王的大印，与你剖符为证，永世通好。您本该出城迎接汉朝的使臣，朝北面向皇上称臣，可是您却想仗着你这个小小的还未稳固的南越，在这里称霸一方。这事儿如果真的让汉朝的文武百官知道了，那您祖先的坟墓就会被挖毁，您的家族就会被灭掉，到那时皇上再派上一员偏将，率领着十万军队来光临你们国家，到那时，你部下的人们如果谁想杀了您投降汉朝，那还不是易如反掌吗！”

于是尉他乃蹶然起坐❶，谢陆生曰：“居蛮夷中久，殊失礼义。”因问陆生曰：“我孰与萧何、曹参、韩信贤？”陆生曰：“王似贤❷。”复曰：“我孰与皇帝贤❸？”陆生曰：“皇帝起丰沛❹，讨暴秦，诛强楚，为天下兴利除害，继五帝三王之业，统理❺中国。中国之人以亿计，地方万里，居天下之膏腴，人众车舆❻，万物殷富，政由一家，自天地剖泮❼未始有也。今王众不过数十万，皆蛮夷，崎岖山海间，譬若汉一郡，王何乃比于汉！”尉他大笑曰：“吾不起中国，故王此。使我居中国，何渠不若汉❽？”乃大说陆生，留与饮数月。曰：“越中无足与语，至生来，令我日闻所不闻。”赐陆生橐中装❾直千金，他送亦千金。陆生卒拜尉他为南越王，令称臣奉汉约。归报，高祖大悦，拜贾为太中大夫❿。

【注释】

❶蹶然起坐：师古曰："蹶然，惊起之貌也。"顾炎武曰："坐者，跪也。"谓其由伸着两腿迅速地改为郑重地跪坐。 ❷王似贤：能敷衍处尽量敷衍。 ❸我孰与皇帝贤：写尉他粗豪、得寸进尺之状如画。 ❹丰沛：刘邦是沛县丰邑人，汉代建国后，丰邑亦上升为县，故此以"丰""沛"连称。 ❺统理：即"统治"，唐人为避高宗讳而改"治"为"理"。 ❻人众车舆：人口与车马都很多；舆，《广韵》"多也"，《集韵》"众也"。 ❼天地剖泮（pàn）：意即自"开天辟地"以来。泷川曰："枫、三、柯、凌本'泮'作'判'，与《汉书》合。"剖、泮，都是"分开"的意思。古人认为最早时天地是合为一体的，后来才中分为二，上者为天，下者为地。 ❽使我居中国，何渠不若汉：凌稚隆引董份曰："'渠'字即如《汉书》作'遽'字，'遽'与'遂'通，言'何遂不如汉'耳！"按，"何渠""何遽""宁遽""庸渠"等诸语皆义同，相当于今时之"怎么就"。"渠"亦写作"距""钜""讵""巨"。凌稚隆引陈沂曰："尉他意折，而语犹倔强。" ❾橐（tuó）中装：口袋里所装的东西，指金玉珠宝之类；橐，大口袋。《索隐》引《诗传》曰："小曰橐，大曰囊。" ❿太中大夫：郎中令的属官，秩千石，在皇帝左右，掌议论。

【译文】

尉他听到这里猛地跪直了身子，向陆贾致歉说："我在蛮夷之地住的时间太长了，刚才对您实在多有失礼。"说罢又问陆贾："我与萧何、曹参、韩信他们相比，谁的能耐大?”陆贾说:“您好像更有能耐。”尉他又问:“我和你们皇帝比,谁的能耐大呢?”陆贾说:“皇帝从沛县丰邑起兵,讨伐了残暴的秦朝,又灭了强大的项羽,为天下的百姓兴利除害,而后继承着五帝三王的传统,统一了中国。中国的人口数以亿计,领土方圆万里,土地肥沃,人多车众,物产丰富,政令统一,这是自开天辟地以来从未有过的。而您拥有的人口不过几十万,又都是些野蛮人,占据着山海间一小块崎岖不平的地方,就像是汉朝的一个郡,您怎么能和汉家皇帝相比呢!”尉他大笑道:“我没在中国起兵,所以才在这儿当了王。假如我当初在中国起事,怎见得我就不如你们皇帝?”于是尉他非常喜欢陆贾,留他住了几个月,每日与他饮酒畅谈。尉他说:“南越国中没什么可以谈得来的人,直到先生您来了,才让我每天都能听到新鲜事。”于是他给陆贾的口袋里装了价值千金的珠宝,其他礼物的价值也大体与此类似。而陆贾则封尉他为南越王,让他对汉朝称臣,遵守汉朝的法规。陆贾回朝汇报后,刘邦非常高兴,任命陆贾为太中大夫。

陆生时时前称说《诗》《书》❶。高帝骂之曰:“乃公居马上而得之,安事《诗》《书》!”陆生曰:“居马上得之,宁可以马上治之乎❷?且汤武逆取而以顺守❸之,文武并用,长久之术也。昔者吴王夫差、智伯极武❹而亡;秦任刑法不变,卒灭赵氏❺。乡使❻秦已并天下,行仁义,法先圣,陛下安得而有之?”高帝不怿而有惭色，乃谓陆生曰："试为我著秦所以失天下、吾所以得之者何，及古成败之国❼。"陆生乃粗述❽存亡之征，凡著十二篇。每奏一篇，高帝未尝不称善，左右呼万岁❾，号其书曰《新语》❿。

【注释】

❶前：谓在高帝面前。《诗》《书》:《诗经》《尚书》，这里用以代指儒门的典籍。 ❷居马上得之，宁可以马上治之乎：此汉初儒生所习言，如叔孙通有所谓"儒者难与进取，可与守成"；贾谊《过秦论》之所谓"仁义不施，攻守之势异也"，大旨皆同。一若是总结了秦朝灭亡的历史经验，而不知此语本身亦带有绝对、片面的弊病。 ❸逆取：指动用武力，以下伐上，甚至是耍阴谋、搞政变地取得权位。因为这些做法不合"圣人"之道，所以叫作"逆取"。顺守：指以仁义之道治理国家。古代之以"逆取顺守"获称于后世者如唐太宗、明成祖皆是。 ❹智伯：春秋末期的晋国大夫，名瑶，为当时所谓晋国的"六卿"之一。先曾与赵氏、韩氏、魏氏合力灭范氏、中行氏，为晋国四家中之最强者。后又欲灭赵氏，未果，反被赵氏所灭，事见《赵世家》。极武：逞强用武到极点。 ❺秦任刑法不变：秦国自孝公任用商鞅实行变法，从此历惠文王、武王、昭王、孝文王、庄襄王、始皇，直至二世亡国，前后历一百五十年一直单用法治。赵氏：即指秦王朝。《索隐》引韦昭曰："秦，伯益后，与赵同出蜚廉。至造父，有功于穆王，封之赵城，由此一姓赵氏。"史公于《秦本纪》之末曰："秦以其先造父封赵城，为赵

氏。” ❻乡使：当初假如；乡，通“向”。 ❼古成败之国：古代成功之国的经验与失败之国的教训。 ❽“粗述”二字极妙，太详细则刘邦必不读，陆贾可谓善看对象。❾按，见左右承欢之情态，亦借此烘染陆书之投合于当时。 ❿《正义》引《七录》云：“《新语》二卷，陆贾撰。”今“四部丛刊”有《新语》二卷，共十二篇。明人以为是原本，余嘉锡《四库提要辨正》以为是后人依托。叶适曰：“郦生、陆贾、叔孙通（传），皆言高祖骂儒生儒服，而汉所共事，皆武人刀笔吏，无有士人。独有张良，非军吏，不知何服也。然儒书儒服，自春秋战国时固已诟戾之矣。游说法术之学行，道义既绝，至是，陆贾始发其端，如阳气复于大冬，学者盖未可轻视之也。”

【译文】

陆贾向刘邦进言时，常常引用《诗经》《尚书》中的话。刘邦骂他道：“你老子是在马上夺得的天下，要《诗经》《尚书》干什么？”陆贾说：“您马上得天下，难道您还能在马上治理天下吗？商汤、周武王虽是用武力夺得天下，但治理天下却是依靠顺应民心的仁义政策，因此，只有文武并用，才是使国家长治久安的良策啊。当初吴王夫差、智伯就是因为过度用兵而导致了灭亡；秦朝也是由于只重严刑苛法而不知变革，因而很快地绝了后代。假如当初秦朝统一天下后，施行仁政，效法先圣之道，陛下您今天还能取得天下吗？”刘邦心里不高兴，脸上流露出惭愧之色，他对陆贾说：“你给我写本书，谈谈秦朝为什么会失天下，我为什么能得天下，谈谈历代各国成败的经验教训。”于是陆贾就概括论述了历代国家存亡的原因，共写了十二篇。每写完一篇就呈给刘邦看，刘邦每看过一篇没有不叫好的，左右群臣也跟着山呼“万岁”，陆贾的这部书被称为《新语》。

【解读】

《郦生陆贾列传》写了郦食其、陆贾、朱建三个善辩而又各具特色的人物。本书主要选了陆贾出使南越和著《新语》两事。

陆贾，既是出色的辩士，又是识时务的智者。陆贾的能言善辩主要表现在两件事上：一是他以《诗经》《尚书》劝刘邦文武并用，并著《新语》，总结了秦所以失天下以及汉所以得天下的历史经验，开启了一个由武功转向文治的历史新时期。二是他出使南越，劝南越王臣服于汉。后来文帝时期，他又再次说服南越取消天子称号。《太史公自序》说陆贾使“诸侯咸亲，归汉为藩辅”，可见司马迁对其业绩是格外敬佩的。清代吴见思《史记论文》说：“陆生一传则精详秀雅，又是一种体裁。至与尉他对语一段，各用权术，互相驾驭，至今生气勃勃。”

陆贾为什么与郦食其同传，历来有争议。在吕后专权时期，陆贾审时度势，告病回家。同时劝陈平与周勃交好，待机消除吕氏阴谋。这时候，陆贾就不单是辩士，而是一个智者了。查慎行评价说，陆贾“当吕后朝，不汲汲于功名，既能全身远患，又能以事外之人隐然为社稷计安全，有曲逆（陈平）智谋所不逮者”。

【编按】

陆贾劝刘邦逆取顺守，文武并用，留下了“居马上得之，宁可以马上治之乎?”的千古名言，说明打天下与治天下的不同。在七届二中全会上毛泽东告诫共产党人:“夺取全国胜利，这只是万里长征走完了第一步。……革命以后的路程更长，工作更伟大，更艰苦。”1949年3月，中国共产党中央离开西柏坡迁往北平。临行，毛泽东对周恩来说:“进京赶考去。”习近平总书记指出:“从实现‘两个一百年’目标到实现中华民族伟大复兴的中国梦，我们正在征程中。‘考试’仍在继续，所有领导干部和全体党员要继续把人民对我们党的‘考试’、把我们党正在经受和将要经受各种考验的‘考试’考好，努力交出优异的答卷。”

另，陆贾也常常被认为是大儒，是先秦之儒向汉代之儒转变的典型之一，所以他也是我们研究中国古代儒学史的重要人物。司马迁对叔孙通、董仲舒等汉儒过分依赖皇权，见风使舵则是非常反感的。

18.

李将军列传

李广像

李广射箭图

李将军广者，陇西成纪[1]人也。其先曰李信[2]，秦时为将，逐得燕太子丹[3]者也。故槐里[4]，徙成纪。广家世世受射。[5]孝文帝十四年[6]，匈奴大入萧关[7]，而广以良家子从军击胡[8]，用善骑射，杀首虏多，为汉中郎[9]。广从弟李蔡亦为郎，皆为武骑常侍[10]，秩八百石[11]。尝从行，有所冲陷折关及格猛兽[12]，而文帝曰："惜乎，子不遇时！如令子当高帝时，万户侯岂足道哉！"[13]

【注释】

[1]陇西：汉郡名，郡治狄道，在今甘肃省定西市临洮县。成纪：汉县名，属陇西郡，县治在今天水市秦安县北。 [2]李信：秦王政（即后来的秦始皇）手下的将领，事迹参见于《白起王翦列传》。 [3]逐得燕太子丹：事在秦王政二十一年（前226）。据《燕召公世家》《刺客列传》，秦王派王翦、李信等率兵击燕，燕王徙居辽东，李信追太子丹，太子丹匿衍水（在今辽宁省鞍山市西）中，燕王听代王赵嘉之劝，"斩丹首以献秦"。李信等盖得太子丹之首，未生得丹。 [4]槐里：汉县名，县治在今陕西省兴平市东南。 [5]陈仁锡曰："'广家世世受射'句，乃一传之纲领。广所长在射，故传中叙射事独详，若射'匈奴射雕者'，若射'白马将'，若射'追骑'，若射猎，若射石，若射猛兽，若射裨将，皆著广善射之实也。末及孙陵'教射'，亦与篇首'世世受射'句相应。"受射：向长辈学习射法；受，接受、继承。 [6]孝文帝十四年：前166年。 [7]萧关：关塞名，在

今宁夏回族自治区固原市东南。 ❽按，汉代士兵的来源主要有二：一为谪徙罪人，一为被视为二等罪犯的工商业者。也有一些平常人家（如“士”“农”）的子弟自愿从军者，即所谓“良家子”，这种人在军中的地位较谪徙为高。胡：当时用以指匈奴人。 ❾杀首虏多：斩敌之首与俘获生敌的数量多。按，“首虏”一词屡见于本传与《卫将军骠骑列传》，各处的用法略有不同。有时指斩敌之首与俘获生敌，有时只指斩敌之首。故有人将“首”字解为动词，说“首虏”即斩人之首，其实并不准确。为汉中郎：为汉朝皇帝当侍从；中郎：与“侍郎”“议郎”“郎中”等都统称作“郎官”，上属郎中令，在官则值夜护守，出则充当侍卫。“中郎”“侍郎”等秩比六百石，“郎中”秩比三百石。所以要加“汉”字，是区别于当时的其他诸侯国，当时的各国诸侯王亦称其侍卫曰“郎中”“中郎”。 ❿武骑常侍：皇帝的骑兵侍从。 ⓫秩八百石：官阶为八百石；秩，官阶；石，一百二十斤。秦汉时代的“三公”（丞相、太尉、御史大夫），秩万石；“九卿”（略当今之中央各部长），秩中二千石；郡太守，二千石；县令县长，最高者千石，最低者三百石。按，称某官为多少石，只表其官阶，非谓官俸即得如此多的粮食数。 ⓬尝从行，有所冲陷折关及格猛兽：按《汉书》改此“尝从行，有所冲陷折关及格猛兽”十三字作“数从射猎，格杀猛兽”，较此清晰合理。尝从行：尝通“常”，屡屡。折关：犹言“抵御”；折，折冲，打回敌人的冲锋；关，抵挡。 ⓭凌稚隆引凌约言曰：“汉文帝惜广不逢时，自以其时海内乂安，不事兵革，广之才无所用耳。末年，匈奴入上郡、云中，帝遣将军令勉、张武、周亚夫等以备胡，中称其‘选用材勇’，而独不及广。知而不用，何取于知耶?”

【译文】

李广将军是陇西郡成纪县人，他的祖先李信是秦国的名将，曾经在灭掉燕国后活捉了燕太子丹。李广家的原籍是槐里县，后来迁到了成纪。射箭是李广家世代相传的绝技。孝文帝十四年，匈奴大规模入侵萧关，这时李广以“良家子”的身份参军，抗击匈奴，由于他善于骑马射箭，杀的敌人多，因此被任为中郎。当时李广的堂弟李蔡也在皇帝身边为郎，兄弟二人都跟着汉文帝当武骑常侍，官阶是八百石。有一次，李广跟随文帝外出，在冲锋陷阵和与猛兽格斗中表现出了无比的勇敢。文帝称赞李广说:“真可惜啊！你生得不是时候！如果你生在高皇帝打江山的年代，凭你这身功夫，万户侯又何足挂齿呢!”

及孝景初立，广为陇西都尉，徙为骑郎将。❶吴楚军时，广为骁骑都尉❷，从太尉亚夫❸击吴楚军，取旗，显功名昌邑❹下。以梁王授广将军印❺，还，赏不行❻。徙为上谷❼太守，匈奴日以合战。典属国公孙昆邪❽为上泣曰:“李广才气，天下无双，自负其能，数与虏敌战，恐亡之❾。”于是乃徙为上郡太守❿。

【注释】

❶“及孝景初立”三句：孝景，即汉景帝，名启，文

帝之子，前156—前141年在位。陇西都尉，陇西郡的武官。当时各郡的行政长官称作太守，郡尉则协助太守分掌武事。而在一些边区、新区，有时只设一个都尉，管理该地的军政事宜。骑郎将，皇帝的侍从武官名，统领骑兵侍从，秩比千石。与车郎将、户郎将合称“三将”，皆上属郎中令。 ❷吴楚军时：指吴、楚七国起兵造反之时，事在汉景帝三年（前154）正月，事情详见《吴王濞列传》《袁盎晁错列传》《绛侯世家》等篇。骁骑都尉：军官名；骁骑，如同今之所谓“轻骑兵”。 ❸太尉亚夫：即周亚夫。吴、楚军起，亚夫由中尉被任命为太尉，统兵讨吴、楚；太尉，主管全国军事的最高长官，当时的“三公”之一。太尉亚夫击吴、楚军事，见《绛侯世家》《吴王濞列传》。 ❹昌邑：当时梁国的重镇，周亚夫的重兵当时就集结在这里。吴、楚军之败，则从其攻昌邑失败开始，过程详见《绛侯世家》。至于李广在昌邑之战中具体有何表现，史无明载。 ❺梁王授广将军印：李广虽属亚夫军，但因他是在梁国的地面上作战，卓有军功；又因李广原来只是都尉，不够将军级，故梁王出于敬慕而升赏之，授之将军印。梁王，即梁孝王刘武，文帝之子，景帝之弟，被封为梁王，都睢阳（今河南省商丘市睢阳区）。吴、楚叛军西进时，梁国首当其冲。故梁国在屏蔽汉代朝廷和抗击吴、楚叛军中，功劳巨大。 ❻还，赏不行：《集解》引文颖曰：“广为汉将，私受梁印，故不以赏也。”按，于此可见汉景帝与梁孝王兄弟之间的尖锐矛盾。 ❼上谷：汉郡名，郡治沮阳，在今河北省张家口市怀来县东南。 ❽典属国：是主管与他国、他族外交事务的官吏。《汉书·百官公卿表》：“典属国，掌蛮夷降者。”公孙昆邪（hún yé）：姓公孙，名昆邪。 ⑨恐亡之：凌稚隆引杨慎曰："公孙昆邪为国惜才过于文帝。"亡：失。 ⑩乃徙为上郡太守：通行本原文于此句后有"后广转为边郡太守，徙上郡，尝为陇西、北地、雁门、代郡、云中太守，皆以力战为名"三十一字，泷川曰："《汉书》无'后广'以下三十一字。"张文虎曰："'后广转为'至'为名'三十一字，疑当在后文'不知广之所之，故弗从'下，而衍'徙上郡'三字，则与《汉书》次序合。"按，此说近是，故删去此三十一字。上郡：汉郡名，郡治肤施。

【译文】

等到景帝即位后，李广先任陇西都尉，接着被召进京城做了皇帝的侍从武官——骑郎将。后来吴、楚七国叛乱时，李广以骁骑将军的身份跟着太尉周亚夫前往讨伐叛军。在战斗中，李广夺得了敌军的战旗，在昌邑大显威名。只因为梁孝王赠给了李广一枚将军印，回京后被景帝所迁怒，因而在别人受赏时，李广就没能再受到封赏。后来李广被调任上谷太守，匈奴军队每天和他打仗。于是典属国公孙昆邪流着眼泪向景帝请求说："李广的本领，在当今天下无双，也正因此他自恃武艺高强，天天和敌军交战，我真怕万一有个闪失，损失了这员名将。"于是景帝就把李广调到了上郡当太守。

匈奴大入上郡，天子使中贵人从广勒习兵❶击匈奴。中贵人将骑数十纵，见匈奴三人，与战。三人还射，伤中贵人，杀其骑且尽。中贵人走广。广曰："是必射雕者也。"广乃遂从百骑往驰三人。❷三人亡马步行，行数十里。广令其骑张左右翼，而广身自射彼三人者，杀其二人，生得一人，果匈奴射雕者也。已缚之上马，望匈奴有数千骑，见广，以为诱骑，皆惊，上山陈。广之百骑皆大恐，欲驰还走。广曰："吾去大军数十里，今如此以百骑走，匈奴追射我立尽。今我留，匈奴必以我为大军之诱❸，必不敢击我。"广令诸骑曰："前！"前未到匈奴陈二里所，止，令曰："皆下马解鞍！"其骑曰："虏多且近，即有急，奈何？"广曰："彼虏以我为走，今皆解鞍以示不走，用坚其意❹。"于是胡骑遂不敢击。有白马将出护其兵❺，李广上马与十余骑奔射杀胡白马将，而复还至其骑中，解鞍，令士皆纵马卧。是时会暮，胡兵终怪之，不敢击。夜半时，胡兵亦以为汉有伏军于旁欲夜取之，胡皆引兵而去。平旦，李广乃归其大军。大军不知广所之，故弗从❻。

【注释】

❶匈奴大入上郡：据《汉书·景帝纪》，中元六年（前144）六月，"匈奴入雁门，至武泉，入上郡，取苑马，吏卒战死者二千人"。天子使中贵人从广勒习兵击匈奴：天子派宦官跟李广一道部勒、训练军队，盖有观察、监督之意。泷川曰："宦官从军，盖以是为始。"中贵人：有地位、受宠信

的宦官。王叔岷以为指“在朝之宗室大臣”，非必指宦者，可参考。从广勒习兵：似应作“从广习勒兵”；勒，控制，统领。 ❷姚苎田曰：“以百余骑逐三人，不为武，此自以射雕者形容广之善射，以‘百余骑’作下‘数千骑’引子，看去乃见其笔法之妙。”驰：追赶。 ❸必以我为大军之诱：即上文之所谓“诱骑”，以小股部队引诱敌人入我大军之埋伏。 ❹坚其意：强化他们的（错误）判断。王先谦曰：“坚彼以我为‘诱骑’之意，使之不疑也。” ❺出护其兵：到前面来整理其士兵的部伍阵式；护，这里指安排，整顿。❻故弗从：所以都按兵未动。泷川曰：“《汉书》‘弗从’下有‘后徙为陇西、北地、雁门、代郡、云中太守’十五字。”按，据张文虎说，上文之“后广转为边郡太守，尝为陇西、北地、雁门、代郡、云中太守，皆以力战为名”二十八字应移于此句之下；转，辗转。

【译文】

李广做上郡太守的时候，正赶上匈奴人大举进攻上郡，这时皇帝派了一名受宠信的宦官到上郡来跟着李广学习军事。有一次这个宦官带领着几十名骑兵在田野上纵马奔驰，突然遇到了三个匈奴人，便打了起来。结果这个宦官被匈奴人射伤，他带的几十名骑兵几乎全被匈奴人射死了。宦官逃回了李广这里。李广说：“这一定是射雕的。”他立即带了百数名骑兵去追赶这三个人。这三个人把自己的马丢了，只好步行，这时已经走出几十里了。李广命令部下做出了从左右两侧包抄的态势，自己拿了弓箭射他们，结果射死了两个，活捉了一个，一审问，果然是匈奴的射雕人。他们刚把俘虏绑在马上，准备回营，突然望见从远处来了几千名匈奴骑兵。这些骑兵也发现了李广，他们以为这是汉军派出来特意引着他们去上当的，心里很吃惊，于是慌忙冲上山头布好阵式。李广的这百数人怕极了，都想赶紧往回跑。李广说："这里离着我们的大部队有几十里，我们这百数人如果往回跑，匈奴人追上来一阵乱箭就都把我们射死了。如果我们留下来不走，匈奴人必然以为我们是大部队派出来故意引诱他们去上当的，他们一定不敢打我们。"于是李广命令这百数人："前进！"一直走到离匈奴人只有二里地的地方，才停下来，接着又下令说："全体下马，把鞍子解下来！"有人说："敌人这么多，离我们又这么近，我们再都下马解鞍，如果敌人进攻我们，我们怎么办？"李广说："敌人肯定以为我们是会跑的，现在我们偏要给他来个下马解鞍表明不跑，以此来强化他们那种错误判断。"这样一来，匈奴人果然没敢进攻李广。后来敌人那边有个骑白马的将领出来整理阵容，这时李广突然上马带着十来个人飞奔过去将他射死了，然后又退了回来解下马鞍子，并命令士兵们把马放开，躺在地上休息。这时天色渐晚，匈奴人始终觉得这伙人可疑，没敢轻易出击。到了半夜，匈奴人更怀疑附近可能埋伏着大批汉军，打算乘夜晚偷袭他们，于是他们赶紧撤走了。第二天清晨，李广才回到大本营。李广的大部队因为不知道李广昨晚去了何处，所以只有在原地待命。

居久之，孝景崩，武帝立[1]，左右以为广名将也，于是广以上郡太守为未央卫尉[2]，而程不识亦为长乐卫尉[3]。程不识故与李广俱以边太守将军屯。及出击胡，而广行无部伍行陈[4]，就善水草屯，舍止，人人自便，不击刀斗[5]以自卫，莫府省约文书籍事[6]，然亦远斥候[7]，未尝遇害。程不识正部曲行伍营陈，击刀斗，士吏治军簿至明，军不得休息，然亦未尝遇害。不识曰："李广军极简易，然虏卒犯之[8]，无以禁也；而其士卒亦佚乐，咸乐为之死。我军虽烦扰，然虏亦不得犯我。"是时汉边郡李广、程不识皆为名将，然匈奴畏李广之略，士卒亦多乐从李广而苦程不识[9]。程不识孝景时以数直谏为太中大夫[10]。为人廉，谨于文法[11]。

【注释】

❶孝景崩，武帝立：事在景帝后元三年（前141）；武帝，名彻，景帝之子，前140—前87年在位。按，梁玉绳曰："'武帝'当作'今上'。" ❷未央卫尉：未央宫的卫队长官。未央宫是皇帝居住的地方，在当时长安城的西南部，今西安之未央区尚有未央宫遗址。卫尉是当时的"九卿"之一，职掌守卫宫门，秩中二千石。 ❸程不识：武帝时名将，其人又见于《魏其武安侯列传》。长乐卫尉：长乐宫的卫队长官。长乐宫是太后居住的地方，地处当时长安城的东部。长乐卫尉与未央卫尉的官阶相同，皆为"九卿"之一。 ❹广行无部伍行陈：李广部队的行军，士卒皆任意而行，不按编制，不成行列；行，行军；部伍，犹言"部

曲”。《续汉书·百官志》:“大将军营五部。部，校尉一人。部下有曲，曲有军候一人。”师古曰:“广尚于简易，故行道之中不立部曲也。” ❺不击刀斗：不安排打更巡逻；刀斗，同“刁斗”，铜制的军用饭锅，白天用以煮饭，夜间用以敲击巡逻。 ❻莫府：同“幕府”，指将军的办事机构，师古曰:“莫府者，以军幕为义。军旅无常居止，故以帐幕言之。”文书籍事：指各种公文案牍之类。按,《汉书》只作“莫府省文书”，无“籍事”二字。 ❼远斥候：将哨探人员放出去很远，有敌情可以及早得知；斥候，侦察敌情的人员。 ❽虏卒犯之：敌人突然进犯；卒，同“猝”，突然。 ❾凌稚隆引董份曰:“载不识言，以见军法之正；载‘匈奴畏李广之略’二句，以明广之能。载事必如此，然后义备，而笔端鼓舞。”姚苎田曰:“广惟有勇略，又能爱人，于兵法‘仁’‘信’‘智’‘勇’‘严’者，实有其四，惟少一‘严’耳。然其远斥候以防患，法亦未尝不密也。但说到‘无部伍行陈’‘省文书籍事’，此大乱之道，恐不能一日聚处，疑亦言之过甚。愚谓要是文字生色耳，未必简易至此极也。”按，姚氏可谓善读《史记》。 ❿太中大夫：皇帝的侍从人员，掌议论，秩比千石，上属郎中令。 ⓫谨于文法：严格执行规章制度。按，自“程不识故与李广俱以边太守将军屯”至“谨于文法”，皆补叙李广、程不识为卫尉以前事。

【译文】

过了好多年，汉景帝死了，汉武帝即位，左右大臣都说李广是一位名将，于是李广从上郡太守被调入朝廷当了未央宫的卫尉，当时程不识正做长乐宫的卫尉。程不识和李广一样，过去都曾以边郡太守的身份率领军队驻守边防。每当出兵讨伐匈奴时，李广的军队比较随便，甚至连严格的组织队列都没有，驻扎的时候也只是挑个有水草的地方，驻下之后人人自便，夜里也不打更巡逻，军部里各种办事的规章案牍一切从简，但由于他能远放哨探，掌握敌情，所以也从未遭受过敌人的偷袭。而程不识则相反，他的军队不论行军扎营一切规章制度都很严格，夜里要打更巡逻，军部里的文吏们处理各种簿籍档案常常通宵达旦，全军都忙忙碌碌，得不到休息，因此他的军队也未曾遭受过什么突然的侵害。程不识说："李广的治军办法，极其简单省事，如果遇上敌人偷袭，恐怕就难以招架了。但他的士兵们生活得很快乐，因此到了作战的时候，大家都愿意为他拼命。我的治军虽然啰唆麻烦，但敌人不可能对我发动突然袭击。"那时候，李广和程不识都是汉朝边郡上的名将，但是匈奴人特别怕李广的胆略，而士兵们也都乐于跟着李广而不愿意跟着程不识。程不识曾因为敢于直言劝谏在景帝时期做过太中大夫，为人廉洁，谨守规章法度。

后汉以马邑城诱单于❶，使大军伏马邑旁谷，而广为骁骑将军❷，领属护军将军❸。是时单于觉之❹，去，汉军皆无功❺。其后四岁，广以卫尉为将军，出雁门击匈奴。❻匈奴兵多，破败广军，生得广。单于素闻广贤，令曰："得李广必生致之。"胡骑得广，广时伤病，置广两马间，络而盛卧广❼。行十余里，广详死，睨其旁有一胡儿骑善马，广暂腾而上胡儿马，因推堕儿，取其弓，鞭马南驰数十里，复得其余军，因引而入塞。匈奴捕者骑数百追之，广行取胡儿弓，射杀追骑，以故得脱。❽于是至汉，汉下广吏。吏当广所失亡多❾，为虏所生得，当斩，赎为庶人❿。

【注释】

❶汉以马邑城诱单于：事在武帝元光二年（前133）；单于，此时的匈奴单于名唤“军臣”。《匈奴列传》云：“汉使马邑下人聂翁壹奸兰（犯禁）出物与匈奴交，详为卖马邑城以诱单于。单于信之，而贪马邑财物，乃以十万骑入武州塞。汉伏兵三十余万马邑旁，御史大夫韩安国为护军，护四将军以伏单于。”结果被匈奴发觉，汉军徒劳无功。 ❷广为骁骑将军：谓以卫尉身份充任之，罢军后，仍回任卫尉，故下文又有“以卫尉为将军”语。 ❸领属：归某人所统领。护军将军：即韩安国。韩安国字长孺，景帝、武帝时的将领，事迹详见《韩长孺列传》。 ❹单于觉之：《韩长孺列传》云：“单于入汉长城武州塞，未至马邑百余里，行掠拔，徒见畜牧于野，不见一人，单于怪之。攻烽燧，得武州尉史。欲刺，问尉史，尉史曰：‘汉兵数十万，伏马邑下。’单于顾谓左右曰：‘几为汉所卖’乃引兵还。” ❺汉军皆无功：由于汉军劳民伤财，一无所得，故武帝怒斩了此役的倡导者王恢。 ❻“其后四岁”三句：其后四岁，元光六年（前129）；出雁门，由雁门郡出兵北行。 ❼络而盛卧广：在

两匹马之间做成一副网状的担架，让伤病的李广睡在上面；络，结网。 ❽匈奴捕者骑数百追之，广行取胡儿弓，射杀追骑，以故得脱：此二十三字若移至“复得其余军”句上，则文字更为顺畅。师古曰：“且行且射也。”王叔岷曰：“‘行’犹‘因’也。”行：顺手，随即。 ❾当：判处。失亡多：损失的士兵众多。 ❿赎为庶人：花钱赎其死罪，免以为平民；庶人，平民百姓。姚苎田曰：“此段云‘破败广军’，后云‘汉兵死者大半’，则广之麾下失亡不可胜记，而广才总以善射自完。律以常法，殊难为广占地步矣。但其败后之勇决奇变，殊胜于他人之奏凯策勋者百倍。史公必不肯以成败论英雄，是其一生独得之妙，故出力敷写如此。”

【译文】

后来汉朝派人用假装出卖马邑城的办法企图引诱匈奴单于上钩，而把大批汉军埋伏在马邑周围的山沟里，李广以骁骑将军的身份参加了这次行动，属护军将军韩安国统领。不料汉军的这次阴谋被匈奴单于所发觉，在还没有到达马邑的时候就把军队撤回去了，因此汉军白忙了一回。又过了四年，李广以未央宫卫尉的身份为将军，率兵出雁门关讨伐匈奴。不料遇到了匈奴的大军，结果汉军被击败，李广也被人俘虏了。匈奴单于早就知道李广是一员名将，因此他早就下过命令：“如果遇到李广一定要抓活的。”匈奴捉到李广后，李广当时正害着病，同时又受了伤，于是匈奴人就在两匹马之间拴了一个网床，让李广躺在上边。李广躺着一直装死不动，等到走出了十几里的时候，他斜着眼偷偷瞧见他身边有个匈奴人骑着一匹好马，于是他就突然一跃而起，跳到了这个匈奴人的马上，夺过了他的弓箭，把他推到了马下，然后快马加鞭一口气向南跑了几十里，找到了自己的残部，领着他们返回了关内。当时有几百个匈奴骑兵在后面追赶李广，李广就用他夺来的那张弓回身射死了追上来的匈奴人，终于得以脱身。李广回来后，朝廷把李广交给军法处审判，军法处判定李广损失士卒众多，且又自身被俘，应当斩首。但允许李广出钱赎罪，因而得以免死，成了普通百姓。

顷之，家居数岁。广家与故颍阴侯孙屏野居蓝田南山中射猎。❶尝夜从一骑出，从人田间饮。还至霸陵亭，霸陵尉❷醉，呵止广。广骑曰："故李将军。"尉曰："今将军尚不得夜行，何乃故也！"止广宿亭下。居无何，匈奴入杀辽西太守，败韩将军❸。后韩将军徙右北平，死，于是天子乃召拜广为右北平太守。❹广即请霸陵尉与俱，至军而斩之。❺

【注释】

❶泷川曰："史文疑有讹误，《汉书》改作'数岁，与故颍阴侯孙屏居'。"颍阴侯孙：灌婴之孙灌强。灌婴是刘邦的开国元勋，以功被封为颍阴侯，事迹详见《樊郦滕灌列传》。至其孙灌强，乃袭其祖之勋而为侯者，此时正因犯罪失侯家居。屏野：摒除人事而居于山野。蓝田南山：即蓝田山，离长安很近，是当时贵族喜欢游猎、居住的地方。 ❷霸陵亭：霸陵附近的亭驿；霸陵，汉文帝的陵墓，当时曾因陵墓

所在而设有霸陵县。霸陵尉：霸陵县的县尉，尉在县里主管缉捕盗贼。 ❸匈奴入杀辽西太守：据《韩长孺列传》，武帝元朔元年（前128）秋，"匈奴大入边，杀辽西太守，及入雁门，所杀略（掠）数千人"。辽西，汉郡名，郡治阳乐（在今辽宁省锦州市义县城西）。败韩将军：《韩长孺列传》云："卫尉安国为材官将军，屯于渔阳。安国捕生虏，言匈奴远去，即上书言方田作时，请且罢军屯。罢军屯月余，匈奴大入上谷、渔阳，安国壁有七百余人，出与战，不胜，复入壁。匈奴虏略千余人及畜产而去。天子闻之，怒，使使责让安国。安国益东，屯右北平。"右北平，汉郡名，郡治平刚，旧说在今辽宁凌源西北。据查，古平刚乃在今内蒙古自治区赤峰市宁城县右北平镇之黑城村，参见《韩长孺列传》注。 ❹通行本原文于"后韩将军徙右北平"下无"死"字。《会注考证》本于"韩将军徙右北平"下增"死"字，泷川曰："'平'下'死'字，各本脱，今依枫、三本，《汉书》。"按，泷川说是也。检《韩长孺列传》云："（安国）将屯又为匈奴所欺，失亡多，甚自愧。幸得罢归，益东徙屯，意忽忽不乐。数月，病欧血死。"知有"死"字者是，今据增。❺凌稚隆引董份曰："不能忘一尉之小憾，乃知功名不成，非特杀降也，亦浅中少大度耳。"按，此与韩信之"召辱己之少年令出胯下者，以为楚中尉"相较，二人之风度气派如何？

【译文】

李广当老百姓的这几年里，他常常和颍阴侯灌婴的孙子灌强隐居在长安以南的蓝田县山中打猎。有一天夜里李广带着一个随从去和他的一个朋友在田间饮酒。回来经过霸陵亭的时候，正好遇到了喝醉酒的霸陵县尉，他呵责李广为什么犯夜，并要拘留他。这时李广的从人连忙解释说：“这位是前任的李将军。”县尉蛮横地说：“就是现任的将军也不许夜行，更何况你是个卸了任的将军！”于是硬把李广扣留在亭下过了一宿。过了不久，匈奴人进犯辽西，杀了辽西郡的太守，打败了韩安国的守军。又过后不久，朝廷调任右北平太守的韩安国呕血死了，于是武帝起用李广，任命他做了右北平太守。李广接到任命后就向朝廷请求调那个霸陵县尉到他部下听用，一到军中，李广就把他杀了。

广居右北平，匈奴闻之，号曰“汉之飞将军”❶，避之数岁，不敢入右北平❷。广出猎，见草中石，以为虎而射之，中石没镞❸，视之石也。因复更射之，终不能复入石矣。广所居郡闻有虎，尝❹自射之。及居右北平射虎，虎腾伤广，广亦竟射杀之。

【注释】

❶姚苎田曰：“‘飞将军’三字疑亦从络盛两马间腾身忽上，驰入塞内之事而得，实慑于其一身之勇，非叹服其御众之能也。” ❷不敢入右北平：黄震曰：“李广边将才于守右北平见之，使武帝志在息民，专任李广足矣。”此说未免荒谬。 ❸何焯曰：“《吕览·精通篇》云：‘养由基射虎中石，矢乃饮羽，诚乎虎也。’与此相类。岂后世因广之善射，造

为此事以加之与？段成式已疑之。” ❹尝：通“常”。

【译文】

李广在任右北平太守的时候，匈奴人都知道他的名字。他们敬畏地称李广为汉朝的“飞将军”，一连几年躲避他，不敢进犯右北平。有一次李广外出射猎，误将草丛中的一块巨石看成了老虎，他拔箭就射，整个箭头都射到石头里去了，近前一看，才知道是石头。李广自己也觉得奇怪，待要开弓再射，却再也射不进去了。李广在各郡任太守时，只要听说哪里有老虎，总是亲自去射。后来在右北平射虎时，被老虎跳起来咬伤了，但最后李广还是射死了这只老虎。

广廉，得赏赐辄分其麾下，饮食与士共之❶。终广之身，为二千石四十余年❷，家无余财，终不言家产事。广为人长，猨臂❸，其善射亦天性也，虽其子孙他人学者，莫能及广。广讷口少言，与人居则画地为军陈，射阔狭❹以饮。专以射为戏，竟死。广之将兵，乏绝之处，见水，士卒不尽饮，广不近水；士卒不尽食，广不尝食❺。宽缓不苛，士以此爱乐为用。其射，见敌急❻，非在数十步之内，度不中不发，发即应弦而倒。用此，其将兵数困辱❼，其射猛兽亦为所伤云❽。

【注释】

❶与士共之：士，即谓士卒。下文言“水”言“食”即以“士卒”与“士”交互为文。 ❷为二千石四十余年：《汉书》作“广历七郡太守，前后四十余年”。按，广在朝为卫尉、为郎中令，在边郡历任太守，皆可大体谓“二千石”，《史记》盖通言之。 ❸猨臂：其臂如猿，盖谓长且灵活。❹画地为军陈：在地面上画成若干格；陈，通“阵”。射阔狭：即比赛看谁射得准；阔狭，指实际着箭点与预定着箭点的距离大小。 ❺士卒不尽饮，广不近水；士卒不尽食，广不尝食：此处应与《卫青霍去病列传》之“（去病）少而侍中，贵，不省士。其从军，天子为遣太官赍数十乘，既还，重车余弃粱肉，而士有饥者。其在塞外，卒乏粮，或不能自振，而骠骑尚穿域蹋鞠”相对照，以见司马迁之歌颂与批判。然《淮南衡山列传》伍被之称卫青亦有所谓“穿井未通，须士卒尽得水，乃敢饮”；且谓“大将军于士卒有恩，众皆乐为之用”又与称颂李广之用语相同。 ❻见敌急：泷川曰：“《汉书》无‘急’字，此疑衍。” ❼数困辱：因放敌至跟前，来不及挨个还手而被敌所伤，甚至被敌所俘；数，多次。 ❽其射猛兽亦为所伤云：陈子龙曰：“广自矜其技，非大将法也，故将兵无功。”徐朔方曰：“这段文字很像文章的结尾，而实际上后面还有一半，这怎么解释？很可能前文是初稿，后来加以续写，留下了这样一个痕迹。”

【译文】

李广为人廉洁，每次得到了朝廷的赏赐总是全都分给他的部下，有好的东西也都是和士兵们一起吃喝。他一辈子当了四十多年的二千石，到头来家中没攒下一点钱财，而他自己也从来不提家产的事。李广个子很高，胳膊也长，他那套射箭的绝技也有些确实是出于天性，别的人即使是他的子孙学射箭，都没有一个能赶上他的。他言语迟钝，平常很少说话，和别人在一起时总喜欢画地为阵，比赛谁射箭射得准，输了的罚酒。一直到死都是这个习惯。他一生带兵东奔西走，每遇到缺水乏粮的时候，只要士兵还没有喝上水他就决不喝水；只要士兵们还没有吃到东西他就决不吃。他待人宽厚和气，因此大家都乐于为他效力。他射箭也有个习惯，每逢遇到敌人，非等到相距只有几十步，能够百发百中的时候他才射，一旦开弓，敌人肯定是应弦而倒。但也正因为这个，他也不止一次地被敌人搞得很狼狈，射猛兽的时候也时而被猛兽所伤。

居顷之，石建卒，于是上召广代建为郎中令❶。元朔六年，广复为后将军❷，从大将军军出定襄❸，击匈奴。诸将多中首虏率❹，以功为侯者，而广军无功。后二岁❺，广以郎中令将四千骑出右北平，博望侯张骞❻将万骑与广俱，异道。行可数百里，匈奴左贤王❼将四万骑围广，广军士皆恐，广乃使其子敢往驰之❽。敢独与数十骑驰，直贯胡骑，出其左右❾而还，告广曰："胡虏易与耳。"❿军士乃安。广为圜陈外向⓫，胡急击之，矢下如雨。汉兵死者过半，汉矢且尽。广乃令士持满毋发，而广身自以大黄[12]射其裨将，杀数人，胡虏益解[13]。会日暮，吏士皆无人色，而广意气自如，益治军[14]。军中自是服其勇也。[15]明日，复力战，而博望侯军亦至，匈奴军乃解去。汉军罢，弗能追。是时广军几没，罢归。[16]汉法，博望侯留迟后期，当死，赎为庶人。广军功自如[17]，无赏。

【注释】

❶石建卒，于是上召广代建为郎中令：石建，万石君石奋之子，以“孝谨”著称，实际上是一个近于佞幸的人，事迹见《万石君列传》。石建自武帝建元二年（前139）为郎中令，任职十五年而卒。召广代建为郎中令，事在武帝元朔六年（前123）。郎中令，当时的“九卿”之一，统领皇帝侍从，及守卫宫门，实际是宫廷事务之总管。 ❷后将军：《汉书·百官公卿表》：“前、后、左、右将军皆周末官，秦因之。位上卿，金印紫绶，汉不常置。皆掌兵及四夷。”❸从大将军：跟随大将军卫青；大将军，《续汉书·百官志》：“将军不常置，掌征伐背叛。比公者四，第一，大将军；次，骠骑将军；次，车骑将军；次，卫将军。”按，武帝时的大将军地位崇高，虽名义上位在丞相之下，其权宠实在丞相之上。且与皇帝亲近，常在宫廷与皇帝决定大计，时称“内朝”。这里的大将军指卫青，武帝时期的名将，皇后卫子夫之弟，事迹详见《卫将军骠骑列传》。定襄：汉郡名，郡治成乐，今内蒙古自治区呼和浩特市和林格尔县西北。❹中首虏率：符合按斩敌首级与俘获敌兵而加官晋爵的标

准；中，符合；率，标准、规定。 ⑤后二岁：武帝元狩二年（前121）。 ⑥博望侯：封地博望县，县治在今河南省南阳市东北。张骞（qiān）：武帝时的大探险家，曾出使西域，以功封博望侯，事迹见《大宛列传》。 ⑦左贤王：匈奴大单于下面的两个最高官长之一，与右贤王分部驻扎，共同襄助大单于处理国事。左贤王居匈奴之东部，右贤王居匈奴之西部。 ⑧其子敢：李广的第三子李敢，事迹见后文。往驰之：前往冲击敌阵；驰，飞马攻击。 ⑨出其左右：从左到右、从右到左地冲杀、穿行了一遍。 ⑩胡虏易与耳：易与，容易对付。按，此处写李敢的少年勇猛，亦在于衬托李广。 ⑪圜陈外向：因李广军处十倍于己的敌人包围中，须四面应敌，故列为圆阵，四周矛头一齐向外；圜陈，同"圆阵"。 ⑫大黄：即一种黄色的可以连发的大弓。《集解》引韦昭曰："角弩色黄而体大也。" ⑬益解：渐渐散去。按，王叔岷以为"益解"应解释为"渐懈"，可供参考。⑭益治军：更加精神十足地整顿自己的队伍；治军，师古曰："巡部曲，整行阵也。" ⑮郭嵩焘曰："广与匈奴大小七十余战，史公不一叙，独上文叙其以百骑支匈奴数千，此以四千骑当匈奴四万，写得分外奇险。妙在一以不战全军，一以急战拒敌，两事各极其胜。" ⑯姚苎田曰："此段广之勇烈及其所遇之艰危，皆大略与其孙陵相似，皆以别将失道，独与虏遇；皆以少敌众，而广之终得拔身还汉者，卒以救军之来也。史公写此极详，盖亦有所感云。" ⑰军功自如：军功和败罪相当，相抵消。

【译文】

又过了一些时候，郎中令石建死了，于是武帝把李广召回接替石建做了郎中令。元朔六年，李广又以后将军的身份，跟随大将军卫青出定襄讨伐匈奴。在这次出征中许多将领都因为杀敌够数而被封了侯，唯独李广却落了个劳而无功。又过了两年，李广又以郎中令的身份率领四千骑兵从右北平出发讨伐匈奴，这时博望侯张骞也率领着一万多人同时出征，各人自走一条路。李广的部队进入了匈奴几百里后，突然被匈奴左贤王率领的四万骑兵包围了。这时，李广的部下都十分恐慌，而李广却镇定自若，他派他的儿子李敢先去冲击一下敌人。李敢带领着几十名骑兵跃马扬鞭，冲入了敌阵，他们在敌阵中从腹到背，从左到右，穿了个大十字，而后回来了。他们向李广报告说："这些匈奴人容易对付！"看到了这种情景，军心才稳定下来。于是李广把自己的四千人排成一个圆阵，以对付四面围上来的敌人。匈奴人对李广的军队发起猛攻，一时间箭如雨下，四千人被射死一多半，而箭也快要射光了。于是李广命令士兵们搭上箭，拉开弓，但不要射出，他自己则用一种"大黄"弩，一连射死了匈奴的几个偏将，其余的人吓得纷纷后退。这时天已经黑了下来，李广的部下个个面无人色，唯独李广仍是那么意气风发，镇定自若，他把队伍又整顿了一下，准备继续战斗。通过这一次，人们对于李广的勇敢胆略，可真算是服了。第二天，他们又接着顽强地作战，刚好这时博望侯张骞的军队到了。匈奴人一见汉军的援兵到达，立即向北撤去。汉军则因为疲惫已极，已经无力追击了。这一次李广的部队几乎全军覆没。回来之后，依照朝廷的法律，博望侯张骞由于未能按时到达，判处死刑，张骞出钱赎罪，被革职为民。李广的军功和失败的罪责相抵，因此也没有受到任何赏赐。

初，广之从弟李蔡与广俱事孝文帝。景帝时，蔡积功劳至二千石❶。孝武帝时，至代相❷。以元朔五年为轻车将军❸，从大将军击右贤王，有功中率，封为乐安侯❹。元狩二年中，代公孙弘❺为丞相。蔡为人在下中，名声出广下甚远，然广不得爵邑❻，官不过九卿❼，而蔡为列侯，位至三公❽。诸广之军吏及士卒或取封侯。广尝与望气王朔燕语❾，曰："自汉击匈奴而广未尝不在其中，而诸部校尉❿以下，才能不及中人，然以击胡军功取侯者数十人，而广不为后人，然无尺寸之功以得封邑者，何也？岂吾相不当侯邪⓫？且固命也⓬？"朔曰："将军自念，岂尝有所恨乎？"广曰："吾尝为陇西守，羌⓭尝反，吾诱而降，降者八百余人，吾诈而同日杀之。至今大恨独此耳。"朔曰："祸莫大于杀已降⓮，此乃将军所以不得侯者也。"⓯

【注释】

❶积功劳：即俗所谓"没有功劳也有苦劳"，凭着年头、资历逐步升迁。至二千石：即指其为代相，当时的诸侯国相秩二千石。　❷代相：代王之相；代，汉代的诸侯国名，李

蔡为代相时的代王先后为文帝之子刘参的儿子刘登，与刘登之子刚王刘义。当时代国的都城为晋阳。 ❸元朔五年：前124年。轻车将军：杂号将军之一，较前所说的左、右、前、后四将军位次略低。 ❹乐安侯：封地乐安；乐安，汉县名，县治在今山东省滨州市博兴县北。据《建元以来侯者年表》，李蔡封乐安侯在元朔五年四月。 ❺元狩二年：前121年。公孙弘：姓公孙，名弘，汉代以儒术获登宰相的第一人，与董仲舒共同助成了汉武帝的罢黜百家，独尊儒术，实际他们所行的乃是一种用儒术外衣包裹着的酷吏政治。公孙弘是司马迁最反感的人物之一，事迹详见《平津侯主父列传》。公孙弘自元朔五年（前124）为丞相，居位三年；李蔡自元狩二年为丞相，至元狩五年（前118）因罪自杀。 ❻出广下甚远：意即比李广差得很远。不得爵邑：意即未得裂土封侯；爵，勋级，如“王”“侯”“君”等；邑，封地。汉时之封“王”者，初期有的地广数郡，其后逐渐削减，至武帝时多数略当一郡，也有不足一郡者。封“侯”者，略当一县，也有的仅当一乡。 ❼九卿：秦汉官制皇帝以下最高的叫“三公”，其次是“九卿”。汉九卿指：太常、光禄勋（也称郎中令）、卫尉、太仆、廷尉、鸿胪、宗正、太司农、少府。 ❽列侯：亦称“彻侯”“通侯”，封有一定领地，较无领地的“关内侯”地位高。刘邦曾规定过：“非刘氏者不得王，非有功者不得侯。”因此在汉代对一般官员而言，封列侯是最高的荣誉。三公：指丞相、太尉、御史大夫。 ❾望气王朔：望气者姓王名朔；望气，古代的一种迷信活动，据说觇望一个地方的云气，可以判断有关人事的吉凶祸福；王朔，当时著名的望气者，《天官书》有所谓“夫汉自为天数者，星则唐都，气则王朔”。燕语：闲谈；燕，安闲，从容。⑩诸部校尉：李广以称自己的下属。古时一个将军统领若干“部”，各“部”的军官即称“校尉”。⑪岂吾相不当侯邪：莫非是我的“面相”不好，不能封侯吗？相，面相。古时的相术既迷信，又宿命，然汉代颇时兴这一套，王充《论衡》中有《骨相篇》以斥其事。⑫且固命也：还是我命中注定的呢？也，此处读法通“耶”，表示反问。按，司马迁不相信天道鬼神，但相信“命定”，其中有说不尽的痛苦、悲愤。⑬羌：当时活动在今甘肃、青海以及四川省北部一带的少数民族名，种类繁多。此处应指陇西郡以西的约当今之青海省东部的羌族人。⑭祸莫大于杀已降：《白起王翦列传》白起临死前有所谓“我固当死，长平之战，赵卒降者数十万人，我诈而尽坑之，是足以死”。⑮按，王朔一段，乃史公游离点缀之词，李广及其整个家族悲剧命运的制造者，乃汉代皇帝与其宠幸，文中指示甚明，而所以仍著此词，一为批评李广之杀降，一乃为其终身坎壈兴叹。

【译文】

早在孝文帝做皇帝的时候，李广就和他的堂弟李蔡一同在文帝驾前服务。到景帝在位时，李蔡已经慢慢升迁到了二千石。到武帝即位后，李蔡先是做了代国的丞相。元朔五年，又以轻车将军的身份跟随大将军卫青出击匈奴右贤王，由于功劳够格，被封为乐安侯。到元狩二年，竟接替公孙弘做了丞相。李蔡的人品，只能算个下中等，名声比李广差远了。然而李广一辈子也没有得到封爵领地，官位最高没有超过九卿，而李蔡却被封了侯，官阶也到了三公。李广部下的不少军官甚至士兵后来也封了侯。有一次，李广和一个望气的术士王朔闲谈，他对王朔说：“自从汉朝讨伐匈奴开始，我几乎没有一次战斗没有参加。我手下的一些人有的才能还够不上个中等，然而现在已经有几十个人封侯了。而我哪一条也不比他们差，可是直到今天竟没有得到尺寸之地的封赏。是我的骨相不该封侯呢？还是命里注定的呢？”王朔说：“您好好回想一下，您曾经做过什么让自己后悔的事吗？”李广说：“我在做陇西太守的时候，曾遇上羌人谋反。我引诱他们投降，有八百多人已经投降了，但最后我欺骗了他们，在当天就把他们都杀了。我至今最后悔的就是这件事。”王朔说：“杀害已经投降的人，是一种最大的阴祸，这就是您不得封侯的原因。”

后二岁❶，大将军、骠骑将军大出击匈奴❷，广数自请行。天子以为老，弗许；良久乃许之，以为前将军。是岁，元狩四年也。❸

【注释】

❶后二岁：元狩四年（前119）。 ❷骠骑将军：指霍去病，卫青的外甥，武帝皇后卫子夫之姊卫少儿的儿子。骠骑将军，位次仅低于大将军。大出：大规模出兵。《卫将军骠骑列传》称此役曰：“元狩四年春，上令大将军青、骠骑将军去病，将各五万骑，步兵转者踵军数十万。”霍去病由代郡北出，卫青则从定襄北出。 ❸是岁，元狩四年也：特别提点，以突出下面所叙事件的重要，以及作者对此事件

的深沉感慨。

【译文】

又过了两年，大将军卫青、骠骑将军霍去病率领大军大规模出击匈奴，李广请求参战。武帝认为他老了，开始时不答应。后来因为李广总是请求，武帝才答应了，派他做了前将军。这一年，是汉武帝元狩四年。

广既从大将军青击匈奴，既出塞，青捕虏知单于所居，乃自以精兵走之，而令广并于右将军军，出东道[1]。东道少回远，而大军行水草少，其势不屯行[2]。广自请曰："臣部为前将军，今大将军乃徙令臣出东道，且臣结发[3]而与匈奴战，今乃一得当单于，臣愿居前，先死单于。"大将军青亦阴受上诫，以为李广老，数奇[4]，毋令当单于，恐不得所欲[5]。而是时公孙敖新失侯[6]，为中将军从大将军[7]，大将军亦欲使敖与俱当单于[8]，故徙前将军广。广时知之，固自辞于大将军。大将军不听，令长史封书与广之莫府[9]，曰："急诣部，如书。"广不谢大将军而起行，意甚愠怒而就部，引兵与右将军食其合军出东道。军亡导，或失道[10]，后大将军。大将军与单于接战，单于遁走[11]，弗能得而还。南绝幕[12]，遇前将军、右将军。广已见大将军，还入军⑬。大将军使长史持糒醪遗广⑭，因问广、食其失道状，青欲上书报天子军曲折⑮。广未对，大将军长史急责广之幕府对簿⑯。广曰："诸校尉无罪，乃我自失道。吾今自上簿。"

【注释】

❶并于右将军军：使之率部与右将军之军合并；右将军，指赵食其（yì jī），原在朝任主爵都尉，事迹参见《卫将军骠骑列传》。出东道：作为卫青大军的右翼，在东侧北进。 ❷大军行水草少，其势不屯行：中路大军所走的路上由于水草少，势必加快行军速度，不可能中途停留。这样两相衡量，就可以立刻估计到东侧的部队肯定要迟到，因此，急于求战的李广不愿走东路。 ❸结发：犹言"刚成人"。古代男子二十岁束发戴冠，从此算作成人。 ❹数奇：运气不好；数，命运；奇，不偶，不逢时。 ❺恐不得所欲：担心由于倒霉的李广，而影响了捕捉单于的计划。 ❻武帝元狩二年（前121），公孙敖率兵伐匈奴，因迟到未与霍去病按时会师，当斩，赎为庶人。公孙敖，卫青穷困时的朋友，陈皇后因忌恨卫子夫而逮捕卫青欲杀之，当时公孙敖为骑郎，他与壮士拼死将卫青劫出，卫青始得不死。后公孙敖因军功被封为合骑侯，事见《卫将军骠骑列传》。 ❼为中将军从大将军：据《卫将军骠骑列传》，公孙敖此行乃以"校尉"从大将军，此处作"中将军"，殆误。 ❽大将军亦欲使敖与俱当单于：此见卫青之偏心。 ❾令长史

封书与广之莫府：卫青命令李广去东道，李广不从，故卫青派其长史直接送命令与李广的部下，将李广晾在一边；长史，丞相、大将军手下的属官，以其为诸史之长，故称“长史”；莫府，同“幕府”，将军的营帐，这里即指军部。 ⑩或失道：迷惑，走错了路；或，通“惑”。 ⑪卫青此战极其精彩，见《卫将军骠骑列传》。唐人诗所谓“月黑雁飞高，单于夜遁逃。欲将轻骑逐，大雪满弓刀”云云，皆取材于此。 ⑫南绝幕：向南回军，横渡过大沙漠之后；绝，横穿，横渡；幕，通“漠”。 ⑬还入军：回到自己军中去了，气愤难平。 ⑭持精醪（bèi láo）遗广：给李广等送来一些吃的喝的；精，干饭；醪，浓酒。 ⑮报天子军曲折：向天子报告这次出兵作战的具体情况。王念孙曰“‘军’上当有‘失’字。广、食其与大将军军相失，故曰‘失军’。报‘失军曲折’者，报失军之委曲情状也。”按，二义皆可。然《汉书》作“失军曲折”，正与王氏说同。 ⑯大将军长史急责广之幕府对簿：通行本作“大将军使长史急责广之幕府对簿”，北京大学《两汉文学史参考资料》云：“本句‘使’字疑是衍文，《汉书》此句即无‘使’字。”言之有理，今据削“使”字。对簿：回答质问；簿，指文状。大将军长史问李广，广未对，于是长史即命令李广的部下人员回答问题。盖效卫青前曾所用之手段。姚苎田曰：“卫青不必有害广之意，而史公写得隐隐约约，使人不能释然，要是恶青之深耳。”

【译文】

李广跟着卫青到达塞北后，他们从捕获的俘虏口中得知了匈奴单于住在什么地方，于是卫青就想自己率着精锐部队，直扑匈奴单于。他命令李广带着他的部下合并到右将军赵食其的东路上去了。东路本来就有些绕远，而卫青的主力部队所走的中路水草少，路上势必昼夜兼程，不能停留。于是李广请求说：“我是前将军，您现在却让我并入东路。我从二十来岁起就和匈奴打仗，今天好不容易才能碰上匈奴单于。我愿意打头阵，今天即使战死我也心甘情愿。”可是早在出发之前，汉武帝就嘱咐卫青了，他说李广一来年岁大，二来这个人运气不好，不要让他和单于对阵，否则恐怕就实现不了我们的愿望了。这时也正好卫青的好友公孙敖刚刚丢掉了侯爵，他这次也跟着卫青以中将军的身份出征了，卫青也正想让公孙敖和他一道直扑单于，也好给公孙敖创造个重新封侯的机会，所以他打定主意调走李广。这一切，李广心里都清楚，但他还是一再向卫青请求。卫青不听，后来他干脆派他的长史直接把命令送到了李广的军部，并催促李广说：“请你马上按照命令到右将军军部报到！”李广非常气愤，他也没向卫青告辞，就满腔怒气地回到了自己的军部，率领部队合到赵食其的右路军上去了。结果右路军没有向导，半道上迷了路，没能按时到达前线。卫青的中路军与单于开战后，单于发觉形势不利，就撤军逃跑了。卫青此行遂一无所获。当卫青率领大军回师向南越过沙漠之后，才遇到了李广和赵食其。李广和卫青见了一下面，什么话也没说就回到了自己的军部。卫青派他的长史把干饭和浓酒送给李广，并向李广和赵食其询问军队迷路的情况，说是自己要向皇帝上报这次出兵不利的原委。李广置之不理。卫青的长史急切地责问李广的部下，逼着他们交代事实。李广忍无可忍，拦住长史说：“我的部下们都没有过错，军队迷路是我的责任。我自己给上头写报告。”

至莫府[1]，广谓其麾下曰：“广结发与匈奴大小七十余战，今幸从大将军出接单于兵，而大将军又徙广部行回远，而又迷失道，岂非天哉！[2]且广年六十余矣，终不能复对刀笔之吏[3]！”遂引刀自刭。[4]广军士大夫一军皆哭。百姓闻之，知与不知，无老壮皆为垂涕。[5]而右将军独下吏，当死，赎为庶人。

【注释】

❶至莫府：李广到达卫青的军部。 ❷姚苎田曰：“广一生蹭蹬，至白首之年自请出塞，其意实以卫青福将，欲藉以成大功，不意反为所卖。观其‘幸从大将军’‘又徙广部’等语，饮恨无穷，真乃一字一涕。” ❸终不能复对刀笔之吏：无论如何总不能再去向那些刀笔吏陈述什么。刀笔之吏：指掌管文书、案牍的人员。刀笔是古代的书写工具，因为这些人职管书写，故以“刀笔”称之。但通常多以“刀笔吏”称司法部门的文职人员，因这些人舞文弄墨，足以颠倒黑白，为非作歹。 ❹洪迈《容斋随笔九》曰：“汉文帝见李广曰：‘惜广不遇时，令当高皇帝世，万户侯岂足道哉?’吴、楚反时，李广以都尉战昌邑下显名，以梁王授广将军印故，赏不行。武帝时，五为将军击匈奴，无尺寸功，至不得其死。三朝不遇，命也夫!” ❺凌稚隆引凌约言曰：“‘士大夫一军皆哭，百姓皆垂涕’，广之结人心于此可见。非子

长笔力，安能于胜败之外，乃出古今名将之上如是哉?”按，今甘肃省天水市秦州区南二里之石马坪村有李广墓，墓碑书曰“汉将军李广墓”，据说此墓只葬有李广的衣冠与弓箭。墓前石马、石兽造型生动，故人们称此曰“石马坪”。

【译文】

李广到了卫青的军部，对自己的部下说:“我从年轻时到现在与匈奴打了大小七十余仗，这次好不容易跟着大将军出来碰上匈奴单于，谁想到大将军又偏偏把我调到了一条绕远的路上，而我们自己又偏偏迷了路，这不是天意吗！我已经是六十多岁的人了，无论如何我也不能再去与那些刀笔吏对质争辩。”于是他拔出战刀自刎而死。李广部下的官兵们都为自己的将军痛哭。百姓们听到这个消息后，不论认识的还是不认识的，不论男女老幼，也都为这位名将落了泪。右将军赵食其接受了审判，被定为死刑，自己出钱赎做了百姓。

【解读】

《李将军列传》写了李广及其整个家族的悲剧命运，是涉及汉景帝时的国内矛盾、汉武帝时的对外战争，以及汉王朝的用人路线等一系列问题的一篇文章。李广是司马迁所偏爱的一个历史人物，文章的抒情性也很强，它强烈地表现了作者的政治倾向与情感倾向。

作品满腔热情、满怀敬意地赞扬了李广的优秀品质和他作为一代名将的卓越才干，这是一个具有司马迁理想色彩的人物形象。司马迁欣赏李广的第一点是武艺高强，作战勇敢。作品通过李广的射宽狭、射猎雕者、射白马将，尤其是通过他的醉后射“虎”，突出地表现了这位名将的英武风姿；更通过他追射猎雕者遇匈奴大队时的沉着应付，在匈奴境内以四千对四万的浴血大战，表现了李广有谋有勇的名将风度。作者欣赏李广的第二点是他的仁爱士卒，不贪钱财。他“得赏赐辄分其麾下，饮食与士共之。终广之身，为二千石四十余年，家无余财，终不言家产事”。在战场上，每遇乏绝之处，“见水，士卒不尽饮，广不近水；士卒不尽食，广不尝食”，处处与霍去病的表现成鲜明对照。司马迁欣赏李广的第三点是他为人简易，号令不烦。李广“讷口少言”，“宽缓不苛，士以此爱乐为用”。李广与程不识的治军方法不同，每当出征时，“广行无部伍行陈，就善水草屯，舍止，人人自便，不击刀斗以自卫，莫府省约文书籍事，然亦远斥候，未尝遇害”，所以“其士卒亦佚乐，咸乐为之死”。孔子说：“其身正，不令而行，其身不正，虽令不从。”李广这种做法，绝不是那种循规蹈矩，只知照章办事的人所能效仿的。司马迁之所以喜欢李广的“简易不烦”，与他讨厌当时儒生的繁文缛节、酷吏的舞文弄墨分不开。

作品揭露了汉代统治者摧残人才，揭露了汉武帝及其宠幸们迫害李广及其整个家族的罪行。早在文帝时，李广就已经为汉王朝效力了，但汉文帝只是在口头上称道他，实际并不重用。景帝时，李广跟随周亚夫平定吴、楚七国之乱有功，但因为“梁孝王授广将军印”，结果“还，赏不行”。这是因为景帝与其弟梁孝王有矛盾，李广便跟着倒霉。到汉武帝时，李广的威望已经很高，而且镇守北部边关有可观的业绩。但在与匈奴的一次决战中，由于汉武帝的迷信与卫青的私心，没让李广打前锋；而李广在东路军中因迷失道路，误了战机，事后被追究责任。李广无法忍受这种气恼，终于愤怒地自杀了。李广有其个人的问题，但最高统治集团故意倾轧并将李氏家族的成员逼上绝路，甚至公然杀害的罪恶行径，是无法推诿、无法掩盖的。司马迁对汉王朝统治集团的愤怒抨击理由成立。

李广作为一个将军，不论是军事素养，还是政治品质都是有严重缺陷的，他骗杀羌族降兵八百人；他挟私报复杀害了执行公务的霸陵尉；他带兵不讲组织、不讲纪律；他带着百人外出遇敌，竟使其军营上下一天一夜不知将军去了什么地方。明代黄淳耀说："李广非大将才也，行无部伍，人人自便，此逐利乘便可也，遇大敌则覆矣。"又说："以百骑御匈奴数千骑，射杀其将，解鞍纵卧，此固裨将之器也。若夫堂堂之阵，正正之旗，进如风雨，退如山岳，广岂足以与乎此哉？"但就是这样一个人，由于司马迁在写作方法上下功夫，居然把李广写得感动中国读者两千年，这里边的道理是可以分析的。《李将军列传》中没有写李广打过什么胜仗，最精彩的是写了一场"军功自如"，没能受赏的战斗。但由于司马迁是把他写在了以四千对四万的力量悬殊的情势下，于是就显得艰苦卓绝，慷慨悲壮，令人同情、敬佩了。李广最丢人的莫过于全军覆没，连自己也当了俘虏的那一回。但司马迁不写李广对此应负的责任，而是集中全力写他单身逃回的情形。抛去前因后果不管，单看这一段，称李广为"飞将军"谁曰不宜？但好汉不是吹出来的，李广前后共有四次与卫青、霍去病同时领兵出征：第一次是元光六年（前129），李广与卫青同时参加关市之战，李广全军覆没，自己也被匈奴捉去，只单身逃回；而卫青则率部深入，破匈奴于龙城，开汉伐匈奴之首次告捷。第二次是元朔六年（前123），李广等六将随卫青出击匈奴，六将或失败，或无功，唯有十八岁的霍去病以敢于深入奔袭，“斩捕首虏过当”，被封为冠军侯。第三次是元狩二年（前121），李广与霍去病分道出征，李广“军功自如，无赏”，而霍去病则大破匈奴于祁连山，夺取了河西走廊的大片地区。第四次是元狩四年（前119），李广随卫青伐匈奴，因无向导而迷路失期自杀，而卫青则破匈奴于漠北，霍去病则“登狼居胥山，临瀚海”而归，使伐匈奴之功至登峰造极。黄淳耀曰：“必谓广‘数奇’，而去病‘天幸’，恐非论之得平者也。淮南王谋反，止惮卫青与汲黯，而不闻及广。太史公以孤愤之故，叙广不啻出口，而传卫青若不直一钱。”

通过写“败仗”以表现英雄的不朽，是司马迁文学的一大创造。这样的人物除李广外，再一个就是项羽。项羽能在垓下失败后，以他的二十八人对付刘邦的五千追兵；项羽的一声大喝，能使“赤泉侯连人带马辟易数里”。其实，这不全在文学家的一写吗？也正是由于司马迁写项羽、写李广用的手法巧妙，故而这两个失败英雄都被表现得虽败犹胜、虽死犹生。

【编按】

这是司马迁投入最多感情的篇章之一，韩兆琦先生的解读将之于《项羽本纪》并列为司马迁的一大创造：失败的英雄虽败犹胜、虽死犹生。本篇将李广部分全部录入，仅仅略去了附后的李陵部分。

《史记》写军事将帅，像孙武、司马穰苴、周亚夫，多军纪严明，而李广像一个异类：治军简易，与士兵打成一片，所以“士以此爱乐为用”。太史公的赞语引用了“其身正，不令而行”“桃李不言，下自成蹊”的成语。《太史公自序》说：“勇于当敌，仁爱士卒，号令不烦，师徒乡之。作《李将军列传》。”这是司马迁理想中的将军。但李广的缺陷也是很明显的。韩先生解读最后拈出“通过写‘败仗’以表现英雄的不朽”的文学创造，特别精警。其诀窍是：把历史情节升华为普遍的人生悲剧。周勃死前慨叹：“吾尝将百万军，然安知狱吏之贵乎！”李广临死慨叹：“广年六十余矣，终不能复对刀笔之吏！”这都是对皇权以亲幸扼能臣的强烈控诉。后来“冯唐易老、李广难封”成为怀才不遇的典型。

19.

匈奴列传·冒顿

冒顿单于射马图

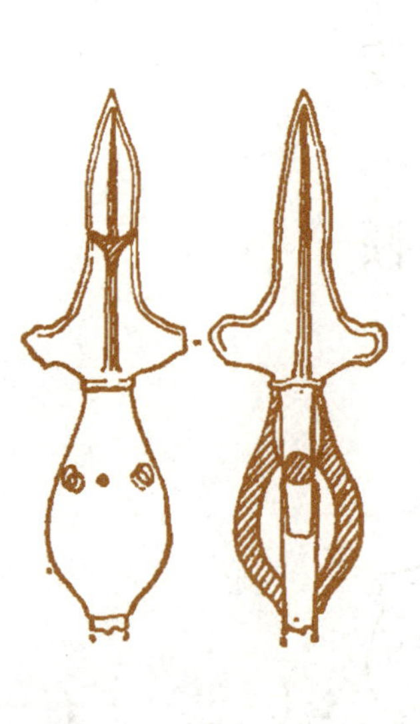

鸣镝示意图

单于有太子名冒顿[1]。后有所爱阏氏[2]，生少子，而单于欲废冒顿而立少子，乃使冒顿质于月氏。冒顿既质于月氏，而头曼急击月氏[3]。月氏欲杀冒顿，冒顿盗其善马，骑之亡归。头曼以为壮，令将万骑。冒顿乃作为鸣镝[4]，习勒其骑射，令曰："鸣镝所射而不悉射者，斩之。"行猎鸟兽，有不射鸣镝所射者，辄斩之。已而冒顿以鸣镝自射其善马，左右或不敢射者，冒顿立斩不射善马者。居顷之，复以鸣镝自射其爱妻，左右或颇恐，不敢射，冒顿又复斩之。居顷之，冒顿出猎，以鸣镝射单于善马，左右皆射之。于是冒顿知其左右皆可用。从其父单于头曼猎，以鸣镝射头曼，其左右亦皆随鸣镝而射杀单于头曼，遂尽诛其后母与弟及大臣不听从者。冒顿自立为单于。[5]

【注释】

❶冒顿（mò dú）：使匈奴族强大起来的关键人物。谢孝苹曰："'冒顿'二字系蒙古语译，义为勇猛。" ❷林干《匈奴史》曰："匈奴人称妻、妾为'阏氏'，称母亲曰'母阏氏'。""匈奴人许多都是过着一夫多妻的生活，特别是统治阶级的上层人物无不妻妾成群。" ❸头曼急击月氏：谢孝苹以为这"是有文献可稽的匈奴第一次进攻月氏，其具体年月应当在蒙恬北击匈奴，头曼不敢南侵的十一年中的中期。此时南线无战事，匈奴才能腾出手来西向攻击月氏。蒙

恬击匈奴在始皇二十六年，故头曼击月氏约在始皇三十年（前217）左右”。 ❹鸣镝：响箭。 ❺冒顿自立为单于：事在秦二世元年（前209），正中原地区各路义军起兵反秦之时也。

【译文】

头曼单于的太子叫冒顿。后来单于宠爱的阏氏又生了一个小儿子，头曼单于想废掉冒顿而立他的小儿子为太子，于是他就让冒顿到月氏当人质。当冒顿在月氏当人质的时候，头曼猛烈进攻月氏。月氏王想杀死冒顿。这时冒顿就偷了月氏王的骏马，骑着它逃回了匈奴。头曼觉得冒顿很勇猛，就让他统领万名骑兵。冒顿创造了一种响箭，用这种响箭训练他的部队。他命令：“我的响箭射向哪里，你们都必须跟着射，不听话者斩。”于是冒顿领着他的部下出去射鸟兽，有人不跟着响箭的方向射，立刻被斩首了。不久冒顿以响箭射自己的好马，左右将士有人不敢射，于是又被冒顿就地斩首。不久冒顿又以响箭射自己的爱妻，左右将士恐慌不敢射，冒顿又将他们立即斩首。过了不久，冒顿出猎，以响箭射头曼单于的骏马，左右将士都跟着一齐射。于是冒顿知道他部下的这些将士都和他一条心，能够听从指挥了。后来就在跟着其父头曼单于一起打猎的时候，把响箭射向头曼，于是他部下的将士也跟着响箭一齐射向头曼单于。接着冒顿又全部杀掉了他的后母和弟弟以及大臣中一切不听他命令的人。冒顿自立为单于。

冒顿既立，是时东胡强盛，闻冒顿杀父自立，乃使使谓冒顿，欲得头曼时有[1]千里马。冒顿问群臣，群臣皆曰："千里马，匈奴宝马也，勿与。"冒顿曰："奈何与人邻国而爱一马乎？"遂与之千里马。居顷之，东胡以为冒顿畏之，乃使使谓冒顿，欲得单于一阏氏。冒顿复问左右，左右皆怒曰："东胡无道，乃求阏氏！请击之。"冒顿曰："奈何与人邻国爱一女子乎？"遂取所爱阏氏予东胡。东胡王愈益骄，西侵。与匈奴间，中有弃地，莫居，千余里，各居其边为瓯脱[2]。东胡使使谓冒顿曰："匈奴所与我界瓯脱外弃地，匈奴非能至也，吾欲有之。"冒顿问群臣，群臣或曰："此弃地，予之亦可，勿予亦可。"于是冒顿大怒曰："地者，国之本也，奈何予之！"诸言予之者，皆斩之。冒顿上马，令国中有后者斩，遂东袭击东胡。东胡初轻冒顿，不为备。及冒顿以兵至，击，大破灭东胡王，而虏其民人及畜产。[3]既归，西击走月氏[4]，南并楼烦、白羊河南王[5]。悉复收秦所使蒙恬所夺匈奴地者，与汉关故河南塞[6]，至朝那、肤施[7]，遂侵燕、代[8]。是时汉兵与项羽相距[9]，中国罢于兵革，以故冒顿得自强，控弦之士三十余万。

【注释】

❶时有:《汉书》作“时号”。 ❷各居其边为瓯脱：各自在己方的边境上建筑防御工事；瓯脱，也写作“区脱”。《集解》引服虔曰:“界上屯守处。”《正义》曰:“境上斥候之室。”即边界线的岗棚、哨所，以及防御工事之类。按，林干《匈奴史》以为“‘瓯脱’即匈奴语‘边界’的意思”，也指当时匈奴与汉王朝，或与其他民族部落之间“作为缓冲的‘中间地带’”。杨宽亦同意此说，又引丁谦《汉书匈奴传地理考证》曰:“欧脱指弃地而言，原极明析。”又曰:“‘欧脱’二字为当时方言，今难确解，然大意不过为不毛之地，不足以居人。” ❸谢孝苹曰:“冒顿破东胡，约在楚汉相拒之初，姑系其年于汉高元年，冒顿单于四年，公元前206年。” ❹西击走月氏：使月氏人不能再在今甘肃省祁连山一带落脚，只好向西方迁移。 ❺南并楼烦、白羊河南王：师古曰:“二王之居在河南。”中井曰:“‘河南王’三字疑衍。”楼烦、白羊，当时居住在今内蒙古自治区河套以南的两个匈奴部落名。据顾颉刚《历史地图集》，当时楼烦所居约当今内蒙古自治区鄂尔多斯市之东部和与之邻近的山西省西北部、陕西省东北部一带地区；白羊所居在今鄂尔多斯市之西部。❻与汉关故河南塞：意谓河南地区的南部边境就是与刘邦汉朝的交界之处；关，连界，接壤。按,《高祖本纪》汉二年之所谓“缮治河上塞”，即指在这一线构筑工事。 ❼至朝那、肤施：谓冒顿的势力一直向南达到朝那与肤施一线；朝那，汉县名，县治在今宁夏回族自治区固原市东南；肤施，汉县名，当时为上郡的郡治所在地。 ❽遂侵燕、代：当时的燕王为臧荼，项羽所封；代，代王陈馀，赵王赵歇之

所立。疑冒顿的此次行动应在韩信破代、赵，破燕之前，即前205年闰九月之前，若在此以后，则代、赵、燕已依次入汉。 ⑨汉兵与项羽相距：事在前205年四月至前203年九月。

【译文】

冒顿当了单于后，这时东胡强盛，听说冒顿已经杀父自立，就派使臣向冒顿说，想要头曼单于的那匹千里马。冒顿问群臣给不给，群臣说："千里马是我们匈奴的宝马，不能给他。"冒顿说："跟人家做邻居，怎能舍不得一匹马？"于是把头曼的千里马送给了东胡。过了不久，东胡以为冒顿怕他，就派臣对冒顿说，想要冒顿的一位阏氏。冒顿又问左右，左右大怒说："东胡无礼之极，竟敢要大王的阏氏，应该给他点教训！"冒顿说："与人家做邻居，怎能心疼一个女人呢？"于是将所爱的阏氏送给了东胡王。东胡王越来越骄横，率兵西侵。东胡与匈奴的交界处有一片千余里无人居住的中间地带。东胡派使臣将东胡王的话传达给冒顿说："匈奴与东胡之间有千余里无人居住的中间地带，这是你们不能达到的地方，我想要这片土地。"冒顿问群臣，有人说："这本来就是无人居住的不毛之地，给也可以，不给也可以。"冒顿大怒说："土地是立国之本，怎能给他？"于是那些讲可以把土地给东胡的人都被杀了。冒顿上马，下令全国青壮年都要跟着伐东胡，迟到者斩。于是便率军对东胡发起了突然袭击。东胡王本来瞧不起冒顿，没有防备。结果冒顿率兵攻来，把东胡打得一败涂地，杀死了东胡王，全部俘获了东胡的民众和牛羊。冒顿在东方获胜后，又回兵向西赶走了月氏，向南吞并了黄河以南的楼烦与白羊两个部落，于是全部夺回了当年被蒙恬夺去的土地，以战国时代的旧边界与汉朝为邻，最南达到朝那、肤施一带，并继续入侵燕国、代郡。当时，汉军正与项羽争天下，中原无力对外用兵，因此冒顿遂趁机壮大起来，能拉弓射箭的战士有三十多万。

自淳维以至头曼千有余岁[1]，时大时小，别散分离，尚矣[2]，其世传[3]不可得而次云。然至冒顿而匈奴最强大，尽服从北夷，而南与中国为敌国[4]，其世传官号[5]乃可得而记云。

【注释】

❶梁玉绳曰："淳维不知在何时，即谓是夏桀之子，自商至秦何止千有余岁，此言未的。"按，据新公布的《夏商周年表》，自夏桀至头曼，其间约一千四百年。 ❷尚矣：够久远的了。 ❸世传：世系。 ❹为敌国：为对等的、势均力敌之国；敌，对等。 ❺世传官号：通行本原文作"世传国官号"，语略不顺。"国"字衍文，《汉书》无。今据削"国"字。

【译文】

自淳维至头曼中间一千多年，匈奴时而强大时而弱小，时而分散时而聚拢，由于时代太久远了，他们的世系不得而知。到冒顿时代，匈奴强大到了顶点，北方所有的夷狄都被他征服，向南则与汉朝分庭抗礼。从此以后，匈奴单于的世系、官制等就比较清楚，可以载入史册了。

【解读】

《匈奴列传》可以说是我国历史上最早的民族史研究。司马迁以比较客观的态度对匈奴这个游牧民族的社会制度、风俗人情、历史发展予以相当详细的记载。同时，也描述了匈奴与周边政权的关系，尤其是于华夏这样的农业文明发达的“冠带之国”绵延几个世纪的反复冲突，其中又特别强调了匈奴与汉武帝时期的封建帝国的对峙状态。最难能可贵的是，司马迁表达了一种不同寻常的开明态度，那就是民族间的平等相处，不同文化观念的相对独立性及相对有效性。作者痛恨那些出于私心，不顾实际情况而一味迎合汉武帝唯我独尊、开疆拓土心理的大臣，对那些恃力逞强，热衷于“建功立业”的将帅进行了批评。这就超越了历来的“尊王攘夷”的狭隘封闭状态，说明司马迁已经把历史研究的眼光放到了当时“中国”以外的世界，使历史研究的层次更为丰富，并因此上升到对历史的整体领悟。

该传体现了司马迁的民族观，说匈奴先祖是“夏后氏之苗裔”，类似的说法也见于《南越列传》《东越列传》《朝鲜列传》《西南夷列传》里，暗示各民族具有同源性，血缘相通。司马迁把汉族和匈奴拉成同祖的兄弟，就消解了“华夷之辨”，也就不存在谁征服谁的问题。手足不能相残，民族应该平等。参照另一种异质文化，往往对我们自身所处的文化构成一种真正的批判，该传借中行说（yuè）之口说：“匈奴虽乱，必立宗种。今中国虽详不取其父兄之妻，亲属益疏则相杀，至乃易姓，皆从此类。且礼义之敝，上下交怨望，而室屋之极，生力必屈。夫力耕桑以求衣食，筑城郭以自备，故其民急则不习战攻，缓则罢于作业。”这确实搔到了“礼仪之邦”的痒处。

本传所选部分主要是冒顿自强一节，将冒顿蛰伏鸷击的性格写得踔厉风发。这种写法与司马迁注重“参彼己”的用意一致。《太史公自序》说：“自三代以来，匈奴常为中国患害；欲知强弱之时，设备征讨，作《匈奴列传》。”

【编按】

本选文主要写冒顿杀父自立，大破东胡，西击月氏，南并楼烦、白羊，成就“我国历史上第一个游牧民族的奴隶制政权”。文章将冒顿的勇猛、狠辣和隐忍写得淋漓尽致。在冒顿治下，匈奴强盛一时，与汉代对峙。就是这个冒顿，公元前200年纵精兵四十万骑围高帝于白登（今山西省大同市东北马铺山），高帝脱险后，终高帝、吕后、文帝、景帝之世都不得不与匈奴和亲，并送大量财物。

推荐读者阅读本文，主要就是希望读者在司马迁开放的民族观的基础上，进一步思考中华民族的多民族融和性质。解读说：“参照另一种异质文化，往往对我们自身所处的文化构成一种真正的批判。”这就是说，我们必须先承认文化之间的不同，拿异质文化作镜子，思考自身文化的得失，才能化合一种新文化。

20.

货殖列传·陶朱公

范蠡立像

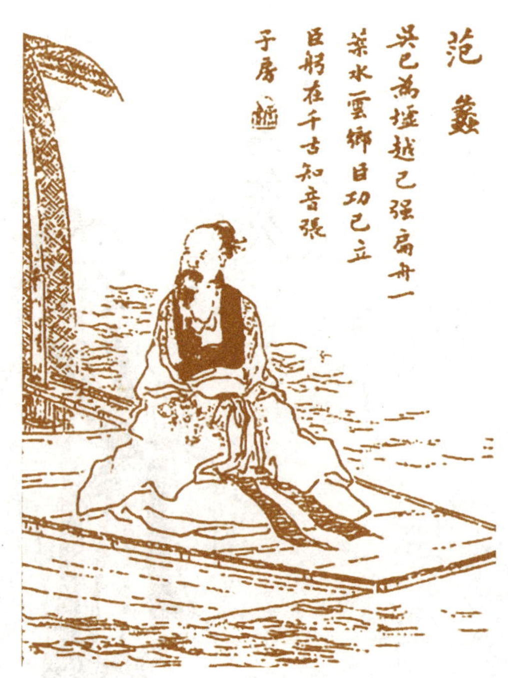

范蠡
吳已為墟越已強扁舟一
棹水雲鄉目功已立
臣躬在千古知音張
子房

范蠡坐船图

故曰："仓廪实而知礼节，衣食足而知荣辱。"❶礼生于有而废于无。❷故君子富好行其德❸，小人富以适其力❹。渊深而鱼生之，山深而兽往之，人富而仁义附焉❺。富者得势益彰❻，失势则客无所之❼。以而不乐，夷狄益甚。❽谚曰❾："千金之子，不死于市。"❿此非空言也。故曰："天下熙熙，皆为利来；天下壤壤，皆为利往。"⓫夫千乘之王⓬，万家之侯⓭，百室之君⓮，尚犹患贫，而况匹夫编户之民⓯乎！

【注释】

❶仓廪实而知礼节，衣食足而知荣辱：见《管子·牧民》；仓廪，屋外者曰仓，屋内者曰廪，也有谓藏米者曰廪，这里即泛指仓库；实，充满。 ❷礼生于有而废于无：盖即俗所谓"在富易为容，居贫难自好"，此中有史公无限感慨。 ❸君子富好行其德：思想崇高的人发财后往往爱做好事，如《越王勾践世家》所说范蠡之发财后"乃散其财，以分与知友乡党"云云。 ❹适其力：谓肆意逞强，横行于社会；适，放纵，逞欲。 ❺人富而仁义附焉：谁有钱谁就有好名声，他的道德就能"高尚"。前面的"渊深而鱼生之，山深而兽往之"二句，即为此句"人富而仁义附焉"做比喻，以加强力量。《庄子·胠箧》中有所谓"窃钩者诛，窃国者侯，侯之门而仁义存焉"，即史公此语之所本，亦愤慨语。 ❻富者得势益彰：人的钱越多势力也就随着越来越大，名望也就越来越高。 ❼失势则客无所之：谁的势

力一旦失去，他便立刻门庭冷落，再也没有朋友。如《孟尝君列传》《廉颇列传》《汲郑列传》等所写之情况皆是。❽以而不乐，夷狄益甚：八字不知所云，泷川引中井曰："'以而不乐'句疑有脱误。" ❾谚曰：即今之所谓"俗话说"；谚，谚语，俗话。 ❿千金之子，不死于市：何焯曰："不死于市者，知荣辱，耻犯法也。"按，何说只言其一，尚有其二。富儿犯法，家有金钱打点，亦可不使"死于市"，《越王勾践世家》所记之范蠡救子即是，汉代更公开设有花钱赎罪之法。 ⓫天下熙熙，皆为利来；天下壤壤，皆为利往：当时谚语如此。熙熙、壤壤，皆言往来人多的样子。按，史公此数语之意义非凡，其一揭出了追求物质利益是一切人的本性，是推动社会发展的原动力；其二是痛斥了上流社会的假清高，是对"君子喻于义，小人喻于利"这种污蔑下层人的有力回驳。 ⓬千乘（shèng）之王：指战国时代的各国国君与汉代建国初期的各诸侯王。千乘：千辆兵车；乘，一车四马。 ⓭万家之侯：即通常所说的"万户侯"，大体是享有一个县的采邑。 ⓮百室之君：享有百家之邑的小封君，如越王勾践欲封吴王夫差于"甬东，君百家"。⓯匹夫：指平民，因其除孤身一人外，别无任何仆役婢妾等侍应者。编户之民：编入政府户籍的黎民，即平民，里巷之民。

【译文】

所以有人说："仓库里东西多，人们才懂得礼节；吃饱穿暖后，人们才会知道什么叫耻辱。"礼节须人富了才能讲究。好人富了就会做好事，坏人富了就会逞凶。水越深的地方鱼越多，山越深的地方兽越多，人要富了就会有仁义之名。富有的人有了势力，名声就会越来越大；失去了权势的人，门前来客也就不多了。中原地区如此，夷狄更是这个样子。俗话说：“家有千金的人，绝不会被处死在街头上。”这是有根据的。所以说：“天下人纷纷扰扰，一切活动都是为了利。”具有千辆战车的国王，具有万户领地的诸侯，具有百家领地的封君，还都害怕受穷，更何况是一般的平头百姓呢！

昔者越王勾践[1]困于会稽之上，乃用范蠡、计然[2]。计然曰：“知斗则修备，时用则知物[3]，二者形则万货之情可得而观已[4]。故岁在金，穰[5]；水，毁[6]；木，饥；火，旱。旱则资舟，水则资车[7]，物之理也。六岁穰，六岁旱，十二岁一大饥。[8]夫粜，二十病农，九十病末[9]。末病则财不出[10]，农病则草不辟[11]矣。上不过八十，下不减三十，则农末俱利，平粜齐物[12]，关市不乏[13]，治国之道也。积著[14]之理，务完物[15]，无息币[16]。以物相贸，易腐败而食之货勿留[17]，无敢居贵[18]。论其有余不足，则知贵贱。贵上极则反贱，贱下极则反贵。贵出如粪土[19]，贱取如珠玉[20]。财币欲其行如流水[21]。”修之十年，国富，厚赂[22]战士，士赴矢石，如渴得饮，遂报强吴[23]，观兵中国[24]，称号“五霸”[25]。

【注释】

❶越王勾践：春秋末期的越国国君，前496—前465年在位，事情详见《越王勾践世家》。❷范蠡：勾践的谋臣，也是我国古代有名的大商人，事迹参见《越王勾践世家》。计然：《集解》引徐广曰："范蠡之师也，名研，故谚曰'研、桑心算'。"又引《范子》曰："葵丘濮上人，姓辛氏，字文。其先，晋之亡公子也。尝南游于越，范蠡师事之。"《吴越春秋》称之曰"计倪"。今人何兹全曾以为"计然"即"文种"。❸知斗则修备，时用则知物：二句略生涩，大意谓懂战斗的人平时就要做好准备；要想到时候用起来顺手，平常就应该了解这些器物的性能。❹二者形则万货之情可得而观已：明白以上两个道理，就能对各种商品的行情规律都看清楚了。❺岁在金，穰：岁星运行到西方，这一年就农业丰收；岁，岁星，即今所谓木星；金，指西方，古人常以五行的"木""火""金""水"来和东、南、西、北相配，故称西方曰"金"；穰，农业丰收。❻水，毁：岁星运行到北方，这一年的农业就将歉收；水，"岁在水"的省文，下同；毁，歉收。泷川引冈白驹曰："虽不至饥，比穰之三分之一耳。"❼郭嵩焘曰："有旱则有水，有水则有旱，循环自然之理，先为之资以备之。计然之术，大抵因时观变，先事预防，承其乏而居以为奇。"资：储存，预备。❽六岁穰，六岁旱，十二岁一大饥：有丰有穰，穿插交互，是自然法则；但说得过于绝对，则缺乏理性。❾二十病农，九十病末：《索隐》曰："言米贱则农夫病也，若米斗值九十，则商贾病，故云病'末'。"病，用作动词，伤害；末，末业，指商业，这里指商人；所谓"二十""九十"是

指所花铜钱的数目，单位是“文”。⑩末病则财不出：意谓商人无利可图，便不再花钱从事商业活动。⑪农病则草不辟：意即无人从事农业活动；辟，开辟，开垦。⑫平粜齐物：指政府通过一定的办法以保持物价的平衡；“平粜”“齐物”，意思大体相同，都是指平衡物价。⑬关市不乏：意即保障市场贸易的健康发展；关市，稽查行人的关卡与进行贸易的市场，这里主要指市场。⑭积著：贮藏货物；著，通“贮”。⑮务完物：绝对要贮藏上好的货物；完物，《正义佚文》曰：“完牢之物。”⑯无息币：泷川曰：“《索隐》《正义》本‘币’作‘弊’，义长。”按，“无息弊”即不要贮藏劣质的商品，与上句“务完物”相对成文。有人将其解释为“不要在手里积压着钱，要使资金周转起来”，这当然也是赚钱赢利的重要原则，但史公这里乃是讲“积著之理”，是讲买进商品，故仍以“无息弊”者为长。⑰腐败而食之货勿留：意谓凡是已经变质的东西则应断然抛弃。李笠曰：“食，蚀也。”⑱无敢居贵：意谓物价已经上涨，自己的货物就要立即卖出，不能盼着越贵越好，握着手里的东西不卖。⑲贵出如粪土：物价已高，自己的货物就要立刻抛出，如同粪土一样地不吝惜。⑳贱取如珠玉：某种商品的价钱一旦下落，那就要当机立断地将其大量购入。㉑财币欲其行如流水：意即不要让资金压在手里存着，要让它充分地周转起来。㉒赂：以金钱收买，这里指赏赐。㉓报强吴：指灭掉吴国，旧仇得报，事在勾践二十四年（前473），详见《越王勾践世家》。㉔观兵中国：向中原地区的国家炫耀武力。《越王勾践世家》云：“勾践已平吴，乃以北渡淮，与齐、晋诸侯会于徐州，致贡于周。周元王使人赐勾践胙，命为伯。当时，越兵横行于江淮东，诸侯毕贺，号称霸王。”

㉕五霸：指齐桓公、晋文公、楚庄王、吴王阖庐、越王勾践。按，前文曾云工、农、商、虞之发展好者“上则富国，下则富家”，此计然所为即所谓“富国”。

【译文】

当年越王勾践被吴兵围困在会稽山上，他就采用了范蠡、计然的谋略。计然说：“懂得战斗的人总是平时就做好准备；要想到时候用起来顺手，平时就得了解这些东西的性能。明白这两种道理，那各种事物的规律就都能看清了。岁星运行到西方的时候，这年就要丰收；岁星运行到北方的时候，这年就没有收成；岁星运行到东方的时候，这年就歉收；岁星运行到南方的时候，这年就会大旱。干旱的年头要事先准备船，闹大水的年头应该及早准备车，世上的道理就是如此。六年丰收，接着就会有六年干旱，十二年准备闹一回大饥荒。说到粮食的价钱，如果降到二十那就要伤农，如果涨到九十那就对商人不利。商人如果不利那他们就不买了，同样如果总是伤农那农夫也就不干活了。所以粮价最贵不能高过八十，最贱不能低于三十，这样对农人商人都有利。调整物价维持物价的稳定，使市场上的货物充足，让税务部门也能有很好的收入，这是治国有方的表现。商人储存货物，一定要买好的，不要在手里放着很多的钱。要及时地买入卖出，坏了的东西一定不能再留，不要总希望涨价捂着东西不出手。弄清了市场上缺什么多什么，就知道什么东西要贵什么东西要贱了。一种东西的价格贵到了顶点就要变贱，一种东西的价格贱到了极点也就会变贵。当价格变贵时，手里的东西要像粪土一样地及时抛出；当物价变贱的时候，对别人的东西要像珍宝一样地及时买入。要使货币像流水一样地流通起来。”就这样越王实行了十年，国家就富起来了，他用重赏奖励士兵，使士兵们冲锋陷阵像渴极了找水喝一样地勇敢自觉，于是很快地灭掉了吴国，并出兵向中原国家示威，最终成了“五霸”中的一霸。

范蠡既雪会稽之耻，乃喟然[1]而叹曰：“计然之第七[2]，越用其五而得意[3]。既已施于国，吾欲用之家。”乃乘扁舟浮于江湖[4]，变名易姓，适齐为鸱夷子皮[5]，之陶为朱公[6]。朱公以为陶天下之中，诸侯四通[7]，货物所交易也。乃治产积居[8]，与时逐而不责于人[9]。故善治生者，能释人而任时[10]。十九年之中三致千金[11]，再分散与贫交疏昆弟[12]。此所谓富好行其德者也[13]。后年衰老而听子孙，子孙修业而息[14]之，遂至巨万[15]。故言富者皆称陶朱公。

【注释】

❶喟然：心有所感的样子。 ❷计然之第七：梁玉绳曰：“《吴越春秋》《越绝》皆作‘九术’，‘七’字与《汉传》‘十’字同误。”按，有人说“计然”是范蠡的老师，他的“七策”是什么，史无明载。也有人认为计然就是文种。《越王勾践世家》勾践谓文种曰：“子教寡人伐吴七术，寡人用其三而败吴。”此即其证，然亦未详列“七术”之目。《越王

勾践世家》之《正义》引《越绝书》云:“九术,一曰尊天事鬼;二曰重财币以遗其君;三曰贵籴粟槀,以空其邦;四曰遗之好美,以荧其志;五曰遗之巧匠,使起宫室高台,以尽其财,以疲其力;六曰贵其谀臣,使之易伐;七曰强其谏臣,使之自杀;八曰邦家富而备利器;九曰坚甲利兵,以承其弊。”《越绝书》乃后起者,所言之口径亦与此不甚相合,仅可参考。 ❸得意:犹言“得志”,指灭吴复仇称霸。 ❹扁(piān)舟:小舟;扁,小。《集解》引《汉书音义》曰:“特舟也。”按,“特舟”即孤舟。浮于江湖:《国语·越语下》谓越国灭吴后,范蠡“遂乘轻舟以浮于五湖,莫知其所终极”。 ❺适齐为鸱夷子皮:到了齐国就叫“鸱夷子皮”;鸱夷,皮口袋。师古曰:“言若盛酒之鸱夷,多所容受,而可卷怀,与时张弛也。鸱夷,皮之所为,故曰‘子皮’。”按,史公此说可疑,盖齐国当时之权贵田常门下有唤“鸱夷子皮”者,范蠡安得与之同称。 ❻之陶为朱公:到了陶邑,又自称为朱姓某人;陶,古邑名,在今山东省菏泽市定陶区西北,当时属宋。 ❼诸侯四通:谓地处于各诸侯国间的交通要冲。 ❽治产积居:意即在陶邑经商,买进卖出;治产,发展产业,意即经商,王先谦引刘攽曰“治产,治凡可以生息者”;积居,犹言“囤积”,贮存货物以待价高而售。 ❾与时逐:与时机相周旋,指掌握物价规律,看准时机地买入卖出;逐,竞争。不责于人:不是有目的地赚某人、坑某人;责,求,讨。郭嵩焘曰:“言但规时观变,役其心以与之驰逐,而不更资人力经营。”其说亦通。 ❿释人而任时:通行本于此作“择人而任时”。泷川曰:“‘择’当作‘释’。‘释人而任时’,即‘与时逐而不责于人’也。”按,泷川说是。《孙子·势篇》:“善战者求之于势，不责于人，故能释人而任势。”《韩非子·难势》:“释贤而专任势，足以为治乎?”与此处之思想、文字皆同。“择”皆应作“释”。今据改。有的注本称“择人”为“选择好得力人手”，绝非。 ⑪三致千金：三次将财产扩大到千金之多。按，秦时称黄金一镒（二十两或二十四两）曰“一金”，而“一金”大约折合一万枚铜钱。 ⑫再分散：两度将财产分配、赠送与众人。贫交：穷朋友。疏昆弟：疏远的同族兄弟，亲近者更不待言。⑬此所谓富好行其德者也：与前文“君子富好行其德”句相应。 ⑭修业：继承父、祖辈的事业。息：生，增殖，即扩大资产。 ⑮巨万：万万，即今之所谓“亿”。按，此处之单位应指铜钱，万万铜钱约当黄金万镒。

【译文】

范蠡帮着勾践洗刷了会稽受困的耻辱后，深有感慨地叹息说：“计然当年提出七条建议，越王只用了五条就成了霸主。他已经把它用在了治国上，我今后将要把它用在发家上。”于是他便离开越国，乘着小船改名换姓到江湖上漫游了。他到了齐国改名为鸱夷子皮，他到了宋国的陶邑，就说自己姓朱。他认为陶邑地处天下之中，四通八达，是个从事贸易的好地方。于是他便在这里采买储存货物，看准时机买进卖出。一个善于做买卖的人，不要眼睛盯着人，而关键是要把握住时机。就这样他在十九年中先后三次把家产积累到了千金之多，而每次当他一富起来又总是马上把这些财产分给他的那些穷困的亲戚和朋友。这大概就是人们常说的那种“富人容易做好事”吧！后来范蠡老了，就放手让他的孩子们干，他的孩子们继承着他的事业从事贸易活动，发展得家产上了亿，所以人们一提到富豪就总是要提“陶朱公”。

【解读】

《货殖列传》是表现司马迁经济思想，尤其是表现他对工商业问题看法的一篇极其卓越、极其精彩的文字。记载了春秋以来的著名商人的活动。钱锺书说：“斯传文笔腾骧，固无待言，而卓识巨胆，洞达世情，敢质言而不为高论，尤非常殊众也。夫知之往往非难，行之亦或不大艰，而如实言之最不易。故每有举世成风，终身为经，而肯拈出道破者少矣。盖义之当然，未渠即事之固然，或势之必然。人之所作所行，常判别于人之应作应行。诲人以所应行者，如设招使射也；示人之所实行者，如悬镜俾照也。马迁传货殖，论人事似格物理然，著其固然、必然而已。……马迁传货殖，乃为此‘鄙’‘俗’写真耳。道家之教，绝巧弃利；儒家之教，‘何必曰利’。迁据事而不越世，切近而不骛远，既斥老子之‘涂民耳目’，难‘行于所世’；复言‘天下熙熙，皆为利来，天下壤壤，皆为利往’。是则‘崇势利’者，‘天下人’也，迁奋其直笔，著‘必然之验’，载‘事势之流’，初非以‘崇势利’为‘天下人’倡。”

本文选自其中关于范蠡的部分。开头的总结性观点，意义非凡。其一，揭出了追求物质利益是一切人的本性，是推动社会发展的原动力；其二，痛斥了上流社会的假清高，是对“君子喻于义，小人喻于利”这种污蔑下层人的有力回驳。

这样透彻精辟的话在司马迁之前，还没有看到谁说过。孟子曾说：“劳心者治人，劳力者治于人。”这只是说到了一部分现象，而司马迁则从商人的活动中看出："无财作力，少有斗智，既饶争时。"没钱的给人家当伙计，出苦力；钱少的小本经营，手提肩挑；钱多的开设店铺，悠闲从容；而富商大贾，人徒成千上万，舟车遍南北，字号满州郡，而他自己则是"运筹帷幄，决胜千里"。他们势同王侯，只因为没人给他们实际名号，所以只能被人们称为"素王"。这不俨然就是一个王国的缩影吗？这样来认识社会上阶级阶层的形成，是多么深刻，多么准确啊！

张大可说："司马迁的前辈思想家只看到了人欲争利的一面，而没有看到人欲是动力这一更本质的东西，司马迁第一个提出了人欲动力说。恩格斯说：'自从阶级对立产生以来，正是人的恶劣的情欲——贪欲和权势欲成了历史发展的杠杆。'人欲动力说本身已经接近了真理的边缘。这是那个时代最卓越最有价值的认识。"

对于商业活动，马克思主义经典作家其实很早就有精彩的评论，恩格斯曾说："商品流通是资本的起点。商品生产和发达的商品流通，即贸易，是资本产生的历史前提。"又说："商人对于以前一切都停滞不变，可以说由于世袭而停滞不变的社会来说，是一个革命的要素。"（《马克思恩格斯全集》第25卷，第1019页）但是过去中国大部分知识分子一直把工厂主、资本家与一切从事商业活动的人视为剥削阶级，视为寄生虫。这就和商鞅、韩非的观点完全一样。也只有到改革开放，人们才认识了司马迁经济思想的卓越。司马迁这种卓越的经济思想被压抑了两千年。

【编按】

《太史公自序》说:“布衣匹夫之人，不害于政，不妨百姓，取与以时而息财富，智者有采焉。作《货殖列传》。”

关于范蠡的功业,《越王勾践世家》记述很详，他功成身退，给文种说:“飞鸟尽，良弓藏；狡兔死，走狗烹。越王为人长颈鸟喙，可与共患难，不可与共乐。”该世家载:“浮海出齐，变姓名，自谓鸱夷子皮，耕于海畔，苦身戮力，父子治产。居无几何，致产数十万。齐人闻其贤，以为相。范蠡喟然叹曰:‘居家则致千金，居官则至卿相，此布衣之极也。久受尊名，不祥。’乃归相印，尽散其财，以分与知友乡党，而怀其重宝，间行以去，止于陶，以为此天下之中，交易有无之路通，为生可以致富矣。于是自谓陶朱公。复约要父子耕畜，废居，候时转物，逐什一之利。居无何，则致赀累巨万。天下称陶朱公。”当与本文末段参看。

司马迁笔下的范蠡是被黄老思想武装起来的人，本事很大，政治、军事、经济都很精通，但他不念恋高位，也不贪恋财富，他的一生又不停地挥洒才智，其精神动力究竟是什么呢?

附录：

司马迁半身像

报任安*书

*任安：字少卿，荥阳人。武帝征和年间，为北军使者护军。征和二年（前91），江充巫蛊案起，戾太子发兵与丞相刘屈氂战于长安城中（时武帝在甘泉宫）。任安已受太子节而按兵观望。后太子败，任安遂以“持两端”被武帝腰斩，事见《史记·田叔列传》。此书即作于征和二年十一月，任安被杀之前。

龍門司馬子長
子長名遷繼父談為太史令十年而遭李陵之禍
下蠶室悲憤著書作史記凡五十二萬六千五百字
劉向揚雄博極群書稱遷有良史才

司马迁坐姿像

太史公牛马走[1]司马迁再拜言，少卿足下：曩者辱赐书，教以顺于接物，推贤进士[2]为务，意气勤勤恳恳，若望[3]仆不相师用，而流俗人之言，仆非敢如是也。虽罢驽[4]，亦尝侧闻长者遗风矣。顾自以为身残处秽[5]，动而见尤[6]，欲益反损，是以抑郁而无谁语。谚曰："谁为为之！孰令听之！"[7]盖钟子期死，伯牙终身不复鼓琴。[8]何则？士为知己用，女为说己容。若仆大质[9]已亏缺矣，虽才怀随、和[10]，行若由、夷[11]，终不可以为荣，适足以发笑而自点[12]耳。书辞宜答，会东从上来[13]，又迫贱事，相见日浅[14]，卒卒无须臾之间[15]，得竭指意。今少卿抱不测之罪，涉旬月，迫季冬[16]，仆又薄从上上雍[17]，恐卒然不可为讳[18]。是仆终已不得舒愤懑以晓左右[19]，则长逝者魂魄私恨无穷。请略陈固陋。阙然久不报[20]，幸勿过！

（以上为第一段，提出了任安来信的要点，说明了自己此时此刻写这封回信的原因。）

【注释】

❶太史公：司马迁自称自己的官职。牛马走：对人客气的自称，犹言"您的仆人"。钱锺书曰："'牛马走'，应作'先马走'，犹言'马前走卒'。'太史公'为马迁官衔，'先马走'为马迁谦称。"（《管锥编》）可供参考。 ❷包世臣曰："'推贤进士'，非少卿来书中语，史公讳少卿求援，故以四字

约来书之意。”(《评注昭明文选》) ③望：怨恨。 ④罢驽：拙劣、低下；罢，同“疲”；驽，劣马。 ⑤身残处秽：指受宫刑而言。 ⑥动而见尤：不论对什么事，只要自己一动，就要受到指责；尤：怪罪。 ⑦谁为为之！孰令听之！：意即“还能干什么呢？还能说什么呢？”；谁为，为谁；孰令，让谁。 ⑧“钟子期”后二句：钟子期和伯牙都是春秋时楚国人，伯牙善弹琴，而钟子期能知音，二人遂为知交。后钟子期死，伯牙遂碎琴不复更弹，事见《吕氏春秋·本味》。 ⑨大质：指身体。 ⑩才怀随、和：有珠玉一般的才华；随，谓随侯之珠；和，谓和氏之璧。 ⑪由、夷：许由、伯夷，历来被视为廉洁的典型。 ⑫点：玷污，污辱。 ⑬东从上来：即“从上东来”，指跟随武帝由甘泉宫向东回到长安来。武帝此次行幸甘泉宫在征和二年夏，见《汉书·武帝纪》。 ⑭相见日浅：言可能见面的机会本来不多。 ⑮卒卒：犹言“匆匆”；卒，同“猝”。间：空隙。按，以上四句之次序略不顺，似应作“会东从上来，相见日浅，又迫贱事，卒卒无须臾之间”始晓畅。 ⑯涉旬月，迫季冬：意谓再过上十天半个月，就到季冬腊月了。汉代例以腊月处决犯人，故云。 ⑰薄从上上雍：迫于要跟从武帝到雍州去；薄，同“迫”，逼近；雍，汉县名，在今陕西省宝鸡市凤翔区南，其地有五畤，汉代皇帝常到这里来祭祀五帝。 ⑱不可为讳：指任安被杀。 ⑲左右：谦称对方，犹言“执事”“阁下”之类。 ⑳阙然久不报：好久没有写回信；阙，同“缺”，间隔、空隙。

仆闻之：“修身者，智之府也[1]；爱施者，仁之端也；取予者，义[2]之符也；耻辱[3]者，勇之决也；立名者，行之极也。”士有此五者，然后可以托于世，列于君子之林矣。故祸莫憯于欲利[4]，悲莫痛于伤心，行莫丑于辱先，诟莫大于宫刑。刑余之人，无所比数，非一世也，所从来远矣。昔卫灵公与雍渠同载，孔子适陈；[5]商鞅因景监见，赵良寒心；[6]同子参乘，爰丝变色[7]：自古而耻之。夫中材之人，事关于宦竖，莫不伤气，况慷慨之士乎！如今朝廷虽乏人，奈何令刀锯之余[8]，荐天下豪俊哉！

仆赖先人绪业[9]，得待罪辇毂下，二十余年[10]矣。所以自惟：上之不能纳忠效信，有奇策才力之誉，自结明主；次之又不能拾遗补阙，招贤进能，显岩穴之士；外之不能备行伍，攻城野战，有斩将搴旗之功；下之不能累日积劳，取尊官厚禄，以为宗族交游光宠。四者无一遂，苟合取容，无所短长之效，可见于此矣。乡者，仆亦尝厕下大夫之列[11]，陪外廷[12]末议，不以此时引维纲[13]，尽思虑，今已亏形为埽除之隶，在阘茸[14]之中，乃欲卬首信眉，论列是非，不亦轻朝廷、羞当世之士邪！嗟乎！嗟乎！如仆尚何言哉，尚何言哉！

（以上为第二段，回答了任安所以不能听其相劝，不能“推贤进士”的满腹苦衷。）

【注释】

❶智之府也：是有智的表现。按，此与下文“仁之端也”“义之符也”“勇之决也”“行之极也”四句的句式相同，“府”“端”“符”“决”“极”，五字的含义亦大致相同。 ❷取予：与“修身”“爱施”“立名”句式同，即接受人物的意思。《论语》：“时然后言，人不厌其言；乐然后笑，人不厌其笑；义然后取，人不厌其取。”义：宜也。 ❸耻辱：以受辱为耻，亦与“修身”“立名”等句式相同。《论语》：“知耻近乎勇。” ❹祸莫憯于欲利：最惨痛的事情莫过于想为人做好事（而结果却受到了人家的惩罚）；憯，同“惨”。 ❺“卫灵公”后二句：雍渠是被卫灵公宠爱的宦官，卫灵公外出时，让雍渠与之同车，而让孔子坐在后面的车上，孔子以为耻，离卫而去，见《史记·孔子世家》。陈：春秋时诸侯国名，都于宛丘（今河南省周口市淮阳区）。据《孔子世家》，孔子离卫后，未云去陈，乃去曹也。 ❻“商鞅因”后二句：景监是秦孝公的宦官，商鞅入秦后，是通过景监的引见，才得以见到秦孝公的。后来赵良劝说商鞅中流引退时，曾认为这是一件不光彩的事，见《史记·商君列传》。 ❼“同子”后二句：同子是指汉文帝时的宦官赵谈，司马迁为避父讳，故称之曰“同子”。汉文帝外出时，曾让赵谈陪乘，爰丝见到后，以为不成体统，劝汉文帝令其下车，见《袁盎晁错列传》。爰丝：即袁盎。 ❽刀锯之余：指受过宫刑的自己。 ❾赖先人绪业：指继父任为太史令而言。汉代官僚有保任其子、弟为吏的制度，司马迁先以父任为郎，后为太史令，故此曰“赖”；绪业，余业、遗业。 ❿待罪辇毂下：谦称侍候在皇帝周围；辇毂，指皇帝的车驾。二十余年：司马迁于元

封元年（36岁）以前为郎、为郎中，至征和二年（55岁），前后二十余年。⑪厕下大夫之列：指为太史令，太史令官秩六百石，位同下大夫；厕，参与其间。⑫外廷：也称外朝，汉时称大司马、侍中等的议事之地为中朝，称丞相等的议事之地为外朝。⑬引维纲：指根据国家的典章法纪（以论列是非）。⑭阘茸：指微贱之地。章炳麟《新方言·释言》："阘为小户，茸为小草，故并举以状微贱也。"

且事本末未易明也：仆少负不羁之才❶，长无乡曲之誉。主上幸以先人之故，使得奉薄技❷，出入周卫之中。仆以为戴盆何以望天❸，故绝宾客之知，忘室家之业，日夜思竭其不肖之才力，务一心营职，以求亲媚于主上。而事乃有大谬不然者！

夫仆与李陵，俱居门下❹，素非相善也。趣舍异路，未尝衔杯酒，接殷勤之欢；然仆观其为人自奇士❺，事亲孝，与士信，临财廉，取予义，分别有让❻，恭俭下人，常思奋不顾身，以徇国家之急。其素所畜积也，仆以为有国士之风。夫人臣出万死不顾一生之计，赴公家之难，斯已奇矣。今举事一不当，而全躯保妻子之臣，随而媒孽❼其短，仆诚私心痛之！且李陵提步卒不满五千，深践戎马之地，足历王庭❽，垂饵虎口，横挑强胡，卬亿万之师，与单于连战十余日，所杀过当[9]。虏救死扶伤不给，旃裘之君长[10]咸震怖，乃悉征左、右贤王[11]，举引弓之民[12]，一国共攻而围之。转斗千里，矢尽道穷，救兵不至，士卒死伤如积，然陵一呼劳[13]军，士无不起，躬流涕，沫血、饮泣[14]，张空拳[15]，冒白刃，北首争死敌。陵未没时，使有来报[16]，汉公卿王侯，皆奉觞上寿。后数日，陵败书闻，主上为之食不甘味，听朝不怡，大臣忧惧，不知所出。仆窃不自料其卑贱，见主上惨凄怛悼，诚欲效其款款之愚。以为李陵素与士大夫绝甘分少[17]，能得人之死力，虽古名将不过也。身虽陷败，彼观其意[18]，且欲得其当[19]而报汉；事已无可奈何，其所摧败，功亦足以暴于天下。[20]仆怀欲陈之而未有路，适会召问，即以此指[21]推言陵功，欲以广主上之意，塞睚眦之辞[22]。未能尽明，明主不深晓，以为仆沮贰师[23]，而为李陵游说，遂下于理[24]。拳拳[25]之忠，终不能自列，因为诬上，卒从吏议[26]。家贫，财赂不足以自赎[27]，交游莫救，左右亲近，不为一言。身非木石，独与法吏为伍，深幽囹圄[28]之中，谁可告诉者！此正少卿所亲见，仆行事岂不然邪？李陵既生降，聩其家声；而仆又茸以蚕室[29]，重为天下观笑。悲夫！悲夫！事未易一二[30]为俗人言也。

（以上为第三段，备言自己因李陵事受宫刑的始末，倾诉了自己满腹的委屈之情，对汉武帝及其朝臣们表现了极大的愤慨。）

【注释】

❶少负不羁之才：少年时没有出众的行为表现。师古曰："不羁，言其材质高远，不可羁系也。负者，亦言无此事也。"（《汉书》注）按，颜说是，此正与下句"长无乡曲之誉"对称，极言自己之"不肖"。 ❷薄技：小技艺，即文史星象等诸才能。 ❸戴盆何以望天：极喻其全心全力，谨慎奉职之状。 ❹门下：宫门内。时李陵为侍中、建章（宫）监，司马迁为太史令，俱供职于宫门内，故云。 ❺自奇士：以奇士的操节自守。 ❻分别有让：指待人接物有分别，有礼让；分别，指长幼尊卑。 ❼媒糵：犹今之所谓"添油加醋"，使一点坏事由小变大，由少变多；糵，酵母。 ❽王庭：指匈奴单于的大本营。 ❾所杀过当：言陵军杀敌之数目，已超过自己的人数。过当，即杀敌之数较之自己牺牲之数为多。 ❿旃裘之君长：指匈奴的统治者；旃，同"毡"。 ⓫左、右贤王：地位仅次于大单于的匈奴统治者，左贤王管辖匈奴东部地区，右贤王管辖匈奴西部地区。 ⓬举引弓之民：凡能拉开弓的人，全部征调；举，尽。 ⓭劳（lào）：鼓励，慰勉。 ⓮沫血、饮泣：满脸是血，眼里含着泪；沫，古"颒"（huì）字，以水洒面。 ⓯张：奋也。空拳：即空弓；拳，《汉书》作"弮"（quān），弓弦。与上文"矢尽道穷"句相应。按，就按赤手空拳讲亦可。 ⓰《汉书·李陵传》云："（陵）至浚稽山止营，举图所过山川地形，使麾下骑陈步乐还以闻。步乐召见，道陵将率

得士死力，上甚悦。” ⑰绝甘分少：好的东西，自己不要，稀罕的东西，分给别人。 ⑱彼观其意：犹言“观彼之意”。 ⑲得其当：得一份与其罪过相当的功效。师古曰：“欲于匈奴立功，而归以当其破败之罪。”与此大意相同。 ⑳“其所”后二句：有人断句为：“其所摧败功，亦足以暴于天下。”亦通。 ㉑此指：这个想法；指，同“旨”。 ㉒塞睚眦（yá zì）之辞：堵塞那些平时与李陵有睚眦之怨，而此时欲乘机“媒糵”构陷李陵者的言辞；睚眦，怒目而视。睚眦之怨，指非常微末的怨隙。 ㉓沮：以言语毁人。贰师：指贰师将军李广利，武帝宠姬李夫人之弟，时为伐匈奴的统帅，率骑三万与匈奴右贤王战于祁连天山，武帝派李陵率偏师与之策应。结果李陵遇敌，全军覆没。 ㉔理：治狱官。 ㉕拳拳：忠诚勤恳的样子。 ㉖因为诬上，卒从吏议：众吏认为我的话是诬谤皇上，皇上最后也依从了众吏的拟议；因，以。 ㉗自赎：汉时，犯罪者可以出钱以减免刑狱。 ㉘囹圄（líng yǔ）：监牢。 ㉙蚕室：刚受宫刑者所居处的温室。 ㉚一二：犹今之所谓“一一地”。

仆之先人，非有剖符丹书[1]之功，文史、星历[2]，近乎卜祝之间，固主上所戏弄，倡优畜之[3]，流俗之所轻也。假令仆伏法受诛，若九牛亡一毛，与蝼蚁何异！而世又不与[4]能死节者比，特以为智穷罪极，不能自免，卒就死耳。何也？素所自树立使然。人固有一死，死有重于泰山，或轻于鸿毛，用之所趋异也。太上[5]不辱先，其次

苏武李陵诀别图

不辱身，其次不辱理色[6]，其次不辱辞令；其次诎体受辱[7]，其次易服受辱[8]，其次关木索[9]、被棰楚受辱，其次剔毛发[10]、婴金铁受辱，其次毁肌肤、断肢体受辱，最下腐刑，极矣。[11]传[12]曰："刑不上大夫。"此言士节不可不厉也。猛虎处深山，百兽震恐；及其在阱槛[13]之中，摇尾而求食，积威约之渐[14]也。故士有画地为牢，势不入；削木为吏，议不对[15]，定计于鲜[16]也。今交手足，受木索，暴肌肤，受榜棰，幽于圜墙[17]之中，当此之时，见狱吏则头枪地[18]，视徒隶则正惕息[19]。何者？积威约之势也。及已至此，言不辱者，所谓强颜耳，曷足贵乎！且西伯，伯也，拘牖里；[20]李斯，相也，具五刑[21]；淮阴[22]，王也，受械于陈；彭越、张敖[23]，南乡称孤，系狱具罪；绛侯诛诸吕，权倾五伯，囚于请室[24]；魏其，大将也，衣赭关三木[25]；季布为朱家钳[26]奴；灌夫受辱居室[27]。此人皆身至王侯将相，声闻邻国，及罪至罔[28]加，不能引决自财，在尘埃之中[29]，古今一体，安在其不辱也？由此言之，勇怯，势也；强弱，形也[30]，审矣，曷足怪乎！且人不能蚤自财绳墨[31]之外，已稍陵夷[32]，至于鞭棰之间，乃欲引节[33]，斯不亦远乎！古人所以重[34]施刑于大夫者，殆为此也。

夫人情莫不贪生恶死，念亲戚，顾妻子；至

激于义理者不然，乃有不得已也。今仆不幸，蚤失二亲，无兄弟之亲，独身孤立，少卿视仆于妻子何如哉？且勇者不必死节，怯夫慕义，何处不勉焉！[35]仆虽怯懦，欲苟活，亦颇识去就之分矣，何至自湛溺累绁之辱哉？且夫臧获[36]婢妾，犹能引决[37]，况若仆之不得已乎？所以隐忍苟活，函粪土之中而不辞者，恨私心有所不尽，鄙[38]没世而文采不表于后也。

古者富贵而名摩灭，不可胜记，唯倜傥[39]非常之人称焉。盖西伯拘而演《周易》；[40]仲尼厄而作《春秋》；屈原放逐，乃赋《离骚》；左丘失明[41]，厥有《国语》；孙子[42]膑脚，《兵法》修列；不韦迁蜀，世传《吕览》；[43]韩非囚秦[44]，《说难》《孤愤》。《诗》三百篇，大底圣贤发愤之所为作也。此人皆意有所郁结，不得通其道，故述往事，思来者[45]。乃如左丘无目，孙子断足，终不可用，退论书策，以舒其愤，思垂空文[46]以自见。

仆窃不逊，近自托于无能之辞，网罗天下放失旧闻，考之行事，稽[47]其成败兴坏之理，上计轩辕，下至于兹，为十表，本纪十二，书八章，世家三十，列传七十，凡百三十篇。亦欲以究天人之际[48]，通古今之变，成一家之言。草创未就，适会此祸，惜其不成，是以就极刑而无愠色。仆诚已著此书，藏之名山，传之其人[49]，通邑大都[50]，则仆偿前辱之责[51]，虽万被戮，岂有悔哉！然此可为智者道，难为俗人言也。

（以上为第四段，倾诉了自己受刑后之所以能忍受如此的奇耻大辱，其原因就是为了要完成自己的伟大著作。）

【注释】

❶剖符丹书：朝廷发给有功之家的证券。 ❷文史、星历：太史令的职业；星历，天文历法。 ❸倡优畜之：被当成乐师优伶一样地畜养着。 ❹不与：不认为是；与，赞许，肯定。 ❺太上：最高，最重要的。 ❻不辱理色：即今之所谓“不伤面子”；理色，面色。 ❼诎体受辱：指点头哈腰地道歉认错之类；诎体，弯腰。 ❽易服受辱：古时犯人皆衣赭衣，故云。 ❾关木索：即披枷戴锁；关，穿，披戴；索，绳。 ❿剔毛发：指受髡刑。 ⓫最下腐刑，极矣：按，以上十句语意重复，逻辑不顺。既曰“太上”“其次”“其次”一气蝉联，则其屈辱程度则应由轻而重依次排列。今前四句四个“不辱”，乃由重至轻；后六句六个“受辱”，又由轻而重，殊觉混乱。 ⓬传：此指《礼记》。下句引文见《曲礼上》。 ⓭阱槛：畜养野兽的圈栏和深池。 ⓮积威约之渐：意即威约逐次加之，积久而至于此；渐，在这里用作名词。 ⓯议不对：议，同“义”，其用法与“义不帝秦”“义无反顾”之句式同。“议不对”与上句“势不入”对文。今本散文选多有注“议”为“议论”“议罪”者，皆非。汉代“义”“议”二字常混用。 ⓰定计于鲜：意即早拿主意；鲜，此处其义同“先”。旧注皆释“鲜”为明，于

文意颇绕。 ⑰圜墙：师古曰："狱也。《周礼》谓之圜土。" ⑱枪地：触地；枪，亦作"抢"，义同。 ⑲正：正容，畏惧貌。按，"正"字，《汉书》作"心"，疑是。惕：惧。息：喘息，心跳。 ⑳西伯：即周文王。牖（yǒu）里：即"羑里"，地名，在今河南省安阳市汤阴县北。文王被殷纣拘羑里，事见《周本纪》。 ㉑具五刑：指被割鼻、斩左右趾、笞杀、枭首、磔骨肉于市。李斯具五刑，事见《李斯列传》。 ㉒淮阴：指淮阴侯韩信。韩信先为楚王，被刘邦猜忌，袭捕之于陈，事见《淮阴侯列传》。 ㉓彭越：刘邦功臣，先为梁王，后被吕后捕杀。张敖：刘邦的女婿，先为赵王，因其臣下贯高等欲杀刘邦而被捕下狱，事见《张耳陈馀列传》。 ㉔绛侯：指周勃。请室：《汉书·贾谊传》注："请罪之室。"京城里的高级拘留所。周勃囚于请室，事见《绛侯世家》。 ㉕魏其：指魏其侯窦婴。三木：即后世之所谓枷、梏、桎。魏其关三木，事见《魏其武安侯列传》。 ㉖季布：原为项羽的将领，项羽败死后，季布为逃避刘邦的缉捕，曾隐姓名在大侠朱家处为奴，事见《季布栾布列传》。钳：《汉书·高纪》注："以铁束颈也。" ㉗灌夫：武帝时将领，因得罪田蚡被系，后被杀，事见《魏其武安侯列传》。居室：亦称保宫，是拘留贵族罪犯的处所。 ㉘罔：同"网"，法网，法律。 ㉙在尘埃之中：指下了监牢；尘埃，犹言"污秽"，与后文之所谓"粪土"同。 ㉚以上二语见《孙子·兵势》。 ㉛绳墨：这里指刑罚。 ㉜已稍陵夷：意谓等到已经越来越不行了；陵夷，犹今之所谓"落魄""打掉了架子"。 ㉝引节：为保持气节而自裁。按，当时指责司马迁不能自裁的人一定很多。《盐铁论·周秦》云:“今无行之人贪利以陷其身，蒙戮辱而捐礼义，恒于苟生，何者?一日下蚕室，疮未瘳宿卫人主，得由受俸禄，食太官享赐，身以尊荣，妻子获其饶，故或载卿相之列，就刀锯而不见悯。”任安来书可能又及此事，故史公慷慨淋漓反复言之如此。 ㉞重：不轻易。 ㉟“勇者”后二句：师古曰:“勇敢之人暗于分理，未必能死于名节；怯懦之夫心知慕义，则处处皆能慕义也。”按，此说不明。作者之意盖谓，真正的勇士不一定就为名节问题而死(如韩信受辱胯下)；怯懦的人为得一个好名声而轻易丧生的也不在少数。《季布栾布传》云:“季布以勇显于楚，身屡典军搴旗者数矣，可谓壮士；然至被刑戮，为人奴而不死，何其下也?彼必自负其材，故受辱而不羞，欲有所用其未足也，故终为汉名将。贤者诚重其死，夫婢妾贱人感慨而自杀者，非能勇也，其计画无复之耳。”正可与此相发。㊱臧获：泛指奴仆，与“婢妾”义同。 ㊲引决：自杀。㊳鄙：瞧不起，以之为耻辱。 ㊴倜傥(tì tǎng):卓异洒脱。㊵西伯拘而演《周易》：据说文王被拘于羑里时，将伏羲所画的八卦推演为六十四卦，成为今天所说的《周易》；演，推衍，发展。 ㊶左丘失明：相传《国语》《左传》的作者是姓左丘，名明。今史公乃云“左丘失明”，不知何据。㊷孙子：即孙膑。 ㊸吕不韦为秦相，集宾客著《吕氏春秋》事，见《吕不韦列传》。今史公乃云“不韦迁蜀，世传《吕览》”，与事实不合。《吕览》：即指《吕氏春秋》。因为《吕氏春秋》中有八览、六论、十二纪，故如此简称。 ㊹韩非是韩国的公子，作有《说难》《孤愤》等。秦王读到这些文章后，非常欣赏，乃召韩非入秦，韩非入秦后，被李斯诬害下狱，后被杀，事见《老子韩非列传》。今史公乃云“韩非囚秦，《说难》《孤愤》”，与事实不合。 ㊺师古曰：“令将来之人见己志也。” ㊻空文：指文章著作而言，与“行事”对称。于光华曰：“迁终自比于左丘、孙子，故复言之。”（《评注昭明文选》）按，以上六句与前重复，删之似亦无碍。 ㊼稽：考查。 ㊽究天人之际：探求天地自然与人类社会的关系。 ㊾传之其人：师古曰：“其人，谓能行其书者。”李善曰：“其人，谓与己同志者。” ㊿通邑大都：按，此四字上下无所属，似应增“于”字与上句连读。 (51)责：同“债”。

且负下未易居[1]，下流多谤议，仆以口语遇遭此祸，重为乡党戮笑，污辱先人，亦何面目复上父母之丘墓乎？虽累百世，垢弥甚耳！是以肠一日而九回，居则忽忽若有所亡，出则不知所如往。每念斯耻，汗未尝不发背沾衣也。身直为闺阁之臣[2]，宁得自引深藏于岩穴邪？故且从俗浮湛，与时俯仰[3]，以通其狂惑[4]。今少卿乃教以推贤进士，无乃与仆之私指谬[5]乎？今虽欲自雕瑑，曼辞以自解[6]，无益于俗，不信，只取辱耳。要之死日，然后是非乃定。书不能尽意，故略陈固陋。谨再拜。[7]

（以上为第五段，重提自己的目前处境，重提不能“推贤进士”，与开头呼应，以结束全文。）

【注释】

❶负下未易居：与下句“下流多谤议”意同；负下，所凭依的地势低下。《论语·子张》云：“君子恶居下流，天下之恶皆归焉。” ❷闺阁之臣：宫廷内的臣仆，指时为中书令而言。 ❸与时俯仰：时利于俯则俯，时利于仰则仰，与上句“从俗浮沉”意同。 ❹通其狂惑：谦言自己随波逐流地人云亦云。此是愤慨语。 ❺谬：乖背，不合。 ❻曼辞：利用美丽的辞藻；曼，在这里用作动词。有人将这句与上句合为一句，读为“今虽欲自雕琢曼辞以自解”，亦可。❼谨再拜：孙月峰曰：“此亦乱章，急管促弦，以写其哀激，不如此，前面恣态太浓，平缓语岂收得住？”

【解读】

本文是司马迁写给朋友任安的一封回信，借回答任安责备自己不能“顺于接物，推贤进士为务”的机会，倾诉了自己因李陵事件而受刑的全过程，叙述了自己忍辱著书的目的、决心、毅力及其极端痛苦悲愤的心情，字里行间流露着对汉武帝、对酷吏政治，以及对当时整个官僚社会的无比愤怒与厌恶。

这封信史学价值极高，对于我们理解司马迁这个人与《史记》这部著作，不啻一把钥匙。

清代李晚芳曰：“此篇与《自序》，俱原作史之由。《自序》重承先继圣，此重惜死立名。《自序》悲惋，此则沉郁雄健。其操纵起落，俱挟浩气流行，如怒马奔驰，不可羁勒，与《史记》之雅洁稍异，是史公另一种豪放激宕之文。盖因救友陷刑，满肚皮怫郁不平之气，借此发泄。书中‘舒愤懑’，三字是此本旨，故篇中处处皆愤懑之辞。纵横跌

宕，慷慨淋漓，转折提接虽多，却如一气呵成。挣眉裂眦而写之，骤读无不为之惋惜。”(《读史管见》)

明代孙执升曰：“却少卿推贤进士之教，序自己著书垂后之意，回环照应，使人莫可寻其痕迹，而段落自尔井然。原评云：史迁一腔抑郁，发之《史记》；作《史记》一腔抑郁，发之此书。识得此书，便识得一部《史记》。盖一生心事，尽泄于此也。纵横排宕，真是绝代大文章。”(《评注昭明文选》引)

这篇文章在文学上也备受推崇。先曾被收入《昭明文选》，孙月峰评价说：“直写胸臆，发挥又发挥，惟恐倾吐不尽，读之使人慷慨激烈，唏嘘欲绝，真是大有力量文字。”又曰：“凡文字贵炼贵净，此文全不炼不净。《中庸》称‘有余，不敢尽’，此则既无余矣，犹哓哓不已。于文字宜不为佳，然风神横溢，读者多服其跌宕不群，翻觉炼净者之为琐小。意态豪纵不羁，其所为尽而有余。”

又曰：“粗粗卤卤，任意写去，而矫健磊落，笔力真如走蛟龙，挟风雨，且峭句险字，往往不乏，读之但见其奇肆，而不得其构造锻炼处。古圣贤规矩准绳文字，至此一大变，卓为百代伟作。”(《评注昭明文选》引)

这文章后来又被收入《古文观止》。编者吴楚材评价说：“此书反复曲折，首尾相续，叙事明白，豪气逼人。其感慨啸歌，大有燕赵烈士之风；忧愁幽思，则又直与《离骚》对垒，文情至此极矣。”

今天看来，作者同情李陵是可以的，过分地夸张其战功，并为其投降变节做辩护则未必完全合适。至于“沮贰师”与“诬上”，这是由来已久的问题，试看《卫青霍去病列传》《李广列传》，尤其是《大宛列传》《平准书》可知。由此可触及当时政治、军事、用人等各个方面的问题。因此我们在理解司马迁受宫刑的原因时，应该想到更广泛的背景，不宜只拘于李陵问题一事。文章充满了作者受宫刑后的无限痛苦与悲凉，但让人读后不感到消极，而是感到有一股气势，有一股充满自信的，无坚不摧的，不达目的决不休止的力量。这股力量的来源，我们除了看到父辈遗嘱、古人榜样、个人发奋等主观因素外，还应看到当时的时代气氛、时代要求、时代鼓舞等这种形成作者人生观的客观形势的作用。文章悲慨淋漓，跌宕起伏，是一篇不可多得的文情并茂的抒情佳作。

延伸阅读

我从1959年在复旦大学跟从蒋天枢先生读《史记》，到现在已经六十多年了，没有多少成绩可讲，但可以说读的遍数较多，对《史记》其书比较熟悉。我在以往几十年伴随着古典文学的教学，曾出版过一些《史记》的选本与课堂教学的辅导资料。其中发行量最多的可能是《史记选注集说》《评注史记》《史记精讲》。2000年我与师友同学合写过一本《史记题评》，前半是综合介绍与讲解《史记》的方方面面，后半是将《史记》的一百三十篇逐篇地进行介绍。“题”，就是解题；“评”，就是分析与评论该篇的思想与艺术。2005年又与几位师友同学合撰了《史记笺证》，共九册，五百多万字。这套书的特点是：一、注释详尽；二、收集与引证的研究资料、评论资料丰富；三、各篇均附有相关的历史地图与文物图片。此书从其第二版开始改为十册，现已印至第四版。2008年出版了《史记新译》，全书八册。特点是除了注释详尽外，还带有全部译文；还有较详细的“解题”与较全面的逐篇“研析”。2011年，又出版三全本《史记》，共九册，所谓“三全”，是指全原文、全注释、全译文。该书在每篇的开头都有较长的对该篇思想与艺术的评论。

如果读者因为阅读手头这本书，想进一步了解《史记》的全本，我向你们推荐《史记笺证》、《史记新译》或“三全本”《史记》，大家根据自己需要去选择。当然要读透《史记》，还需要许多历史与文学其他方面的知识，我也写了一些关于《史记》读法和研究方面的作品，大家也可以一并参考，例如《史记应该这样读》《史记讲座》《史记通论》等。

我认为读书，一要坚持，二要反复，找一个适合自己的版本。希望我的书对大家有所帮助。